"十四五"职业教育国家规划教材

U0645380

高职高专
旅游大类专业
新形态教材

餐饮管理与服务

（第3版）

吉根宝 主编

孔 捷 翟向坤 副主编

清华大学出版社
北京

内 容 简 介

本书是首届全国教材建设奖获奖教材,也被评为"十四五"职业教育国家规划教材。餐饮管理与服务是现代酒店经营管理的重要组成部分,也是高职高专旅游管理、酒店管理与数字化运营、餐饮智能管理等专业的核心课程。全书内容分为三篇,即技能篇、知识篇和拓展篇,共10章。技能篇以工作任务形式分为餐饮服务技能、中餐服务技能和西餐服务技能三章,重点阐述餐饮服务礼仪、托盘、铺台布、折花、点菜、斟酒、送餐等中、西餐实践操作和标准;知识篇介绍餐饮计划、原料、厨房生产、餐厅、成本等管理知识和技能;拓展篇从战略高度引入新的理论和方法,以开拓学生的视野。

本书既可以作为高职高专旅游管理类专业教材,也可以作为酒店管理人员的培训教材。

图书在版编目(CIP)数据

餐饮管理与服务 / 吉根宝主编. -- 3 版. -- 北京 :
清华大学出版社,2025.10. --(高职高专旅游大类专业
新形态教材). -- ISBN 978-7-302-70351-8

Ⅰ. F719.3

中国国家版本馆 CIP 数据核字第 2025S1734C 号

责任编辑:刘士平
封面设计:傅瑞学
责任校对:刘　静
责任印制:宋　林

出版发行:清华大学出版社
　　　　网　　　址:https://www.tup.com.cn,https://www.wqxuetang.com
　　　　地　　　址:北京清华大学学研大厦 A 座　　　邮　　编:100084
　　　　社 总 机:010-83470000　　　　邮　　购:010-62786544
　　　　投稿与读者服务:010-62776969,c-service@tup.tsinghua.edu.cn
　　　　质量反馈:010-62772015,zhiliang@tup.tsinghua.edu.cn
　　　　课件下载:https://www.tup.com.cn,010-83470410
印 装 者:三河市铭诚印务有限公司
经　　销:全国新华书店
开　　本:185mm×260mm　　印　　张:19　　　　　字　　数:457 千字
版　　次:2009 年 7 月第 1 版　2025 年 10 月第 3 版　　印　　次:2025 年 10 月第 1 次印刷
定　　价:59.00 元

产品编号:109479-01

随着……业与美丽中国建设的推进,《关于促进餐饮业高质量发展的指导意见》的实施有效释放了餐饮消费潜力,推动着餐饮业高质量发展。餐饮业作为中华优秀传统文化的重要载体,旨在丰富人民群众物质与精神世界,能够让中国式现代化在服务领域展现可观可感的现实图景,更好地满足人民群众日益增长的美好生活需要。餐饮业要强化服务为民、服务惠民意识,用更多绿色餐饮、生态餐饮、乡村休闲餐饮等绿色餐饮产品丰富人们的休闲度假体验;实现餐饮数字化赋能,强化协调发展、共建共享,更加主动地将餐饮服务业发展融入新型城镇化、全面推进乡村振兴的事业中,丰富高品质、多样化的餐饮产品供给,践行"绿水青山就是金山银山"理念,促进共同富裕。

为生产、建设、服务和管理第一线培养高素质技能型专门人才,适应行业的快速发展,是高职高专院校的首要任务,而教材建设("三教"改革之一)是人才培养的重要环节。本书作为职业教育旅游管理、酒店管理与数字化运营、餐饮智能管理等专业的核心课程之一——餐饮管理与服务课程教材,自 2009 年 7 月第 1 版出版以来得到了众多同行和读者的认可。本书第 2 版被评为"十四五"职业教育国家规划教材,获首届全国教材建设奖职业教育类全国优秀教材二等奖。为使本书更具时代性,符合相关专业教学的需要与要求,力求保持前两版的特色,编者经过大量走访调研,并征询行业、专家和读者意见,对本书进行了修订和完善。

(1)完善教材内容。基于以人为本的"新质生产力"打造,为传统的餐饮行业注入科技基因。对书中案例、相关数据做了更新和修正,增加数字化教学视频、数字化运营技术、新业态、新岗位等内容;对部分章节进行调整,如将上一版教材第 7 章的 4 节内容优化整合为 3 节;调整并整合各方资源,优化了编写团队。

(2)注重优秀餐饮文化传承。本书以立德树人为根本宗旨,聚焦餐饮行业发展,将习近平总书记杜绝"舌尖上的浪费""推进文化自信自强""中华优秀传统文化创造性转化、创新性发展"等理念融入课程内容;将厉行节约与餐饮精准服务相融合;围绕中华传统饮食文化、服务文化、管理文化育人,注重德技并修、育训结合,重点培养学生具有餐饮职业认同与职业自信的乐业之心,吃苦耐劳、强心健体、绿色低碳的勤业之心,爱岗守信、职业规范、传承创新的敬业之心,精细服务、工匠精神的精业之心。

本书由江苏农林职业技术学院吉根宝教授担任主编,负责全书修订大纲的制订和统稿工作;无锡商业职业技术学院孔捷老师、中国劳动关系学院翟向坤教授担任副主编,江苏农林职业技术学院李萍萍副教授、李涛老师,常州工程职业技术学院顾亚莉教授,镇江明都大酒店总经理缪真健博士,江苏省句容市文体广电和旅游局陈巧根,江苏中源城乡规划设计有限公司城乡规划院院长张海军等参加编写。本书由南京师范大学博士生导师黄震方教授主审。具体分工如下。

吉根宝:第1章餐饮服务技能、第2章中餐服务技能、第9章餐饮成本管理、第10章餐饮战略管理;

李萍萍:第4章餐饮业概述;

李 涛:第3章西餐服务技能、第7章厨房生产管理;

翟向坤:第5章餐饮计划管理;

孔 捷:第6章餐饮原料管理、第8章餐厅管理;

顾亚莉、陈巧根、缪真健、张海军:案例;

教材中部分图片由广东东莞塘厦三正半山酒店提供。

由于视角差异、资料可得性及编者水平等限制,书中难免存在不足之处,敬请同行专家和读者斧正。本书在编写过程中参考了许多文献资料和网络资源,同时也得到行业专家、出版社及社会人士的热心帮助,在此一并表示衷心的感谢。

编 者

2024 年 12 月

随着经济和社会的发展,旅游业已提升到国家战略层面,党的十八届三中全会《中共中央关于全面深化改革若干重大问题的决定》为服务业的快速发展提供了新的机遇和更广阔的发展空间。聚焦丰富人民物质与精神世界,让中国式现代化在餐饮等服务领域展现可观可感的现实图景。强化服务为民、服务惠民,把服务业作为践行"绿水青山就是金山银山"理念的重要领域,完善现代服务业体系,用更多绿色餐饮、生态餐饮、乡村民宿等绿色餐饮产品丰富人们休闲度假体验;强化协调发展、共建共享,更加主动地将餐饮服务业发展融入新型城镇化、全面推进乡村振兴,丰富高品质多样化餐饮产品供给,促进人民精神生活共同富裕。

为生产、建设、服务和管理第一线培养高素质技能型专门人才,适应行业的快速发展,是高职高专院校的首要任务,而教材建设是人才培养的重要环节。

作为高等职业教育旅游管理、酒店管理与数字化运营、餐饮智能管理等专业的核心课程之一——餐饮管理与服务的教材,第1版自2009年7月出版以来得到了众多同行和读者的认可。本书第2版被评为"十二五"职业教育国家规划教材,获首届全国教材建设奖职业教育类全国优秀教材二等奖。为使本教材更具时代性,符合相关专业教学的需要与要求,力求保持第1版的特色,经过大量走访调研,并征询行业、专家和读者意见,编者对本教材进行了修订和完善。

(1)对书中案例、相关数据做了更新和修正,增加数字化视频、数字化运营技术、新业务、新岗位内容。

(2)对书中章节进行部分调整,由原11章优化整合为10章。

(3)调整并整合各方资源,优化了编写团队。

(4)多方面融入党的二十大的主题、过去5年的工作和新时代10年的伟大变革、马克思主义中国化时代化新境界、中国式现代化的中国特色和本质要求等新观点、新论断、新思想,以立德树人为根本,坚定理想信念,聚焦餐饮行业发展,将杜绝"舌尖上的浪费""推进文化自信自强""中华优秀传统文化创造性转化、创新性发展"等理念融入餐饮管理与服务中;将厉行节约与餐饮精准服务相融合;围绕中华传统饮食文化、服务文化、管理文化育人,注重德技并修、育训结合,重点培养学生具有餐饮职业认同与职业自信的乐业之心,吃苦耐劳、强心健体、绿色低碳的勤业之心,爱岗守信、职业规范、传承创新的敬业之心，精细服务、工匠精神的精业之心。

　　本教材由江苏农林职业技术学院吉根宝教授担任主编并负责全书修订大纲的制订和统稿工作；餐饮职业教育教学指导委员会副主任委员、中国烹饪协会副会长、扬州大学旅游烹饪学院 路新国 教授，无锡商业职业技术学院孔捷老师，常州工程职业技术学院顾亚莉教授为副主编，江苏农林职业技术学院李涛老师、桂林理工大学高职学院副教授何贵香博士、镇江名都大酒店副总经理缪真健博士、句容市文体广电和旅游局陈巧根等参加编写，本书由南京师范大学博士生导师黄震方教授主审。具体分工如下。

　　吉根宝：第 1 章餐饮服务技能、第 2 章中餐服务技能、第 9 章餐饮成本管理、第 10 章餐饮战略管理；

　　路新国：第 4 章餐饮业概述；

　　李　涛：第 3 章西餐服务技能、第 7 章厨房生产管理；

　　顾亚莉：第 5 章餐饮计划管理；

　　孔　捷：第 6 章餐饮原料管理、第 8 章餐厅管理；

　　缪真健、何贵香、陈巧根：案例；

　　本教材中部分图片由广东东莞塘厦三正半山酒店提供。

　　由于编者水平有限，教材中难免存在疏漏或欠缺之处，敬请同行专家和读者斧正。在编写过程中参考了许多文献资料和网络资源，同时也得到中国旅游饭店协会常务理事唐伟良、巢冬燕等行业专家、出版社及社会人士的热心帮助，在此一并表示衷心的感谢。

编　者
2022 年 12 月

FOREWORD 第1版前言

　　随着经济的快速发展,一方面人们的消费观念和消费模式发生了巨大变化,对饭店的服务和管理提出了更高要求;另一方面,餐饮企业之间的竞争也尤为激烈,餐饮企业对员工的要求越来越高。

　　为生产、建设、服务和管理第一线培养高素质技能型人才,适应行业的快速发展,是高职高专教育的首要任务,而教材建设是人才培养的重要环节。本书根据教育部高职高专教育人才培养相关文件的精神,结合清华大学出版社"精品教材建设工程"的阶段性设计要求编写。

　　本书紧紧围绕高职高专人才的培养目标,坚持创新、改革的精神,体现新的课程体系、新的教学内容和教学方法,以学生为中心,以技能为核心,兼顾知识教育和能力教育。

　　本书以能力培养为宗旨,以案例为引导,以任务驱动为核心,以技能鉴定为指南,强调"新、创、实、改"。

　　"新",就是强调各学科的新理论、新知识、新技术、新方法、新经验、新案例,使教材内容新颖。

　　"创",首先是形式创新,采取"案例导入"的形式,将探究式、互动式、开放式教学方法融入编写内容中,充分发挥教师在教学过程中的主导作用和学生的主体作用;其次是在内容上力求创新。

　　"实",根据"实际、实用、实践"的原则,突出学生的技术应用能力训练与职业素质培养,由易到难、由简到繁,由感性到理性,并结合国家职业资格鉴定的标准,立足提高学生的综合能力。

　　"改",立足当前高职高专学生现状和实际市场需求,打破原有的条条框框,广泛汲取同类教材的精华,整合原来教材内容,并吸取和采纳了专家和企业指导委员会成员的意见,优化教学内容。

　　本书不仅可以作为高职高专酒店管理专业教材,也可以作为酒店管理人员的培训教材。

　　本书分为三篇:技能篇、知识篇、拓展篇,共 11 章,由江苏农林职业技术学院吉根宝老师担任主编并负责全书大纲的制订和统稿工作;桂林工学院南宁分院何贵香老师、西安航空技术高等专科学校陈慧泽老师担任副主编;江苏农林职业技术学院周茂健老师、李涛老师,无锡商业职业技术学院孔捷老师参加编写。本书由江苏农林职业技术学院丁鸿老师主审。具体分工如下。

　　吉根宝：第1章餐饮服务基本技能、第10章餐饮成本管理、第11章餐饮战略管理；

　　周茂健：第2章中餐服务技能；

　　李　涛：第3章西餐服务技能、第8章厨房生产管理；

　　孔　捷：第4章餐饮服务知识；

　　何贵香：第5章餐饮业概述、第6章餐饮计划管理；

　　陈慧泽：第7章餐饮原料管理、第9章餐厅管理。

　　由于编者的水平有限，书中难免有欠缺之处，敬请专家和读者指教。

编　者

2009 年 6 月

CONTENTS

目 录

第1篇 技 能 篇

第3篇 拓 展 篇

第 **1** 篇

技 能 篇

第1章

餐饮服务技能

- 掌握餐饮服务中托盘、铺台布、餐巾折花、点菜、斟酒服务、客房送餐等各项技能。
- 能应用餐饮服务各项技能,做好对客服务。

导读

  客人在就餐期间,不仅要求菜点的色、香、味、形、质、养、器俱佳,还要求提供相应的服务。餐饮服务技能是指餐饮服务人员面对面地为客人提供各种服务,满足客人提出的各类符合情理的要求的各项基本技能。只有掌握了对客服务的各项基本技能,才能更好地对客服务,提升客人的满意度。

1.1 餐饮服务礼仪

任务导入

  2023年3月1日,实习生小肖被安排在镇江某大酒店餐厅实习。在报到后的第二天,她看到员工餐厅的通道上,一位二十来岁的姑娘,肩上斜披着一块宽绸带,上面绣着:服务礼仪示范员。示范员面若桃花,向经过的每位顾客和员工展露微笑,问候致意。小肖很诧异,一打听,原来是酒店专门为她们准备的礼仪示范培训。

  思考:餐饮服务礼仪包含哪些内容?如何做才能符合服务礼仪规范?

工作任务1 仪容仪表

1. 面部的清洁与保养

(1) 正确的洗脸方法。洗脸的频率一般是一天两次。洗脸的步骤与方法:取洗面奶适量,用双手的中指和无名指的指腹在脸上打圈揉搓。面部保养需要使用基础护肤品,一般包括洗面奶、柔肤水(爽肤水)和乳液。

(2) 面部的修饰与化妆。男士要注意定期修剪鼻毛,切忌让鼻毛露出鼻腔。男士的胡须长得快,需要每天剃须、修面。女士化淡妆。

2.头发的清洁与发型选择

洗发的方法:应选择适合自己的洗发水。洗发后要使用护发素来保养头发。

洗发的次数:头发要经常清洗,以保持蓬松和干净,一般 1～2 天要清洗一次。选择适当的发型:轮廓分明,样式大方整洁,修剪得体,两侧鬓角不得长于耳垂底部,背面不超过衬衣领底线,前面不遮盖眼部,女士若是长发须盘起来。

3.双手的清洁

手是仪容的重要部位,服务时的最低要求莫过于有一双清洁的手。在服务场合,一双清洁并精心护理的手也显示了一个人的良好职业素养。对指甲周围的死皮要定期修理。要经常修剪指甲(注意不要在公众场所修剪指甲),特别注意指甲缝中不能留有污垢。指甲一般修剪成椭圆形,指甲的长度,不应超过手指指尖。

4.口腔的清洁与护理

(1) 保持口气清新。如果与人交谈时口腔中散发出难闻的气味,会使顾客不愉快,自己也会很难堪。建议在上班之前,尽量不要吃刺激性食物,也不能当众嚼口香糖。

(2) 牙齿的清洁与保养。正确的刷牙方法是将牙刷毛束尖端放在牙龈和牙冠的交界处,稍微加压按摩牙龈,同时顺着牙缝上下颤动地竖着刷。要尽量少抽烟,少喝浓茶。

5.着装

(1) 工作时一律穿规定的工作服。服务人员在工作时一律穿规定的工作服,工号牌端正地佩戴在左胸上方。

(2) 制服外观整齐、干净、挺括。制服需要整烫,上岗前要细心反复检查制服上是否有酒渍、油渍、酒味,扣子是否有漏缝和破边,要将衬衫纽扣扣好。

(3) 鞋袜要求。鞋子保持干净,皮鞋须擦得干净、光亮,无破损。男员工袜子的颜色应跟鞋子的颜色和谐,以黑色最为普遍。女员工应穿与肤色相近的丝袜,袜口不要露在裤子或裙子外边。

(4) 饰品佩戴。一般而言,服务人员禁止佩戴任何饰品,结婚戒指和手表除外。

服务人员仪容仪表要求见图 1-1。

特别提示:服务时应注意的问题如下。

(1) 不应在岗位上或客人面前打领带、提裤子、整理内衣。

(2) 不可在岗位上或客人面前做检查裤裙拉链是否拉好,拉直下滑的袜子等不雅的动作。

(3) 不应在岗位上或客人面前抠鼻子、剪鼻毛、剔牙齿。

(4) 在岗位上时不可打哈欠、打喷嚏、咳嗽,控制不住时应回避客人。

【项目考核】 按表 1-1 所列项目进行员工仪容仪表考核。

勤洗发，发型大方，不留胡须，不留长发

表情自然，神态大方，面带微笑

口腔无异味

戴领带或领结

保持衣物干净整洁，符合身份

衣袋中少放物品

勤剪指甲

勤洗澡，无体味

皮鞋常换，常保持光亮

短发或盘发，不能披肩

化淡妆，面带微笑，自然

口腔清洁，无异味

不戴首饰

工号牌戴在适当位置

工服整洁，无破损

衣袋中无杂物

不留长指甲，不涂指甲油，干净整洁

勤洗澡，无异味

穿布鞋或皮鞋，保持整洁

图 1-1　服务人员仪容仪表要求

表 1-1　员工仪容仪表考核表

考核项目	标准分	得分	扣分	考核项目	标准分	得分	扣分
面部清洁	6			穿工服	6		
淡妆或无妆	10			工服整洁	10		
头发	10			鞋袜	10		
双手	6			工号牌	10		
口腔	6			无饰品	10		
无体味	6			总体印象	10		
总成绩							

考核时间：　　　　　　　　　　　　考核人：

工作任务 2　仪态

1. 站姿训练

（1）站姿应自然挺拔，不可僵硬呆板，头部端正，两眼平视前方。

（2）身体直立，应把重心放在两脚中间，男员工双脚自然分开，位置基本与肩同宽，女员工则双脚自然并拢。

（3）要挺胸收腹，两肩放平，不可前撅后翘、含胸驼背。

（4）双臂自然下垂，保安、男门童双手应交叉于背后；女门童和餐饮服务员双手应自然交叉放在身前，一只手轻握另一只手的手腕。

（5）两腿应绷直，不要东倒西歪或左右摇晃，如因长时间站立感觉疲劳，可左右调整身体重心，但上身应保持直立。

（6）站立时双手不可抱在胸前、叉腰，不可袖手或双手插在口袋中。

（7）站立与客人交谈时，目光应停留在客人眼睛和双肩之间的三角区域，与客人保持
60～100cm 的距离，不可太近或太远。

女员工站姿如图 1-2 所示。

2．坐姿训练

（1）入座时动作要轻、要稳，不要赶步或匆忙。

（2）到座位前自然转身，右脚向后撤半步，安稳坐下。

（3）女员工入座时若是裙装，先将裙子的后片稍稍向前拢一下，不要等落座后再站起
来整理。

（4）坐下后头部要端正，并面带微笑，双目平视，下颌微收（见图 1-3）。

图 1-2　女员工站姿　　　　　　　　　图 1-3　女员工坐姿

（5）双肩平正放松，挺胸立腰，两臂自然弯曲，双手放在膝上，掌心向下。女员工也可
右手略握左手手腕，放在腿上，两腿自然弯曲，双膝并拢，双腿正放或侧放（男员工坐时两
腿可以略微分开）。

（6）双脚平落地上，可并拢也可以交叠。

（7）坐在椅子或沙发上，不能坐满椅子或沙发，应坐至椅子或沙发的 2/3 为宜，脊背
轻靠后椅背或沙发背，不要前俯后仰。

（8）谈话时若需转身，上身应与腿同时转动，幅度不可过大。

（9）不可跷二郎腿，两腿不可晃动或抖动，双手不要拍打椅子或沙发的扶手。

（10）起身时右腿应向后收半步而后起立，动作不可过猛。

3．行姿训练

（1）行走时上体要保持正直，身体重心可稍向前倾，头部要端正，双目平视，肩部放松，如图 1-4 所示。

图 1-4　行姿

（2）两臂自然摆动，行走时步伐要轻稳，男员工步伐要稳健，女员工步伐要轻盈。

（3）两脚行走线迹应相对为直线，不要内八字走路，或者过分地外八字走路，男员工足迹在前方一线两侧，女员工足迹在前方一条直线上。

（4）步幅不要过大，步速不要过快。

（5）行进间不要将手插在衣服口袋里，也不要背着手，不要摇头晃脑，要控制身体，不可扭来扭去。

（6）走路步伐要利落，要有韵律与弹性。

（7）遇见客人，员工应主动靠右边行走，右脚向右前方迈出半步，身体向左边转，右手放在腹前，左手为客人指引前进方向，行 30°鞠躬礼，并向客人问候。

（8）客人从身后过来，员工应先停步，身体向左转向客人，向左侧稍退半步，左手放在腹前，右手为客人指引前进方向，行 30°鞠躬礼，并向客人问候。

（9）所有员工在饭店内行走，一律靠右侧而行，两人以上列队行走，不得与客人抢道，如遇急事必须超越客人，不可不声不响地跑步超越，而应先示歉意，再快步超越，绝不可气喘吁吁或因动作过急而导致身体失衡，冲撞了客人。

（10）上下楼梯时，腰要挺、背要直、头要正、收腹挺胸、臀部微收，不要手扶楼梯扶手。

4. 微笑训练

微笑的时候，先要放松面部肌肉，然后使嘴角微微向上翘起，让嘴唇略呈弧形。微笑必须注意整体配合。训练时注意微笑与眼睛的结合，微笑与语言的结合，微笑与形体的结合。

（1）放松肌肉。"哆唻咪练习"的嘴唇肌肉放松运动，是从低音哆开始，到高音哆，每个音大声地清楚地说三次。不是连着练，而是一个音节一个音节地发音，为了正确地发音应注意嘴形。

（2）给嘴唇肌肉增加弹性。形成笑容时最重要的部位是嘴角。如果锻炼嘴唇周围的肌肉，既能使嘴角的移动变得更干练好看，也可以有效地预防皱纹。如果嘴边变得干练有生机，整体表情就会给人有弹性的感觉，在不知不觉中显得更年轻。挺直背部，坐在镜子前面，反复练习，尽可能最大限度地收缩或伸张嘴唇，如图 1-5 所示。

张大嘴，使嘴周围的肌肉最大限度地伸张。张大嘴能感觉到颚骨受刺激的程度，并保持这种状态 10 秒。使嘴角紧张，闭上张开的嘴，拉紧两侧的嘴角，使嘴唇在水平上紧张起来，并保持 10 秒。聚拢嘴唇，使在嘴角紧张的状态下，慢慢地聚拢嘴唇，保持 10 秒。

图 1-5　微笑训练

保持微笑 30 秒。反复进行这一动作 3 次左右。

用门牙轻轻地咬住木筷子。把嘴角对准木筷子，两边都要翘起，并观察连接嘴唇两端的线是否与木筷子在同一水平线上。保持这个状态 10 秒。在此状态下，轻轻地拔出木筷，练习维持原状态。

（3）形成微笑。这是在放松的状态下，根据大小练习笑容的过程，练习的关键是使嘴角上升的程度一致。如果嘴角歪斜，表情就不会太好看。练习各种笑容的过程中，会发现最适合自己的微笑，如图 1-6 所示。

含笑　　　　　微笑　　　　　轻笑

图 1-6　笑容

小微笑,把嘴角两端一齐往上提,使上嘴唇有拉上去的紧张感,稍微露出 2 颗门牙,保持 10 秒之后,恢复原来的状态并放松。

普通微笑,慢慢使肌肉紧张起来,把嘴角两端一起往上提,使上嘴唇有拉上去的紧张感,露出上门牙 6 颗左右,眼睛也笑一点,保持 10 秒后,恢复原来的状态并放松。

大微笑,边拉紧肌肉,使之强烈地紧张起来,边把嘴角两端一齐往上提,露出 10 颗左右的上门牙,也稍微露出下门牙,保持 10 秒后,恢复原来的状态并放松。

(4) 保持微笑。一旦寻找到满意的微笑,就要进行至少维持这个表情 30 秒的训练。

(5) 修正微笑。虽然认真地进行了训练,但如果笑容还是不那么完美,就要考虑其他部分是否有问题。但如果能自信地敞开地笑,就可以把缺点转化为优点。

(6) 修饰有魅力的微笑。如果认真练习,就会发现自己拥有的有魅力的微笑,并能展现那种微笑。挺直背部和胸部,用正确的姿势在镜子前面边敞开笑,边修饰自己的微笑。

5. 蹲姿训练

蹲姿的基本要领:蹲下取物时,上身保持正直,两腿支撑身体,下蹲,举止大方自然。有两种蹲法,一是高低蹲,如图 1-7(a)所示;二是交叉蹲,主要是女士使用,如图 1-7(b)所示。

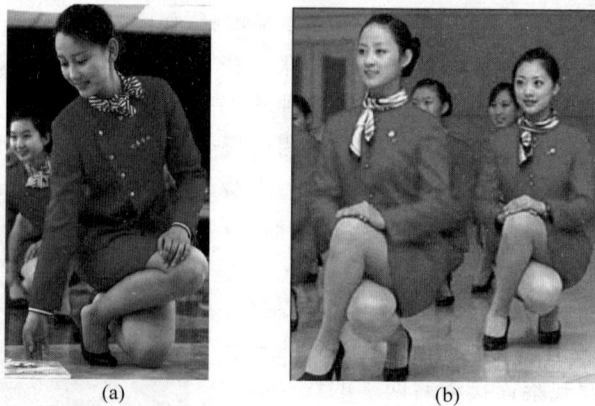

(a)　　　　　　　　　　　(b)

图 1-7　蹲姿

6. 手势训练

手势的基本要领:指人、物和方向时,应当是手掌自然伸直,掌心向上,手指并拢,拇指自然稍稍分开,手腕伸直,使手与小臂成一直线,肘关节自然弯曲,指向目标。五指伸直并拢;腕关节伸直;掌心斜向上方;身体稍前倾,肩下压。要目视来宾,面带微笑,如

图 1-8 所示。一般而言,1m 左右的指引距离,腰部以下高度;2~5m 的指引距离,采用中位,手同胸部位水平;5m 以外则采用高位,手位高于肩与眼部之间。打招呼时应通过手臂摆动、摇晃来指示。

握手姿势如图 1-9 所示。

图 1-8 引领手势

图 1-9 握手姿势

【项目考核】 按表 1-2 所列项目进行员工仪态考核。

表 1-2 员工仪态考核表

考核项目	标准分	得分	扣分	考核项目	标准分	得分	扣分
站姿	10			引领手势	10		
坐姿	10			递送物品	10		
行姿	10			握手姿势	10		
微笑	10			眼神	9		
蹲姿	10			总体印象	11		
总成绩							

考核时间: 考核人:

工作任务 3 服务语言

1. 餐饮服务用语规范

(1) 精确有效。要求服务语言准确。服务语言要尽量做到用词恰当,词语明了,表达准确;避免使用"大概""可能"等含糊词语。要使用健康、文雅、庄重的语言,杜绝粗俗、贬斥、挖苦、讽刺的语言。语句精练、语义清晰、用词准确、修辞得当,不要说空话、废话。

(2) 通俗易懂。语言要大众化,力求口语化。交谈时要谦逊、有礼貌;要使用礼节性、交往性、选择性、专业性语言,表达自己观点时尽量不要使用难懂的名词术语,特别是介绍产品时更要把话说得易懂、易了解。例如,一瓶饮料有多少毫升,就不能说是多少加仑或是多少磅。

(3) 清晰柔和的表达。礼貌语言的准则:得体、慷慨、谦逊、赞誉、一致、同情。语气柔和清晰,语速适中,语音洪亮自信。服务语言要使客人听起来感到亲切。说话时,吐字要清楚,语言要规范,音调要亲切、柔和。

服务"五声",即宾客来时有迎客声,遇到宾客有称呼声,受人帮助有致谢声,打扰宾客有致歉声,宾客离开时有送客声。了解方言土语,使客人感觉易于交往。

2. 称呼规范

称呼要求庄重、正式和规范。称呼准确,语气亲切柔和,语速适中,面带微笑,双目平视顾客。对于常客应使用职务、职称、学术、行业等称谓。例如,以职务进行称呼:李局长、张经理、马主任、刘科长等;使用学位头衔、专业技术职称的称呼:博士、律师、教授、工程师、会计师等含金量较高的职称或学位;使用行业称呼:警官、老师、医生、司机等。对于不熟悉的顾客使用泛尊称(按性别不同):先生、女士、小姐、夫人等。

3. 介绍

(1)自我介绍。介绍时要自然大方,表达清晰,同时要把握好分寸,力求简短、清晰、内容完整。

(2)介绍他人。把地位低者先介绍给地位高者;把年轻者(晚辈)先介绍给年长者(长辈);把男士先介绍给女士;把公司人员先介绍给客户;把未婚人士先介绍给已婚人士。

介绍时的姿态:应手掌心向上,五指并拢,胳膊向外微伸且斜向被介绍者。向谁介绍,眼睛应注视着谁(见图1-10)。

图1-10 介绍手势

(3)餐饮产品介绍。保持合适距离,介绍清楚,注意服务规范。如离得太近,容易将唾液飞溅到顾客身上或菜点上等。离得太远,顾客不易听清。

(4)注意礼貌,使用礼貌用语。使用敬辞,如"××小姐,请允许我向您介绍,这是……"较随便的介绍,如"××先生,我来介绍一下,这是……"

特别提示:

(1)要尊重客人的隐私。五不问:不问年龄、不问婚否、不问经历、不问收入、不问健康。六不谈:不要非议党和政府(维护国家的形象和尊严);不要涉及国家秘密与商业秘密;不要非议交往对象;不在背后议论领导、同行和同事;不谈论格调不高的话题(如凶杀、暴力、小道消息)不涉及个人隐私。

(2)常见的服务忌语不可用。不可不尊重客人:面对残疾的客户,切忌使用"残废"这个词和一些不尊重残疾人的词语,诸如"傻子""侏儒""瞎子""聋子""瘸子"等;接待体形不太理想的人士时,比如胖人说"肥"、个子低说"矮"都是大忌。对客人应一视同仁,绝不能说:"你住得起吗?",甚至小声嘀咕:"没钱还来干什么""一看就是穷光蛋"等。

【项目考核】 按表1-3所列项目进行员工服务语言考核。

表1-3 员工服务语言考核表

考核项目	标准分	得分	扣分	考核项目	标准分	得分	扣分
表达准确性	10			表情	10		
音量	10			目光	10		
态度	10			称呼	10		
语气	10			介绍	10		
语调	9			总体印象	11		
总成绩							

考核时间:　　　　　　　　　　　　　　考核人:

填写本任务实训评价表(见本书附录)。

1.2 餐饮位次安排及台形设计

任务导入

小胡是一家五星级酒店宴会部的新员工。最近酒店接到了承办一场商务宴的任务，宴会部经理为了考查小胡的工作能力，将宴会厅台形的布置任务交给了她。这个宴会是某酒业集团的客户答谢宴会，共 25 桌。

思考：那么，小李该如何设计这次宴会的台形呢？

工作任务 4 餐饮位次安排

位次是指同一餐桌上的席位高低。席位的排列是一项十分重要的内容，它关系到来宾的身份和主人给予对方的礼遇，所以受到宾主双方的同等重视。

1. 中餐位次排列

中式宴会的席次安排如图 1-11 所示。

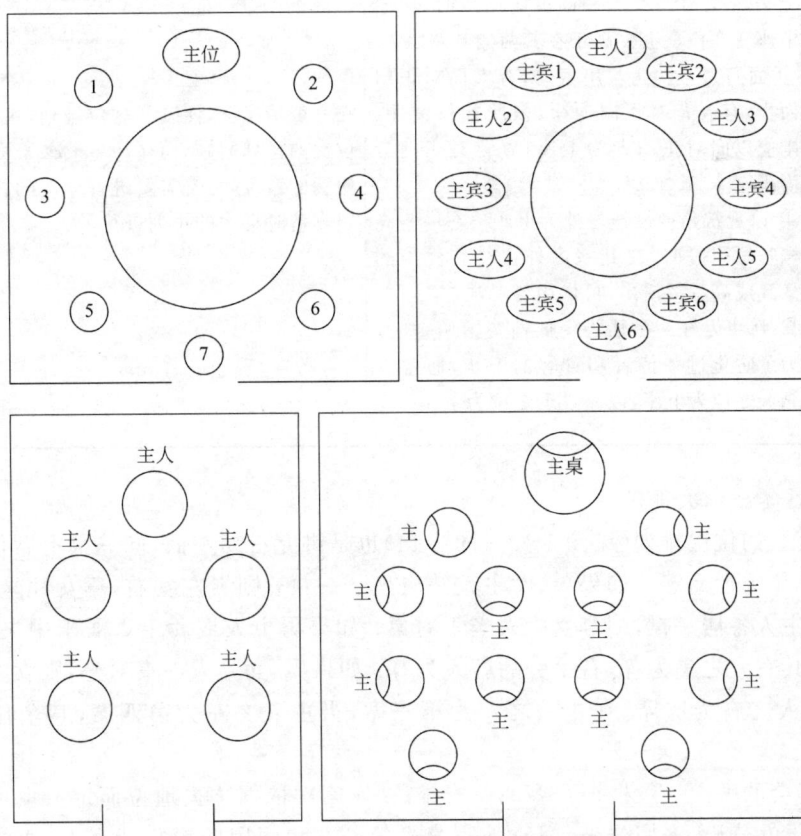

图 1-11 中式宴会的席次安排

中餐位次安排要求如表 1-4 所示。

表 1-4　中餐位次安排要求

项目训练	操 作 规 范	质量标准或要求
中餐宴请位次安排	排列位次的基本方法有以下四种，它们往往会同时发挥作用 方法一，主人大都应当面对正门而坐，并在主桌就座。方法二，举行多桌宴请时，各桌均应有一位主人的代表在座，也称各桌主人。其位置一般应与主桌主人同向，有时也可以面向主桌主人。方法三，各桌位次的尊卑，根据其距离该桌主人的远近而定。以近为上，以远为下。方法四，讲究以右为尊，通常以主人面向为准。其右为尊，其左为卑	安排的用餐人数一般 10～12 人/桌，以双数为宜。人数如果过多，不仅不容易照顾，而且也比较拥挤。圆桌上位次的具体排列又可分为两种情况。第一种情况，叫作每桌一个主位的排列方法。其特点是每桌只有一名主人，主宾在其右首就座，每桌只有一个谈话中心。第二种情况，叫作每桌两个主位的排列方法。其特点是主人夫妇就座于同一桌，以男主人为第一主人，以女主人为第二主人，主宾和主宾夫人分别在男女主人右侧就座。每桌在客观上形成了两个谈话中心
中餐便餐席位排列	① 右高左低。当两人一同并排就座时，通常以右为上座，而左为下座 ② 中座为尊。三人一同就座用餐时，居于中座者在位次上要高于在其两侧就座之人 ③ 面门为上。倘若用餐时，有人面对正门而坐，有人背对正门而坐，依照礼仪惯例，则应以面对正门者为上座，以背对正门者为下座 ④ 以观赏角度最佳之处为上座。在一些高档餐厅用餐时，在其室内外往往有优美的景致或高雅的演出，可供用餐者观赏 ⑤ 临墙为好。在某些中低档餐馆用餐时，为了防止过往侍者和食客的干扰，通常以靠墙之位为上座，以靠过道之位为下座	在一般情况下，便餐的席位排列，主要涉及是位次的排列问题，而往往与桌次无关；在排列便餐的席位时，若需要进行桌次的排列，可参照宴请时桌次的排列进行

2. 西餐宴会位次排列

西式宴会的位次排列（见图 1-12～图 1-14）也是讲究右高左低，同一桌上席位高低以距离主人座位远近而定。如果男、女主人并肩坐于一桌，则男左女右，尊女性坐于右席；如果男、女主人各居一桌，则尊女主人坐于右桌；如果男主人或女主人居于中央之席，面门而坐，则其右方之桌为尊，右手旁的客人为尊；如果男、女主人一桌对坐，则女主之右为首席，男主人之右为次席，女主人之左为第三席，男主人之左为第四席，其余位次依序而分。

西式宴会的席次一般根据宾客地位安排，女宾席次依据丈夫地位而定。也可以按类别分坐，如男女分坐、夫妇分坐、内宾外宾分坐等。在我国用西餐宴请客人，通常采用按职务高低男女分坐的方式。

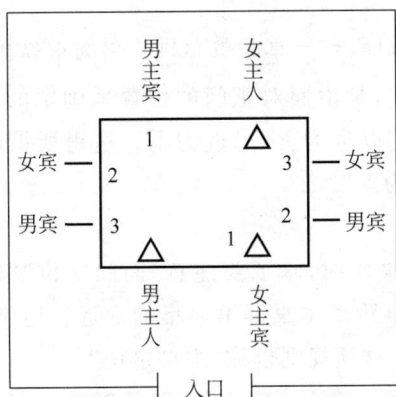

（男主宾面对男主人而坐，夫妇斜角对坐）

图 1-12　西式宴会方桌座位排法

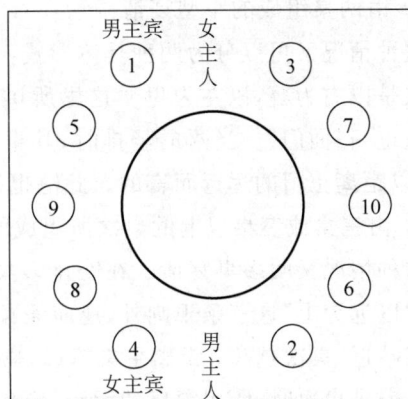

（男主人与女主人对坐，首席在女主人之右）

图 1-13　西式宴会圆桌座位排法

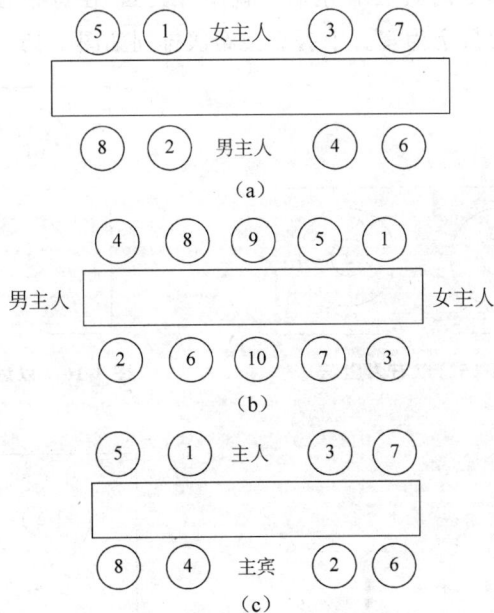

（a）

（b）

（c）

图 1-14　西式宴会长桌座位排法

工作任务 5　宴会台形设计

举办正式宴会，应当提前排定桌次和席次，或者只排定主桌席位，其他只排桌次。桌、席排次时，先定主桌主位，后排座位高低。

1. 中式宴会的桌次安排

中式宴会通常 8～12 人一桌，人数较多时也可以平均分成几桌。在宴会不止一桌时，要安排桌次。排列圆桌的尊卑次序，一般会遇到以下两种情况。

1) 由两桌组成的小型宴请

这种情况又可以分为两种具体形式：一是两桌横排，二是两桌竖排。当两桌横排时，其桌次是以右为尊，以左为卑。这里所讲的右与左，是由面对正门的位置来确定的。这种做法也叫"面门"。当两桌竖排时，其桌次则讲究以远为上，以近为下。这里所谓的远近，是以距离正门的远近而言的。此法也称"以远为上"。

2) 由三桌或三桌以上的桌次所组成的宴请

这种情况又叫多桌宴请。在安排多桌宴请的桌次时，除了要注意"面门定位""以右为尊""以远为上"这三条规则外，还应兼顾其他各桌距离主桌即第一桌的远近。通常，距离主桌越近，桌次越高；距离主桌越远，桌次越低。这项规则也称"主桌定位"。

在安排桌次时，所用餐桌的大小、形状大体相仿。除主桌略大外，其他餐桌不宜过大或过小。为了确保在宴请时赴宴者及时、准确地找到自己所在的桌次，可采用以下四种辅助方法。其一，在请柬之上注明对方所在的桌次。其二，在宴会厅入口悬挂宴会桌次排列示意图。其三，安排专门人员引导来宾就座。其四，在每张餐桌上摆放桌次牌。在桌次牌上，以书写阿拉伯数字为宜。中餐宴会席次排列如图1-15～图1-18所示。

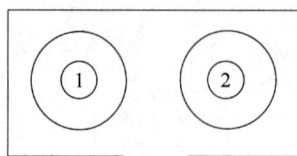

图 1-15　以右为上法　　　　　　　图 1-16　以远为上法

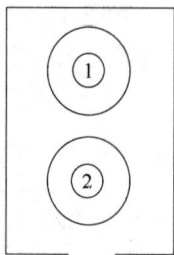

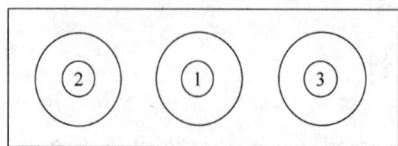

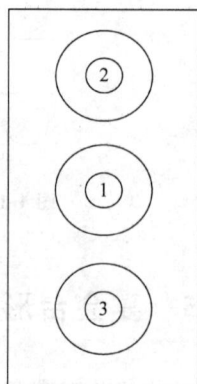

图 1-17　居中为上法

（1）以右为上。当餐桌分为左右时，以面门为据，居右之桌为上。

（2）以远为上。当餐桌距离餐厅正门有远近之分时，以距门远者为上。

（3）居中为上。多张餐桌并列时，以居中央者为上。

（4）交叉使用排列规则。在桌次较多的情况下，上述排列常规往往交叉使用，注意其他桌与主桌间的距离。

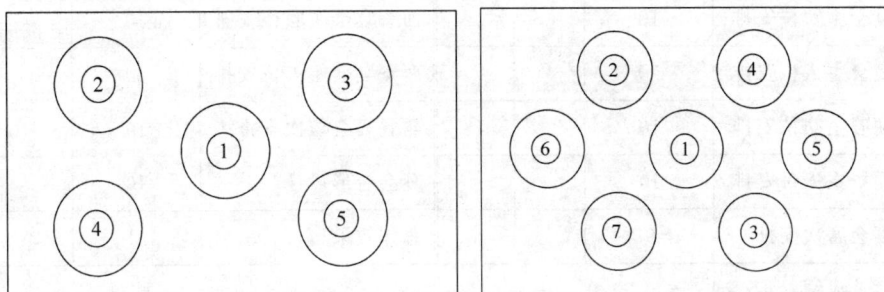

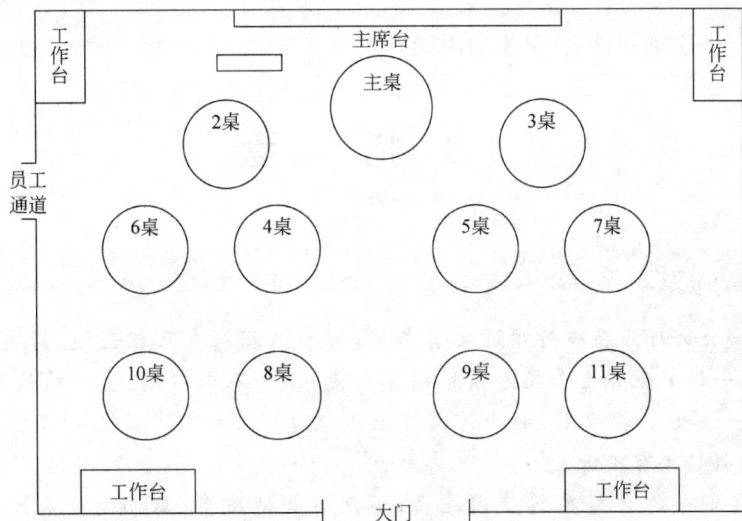

图 1-18　交叉法

2. 西餐宴会桌次排法

西式宴会的餐桌习惯用长桌，或是根据人数多少、场地大小自行设置，如图 1-19 所示。

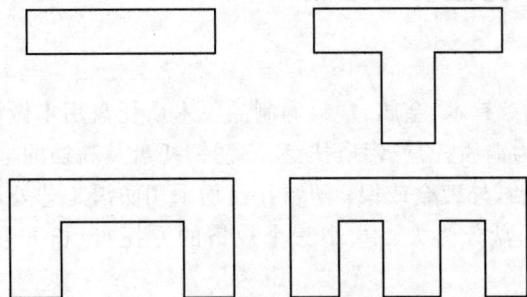

图 1-19　西餐宴会桌次排法

【项目考核】　按表 1-5 所列项目进行员工位次安排台形设计考核。

表 1-5　员工位次安排台形设计考核表

考核项目	标准分	得分	扣分	考核项目	标准分	得分	扣分
中餐宴会主宾位安排	10			西餐宴会主宾位安排	10		
中餐宴会主人位安排	10			西餐宴会主人位安排	10		
中餐便餐主宾位安排	10			西餐宴会位次安排	10		
中餐便餐主人位安排	10			宴会台形设计	10		
中餐宴会席次安排	9			总体效果	11		
总成绩							

考核时间：　　　　　　　　　　　　考核人：

填写本任务实训评价表(见本书附录)。

1.3　托　　盘

任务导入

　　某酒店宴会大厅正在举行欢迎记者午宴,百余名客人在互相交谈,舒缓的背景音乐响起。这时,一位男服务生手托着饮料向客人走来,一不小心,托盘上的饮料翻倒,全部洒在邻近的一位女记者身上,响声惊动了百余名客人,大家的目光一齐投向这位女记者……最终,引起顾客投诉。

　　思考:我们如何才能熟练使用托盘,运用自如地服务,从而减少和避免发生服务事故?

　　托盘服务是餐厅服务员在餐厅中用托盘送食物、饮料、餐具等的服务过程。在餐饮服务中,服务员常用左手托盘,右手为客人服务。

工作任务6　托盘前期准备

　　1. 认知托盘

　　(1) 按材料分,托盘有木、金属、塑料等制品。木质托盘用木做坯,外表用油漆进行彩绘;金属托盘又可分为铜质托盘、铝质托盘、不锈钢托盘及高档的金、银托盘。金、银托盘一般采用铜质金属做胎,外镀金或银;塑料托盘均采用防滑工艺处理。

　　(2) 按大小分,托盘分为大、中、小三个规格的方托盘、长方形托盘和圆形托盘,如图 1-20 所示。

　　① 大、中、小圆形托盘通常用于斟酒、送菜、分菜、展示饮品等,小圆盘使用的频率最高。

　　② 大、中方托盘通常用于装送菜点、酒水和盘碟等分量较重的物品。

③ 15cm×10cm 或直径为 15cm 的小银盘主要用来送账单、收款、递信件等小物品。

图 1-20　托盘

（3）按摆、换、用途分，大托盘用于端饭、送菜、酒水、饮料；中托盘用于撤餐具与剩酒、菜等；小托盘用于送茶、咖啡及盛放小礼品。

2. 了解托盘服务方式

托盘服务方式分为轻托服务和重托服务。

（1）轻托服务及要领。轻托又称为胸前托，指在餐厅服务中使用大小合适的托盘，为客人上菜、斟酒等运送物品的方法，因所托物品一般在 5kg 以下，也称为平托。左手臂自然弯成90°，掌心向上，五指分开稍弯曲，托住盘底，横托于胸前，行走时保持头正肩平，脚步轻捷，轻松灵活，右手臂有节奏地自然摆动，目视前方，如图 1-21 所示。

图 1-21　轻托服务

操作要领：左手臂自然弯曲成 90°，肘与腰部 5～10cm，大臂垂直，掌心向上，五指分开稍弯曲，使掌心微呈凹形。用五指指端和手掌根部"六个力点"托住盘底，使之平托于胸前，掌心不与盘底接触，利用五指的弹性控制盘面的平稳。托起前左脚超前，左手与左肘呈同一平面，用右手紧紧把盘拉到左手上，再用右手调整好盘内的物件。托盘平托于胸前，略低于胸部。

（2）重托服务及要领。重托多用于托较重的食品，指在餐厅中使用较大托盘，托运5kg 以上的菜点、酒水等物品的方法。五指分开用掌托住盘底，掌握好重心，用另一只手护持，将盘托至胸前，向上转动手腕，使托盘托稳于肩上。放盘时要弯膝，不能弯腰，走路时头正身直，保持托盘不晃动，身体不摇摆。目前多采用推车，重托用得较少。

操作要领：双手将托盘移至服务台边，使托盘 1/3 悬空。右手扶托盘将托盘托平，双脚分开呈外八字形，双腿下蹲，略成骑马蹲裆势，腰部略向前弯曲，左手伸开五指托起盘底，掌握好重心后，用右手协助左手向上用力将盘慢慢托起，在托起的同时，左手和托盘向上、向左旋转过程中送至左肩外上方，待左手指尖向后，托盘距肩部 2cm 处，托实、托稳后再将右手撤回呈自然下垂。托至盘子不靠臂、盘前不靠嘴、盘后不靠发。托盘一旦托起，要始终保持均匀用力，将盘一托到底，否则会造成物品的歪、撒、掉、滑的现象，并随时准备摆脱他人的碰撞，上身挺直，两肩平齐，注视前方，行走步履稳健平缓，肩部不倾斜，身不摆晃，遇障碍物绕而不停，起托后转，掌握重心，要保持动作表情轻松、自然。

工作任务 7　托盘服务程序

托盘服务程序如表 1-6 所示。

表 1-6　托盘服务程序

步骤	技能要求	操作规范	备注
理盘	根据运送菜肴、饮料、餐具等选择合适的托盘；垫上口布或垫巾防滑	① 将托盘整理干净——将托盘洗净、擦干,盘内铺上干净的盘布或口布并铺平拉直,使盘布与托盘对齐,增加摩擦力,可避免餐具在托盘中滑动,同时,增加了托盘的美观与整洁；防滑的托盘可以不铺口布② 检查是否完好无损——准备好垫布、专用擦布、垫碟等,检查所需运送酒水、餐具等物品是否齐全、干净；垫布的大小要与托盘相适应,垫布的形状可根据托盘形状而定,但无论是方形还是圆形垫布,其外露部分一定要均等,使整理铺垫后的托盘既整洁美观,又方便适用	整理托盘时应注意托盘的平整,因为有些托盘使用一段时间后,会出现变形,如金属类的托盘边沿容易变形；托盘的底变形不平,影响美观,这样的托盘在端托物品时有安全隐患；有些塑料托盘使用一段时间后容易出现变色或斑痕,一旦出现了清理不掉的斑痕,再继续用其为客人端送物品时,一是不雅,二是容易引起客人对器具的卫生安全的疑虑,因此,这类托盘应停止使用
装盘	根据物品的形状、体积和使用先后的顺序,合理安排	根据物品的形状、重量、体积和使用的先后次序合理装盘。在轻托服务中,将重物、高的物品放在托盘的里边(靠自身的边),先使用的物品与菜肴放在上层,或放在托盘的前部,后使用的物品放在下面或托盘的后部。重托服务根据需要可装入约10kg的物品,装入的物品应分布均匀	注重把物品按高矮大小摆放协调,切忌将物品无层次地混合摆放,以免造成餐具破损；装盘时还要使物与物之间留有适当的间隔,以免行走时发生碰撞而产生声响；重托往往端托汤汁较多的物品,做好清洁工作是非常重要的,只有及时将盘内的油污清洗干净,才能避免物体滑动造成事故
起托	保持托盘平稳,汤汁不洒、菜肴不变形	先将盘的一端拖至服务台外,保持托盘的边有15cm搭在服务台上。左手托住托盘底部,掌心位于底部中间,右手握住托盘边；如托盘较重,则先屈膝,双腿用力使托盘上升,然后用手掌托住盘底	动作一步到位,干净利落
行走	步法轻盈、稳健,上身挺直,略向前倾。视线开阔,动作敏捷,精力集中,精神饱满	托盘行进中,选用正确的步伐是托盘服务的关键,托盘行进步伐的选用应根据所托物品的需要而定：托起托盘行走时,要目视前方,身体端正,不要含胸弯腰。脚步要轻快匀称,步态稳健。行走的时候要注意控制所托物体的运动惯性,如果遇到情况需要突然停下来,应当顺手向前略伸减速,另一只手及时伸出扶住托盘,从而使托盘及托盘中的物品保持相对平稳。行走时要注意周围情况,能较好控制行走速度。要靠右行走,尽量走直线。在通过门时要特别小心,避免发生碰撞	① 常步,即常规步伐,指端送一般物品时,可选用常规步伐行走② 疾步,即快步,指端送火候菜肴或急需物品时,应选用较快的步伐,但快步不同于跑步,而是要求在稳中求快③ 碎步,即小步,指托盘服务中小步幅的中速行走,这种步伐适用于端送汤汁多的菜肴及重物品④ 垫步,又称辅助步,如端送物品到餐台前欲将所托物品放于餐台上时,应采用垫步⑤ 跑楼梯步,身体向前弯曲,重心向前,用较大的步距,一步跨两个台阶,一步紧跟一步,上升速度快而均匀,巧妙地借用身体和托盘运动的惯性,既快又节省体力

步骤	技能要求	操作规范	备　注
落托	动作轻缓，托盘平稳；保持托盘重心稳定、盘内物品不倾斜、不落地	卸盘时，用右手取走盘内所需物品，左手托盘应注意随着盘内物品的变化，用左手手指的力量来调整托盘重心，且应前后左右交替取用；托盘行走过程中，将托盘整个放到工作台上称为落托。落托时，应左脚向前，用右手协助左手把托盘小心推至工作台面，放稳后按照从外到内的顺序取用盘内物品	① 如果所托物品较轻，则可以用右手将物品从托盘中取下来递给客人，物品取走部分之后，餐厅员工应及时用右手对托盘位置或盘中物品进行调整，使托盘保持平衡 ② 如果托送的物品较为沉重，则可以将托盘放在邻近的空桌面或菜台上，然后将所托物品依次递给客人

特别提示：端托服务应注意的问题如下。

1. 端托姿势

端托姿势的正确与否直接影响服务人员的服务动作是否美观。端托姿势主要体现在起托及端托上。

起托时，正确的姿势是：服务员站于距操作台 30cm 处（按身高来调整距离），双脚分开，双腿屈膝，腰与臂呈垂直下坐势，上身呈略向前倾状站稳，伸出左手，掌心向上，指尖向前与操作台平行，伸出右手拉拿托盘的边缘，将托盘移向左手掌及小臂处，待托实后，双脚并拢并收回右手，同时身体恢复直立状，托盘起托后，大臂呈垂直状，大臂与小臂呈 90°角，使托盘置于身体左侧胸前。端托时，做到站稳、端平、托举到位、高矮适中。

2. 端托卫生

端托时要注意卫生。轻托时，所托物品要避开自己的鼻口部位，也不可将所托物品置于胸下。端托中需要讲话时，应将托盘托至身体的左外侧，避开自己的正前位。重托时，端托姿势要正确，托举到位，不可将所托物品贴靠于自己的头颈部位。

3. 端托安全

(1) 端托时，左手端托，右手下垂，除了起托和落托时右手扶托外，其他时间禁止右手扶托。右手扶托危害有三点：一是不雅观；二是容易遮挡行走视线；三是容易造成端托失误。

(2) 端托时，目光应平视前方，切勿只盯托盘；端托中需拿托盘内所托物品时，应做到进出有序，确保所托物品的平衡。

(3) 需用托盘垫布时，垫布置于托盘正中，四角下垂应相等，切勿偏铺，影响美观。

(4) 端托时，即使再急，也不能抢路，不能不让路，不能跑步行进。

【项目考核】 按表1-7所列项目进行托盘技能考核。

表1-7　托盘技能考核表

考核项目	标准分	得分	扣分	考核项目	标准分	得分	扣分
理盘	6			无碰撞声	6		
装盘	10			行走姿态	10		
起托	10			向后转身	10		
托盘位置	6			蹲下拣物	10		
托盘姿势	6			落托	10		
不倒物品	6			总体印象	10		
总成绩							

考核时间：　　　　　　　　　　　　考核人：

填写本任务实训考核表(见本书附录)。

1.4　铺　台　布

任务导入

某学院一年级学生小肖利用寒假期间到酒店实习,因酒店面临人员短缺的困境,小肖直接上岗,独立承担起对客服务的工作。第一天,餐厅的客人很多,有些客人在等待餐位,需要撤换餐台,小肖显得手忙脚乱,不知所措。无奈,她只得向一位资深服务员请教,才顺利地铺好台布。

思考：台布应该如何铺设? 怎样才能掌握这一基本服务技能?

工作任务8　铺台布前期准备

1. 认知台布

(1) 按台布的颜色分,有黄色、红色、绿色、白色、粉色等,大多数餐厅使用白色台布。

(2) 按台布的形状分,有圆形台布、正方形台布、长方形台布、异形台布等,常用方形台布。

(3) 按台布花形图案分,有提花、散花、团花、工艺绣花等,其中提花图案台布使用较多。

(4) 按台布的质地分,有化纤台布、塑料台布、纯棉台布、绒质台布等,其中纯棉台布吸湿性好,因此使用较多。

2. 掌握台布铺设方法

铺台布的要点：一是美观,二是适用。餐厅通常会使用亚麻布、棉或其他质料的台布。台布的铺设,给人一种豪华、柔和、宁静之感,且让餐厅感觉起来较具水准。在餐厅中,有许多不同尺寸及形式的桌子及桌布,而且洗烫过后也有多种不同的折叠方式。铺台布可为宾客提供一个舒适的就餐场所,也是餐厅服务工作中的基本要求。

(1) 确定桌子是坚固、符合标准及平衡的。

(2) 确定桌面的整洁。

（3）选台布，首先根据周围的环境选用合适的颜色和质地的台布，再根据桌台选择合适规格的干净台布。通常台布的规格有：180cm×310cm、260cm×260cm、240cm×240cm、220cm×220cm、180cm×80cm。

（4）铺设台布时，将台布摊开、盖过桌面。将台布上有折痕的部分抚平并调整其距离，使台布平衡于桌面。所有的边缘应该是平滑且平行底边，台布的边缘部分，应该总是垂下且面对地板的。

（5）有些服务生将白色的装饰布覆盖于台布上，使其在服务时，台布没有丝毫的污点、磨损。所以使用台布时，应于上面再覆盖一块布。最上层的那块布，是给客人看的装饰布，它覆盖过台布。它有两面：一面是好的，也就是面对客人的那面。有时因摆设的关系，客人仅看见一面。另一面是不好的，也就是有缝边的那一面。

（6）台布经送洗后，通常会折叠成四个部分像一个镜框。长的那面包括一个缝边、一个双面折叠及另一个缝边；其他面则有两个双面折叠。将双面折叠的那面，放在桌子较远的那一边，松开的那边，则朝向桌面中央，中缝正对正、副主人。

（7）用拇指和食指翻动顶端有缝边的部分，使之盖过桌子较远边而垂下，边缘需平坦无折痕。寻找余留的边，它应该在台布的底部。用拇指和食指，轻柔地朝自己的方向拉过来，随着台布的边缘垂下而盖过桌边。

工作任务 9　中式铺台布

1. 推拉式

推拉式方法适用于零点餐厅或较小的餐厅，或因有客人就座于餐台周围等候用餐时或在地方窄小的情况下进行铺台。推拉式铺台布操作要领见表 1-8。

表 1-8　推拉式铺台布操作要领

实训程序	动 作 要 领	常见问题
抖台布	铺设时应选取与桌面大小合适的台布，正身站于主人位，左脚向前迈一步，靠近桌边，上身前倾，将台布正面朝上打开，双手将台布向餐位两侧拉开	不在主人位站立
拢台布	用两手的大拇指与食指分别夹住台布的一边，其余三指抓住台布，台布沿着桌面向胸前合拢，身体朝前微弯	手法不规范
推台布	双手把台布沿桌面迅速用力推出，捏住台布边角不要松开	力量不够
台布定位	台布下落时，缓慢把台布拉至桌子边沿靠近身体处；调整台布落定的位置；用两手臂的臂力将铺好的台布十字取中，四角下垂均匀，台布鼓缝面朝上，中缝正对正、副主人席位	定位不准
放转盘	把转盘放在转轴上，转轴处在桌子正中心，用手测试一下转盘是否旋转正常	转盘检查不到位

2. 撒网式

全过程形如撒网，这种方法适用于宽大场地或技术比赛场合。撒网式铺台布时要求动作优美、干脆利落，技艺娴熟，一气呵成。撒网式铺台布操作要领见表 1-9。

表 1-9　撒网式铺台布操作要领

实训程序	动作要领	常见问题
抖台布	选好合适台布后,正身站于主人位,右脚向前迈一步,上身前倾,将台布正面朝上打开,双手将台布向餐位两侧拉开	拉台布力量不足
拢台布	将台布横折,折时双手拇指与食指分别夹住两端,然后食指与中指、中指与无名指、无名指与小指,按顺序从横折处夹起收拢身前,右臂微抬,呈左低右高式	右手过于平
撒台布	抓住多余台布提起至左或右肩后方,上身向左或右转体,下肢不动并在右臂与身体回转时,手臂随腰部转动并向侧前方挥动,台布斜着向前撒出去,双手除捏握台布边角的拇指和食指外,其他手指松开,将台布抛至前方时,上身同时转体回位	用力过大或不足;动作不协调
台布定位	台布下落时,拇指和食指捏住台布边角;当台布盖在台面上时,尚有空气未排出,台布会保持一会儿拱起,将台布平铺于台面,调整台布落定的位置;台布鼓缝面朝上,中线缝直对正、副主人席位,台布四角要与桌腿成直线下垂,四角垂直部分与地面等距,不许搭地,铺好的台布图案、花纹置于餐桌正中	定位不准
放转盘	把转盘放在转轴上,转轴处在桌子正中心,用手测试一下转盘是否旋转正常	转盘检查不到位

　　特别提示：餐厅中台布常见的规格有直径 2.2m、1.8m 和 1.3m。2.2m 台布适用于 10～12 人台,1.8m 台布适用于 6～8 人台,1.3m 台布可用于边长 85cm 的方台或直径为 85cm 的小圆台。

工作任务 10　西餐铺台布

　　1. 西餐便餐铺台
　　(1) 西餐一般使用长台,铺台由 2～4 名服务员分别站在桌子两侧,把第一块铺到位,再铺第二块。正面向上、中线相对、每边一致、台布两边压角部分做到均匀、整齐、美观。
　　(2) 铺台裙。用台裙把整个桌边围上一周,可提高餐厅的规格档次,使台面美观大方、高雅、舒适。
　　方法：先将台布铺好,再沿顺时针方向用桌卡固定台布,台布的褶要均匀平整。如需用针,针尖应向内,防止对客人造成伤害。
　　2. 西餐宴会铺台
　　西餐宴会铺台一般先用毡、绒等软垫物按台的尺寸铺台面,然后用布绳扎紧它,再铺宴会台布。宴会台布要熨平,台布一般用白色,一定要洁净。台布边垂下 30～40cm 即可。
　　【项目考核】　按表 1-10 所列项目进行铺台布技能考核。

表 1-10 铺台布技能考核表

项目考核	标准分	得分	扣分	项目考核	标准分	得分	扣分
操作位置	10			操作一次到位	12		
姿势规范	12			凸缝朝上,对准主人位	6		
方法得当	12			转盘检查	8		
台布四角对齐	10			操作时间	9		
台布正面向上	11			整体印象	10		
总成绩							

考核时间: 考核人:

填写本任务实训评价表(见本书附录)。

1.5 餐巾折花

任务导入

小肖实习的第二天,看到老员工餐巾花折叠得又好又快,非常羡慕,立即主动向老员工学习。

思考:餐巾花该如何折叠?如何摆放?

餐巾又称口布,是一种正方形布巾,边长从 40cm 到 65cm 不等,供客人用餐过程中使用。客人用餐时将餐巾平铺于腿上或衣襟上,可防止汤汁、酒水沾污衣服,同时也可擦嘴、擦手,起到清洁的作用。餐巾最早是叠成方形平放在盘中,以后渐渐发展为叠成各种造型插在杯中或放在盘中,供客人餐前欣赏,起到装饰美化桌面的作用。

餐巾折花是餐前的准备工作之一,主要工作内容是餐厅服务员将餐巾折成各式花样,插在酒杯或水杯内,或放置在盘碟内,供客人在进餐过程中使用。餐巾花的摆设不仅能反映出宴会的主题,而且能给人以美的享受(见图 1-22)。

图 1-22 餐巾折花

工作任务 11 餐巾花折叠前期准备

1. 认知餐巾类型

(1)按质地分。餐巾可分为棉织品和化纤织品。棉织品餐巾吸水性较好,去污力强,浆后挺括,造型效果好,但只折叠一次,效果才最佳。化纤织品色泽艳丽,透明感强,富有弹性,如一次造型不成,可以二次造型,但吸水性差,去污力不如棉织品。

(2)接颜色分。餐巾颜色有白色与彩色两种。白色餐巾给人以清洁卫生、恬静优雅之感。它可以调节人的视觉平衡,安定人的情绪。彩色餐巾可以渲染就餐气氛,如艳红、大红餐巾给人以庄重热烈的感觉;橘黄、鹅黄色餐巾给人以高贵典雅的感觉;湖蓝色在夏天能给人以凉爽、舒适之感。

(3) 按摆放方式分。餐巾摆设可分为杯花和盘花两种。杯花属中式花形,杯花需插入杯中才能完成造型,出杯花形即散。由于折叠成杯花后,在使用时其平整性较差,也容易造成污染,所以目前杯花已较少使用,但作为一种技能,在餐厅服务中仍存在。盘花属西式花形,盘花造型完整,成型后不会自行散开,可放于盘中或其他盛器及桌面上。盘花因简洁大方,美观适用,所以呈发展趋势,将逐渐取代杯花在中餐装饰中的地位。

(4) 餐巾折花造型种类。

花草类:牡丹、马蹄莲、荷花、兰花、马兰花、玉兰花、仙人掌、灵芝草等。

飞禽类:凤凰、孔雀、鸽子、鸵鸟、云雀、金鸡、仙鹤、大雁、小燕、喜鹊、海鸥、鸳鸯、大鹏等。

蔬菜类:冬笋、白菜、卷心菜等。

走兽类:长颈鹿、熊猫、松鼠、玉兔等。

昆虫类:蝴蝶、蜜蜂、青蛙、蜗牛、蝉等。

鱼虾类:龙虾、金鱼等。

实物选型类:火箭、扇子、领带等。

2. 选择餐巾折花造型

(1) 根据宴会的规模选择花形。大型宴会可选择简洁、挺括的花形。可以每桌选两种花形,使每个台面花形不同,台面显得多姿多彩。如果是1～2桌的小型宴会,则可以在一桌上使用各种不同的花形,也可以2～3种花形相间搭配,形成既多样又协调的布局。

(2) 根据宴会的主题选择花形。主题宴会因主题各异,形式不同,所选择的花形也不同。

(3) 根据季节选择花形。选择符合时令的花形以突出季节的特色,也可以有意地选择象征一个美好季节的一套花形。

(4) 根据宗教信仰选择花形。如果是信仰佛教的,勿叠动物造型,宜叠植物、实物造型。信仰伊斯兰教的,勿用猪的造型等。

(5) 根据宾客风俗习惯选择花形。如日本人喜樱花、忌用荷花,美国人喜山茶花,法国人喜百合花,英国人喜蔷薇花,委内瑞拉人喜兰花等。

(6) 根据宾主席位选择花形。宴会主宾、主人席位上的花称为主花。主花一般选用品种名贵、折叠细致、美观醒目的花,达到突出主人、尊敬主宾的目的。如在接待国际友好人的宴会上,叠和平鸽表示和平,叠花篮表示欢迎;为女宾叠孔雀表示美丽;为儿童宾客叠小鸟表示活泼可爱,使宾主均感到亲切。

总之,要根据宴会主题,设计折叠不同的餐巾花。要灵活掌握,力求简便、快捷、整齐、美观大方。

3. 餐巾折花基本要求

(1) 操作前要洗手消毒。操作时不允许用嘴咬。

（2）在干净的托盘中操作，简化折叠方法，一次成形。

（3）放花入杯时，要注意卫生，手指不允许接触杯口，杯身不允许留下指纹。造型美观、高雅，气氛和谐。餐巾折花放置在杯中高度的 2/3 处为宜。

（4）适应国内外发展趋势。

工作任务 12　餐巾折花技法

餐巾折花技法见表 1-11。

表 1-11　餐巾折花技法

手法	说　明	要　领
叠	叠是最基本的餐巾折花手法，几乎所有的造型都要使用；叠有折叠、分叠两种	叠就是将餐巾一折为二，二折为四，或折成三角形、长方形、菱形、梯形、锯齿形等形状。叠时要熟悉造型，看准角度一次叠成，如有反复，就会在餐巾上留下痕迹，影响挺括。叠的基本要领是找好角度一次叠成
卷	分直卷和螺旋卷两种，直卷餐巾两头要卷平。螺旋卷可折成三角形，餐巾边要参差不齐	卷是用大拇指、食指、中指三个手指相互配合，将餐巾卷成圆筒状。直卷有单头卷、双头卷、平头卷，直卷要求餐巾两头一定要卷平，只卷一头，或一头多卷，另一头少卷，会使卷筒一头大，一头小。不管是直卷还是螺旋卷，餐巾都要卷得紧凑、挺括，否则会因松软无力、弯曲变形而影响造型。卷的要领是卷紧、卷挺
翻	餐巾折制过程中，上下、左右、前后、内外改变部位的翻折	操作时，一手拿餐巾，另一手将下垂的餐巾翻起一只角，翻成花卉或鸟的头颈、翅膀、尾等形状。翻花叶时，要注意叶子对称，大小一致，距离相等。翻鸟的翅膀、尾巴或头颈时，一定要翻挺，不要软折。翻的要领是注意大小适宜，自然美丽
拉	在翻的基础上使餐巾造型挺直而采取的手法	一般在餐巾花半成形时进行，把半成形的餐巾花攥在左手中，用右手拉出一只角或几只角来。拉的要领是大小比例适当、距离相等、用力均匀，造型挺括
捏	主要用于做鸟与其他动物的头	捏住鸟颈的顶端，食指向下，将餐巾一角顶端的尖角向里压下。捏主要用于折鸟的头部造型。操作时先将餐巾的一角拉挺做颈部，然后用一只手的大拇指、食指、中指三个指头捏住鸟颈的顶端，食指向下，将巾角尖端向里压下，用中指与拇指将压下的巾角捏出尖嘴状，作为鸟头。捏的要领是棱角分明，头顶、嘴尖到位
穿	用筷子等工具从餐巾夹层折缝中穿过，形成皱褶，使之饱满、富有弹性、逼真的一种方法	将餐巾先折好后攥在左手掌心内，右手拿筷子，用筷子小头穿进餐巾的褶缝里，另一头顶在自己身上，然后用右手的大拇指和食指将筷子上的餐巾一点一点向后拨，直至把筷子穿出餐巾为止。穿的要领是穿好的褶裥要平、直、细小、均匀。穿好后先把餐巾花插入杯子内，然后再把筷子抽掉，否则容易松散。根据需要，一般只穿 1～2 根筷子

续表

手法	说　明	要　领
折	折是打褶时运用的一种手法；折就是将餐巾叠面折成褶裥的形状，使花形层次丰富、紧凑、美观	打褶时，用双手的拇指和食指分别捏住餐巾两头的第一个褶裥，两个大拇指相对成一线，指面向外；再用两手中指接住餐巾，并控制好一个褶裥的距离。拇指、食指的指面握紧餐巾向前推折至中指外，用食指将推折的褶裥挡住，中指腾出去控制下一个褶裥的距离，三个手指如此互相配合。可分为直线折和斜线折两种方法。两头一样大小的用直线折，一头大一头小或成半圆形或圆弧形的用斜线折。折的要领是折出的褶裥均匀整齐
掰	一般用于花的制作，如月季花等	① 按餐巾叠好的层序，用右手按顺序一层一层掰出作花瓣 ② 掰时不要用力过大，掰出的层次或褶的大小距离要均匀
攥	使叠出的餐巾花半成品不易脱落走样而采用的方法	① 用左手攥住餐巾的中部或下部 ② 用力操作其他部位，攥在手中的部分不能松散

特别提示：餐巾花插入杯中的注意事项如下。

（1）餐巾花要恰当表达含义。

（2）插时要保持花形的完整。

（3）杯内部分也应线条清楚。

（4）插花时要慢慢顺势插入，不能乱插乱塞或硬性塞入，以防杯口破裂。

（5）插入后，要再整理一下花形，盘花则要摆正摆稳，挺立不倒。

【技能训练】　按表1-12的提示进行餐巾折花。

表 1-12　餐巾折花

实训项目	餐巾折花技能训练
实训要求	① 掌握餐巾折花的9种技法 ② 掌握5种杯花的折叠方法 ③ 了解餐巾花的选择和应用 ④ 培养良好的审美意识
实训材料	餐巾10张、水杯、骨碟、托盘、折花垫盘等
实训内容与步骤	（1）杯花的折叠 ① 每人取餐巾5张 ② 折叠5种不同的杯花，并按中餐正式宴会摆放餐巾花 ③ 从主人位开始逐一报花名，并介绍每一种花的应用范围和含义 （2）盘花的折叠 ① 每人取餐巾5张 ② 折叠5种不同的盘花，并按宾主顺序依次摆放 （3）餐巾花识别及应用训练 由一名同学折叠10种不同的餐巾花，盘花、杯花均可，由另一位同学分别报出花名，及每一种花代表的意义和用途 （4）餐巾花折叠速度测试 按要求分别在指定时间内折出指定的10种餐巾花，测试学员折叠速度，要求花形逼真、造型优美、摆放达标

续表

备注	(1) 课堂教学完,应观看餐巾花折叠教学 VCD,跟着光盘复习餐巾花的折法 (2) 为提高学习兴趣,可自由组合,分组进行餐巾折花比赛,评出折花能手 (3) 指定尽可能包括所有折叠技法的花形,以便学员更好地掌握 9 种折叠技法

工作任务 13　餐巾花的摆放

餐巾是餐桌上的普通用品,餐巾折花则是一项艺术创作,它可以烘托宴会的气氛,增添宴会艺术效果,因此餐厅服务员要掌握餐巾折花摆放的基本要求(见图 1-23 和图 1-24)。

图 1-23　盘花

图 1-24　杯花

1. 突出主位

宴会上,主宾席位上的餐巾折花被称为主花,一般要选择品种名贵、折叠精细、美观醒目的花形,以达到突出主位、尊敬主宾的目的。

2. 注意协调性

餐巾折花的协调性是指无论是大型还是小型宴会,除主位外的餐巾折花要高矮一致,大小一致,要把一个台面或一组台面当作一个整体来布置。一般主位的餐巾折花与其余的不同。

当只有一桌的宴会上选用各不相同的花形时,主花要明显。如果选择的花形都是比较矮的,则与主花高低相差不能太多。除了主花外,如果还有高低差别较大的花形,则要以主花为主,其余花形高的不能超过主花,同时要高矮相间布置,使整个台面整体协调一致,不要将高的花与矮的花挤在一起摆放。

特别提示:插摆时的注意事项如下。

(1) 主花插摆在主人位,突出主人座位,和其他餐巾花一起要高低均匀,错落有致。

(2) 一般的餐巾花则插摆在其他宾客席上。

(3) 不同品种的花形同桌摆放时要位置适当,将形状相似的花形错开并对称摆放。

（4）插摆餐巾花时，要将其观赏面朝向宾客席位，适合正面观赏的要将正面朝向宾客，适合侧面观赏的要选择一个最佳观赏角度摆放。

（5）各种餐巾之间的距离要均匀，整齐一致。

（6）餐巾花不能遮挡台上用品，不要影响服务操作。

（7）插摆好餐巾花后，要仔细检查一遍，发现问题及时纠正。

【项目考核】 按表1-13所列项目进行餐巾折花技能考核。

表1-13 餐巾折花技能考核表

考核项目	应得分	扣分	各花评分	应得分	扣分
操作卫生	5		1	5	
花形种类	5		2	5	
花形难度	10		3	5	
花形名称	10		4	5	
基本技法	10		5	5	
总体效果	10		6	5	
时间(8分钟) 每提前30秒加1分 每超时15秒减1分	加： 减：		7 8 9 10	5 5 5 5	
总成绩					

考核时间：   考核人：

填写本任务实训评价表（见本书附录）。

1.6 餐前准备

任务导入

广州一家酒店因升级改造需要，目前处于边施工、边营业的阶段，因而酒店的整个外围环境不如以前。

8月的一天，5号楼宴会大厅有一个生日宴，10点多钟，女主人就和几个亲戚朋友先到了。可是，女主人走到宴会大厅门口心里就感觉有点不舒服，由于施工，正门已经封起来了，客人进出只能走背面的小门。虽然预订时餐厅人员跟客人沟通过，但当客人真正看到现场时心里觉得很别扭。走进小门有一条走廊，当时灯还没开，有点暗，再加之当天刚下过雨，走廊上有许多脚印，女主人一行看到此情景，都在七嘴八舌地埋怨，餐厅服务员见状随即把走廊灯开了，把地上也拖干净了。但是，最终女主人还是坚持要找餐厅经理理论……

思考： 服务员餐前要做哪些准备？

工作任务 14　餐前准备

1. 任务分配

在接待客人之前的餐前例会上,餐饮管理负责人要向所有员工分配任务(见图 1-25),具体包括以下内容。

(1) 各员工负责的工作区域,该区域的具体任务。

(2) 各区域负责接待的客人情况及预订情况、客人的生活习惯和提出的特殊要求。

(3) 服务员需要重点推荐的菜品、特色菜、特价菜及菜品的制作方法、口感、适用人群、功效等。

(4) 服务员需要重点推荐的酒水、特色酒水、特价酒水及酒水的制作方法、口感、适用人群、功效等。

图 1-25　餐前准备

2. 餐厅准备工作

餐厅开门营业前,服务员有许多工作要做。首先是接受任务分配,了解自己的服务区域,然后检查服务工作台和服务区域,熟悉菜单及当日的特色菜,了解重点宾客和特别注意事项等,充分的餐前准备是良好的服务、有效经营的重要保证,因此是不可忽视的重要一环。

具体工作如下。

(1) 清洁卫生。每天开餐前,检查所管辖区域卫生是否达到规定的要求(参照管理手册中的卫生制度)。

(2) 安全。检查所管区域的灶具是否漏气,管道和管卡有无松脱现象,桌椅板凳是否完好无损。

(3) 准备餐具。按规定要求摆好台,即按每席 8 人计算摆好筷子、餐巾纸、味碟、茶杯、烟灰缸、牙签筒、调味盐、醋壶、味精。原则上餐巾纸、筷子带店招、店徽的一面向上,筷子平行摆放于餐巾纸上,牙签筒、醋壶等调味品统一放于餐桌的右上角,店徽一面面向客人,油碟茶杯同样如此,玻璃杯只能倒扣在干净的台布或垫子上,以保持杯品的卫生;在开始营业时,要将所有杯子正放过来,否则给人以餐厅仍未准备好的印象,摆好台后必须检查一次是否做到干净、齐全,并按照规格摆放。

(4) 物资的准备。检查所备用物品是否准备齐全,如果未准备齐全则应及时补充齐全,避免在服务过程因物资的欠缺引起服务上的不周。

(5) 准备餐柜。

(6) 检查其他设备是否运转正常。

3. 熟悉菜单

服务员应该对菜单上顾客可能问及的问题有所准备。对每一道菜的特点要能给予准确的答复和描述:使用的原料、调味品、制作方法、口味以及营养成分等。

餐点上每道菜是由菜名、价格和描述三部分组成的,而每部分都有其特殊的含义。现将设计的有关内容分述如下。

(1) 数量表示:食品和餐饮服务都有一个量的概念。菜单上食品的分量有用大、中、小表示的,如大杯可乐;有用数量表示的,如 kg、g 等;有用器皿表示的,如一碗汤、一杯茶;有用数量表示的,如三块炸鸡。服务员要非常清楚每一个菜品、饮料的数量表示。

(2)质量表示:食品和饮料的卫生要符合国家规定的卫生标准,如服务员要清楚里脊是指用猪牛等的里脊肉,服务员要清楚菜单上描述的每道菜的有关肉、鱼、禽、蔬菜品种部位的具体含义。

(3)价格表示:服务员要清楚菜单上的价格是否包含服务费、小费等。

(4)食品描述表示:服务员在正式服务前能够清楚地区分相似名称的食品之间的区别,如枫树糖浆和枫树味糖浆,冰牛奶和冰乳汁等。

(5)食品种类表示:餐单上很多食品都是用罐装、瓶装或冷冻的原料来烹调的,对这类食品的描述要正确,如冷冻橙汁绝不同于鲜橙汁,瓶装果汁不同于罐装果汁。

(6)食品功效:服务员要了解餐单上出现的每道菜品的烹调方法、口感、营养成分及适合使用的人群,并了解每道菜的功效,以便于向客人推荐菜品或在客人询问时给予最正确的解释。

4.餐前短会

在服务员基本完成各项准备工作,餐厅即将开门营业前,餐厅经理或领班负责主持短时间的餐前会,其作用在于:检查所有人员的仪容仪表,如头发、制服、工号牌、指甲、鞋袜的检查;使员工在意识上进入工作状态,营造营业气氛;再次强调当天营业的注意事项,重要客人的接待工作,以及提醒服务员注意一些已知的客人的特别要求;介绍当天菜点供应情况,即主要推荐菜品。

餐前短会结束后,值台服务员、引座员、收银员等前台服务人员迅速进入工作岗位,准备开门营业。

【项目考核】 按表1-14所列项目进行餐前准备考核。

表1-14　餐前准备考核表

考核项目	标准分	得分	扣分	考核项目	标准分	得分	扣分
任务分配	10			设备检查	6		
清洁卫生	12			熟悉菜单	12		
安全检查	10			餐前例会	10		
餐具准备	10			到岗迅速	8		
物资的准备	12			整体印象	10		
总成绩							

考核时间:　　　　　　　　　　　　考核人:

填写本任务实训评价表(见本书附录)。

1.7　点　　菜

任务导入

许先生带着客户到南京某星级饭店的餐厅吃烤鸭,7个人点了3只烤鸭,十几个菜,其中有一道"清蒸皖鱼"。由于忙,服务员忘记问客人要多大的鱼,就通知厨师去加工。

客人们喝着酒水,品尝着鲜美的菜肴和烤鸭,当鱼上来时,大家都吃了一惊,足有 3 斤重。"你们在点菜时应该问清客人要多重的鱼,加工前还应让我们看一看。这条鱼太大了,我们不要了,请退掉。"许先生毫不退让。

"先生,实在对不起。如果这鱼您不要,餐厅要扣我的工资,请您务必包涵。"服务员语气温和地恳求着。

"这个菜的钱我们不能付,不行就去找你们经理来。"小康插话道。最后无奈的服务员只好将鱼撤掉,并汇报领班,将鱼款划掉。

思考:服务人员究竟该如何进行点菜服务?

点菜是客人购买酒店餐饮产品的初始阶段,它关系到整个服务过程的成败。如果点菜的服务不周到,客人很可能会拂袖而去。服务人员需要掌握点菜的基本程序、基本要求和服务方法。

工作任务 15 点菜服务

1. 熟悉基本程序

客人对菜食的喜好程度不同,饮食习惯、方法不同,对餐厅供应产品的熟悉程度不同,对产品风味和产品价格的要求不同,这些都需要服务人员在点菜的过程中予以注意,并妥善解决。

点菜的基本程序从形式看比较简单,包括:递送菜单→等候点菜→点菜→记录菜名→确认。然而,要将这些程序有机地结合起来,达到让客人满意的效果,却不是一件简单的事情。

2. 领悟基本要求

从客人的要求和酒店餐饮服务的特点来看,点菜服务需要注意如下几点。

(1) 时机与节奏。在客人就座后几分钟内要及时点菜。

(2) 客人的表情与心理。特别是在开始点菜时,要做到细心观察"一看二听三问":"看",判断消费者特征,如看客人的年龄,举止情绪,是外地人还是本地人,是吃便饭、洽谈生意,还是宴请朋友。判断调剂口味是炫耀型还是茫然型,还要观察到底谁是主人,谁是客人。"听",听口音,判断地区或从顾客的交谈中了解其与同行之间的关系。"问",征询顾客饮食需要,作适当的菜点介绍。

(3) 认真与耐心。详细介绍、推荐,耐心听取客人的意见。

(4) 语言与表情。具有良好的语言表达能力,所谓良好的语言表达能力就是灵活、巧妙地运用能使顾客满意的语言。

(5) 知识与技能。

① 对菜品、酒水等产品知识要有充分的了解。

② 根据观察来判断宾客的要求。

③ 掌握业务知识与技能。

3. 掌握点菜服务方法

在客人点菜时，服务人员除了按基本程序和基本要求为客人服务外，还应具备灵活处理特殊问题的能力。这种能力是素质和修养的体现，是经验、技能和技巧的反映，是灵感和智慧的结晶。一般来讲，我们可以把点菜服务的方法归纳为以下几种。

（1）程序点菜法（熟记菜名，快而准地报出各种菜的名称）。程序点菜法即按照冷菜、热菜、酒水、主食的程序进行点菜。

（2）推荐点菜法（了解酒店特色菜、急推菜）。对于应时应季的菜肴，或是店内的招牌菜、创新菜可以给顾客以定向的推荐。

（3）推销点菜法。按顾客的消费动机来推销。

① 便饭，来餐厅吃便饭的顾客有各种情况，有的是外地顾客，因出差、旅游、学习而居住在本酒店，就近解决吃饭问题，有的居住在附近因某种原因而来餐厅用餐等。

这些消费者的要求特点是经济实惠，快吃早走，品种不要太多，但要求快，应主动介绍价廉物美的菜点，要有汤有菜，制作时间要短。

② 调剂口味，来餐厅调剂口味的顾客，大部分是慕名而来想品尝酒店的风味特色、名菜、名点或者专门是为某一道菜肴而来。在服务过程中要注意多介绍一些反映特色的菜肴，数量上要少而精。

③ 宴请，除结婚、庆寿等宴请以外，还有各种原因的宴请，如商务宴请等。这类宾客都要求讲究一些排场，菜肴品种要求丰盛，有的注意菜肴的精美、充足且在一定的价格范围之内。

④ 聚餐，如同事、朋友等聚在一起。他们要求热闹，边吃边谈，菜肴一般，品种丰富而不多，精细而不贵，有时每人点一个自己喜欢吃的菜，有的也喜欢配菜，要注意上菜速度不宜太快，应主动帮助加热。

推销菜肴的方法有以下几种。

① 形象解剖法。服务员在客人点菜时，把优质菜肴的形象、特点，用描述性的语言加以具体化，使客人产生好感，从而引起食欲，达到推销的目的。

② 利用第三者意见法。即借助社会上有地位的知名人士对某菜点的评价，来证明其高质量、合理的价格，值得购买。

③ 代客下决心法。当客人想点菜，有点犹豫，下不了决心时，服务员可以说："先生，这道菜我会关照师傅做得更好一点，保您满意。"

④ 提供选择法。针对有些客人求名贵或价廉的心理，为他们提供两种不同价格的菜点，供客人挑选，以此满足不同的需求。

（4）心理点菜法。

按顾客的特性来推销。

① 炫耀型。这类情感丰富，一般易感情用事，重友情，好面子，以炫耀富有和慷慨邀请朋友，甚至"打肿脸充胖子"，即便一个人也要点两三道菜，这类客人，不求快只求好。

② 茫然型。这类顾客多数是初次出门，还不习惯在外就餐，不知到哪个餐厅好，不知吃什么好，就餐知识和经验比较缺乏，随便找个地方就吃一顿。

③ 习惯型。这类顾客吃惯了食物并不一定有独特的风格，但由于长期食用，在决定

就餐时就形成一种心理惯性,习惯型的顾客行为表现偏好一种小吃,喜好于某一饭菜的风味,或信奉某一餐厅、某一厨师的声誉。在为这类顾客服务时,应注意与客人打招呼(最好是加姓)并可试问,某某先生还是和上次一样吗?

特别提示:点菜注意事项如下。

(1) 根据客人的心理需求尽力向客人介绍时令菜、特色菜、招牌菜、畅销菜。

(2) 客人点菜过多或有在原料、口味上重复、相似的菜肴时,记得及时提醒客人。点完菜以后应向客人复述一遍。

(3) 台号、桌数写清楚,名字也一并写上,海鲜写明做法,斤两,并且问询客人是否需要确认。

(4) 客人未到齐时,菜单上应注明(走菜),赶时间的客人应注明(加快),有特殊要求的客人,也应注明,如不吃大蒜、不吃糖、不吃辣、不吃花生油、不吃猪肉等。

小知识 1-1

传统的点菜方式纯属人工操作,手写点菜单、人工送单的方式工作强度大,效率低,直接影响到翻台率;而分单、传菜等环节越多越易出差错,直接影响服务质量和效率;烦琐复杂的财务核算工作,给客人用餐和餐厅管理都带来极大不便。因此,很多酒店及餐饮企业使用 PDA 移动点餐系统(见图 1-26)、触摸屏点餐系统、电子传菜系统等。

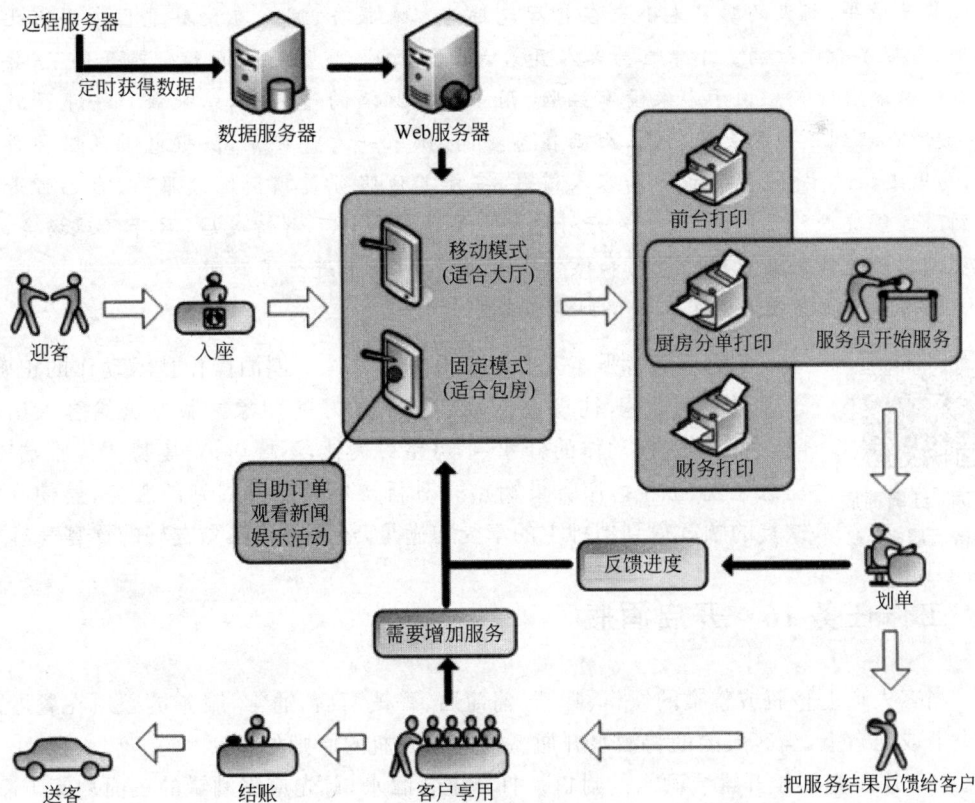

图 1-26　移动点餐系统

【项目考核】 按表1-15所列内容进行点菜技能考核。

表1-15　点菜技能考核表

考核项目	应得分	扣分	考核项目	应得分	扣分
递送茶水	8		服务时机与节奏	6	
递送毛巾	8		服务方法得当	8	
递送菜单点菜	10		菜单记录准确	10	
细心观察(看、听、问)	10		特色菜点推荐	8	
服务态度	9		重复确认	8	
菜品熟悉程度	7		整体印象	8	
总成绩					

考核时间：　　　　　　　　　　　　考核人：

填写本任务实训评价表(见本书附录)。

1.8　斟酒服务

任务导入

　　某天中午,新来的实习生小朱在餐厅包厢为客人服务,客人在用餐过程中喝得比较尽兴,自带了六瓶红酒。小朱在为客人开第六瓶红酒时,突然将红酒开瓶器开偏了,导致瓶口的玻璃有碎末。由于小朱没有经验,用手去撕红酒的塑料套,结果瓶口一下子就碎了,玻璃也扎到了她的大拇指上,血酒在备餐间,小朱一看吓哭了,隔壁包厢的服务员看到,马上汇报给主管,主管立即向客人道歉,安排其他服务员顶岗继续服务,自己带着小朱到附近医院进行了包扎,让小朱好好休息。餐饮部经理了解情况后,召开了现场会,培训员工正确地使用开瓶器的技巧和操作要求,酒店对小朱进行了慰问。

　　思考: 如何有效地为客人提供斟酒服务?

视频:红葡萄酒的侍酒服务

　　斟酒是餐厅服务工作的重要内容之一。斟酒操作技术动作的正确、迅速、优美、规范,往往会给顾客留下美好的印象。服务员给客人斟酒时,一定要掌握动作的分寸,不可粗鲁失礼,不要讲话,姿势要优雅端庄,注意礼貌、卫生。服务员娴熟的斟酒技术及热忱周到的服务,会使参加饮宴的顾客得到精神上的享受与满足,还可强化热烈友好的饮宴气氛。

工作任务 16　开启酒瓶

　　当客人点上整瓶或整罐的饮料、啤酒、葡萄酒、香槟酒后,通常,服务员必须在餐厅的餐桌上或吧台上,当客人的面将酒水开瓶。通常开酒瓶的原则如下。

　　(1) 用手直接拉开罐装酒水的封口。打开罐装酒水,首先应将酒罐的表面冲擦干净,擦干,左手固定酒水罐,用右手拉酒水罐上面的拉环,从而打开其封口。

（2）用开瓶起子打开瓶装啤酒和饮料。首先将酒水瓶擦干净，将啤酒瓶或饮料瓶放在桌子的平面上，左手固定酒水瓶，右手持开瓶起子，轻轻地将瓶盖打开。开瓶后，不要直接将瓶盖放在餐桌或吧台上，可放在一个小盘中，待开瓶后，撤走该小盘。

（3）用酒钻打开葡萄酒瓶。当顾客点上整瓶葡萄酒后，先将葡萄酒瓶擦干净。用干净的餐巾包住酒瓶，商标朝外，拿到客人的面前。让顾客鉴定酒的标签，经过客人认定酒的名称、出产地、葡萄品种及级别等符合自己所点的品种与质量后，再在客人面前打开葡萄酒。用小刀将酒瓶口的封口上部割掉，然后用干净的餐巾把瓶口擦干净。用酒钻从木塞的中间钻入，转动酒钻上面的把手，随着酒钻深入木塞，酒钻两边的杠杆会往上扬起，待酒钻刚刚钻透木塞时，两手各持一个杠杆同时往下压，木塞便会慢慢地从瓶中升出来（见图 1-27）。将葡萄酒的木塞递给主人，请主人通过嗅觉鉴定该酒（该程序用于较高级别的葡萄酒），再用餐巾把刚开启的瓶口擦干净。斟倒少许酒给主人品尝，注意手握酒瓶时，不要覆盖标签。待客人品尝后，从女士开始斟倒。酒钻（开酒器）有多种，开瓶方法略有差异，这里不一一介绍。

视频：酒标的解读

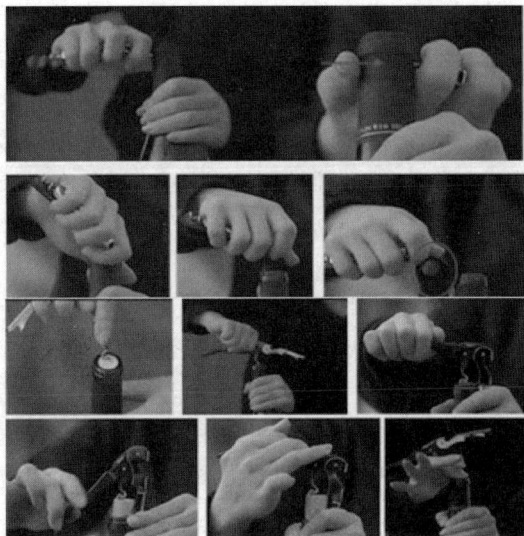

图 1-27 用酒钻打开葡萄酒瓶

（4）当客人点了香槟酒或葡萄汽酒时，首先将瓶子擦干净，然后放入冰桶中，连冰桶一起运送到主人右边方便的地方。将香槟酒从桶内取出，用餐巾将瓶子擦干，用餐巾包住瓶子，商标朝外，请主人鉴定。当主人认可后，将酒瓶放在餐桌上并准备好香槟酒杯，左手持瓶，右手撕掉瓶口上的锡纸。左手食指牢牢地按住瓶塞，右手除掉瓶盖上的铁丝及铁盖。瓶口倾斜约 45°，用右手持干净布巾紧紧包住瓶口，这时，由于酒瓶倾斜，瓶中会产生压力，酒瓶的木塞开始向上移动，然后，右手轻轻地将木塞拔出。注意瓶口不要朝向客人，以防木塞冲出（见图 1-28），用干净布巾将瓶口擦干净，先为主人斟倒少量的香槟酒，请主人品尝，得到主人认可后，从女士开始斟倒。

图 1-28 打开香槟酒

工作任务 17　斟酒姿势

斟酒姿势是指斟酒服务时，服务人员持酒瓶的手法、站立、行走及为顾客向酒杯中斟酒时的动作。斟酒姿势的优美来源于服务员广博的酒品知识、文化修养和表演才能。斟酒前的各项准备工作都应该做到毫无遗漏，斟酒的姿势应做到优美娴熟。

斟酒服务的基础：斟酒前，用干净的布巾将瓶口擦净。从冰桶里取出的酒瓶，应先用布巾擦拭干净，然后进行包垫。其方法是：用一块 50cm×50cm 见方的餐巾折叠六折成条状，将冰过的酒瓶底部放在条状餐巾的中间，将对等的两侧餐巾折上，手应握住酒瓶的包布，注意将酒瓶上的商标全部暴露在外，以便让客人确认。斟一般酒时，左手持一块折成小方形的餐巾，右手握瓶，即可进行斟酒服务。斟酒时用垫布及餐巾，都是为防止冰镇后酒瓶外易产生的水滴及斟酒后瓶口的酒液洒在客人身上。使用酒篮时，酒瓶的颈背下应衬垫一块大小适宜的布巾，以防止斟酒时酒液滴洒。

图 1-29　持瓶姿势

1. 持瓶姿势

持瓶姿势正确是斟酒准确、规范的关键。正确的持瓶姿势应是：右手叉开拇指，并拢四指，掌心贴于瓶身中部、酒瓶商标的另一方，四指用力均匀，使酒瓶握稳在手中。采用这种持瓶方法，可避免酒液晃动，防止手颤，如图 1-29 所示。

2. 斟酒力度

要活而巧。正确的用力方法是：双臂以肩为轴，小臂用力运用手腕的活动将酒斟至杯中。腕力用得活，斟酒时握瓶及倾倒的角度的控制就感到自如，腕力用得巧，斟酒时酒液流出的量就准确。斟酒及起瓶均应利用手腕的旋转来掌握。斟酒时忌讳大臂用力及大臂与身体之间角度过大，角度过大会影响顾客的视线并迫使客人躲闪。

3. 斟酒时的站姿

斟酒服务开始时，服务员先应呈直立式持瓶站立，左手背后，右手持瓶，小臂呈 45°向杯中斟时，上身略向前倾；当酒液斟满时，利用腕部的旋转将酒瓶逆时针方向转向自己身体一侧，同时左手迅速、自然地将餐巾盖住瓶口以免瓶口滴酒。斟完酒身体恢复直立状。向杯中斟酒时切忌弯腰、探头或直立。

工作任务 18　斟酒

1. 选好斟酒站位

斟酒服务时,服务员应站在客人的右侧身后。规范的站位是:服务员的右腿在前,插站在两位客人的座椅中间,脚掌落地,左腿在后,左脚尖着地呈后蹬势,使身体向右呈略斜式。服务员面向客人,右手持瓶,瓶口向客人左侧依次进行斟酒。每斟满一杯酒更换位置时,做到进退有序。退时先使左脚掌落地后,右腿撤回与左腿并齐,使身体恢复原状。再次斟酒时,左脚先向前跨一步,后脚跟上跨半步,形成规律性的进退,使斟酒服务的整体过程潇洒大方。服务员斟酒时,忌讳将身体贴靠客人,但也不要离得太远,更不可一次为左右两位客人斟酒,也就是说不可反手斟酒。

视频:葡萄酒斟酒

2. 选择斟酒方法

斟酒服务的姿势、站位都是有规律性的,但是,斟酒的方法、时机、方式往往需要掌握一定的灵活性。

斟酒方法常见的有以下几种。

(1) 桌斟。桌斟是指顾客的酒杯放在餐桌上,服务员徒手斟酒,即左手持餐巾,右手握酒瓶,把客人所需酒品依次斟入宾客酒杯中,向杯中斟酒。

① 站在客人右侧,右手五指张开,握住酒瓶卜部,食指伸直按住瓶壁,指尖指向瓶口,将右手臂伸出,右手腕下压,侧身向杯中倾倒酒水。

② 瓶口与杯沿需保持一定距离。斟一般酒时,瓶口应离杯口 2cm 左右为宜,切勿将瓶口搁在杯沿上或采取高注酒等错误方法。斟汽酒或冰镇酒时,二者则应相距 2cm 左右为宜。总之,无论斟哪种酒品,瓶口都不可沾贴杯口,以免有碍卫生及发出声响。

③ 斟酒完毕,将瓶口稍稍抬高,顺时针 45° 旋转,提瓶,再用左手的餐巾将残留在瓶口的酒液拭去,以防酒滴留在瓶口落在桌上、餐具上或客人身上。

(2) 捧斟。捧斟是指斟酒服务时,服务员站立于顾客右侧身后,右手握瓶,左手将酒杯捧在手中,向杯中斟满酒后,绕向顾客的左侧将装有酒液的酒杯放回原来的杯位。捧斟方式一般适用于非冰镇酒品。取送酒杯时动作要轻、稳、准,优雅大方。斟倒前,左手拿一条干净的餐巾将瓶口擦干净,右手握住酒瓶下半部,将酒瓶上的商标朝外显示给客人确认。

① 站在客人右边按先宾后主的次序斟酒,不能站在一个位置为左右两位宾客斟酒。一手握瓶,手握中部、商标向外,另一手将酒杯捧在手中,站在客人右侧,然后向杯内斟酒。

② 斟酒动作在台面以外的空间进行。

③ 斟好后放在客人的右手处。

(3) 托盘端托斟酒。托盘端托斟酒即将客人选定的几种酒放于托盘内,左手端托,右手取送,根据客人的需要依次将所需酒品斟入杯中。这种斟酒的方法能方便顾客选用。

3. 抓住斟酒时机

斟酒时机是指宴会斟酒的两个不同阶段:一个是宴会前的斟酒,另一个是指宴会进行中的斟酒。如果顾客点用白酒、红葡萄酒、啤酒,在宴会开始前五分钟之内将红葡萄酒和白酒斟入每位宾客杯中(斟好以上两种酒后就可请客人入座,待客人入座后,再依次斟啤酒)。如用冰镇的酒或加温的酒,则应在宴会开始后上第一道热菜前依次为宾客斟至杯中。宴会进行中的斟酒,应在客人干杯前后及时为宾客添斟,每上一道新菜后要添斟,客人杯中酒液不足一半时也要添酒。客人互相敬酒时要随敬酒宾客及时添酒。图1-30中依次为红葡萄酒、白葡萄酒、香槟酒和酒水车。

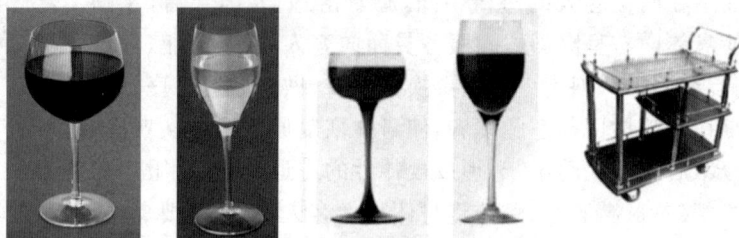

图1-30 红葡萄酒、白葡萄酒、香槟酒和酒水车

特别提示:斟酒的注意事项如下。

(1) 动作要大方优雅,注意卫生。桌斟时脚部要呈丁字形,左手背后。

(2) 忌瓶底朝天,忌左右开弓。

(3) 斟啤酒注意泡沫,斟倒速度要慢,酒液沿杯壁流下。

(4) 斟酒要不滴、不溢、不洒。

【技能训练】 按表1-16的提示进行斟酒。

表 1-16 斟酒

训练项目	操 作 规 范	质量标准或要求
自我介绍	开餐前,站立于副陪右后侧向客人做自我介绍,说:"对不起,打扰一下,很荣幸为大家服务,我是×××厅×××号的服务员,我叫×××,请多提宝贵意见"	语气亲切,面带微笑,语量适中
点酒水、香烟	根据客人的不同情况,主动介绍推销餐厅的酒水、香烟等商品,待客人选定后,重复所点烟酒	熟悉酒水知识,讲究推销艺术,说普通话
酒水展示	到吧台用托盘将烟酒拿至备餐台上,开启酒水前应将酒水展示给客人看,"先生/小姐,这是你们的酒水,现在可以开吗?"待客人同意后,方可开启	站于主人与主宾之间,商标朝向客人,展示酒水
斟酒水	①将酒水按里高外低、里重外轻的顺序放于托盘内;②左手托盘站立于客人右侧,上身略微前倾,左脚在后,右脚在前,问清客人所需酒水,右手持瓶底部1/3处,商标朝向客人,给客人斟酒水,在斟至一定程度时,微提酒瓶,同时旋转45°;③倒酒的顺序一般为葡萄酒、白酒、啤酒、饮料	①斟酒姿势正确,身体不碰餐具和客人,瓶口不碰酒杯,动作娴熟,酒液不洒、不外溅;②白酒斟八分满、啤酒泡沫不外溢、葡萄酒斟2/3、饮料8分满为宜;③使用礼貌用语,注意为客人点烟

【项目考核】　按表 1-17 所列项目进行斟酒技能考核。

表 1-17　斟酒技能考核表

考核项目	应得分	扣分	考核项目	应得分	扣分
点烟、酒	8		服务时机与节奏	7	
酒水展示	8		服务方法得当	8	
开瓶	10		斟酒标准	12	
斟酒顺序	10		斟酒站位	8	
服务态度	9		整体印象	8	
斟酒姿势	12				
总成绩					

考核时间：　　　　　　　　　　　　考核人：

填写本任务实训评价表(见本书附录)。

1.9　送餐服务

任务导入

　　一天晚上 6：30 左右,803 号房间李先生在客房打电话给餐饮预订台,要点几个菜送到房间内用餐。预订员小张记下了客人点的菜和房间号,但因为比较忙,忘记将菜单送到厨房。过了半个多小时以后,李先生打电话询问为什么菜还没有送到,这时小张才想到菜单还在桌上忘记送给厨房制作。客人很不高兴,要求给个说法,管理人员闻讯后立即到 803 号房间向客人道歉,并答应半小时内饭菜一定送到,另赠送一份水果表示歉意,最后取得了客人的谅解。

　　思考：如何有效地为客人提供送餐服务?

工作任务 19　客房送餐

1. 接受预订

(1) 礼貌应答客人的电话预订："您好,送餐服务,请问有什么需要服务的?"

(2) 详细问清客人的姓名、房号、用餐人数,要求送餐的时间以及所要的菜点,记录清楚,并复述一遍。

(3) 迅速通知厨房生产加工,将电话预订进行登记。

(4) 开好订单,并在订单上打上接定时间。

2. 准备工作

(1) 根据客人的订单开出取菜单。

(2) 根据各种菜式,准备各类餐具、布件。

(3) 按订单要求在餐车上铺好餐具。

（4）准备好菜（用保鲜膜包好保温或利用其他保温设施）、咖啡、牛奶、糖、调味品等。

（5）开好账单。

（6）个人仪表仪容准备。

3．检查核对

（1）领班认真核对菜肴与订单是否相符。

（2）检查餐具、布件及调味品是否洁净无渍无破损。

（3）检查菜肴点心的质量是否符合标准。所有饮品、食品均需加盖保洁。

（4）检查从接订至送达这段时间是否过长，是否在客人要求的时间内准时送达。一般早餐按客人要求的送餐时间 20 分钟内送入客房，午餐不超过 30 分钟，晚餐不超过 25 分钟。保证客人及时用餐。

（5）检查服务员仪表仪容。

（6）对重要来宾，领班要与服务员一起送餐进房，并提供各项服务。

（7）检查送出的餐具在餐后是否及时如数收回。

4．按时送餐

（1）使用饭店规定的专用电梯进行送餐服务。

（2）核对房号、时间。

（3）敲三下门或按门铃，自报家门并说明送餐服务已到，客人开门后问好，并请示客人是否可以进入："早上好／上午好／晚上好，先生／小姐，送餐服务，请问可以进去吗？"在征得客人同意后，方可进入房间。

（4）进入房间后，进入房间要将房门关成夹角 30°。询问客人餐车或托盘放在哪里："请×先生／小姐，餐车／托盘放在哪里？"主动报菜名，以便客人核对订单。

（5）按规定摆好餐具及其他物品，请客人用餐，并为客人拉椅。

（6）餐间为客倒茶或咖啡，提供各种需要的小服务。如客人还要了酒水，询问客人是否现在打开。

（7）请客人在账单上签字，向客人指点签字处，并核清签名、房号（或收取现金，当面点清）："请您在账单上签上您的姓名和房号。"在客人签完字，或现金结算时都要说声"谢谢"。

（8）问客人还有什么需要，如不需要，即礼貌地向客人道别。

（9）离开客房时，应面朝客人退三步，然后转身，出房时随手轻轻关上房门。

5．结束工作

（1）在登记单上注销预订，并写明离房时间。

（2）将来宾已签字的账单交账台。

（3）将带回的餐具送洗碗房清洗。

（4）清洁工作车，更换脏布件。

（5）领取物品，做好准备工作。

工作任务 20　送餐（外卖）

1．接受预订

（1）礼貌应答客人的电话、网络等方式的预订。

（2）详细问非住店客人的姓名、地址、联系方式、用餐人数，要求送餐的时间以及所要的菜点，记录清楚，并与客人确认。

（3）迅速通知厨房生产加工，对预订进行登记。

（4）开好订单，并在订单上打上接订时间。

2. 理解订单

仔细阅读订单，了解清楚外卖的地点、时间、外卖形式、人数、所需用品、设备及特殊要求等。

3. 列出用品清单

根据外卖形式、人数及客人要求，列出一份详细的所需用品清单。

4. 准备所需用品

按照所列的清单，将各种用品准备齐全，并擦拭干净。

5. 订车

提前同有关部门联系，根据要求预订车辆。

6. 沟通联系

提前同厨房、饮料部、管事部等其他有关部门联系，明确有关外卖活动的各项内容。

7. 装车

按要求准时将外卖所需用品装车。

8. 外卖摆台

（1）确定台形。根据地形和要求来确定摆台的位置、大小及具体台形。

（2）摆台。按要求摆台，铺上台布，围上台裙。根据外卖形式和要求，将各种餐具和用具按规定摆放好。

（3）准备好餐具筐、杯况、垃圾袋，放在适当的地方。

（4）管事部需派专人负责各种餐具的管理。

（5）摆台完毕后，仔细检查一遍是否符合要求，摆放的各种器具是否整洁、齐全。

9. 外卖服务

（1）准备工作。根据外卖的形式，提前将一切准备工作做好。事先与客人联系，了解客人是否有其他特殊要求。

（2）服务。根据外卖的形式和要求，按规定为客人提供各种服务。服务时要有礼貌，尊重客人的习惯。服务中对客人提出的要求，要尽量帮助解决。与当地的工作人员配合好，利用现有的一切条件使客人满意。

（3）清理场地。活动结束后，要把场地清理干净，倒掉垃圾。

特别提示：送餐设备与用品的说明如下。

送餐部配订餐电话、餐茶用品陈列柜、送餐车辆。订餐电话完好畅通，无任何故障。餐茶用品陈列柜中的餐具、茶具、酒具、咖啡具、各种托盘、餐巾、盖具、调味品等齐全、完好，清洁卫生，摆放整齐。餐车质量优良，无损坏，可向不同方向移动，支架折叠灵巧，内备金属网状夹层和固体酒精，保温性能良好，清洁卫生。各种餐具每餐消毒，保管陈列有防尘措施。整个送餐部环境整洁美观，设备用品摆放整齐规范，取用方便，能够随时随地保证送餐服务需要。无任何不洁、污染现象发生。

小资料 1-1

在 线 外 卖

与必胜客、肯德基的网上订餐不同,在线外卖网站是一个面向商家和用户的电子商务平台。用户登录在线外卖网站,可以在线订购不同餐厅的美食、不同商家的服务。一般网站的步骤是选择楼盘、附近商家、下单、确认,比较简单,在上海外卖宝上订餐的用户在确认之后还能收到一条短信,证实网站已收到订单。

为了留住用户并扩大用户规模,这些外卖网站都采用注册积分制,如果用户注册订餐,不同额度的消费将获得不同积分,累计的积分还能换取一份小礼品。豆丁网市场经理黄敏敏在接受记者采访时透露,目前,豆丁网的注册用户已经达到 5 万名。"创办不到 1 年,我们的注册用户已经达到 1 万多名。"上海外卖宝的市场总监李翔向记者提起这个成绩时显得很高兴。129T 市场部经理也对《互联网周刊》表示,该网站已有 8000 名用户注册,目前正在开展线上、线下推广活动,希望用户数量得到增长。

对于平台来说,用户的增长还需要商家数量的增长,这样才能更好地起到桥梁作用。豆丁网目前有 4000 多家商家加盟、129T 有 2000 多家,它们与商家之间采取分成的方式合作,同样拥有 2000 多家商铺加盟的外卖宝则采取向商铺每月收取加盟费的形式合作。

【项目考核】 按表1-18所列项目进行送餐服务考核。

表1-18 送餐服务考核表

考核项目	应得分	扣分	考核项目	应得分	扣分
接受预订	8		服务时机与节奏	7	
理解订单	8		服务方法得当	8	
送餐准备	10		现场服务	12	
核对检查	10		餐后服务	8	
服务态度	9		整体印象	8	
按时送餐	12				
总成绩					

考核时间: 考核人:

填写本任务实训评价表(见本书附录)。

第2章

中餐服务技能

- 掌握中餐服务的技能。
- 掌握中餐服务的程序和方法。

导读

中式餐饮在多数酒店的餐饮服务中所占的比重较大,餐饮服务人员能否提供优质的服务,关系到餐饮企业盈利的高低。所以,服务人员能否熟练掌握中餐服务技能,对餐饮企业的经营有着重要影响。本章将从中餐操作技能和中餐服务程序两个方面进行介绍。

2.1 中餐摆台技能

任务导入

新员工小肖被安排到中餐厅实习,由于对中餐服务技能不熟悉,在中餐摆台时把筷子和汤碗的位置放反了,结果造成了客人用餐的不便。

思考:中餐厅应该如何摆台,需要掌握哪些知识与技能?

所谓摆台,就是为宾客就餐摆放餐桌,确定席位,提供必要的就餐工具。摆名是餐饮服务中要求比较高的基本技能,它直接影响到服务质量和餐厅的整体形象。中餐摆台分为早餐摆台、便餐摆台、宴会摆台。台形一般以方台和圆台为主。在摆设餐具之前要铺台布,宴会摆台要摆放转盘。

工作任务 21 中餐早餐摆台

中餐早餐摆台程序比较简单,其基本操作步骤如下(见图 2-1)。

图 2-1　中餐早餐摆台

（1）骨碟摆放在座位正中距桌边 1cm 处。

（2）汤碗摆放在骨碟的正前方间距 3cm，瓷勺摆放在汤碗内，勺柄向左。

（3）筷架摆放在骨碟的右侧，筷子摆在筷架上，筷架在筷子 1/3 处，筷子底部距桌边 1cm，筷套店徽向上。

（4）茶碟摆放在筷子右侧，茶杯扣放在茶碟或骨碟上。

（5）牙签盅、调味瓶摆在台布中线的附近。

（6）烟灰缸摆在主人席位的右侧，每隔两位客人摆放一个，架烟孔分别朝向客人。

工作任务 22　中餐便餐摆台

中餐便餐也叫中餐零点，它在一般中小型酒店中占很大比例，它与中餐早餐摆台和中餐宴会摆台虽有相同之处，但也有很大的区别，其操作程序如图 2-2 所示。

（1）服务员将需要的餐具整齐地摆放在托盘内，左手托托盘，右手摆放餐具。拿餐具时注意手法卫生，骨碟拿边沿，汤匙拿匙把，水杯拿 1/3 以下，禁止拿杯口。

（2）骨碟的摆放。骨碟摆放在座位正前方，离桌边 1cm，按顺时针方向依次摆放，碟与碟之间距离相等。

（3）汤碗、汤匙的摆放。汤碗摆放在骨碟正上方 3cm 处，汤匙放在汤碗内，匙把向正左方。

图 2-2　中餐便餐摆台

（4）筷子、筷架的摆放。骨碟右侧摆放筷架，筷子摆放在筷架上，筷架在筷子 1/3 处，筷子底部离桌边 1cm，筷身距骨碟 1.5cm，筷套店标朝向客人（如用圆桌，筷头指向桌子圆心）。

（5）牙签的摆放。包装牙签竖放在筷子右侧 1cm 处，牙签底边与筷子底边相距 3cm，店标正面字体朝向客人。如果要求摆放茶杯、茶碟的，则将茶碟摆在牙签右侧 2cm 处，茶碟与桌边相距 1.5cm，茶杯扣放在茶碟上，杯把向右与茶碟平行。

（6）杯具的摆放。水杯摆放在正上方相距 3cm 处。

（7）花瓶的摆放。花瓶摆放在餐台正中或边角处，具体位置根据餐厅情况而定。

（8）调味品的摆放。调味品摆放在花瓶之前，依左椒右盐的顺序。

（9）口布的摆放。将折好的口布摆在骨碟上，观赏面朝向客人。

注：中餐便餐也叫作中餐零点，它在一般中小型酒店中占很大比例，它与中餐早餐摆台和中餐宴会摆台虽有相同之处，但也有很大的区别。

工作任务 23　中餐宴会摆台

中餐宴会是中餐厅一种重要的就餐形式，摆台应按照宴会标准进行，做到全场一致

（见图 2-3）。餐具摆放次序如下（从主人位开始顺时针方向进行）。

（1）摆骨碟。距桌边 1.5cm，距离相等。

（2）摆筷架、筷子。骨碟右侧摆放筷架，筷子摆放在筷架上，筷架在筷子 1/3 处，筷子底部离桌边 1.5cm，筷身距骨碟 1.5cm，筷套店标朝向客人（如用圆桌，筷头指向桌子圆心）。

（3）摆羹匙垫、羹匙。在骨碟的正前方，距餐盘 0.5cm，匙把向右。

（4）摆汤碗。在骨碟左上方，距餐盘 1cm。

（5）摆酒杯。先将红酒杯放在骨碟的正前方，水杯在左，白酒杯在右。距离 1cm，三个杯成一线，餐巾花放入水酒杯中。

（6）摆公用餐具。摆放两套公用餐具，放在正、副主人的正前方，筷子一双、不锈钢长把勺一把，勺把及筷子手端向右。

（7）摆牙签。一种是摆袋牙签，在骨碟右边；另一种是摆牙签筒，在公用骨碟的右边，距餐盘 0.5cm（原则上不摆放烟灰缸，特殊情况除外。如摆放，则从主人的酒具的右侧开始摆，每隔两人摆一个，与酒具平行）。

（8）摆菜单。放两张菜单，在正、副主人筷子的旁边，下端距桌边 1cm。

（9）摆席次牌。在主人右手第三位客人的餐具旁，牌号朝宴会厅的入口处。

（10）摆花瓶。在桌的中间位置（一般不做统一要求）。

（11）围椅、检查。将椅子放齐，仔细检查，发现问题及时纠正。

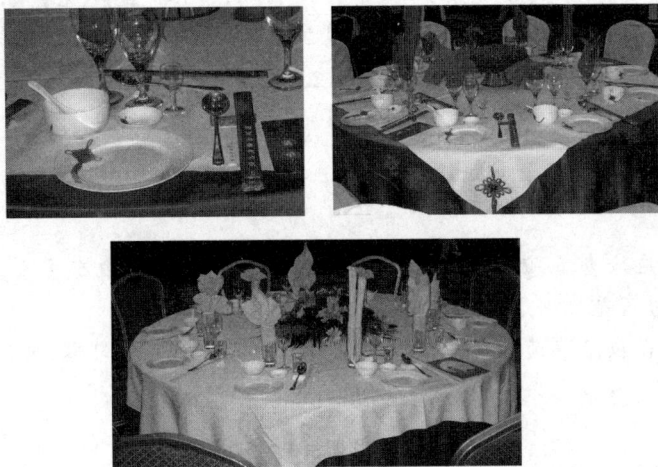

图 2-3　中餐宴会摆台

中餐宴会摆台操作规范见表 2-1。

表 2-1　中餐宴会摆台操作规范

项　目	操　作　规　范	质量标准或要求
摆骨碟	右手拿骨碟边缘，从主人位开始，按顺时针方向均匀摆放于桌面上	① 轻拿轻放，定位准确 ② 店标朝向客人，碟边距桌边 1.5cm，无破损，无污迹
摆酒杯	右手拿杯柄或酒杯下部，按顺时针方向将酒杯放于骨碟正上方桌面	轻拿轻放；酒杯底座下边缘距骨碟上边缘 1.5cm，酒杯干净、明亮、无破损

续表

项　目	操　作　规　范	质量标准或要求
摆汤碗、汤匙	右手拿匙柄将汤匙放入汤碗内,并将汤碗摆放于骨碟左上方,按顺时针方向依次摆放	轻拿轻放;汤碗摆在骨碟的左上方成45°角,汤碗边部水平距骨碟上边缘1cm,匙柄朝左,正面朝上,无破损,无污迹
摆筷架、筷子	右手将筷架摆于酒杯右侧,然后拿筷尾将套好筷套的筷子摆放在筷架上	筷架与骨碟右边缘相切,上边缘与骨碟上边缘在一条直线上,筷套尾部距桌面1.5cm,左边距骨碟右边缘1cm,筷套洁净
摆茶碟、茶碗	茶碗倒扣于茶碟正中,右手拿茶碟,按顺时针方向依次放于筷子右侧,杯柄朝右	轻拿轻放;茶碗左边缘距筷子1cm,下边缘距桌边1cm,茶碗干净、无破损
摆香巾篮	右手拿香巾篮,依次摆于茶碟正上方	香巾篮距茶碟上边缘1cm,干净、无油污、无破损
摆桌号牌	右手拿桌号牌放于桌面中央,桌号朝外(小方桌放于餐桌里侧)	干净、无油迹,摆放整齐
摆牙签筒	右手拿牙签筒放于桌号牌右侧2cm处	牙签筒清洁、无破损,标志朝向桌外,牙签准备适量,摆放整齐
摆花瓶	右手执花瓶摆放于桌号牌左侧,距桌号牌2cm	无油迹,无破损,标志朝向客人
摆餐巾	统一折一种花形,摆放于骨碟正中	口布干净、挺括、无褶皱,观赏面朝向客人
摆椅子	圆桌对称摆放;长方桌对称摆放于桌子对面	对称摆放,椅子前边缘与桌裙垂直相切;两人台椅背与桌边相距1cm摆放

特别提示:中餐摆台的要求如下。

(1)拿运餐具必须使用托盘,拿取酒杯等酒具应捏柄部,汤匙类应拿柄部,骨碟等应拿边沿。

(2)摆放前应检查餐、酒具的完好程度,摆放应相对集中,配套齐全,整齐一致,花纹及图案对正,符合规范。

(3)宴会摆台应了解顾客状况,符合各地区、各民族的礼仪习俗,可作适当调整。

【项目考核】 按表2-2和表2-3所列项目进行考核。

表2-2　中餐摆台考核成绩表

考核项目		应得分	扣分	考核项目		应得分	扣分
铺台布	一次到位	3		筷子、筷架	位置正确	5	
	台布十字居中下垂基本相等	6			筷套上端距筷架5cm	5	
	转盘居桌中央	3		三杯	三杯位置正确	10	
花瓶、台号	花瓶、台号位置正确	3			三杯成一线	5	
					手法正确	5	

续表

考核项目		应得分	扣分	考核项目		应得分	扣分
定位骨盘	间隔相等	5		公用物品	公筷位置正确	2	
	相对骨碟与花瓶三点一线	5			调味盅位置正确	4	
	距桌边 1cm	5			烟缺位置正确	4	
	店标方向正确	5					
	手法正确	5					
汤碗汤匙	汤碗位置正确	5		时间（10 分钟） 每提前__秒加 1 分 每超时__秒减 1 分		加：	
	汤匙柄向左	5					
	手法正确	5				减：	
	总体效果	—					
总成绩							

考核时间：　　　　　　　　　　　考核人：

表 2-3　中餐宴会摆台评分表

项目	细节要求		满分	扣分	得分
台布	台布中心居中		2		
	转盘位置正确		1		
	四周下垂基本均等（一角 0.5）		2		
骨盘	骨盘相对位置	间隔基本相等	2.5（每组 0.5）		
		相对骨盘与台面中心三点一线	2.5（每组 0.5）		
	骨盘标记上下方向一致，店标在上		2（每组 0.2）		
	操作时桌边缘部分		2（每组 0.2）		
筷子	距桌边约 1cm		2（每组 0.2）		
	筷架与调味碟中心线成一条直线		1（每件 0.1）		
牙签	位置正确		1（每件 0.1）		
汤匙	操作时手拿匙柄		1（每把 0.1）		
	匙柄一律向左		1（每把 0.1）		
	调味碟位置正确		1（每个 0.1）		
汤碗	拿边		1（每件 0.1）		
	位置（0.5 分一位）		5		
三杯	拿法	水杯：拿下半部，不碰杯口	2（每件 0.2）		
		烈酒杯；葡萄酒杯：拿柄	2（每件 0.2）		
	位置正确		4（每组 0.2）		
	种类：10 种各不相同（动、植物各 5 种）		2		
	难度：手折 4 次以上		2		
	美观挺括		2		
	比例合适，对称		2		
	能准确说出花名		2		
	在台面中心（0.5 一件）		2		

续表

项目	细节要求		满分	扣分	得分
公筷	2 副	位置(每副1分)	2		
		方向:顺时针	2		
菜单	分别置于主人和副主人左侧		1(每件0.5)		
座椅位置	椅子间距基本相等		2(每个0.2)		
	与台布之间相切		2(每个0.2)		
斟酒	每斟一位酒,瓶要回托盘酒瓶之间不碰撞;主次分明,顺序正确		4		
	葡萄酒要求斟2/3(0.2分每杯)		2		
	托盘悬位在椅子外杯子不倒,瓶口不碰杯		4		
	不滴酒,洒一滴扣0.2分;不溢出,溢出扣2分		8		
餐具放置整体要求	不倒下		5(每件0.5)		
	不落地		20(每件2)		
酒标	面向客人		1(每件0.1)		
总成绩					

考核时间:　　　　　　　　　　考核人:

填写本任务实训评价表(见本书附录)。

2.2　中餐菜肴服务技能

任务导入

某晚,一包厢的客人用餐很尽兴,直至晚上10:00还要求服务员小李开酒,小李热情到位地服务,直到客人吃完后聊天。小李看了一下时间已经22:30,其他同事早已下班,为了节省时间,尽快下班,心想,既然客人不喝酒了,就在客人聊天之时逐一将客人面前的餐具收起。在此过程中,餐具的碰撞声惹恼了客人,认为服务员故意给脸色,很不舒服,便找管理人员投诉,当班管理人员立即向客人道歉,并让小李也赔礼道歉,投诉的客人在其他客人的劝说下才离开餐厅。

思考:服务人员应如何为客人提供热情服务?

工作任务24　上菜

视频:中餐服务流程

上菜服务是为宾客就餐服务的重要环节,也是餐厅服务人员必须掌握的基本技能之一。上菜具有一定的技巧和规则。

(1)上菜位置在陪同右边,在零点上应灵活掌握,以不打扰客人为宜,但严禁从主人和主宾之间上菜。

（2）上菜应按照顺序进行，冷菜→热菜→汤→面点→水果（要先冷后热，先高档后一般，先咸后甜）。

（3）宴会在开餐前 8 分钟上齐冷盘，上冷盘的要求：荤素搭配，盘与盘之间距离相等，颜色搭配巧妙；所有冷菜的点缀花垂直冲向转盘边缘，待客人入座 10 分钟后开始上热菜，并要控制好出菜和上菜的快慢。

（4）对于零点，客人点了冷菜应尽快送上，点菜 10 分钟时要上热菜，一般要在 30 分钟内上完。

（5）上菜时应用右手操作，并用“对不起，打扰一下”提醒客人注意。将菜放到转台上（放菜时要轻）并顺时针转动转台，将所上的菜转至主宾面前，退后一步，报菜名如：“宫保鸡丁，请品尝”，并伸手示意，要声音洪亮、委婉动听，上每道菜时都要报菜名，视情况作适当介绍。

（6）上菜要掌握好时机，当客人正在讲话或正在互相敬酒时，应稍微停一会儿，等客人讲完话后再上，不要打扰客人的进餐气氛。上、撤菜时不能越过客人头顶。

（7）在上菜过程中如有新菜需上而转盘无空间时，应巡视台面情况：菜点剩得较少时可征询客人的意见：“先生（小姐），这道菜可以给您换一个小盘吗？”同类菜品征询客人的意见：“这道菜可以给您合盘吗？”已所剩无几的菜可征询客人的意见是否可以撤掉，客人同意后说“谢谢”；菜已经凉了的情况下征询客人的意见：“这道菜可以给您加热一下吗？”

（8）上特色菜时，应用礼貌用语：“各位来宾，这是特色菜×××，请您品尝并多提宝贵意见。”此间视情况对特色菜品给予适当介绍。

（9）菜上齐后应用礼貌用语，“您的菜已经上齐了”。

（10）上菜要注意核对台号、品名，避免上错菜；上菜的过程中要不推、不拉、不擦、不压盘子，随时撤去空菜盘，保持餐桌清洁、美观。

上菜操作规范见表 2-4。

表 2-4　上菜操作规范

项目训练	操 作 规 范	质量标准或要求
上菜前准备工作	① 核对菜品、菜量、客人特殊要求与菜单是否相符 ② 配备相应的服务用具 ③ 先上冷菜，再上热菜，后上汤，最后上鱼	认真核对，准确无误
上冷菜	① 在客人到达房间后，及时通知传菜员将冷菜传来 ② 站立于主陪右后侧，左手托盘，右手将菜盘轻放于转盘或桌面上，按顺时针方向轻轻转动转盘 ③ 先上调料，后上冷菜，视情况报菜名	① 冷菜盘均匀分布于转盘上，距转盘边缘 2cm ② 荤盘、素盘以及颜色合理搭配
上热菜	① 在上前四道菜时，要将菜盘均等放于转盘上 ② 若手上抓排骨类菜肴，应提供一次性手套；上刺身菜品，将辣根挤出 1.5cm 放于调味碟内，倒入适量酱油或醋；上海鲜时，提供洗手盅；上高档原料菜品，要听取客人意见并及时反馈 ③ 若分餐，右脚在前，站于陪人右后侧，将菜品放于转盘上，转于主宾处，伸手示意，报菜名，介绍完毕，拿到备餐台，为客人分餐 ④ 根据客人用餐情况及时与厨房协调，合理控制上菜速度 ⑤ 菜上齐时，告诉客人“菜已上齐”；如发现菜肴不够或客人特别喜欢的菜，征得客人同意予以加菜	① 报菜名，说普通话，音量适中，菜品观赏面朝向主宾；保证菜品温度，上菜不出现摆盘现象 ② 上菜动作迅速，保持菜型美观 ③ 每道菜肴吃了 3/4 时，可为客人更换小菜盘 ④ 对于特色菜，主动介绍菜品知识和营养价值

续表

项目训练	操 作 规 范	质量标准或要求
上特殊热菜（螃蟹、炖盅）	① 站立于主陪右后侧，调整桌面，然后双手将盘放于转盘或桌面上，菜品观赏面转向主人与主宾之间位置，后退半步报菜名，并伸手示意"请用" ② 上蟹时，同时配备调料、蟹钳和洗手盅，并介绍洗手盅的用途 ③ 上炖盅时，从主宾开始，将炖盅放于客人的右侧，揭开盖子，放入汤匙，并报菜名	① 服务用具和调料配备齐全，注意客人动作，避免汤汁洒到客人身上 ② 报菜名时口齿清晰、音量适中、用语准确
上汤	① 站立于主陪右后侧，调整桌面，然后双手将汤放于转盘上，后退半步报菜名，伸手示意征询客人，"先生/小姐，是否需要分汤？" ② 若需要分汤，将汤放于旁边的桌子上，分好后将汤碗放到托盘上，站于每位客人的右侧，再将汤碗放到桌面上，伸手示意"请用" ③ 若不需要分汤，伸手示意"先生/小姐，请用"	盛汤均匀，不洒、不外溅，盛汤不宜太满
上鱼	① 站立于副陪右后侧，调整桌面，然后双手将鱼匙放于转盘上，将观赏面轻轻转到主人与主宾之间位置，后退半步报鱼名，然后征询客人意见是否需要剔鱼骨 ② 若需要，将鱼匙拿到备餐台，左手拿叉，右手拿分餐刀，将鱼身上配料用刀叉移到一边，用分餐刀分别将鱼头、鱼鳍、鱼尾切开，再顺鱼背将上片鱼一分为二，将鱼肉向两侧轻轻移动，剔除鱼骨，用刀叉将鱼肉复位，并将鱼的整体形状进行整理，端到餐桌上，伸手示意，"先生/小姐，请用"	不要将鱼肉弄碎，保持鱼肉的形状完好
上主食	① 上最后一道菜时，告知客人菜已上齐；若客人已点主食，征询客人，"先生/小姐，现在是否可以上主食？" ② 若客人未点主食，征询客人，"先生/小姐，请问用点什么主食？"下单后，根据客人的要求，尽快将主食上到餐桌上	认真核对主食是否与菜单上相符；适时进行二次推销，保证主食适宜的温度
上水果	① 在客人主食上齐之后，征询客人，"先生/小姐，现在是否可以上水果？" ② 在征得客人同意后，先整理桌面，更换骨碟，然后将果盘放于离转盘边缘 2cm 处，转到主人和主宾之间，或放于餐桌中间	保持果盘完整、美观
上菜特殊情况处理	① 菜品中若吃出异物，或菜品未按标准做，先向客人道歉，根据客人要求，做退菜处理，或立即撤下菜肴，通知厨房重做 ② 换菜。当客人对菜肴口味提出异议时，先向客人道歉，并征询客人，"先生/小姐，此菜是否要换？"征得客人同意后，立即撤下，并通知厨房重做 ③ 缺菜。应向客人道歉，并委婉说明情况，同时客人推荐类似菜肴 ④ 上错菜。若客人未用，需征询客人意见是否需要，如果不用，则向客人表示歉意，撤下菜肴；如果客人已动筷，则向客人说明情况，致歉，并征求客人是否可作加单处理	语气委婉，态度诚恳，耐心向客人解释，不与客人争吵

【项目考核】 按表 2-5 所列项目进行上菜考核。

表 2-5 上菜考核成绩表

考核项目	应得分	扣分	考核项目	应得分	扣分
上菜前准备	8		上菜时机与节奏	7	
上菜程序	8		服务方法得当	8	
上菜原则	10		操作规范	12	
上菜位置	10		特殊情况处理	8	
服务态度	9		整体印象	8	
报菜名	12				
总成绩					

考核时间： 考核人：

特别提示：上菜的注意事项如下。

(1) 先上调味品,再将菜端上;每上一道新菜都要转向主宾前面,以示尊重。

(2) 上整鸡、整鸭、整鱼时,应注意"鸡不献头,鸭不献掌,鱼不献脊",并主动为客人用刀划开、剔骨。

(3) 上菜前注意观察菜肴色泽、新鲜程度,注意有无异常气味,检查菜肴及餐具有无飞虫等不洁之物;在检查菜肴卫生时,严禁用手翻动或有其他不规范动作,必须翻动时,要用消过毒的器具;对卫生达不到质量要求的菜及时退回厨房。

工作任务 25 分菜

1. 学习分菜知识

1) 分菜方式

(1) 桌上分让式。这种方式是指服务员用左手将菜品托起,右手持分菜工具将需要分让的菜品派送到客人餐盘中的一种分菜方法。此方法适用于分热炒菜和点心。

(2) 旁桌分让式。这种方式是指服务员将客人的菜品摆放到餐桌展示后,再移向工作台上为客人分让菜品的一种方法。此方法适用于分整形菜品。

(3) 二人合作式。这种方式是由二人合作将菜品派入客人盘中的分菜方法。此方法适用于客人较多的宴会。

(4) 转台分菜法。这种方式是服务员将菜品上桌展示后,在转台上为客人分让菜品的一种方法。此方法适用于分让冷菜。

2) 分菜顺序

桌上分让式分派菜品时,服务员站在客人的左侧操作,按先宾后主的顺序依次分派。采用旁桌分让式分让菜品时,服务员在备餐台上进行分派菜品,然后将分好的菜品按顺时针方向先宾后主的顺序依次送上。

3) 分菜要求

(1) 分菜应从主宾开始,按顺时针方向依次进行。

(2)分菜工具通常使用服务叉、匙,分汤、羹时使用长柄汤匙,分鱼、面条等时还需要用刀、筷子等。

(3)分菜应主动、迅速,不能等客人开始食用后再分菜。

(4)分菜时不要将手伸入客人的盘碟中或将汤汁带出盘碟外面,滴在客人身上或餐桌上。

(5)分菜时尽量做到一勺准、一叉准,菜量分让做到均匀一致,不要让客人有厚此薄彼的感觉。切忌出现一碟分两勺或多分后收回的现象。

(6)分菜完毕后,根据不同菜品的数量应有一定余量,以示菜品丰盛,也可让喜欢该菜的人添加。如果是高档菜肴,则应一次分均、分光。

(7)分菜时应均匀,包括荤素搭配均匀、汁菜搭配均匀等。头、尾、骨、刺等不能分给客人。

2. 分菜程序与标准

(1)桌上分让式。服务员将菜盘底部垫上干净的餐巾,左手托起,右手持分菜叉匙,站在客人的左后侧。左脚向前伸入两椅之间,左手持菜盘向前为客人展示菜品,将匙面向上,用右手食指和拇指夹住叉柄,其余三指夹住匙柄,身体稍向前倾,用匙叉将菜品夹起,派入客人餐盘中,分让菜品时尽量做到等量均匀,注意不要将汤汁洒在客人身上。

(2)旁桌分让式。服务员向客人展示介绍菜肴后,移向工作台,用分菜的标准方法将菜肴分到准备好的餐具中,把分好的菜品放到托盘上,按先宾后主的顺序从客人左侧依次送上。

(3)二人合作式。两位服务员共同完成分菜服务。其中一位值台员站在上菜口展示介绍菜肴后,将菜品摆放到自己的面前,右手持公用筷,左手持长把公用勺,由另一位服务员将每位宾客的餐碟移到分菜值台员近处或转台上,由分菜值台员进行分派,然后另一位服务员将分派好的菜品从客人左侧依次为客人送上。

(4)转台分菜法。服务员将菜品向客人展示介绍后,右手持握服务叉、匙从转盘上将所上菜品按先宾后主的顺序依次分入客人的餐碟中,边走边转边分。分菜完毕(剩1/5左右),整理余菜,放上服务叉匙,转至主宾面前,请客人慢用。

3. 特殊菜品的分菜方法

(1)分让鱼类菜肴。服务员左手用服务叉按住鱼头,右手持餐刀先在鱼颈和鱼尾处各切一刀,然后顺着鱼脊从头向尾划开,将鱼肉从中间剥开,顺鱼骨分放两侧,剔去中间鱼骨刺,再将两侧的鱼肉回复原样,浇上原汁,待鱼汁浸透鱼肉后,再分块进行分让。

(2)分让冬瓜盅。分让冬瓜盅要特别小心。首先用汤勺轻轻地把冬瓜盅面上的火腿茸刮到汤里,然后用汤勺轻轻地刮下部分瓜肉,将汤料、瓜肉均匀地分给客人,最后用刀、叉将冬瓜上半部约3cm的瓜皮削去,便于第二次分让。由于分让后的瓜皮很薄,容易破裂,所以必须横切去上部瓜皮后再进行二次分让。

(3)分让拔丝类菜肴。拔丝类甜菜,必须配上凉开水。分让时用公用筷将甜菜夹起,迅速放入凉开水中浸一下,然后送入宾客餐盘中,分让的动作要连贯、快速,做到即拔、即浸、即食。

特别提示:分菜的注意事项如下。

(1)分菜时,所需的餐用具应干净卫生、无破损、无污染。

（2）分菜时注意手法卫生。手不要接触到菜品，如果有需要接触的菜品，则应戴上一次性手套进行操作。

（3）分菜时，分菜工具不能在盘底刮出很大响声，以免影响宴会用餐气氛。装盘时，要保持餐具内外的整洁、美观、大方。

（4）分菜时，切忌将掉在桌上的菜品拾起分给宾客，应用干净的布巾包好拾起拿走。

（5）分送菜品时，不可越位（即隔人上菜），更不可从客人肩或头上越过。

（6）分菜时，要做到心中有数，将菜肴优质的部分分让给主宾和客人。

（7）遇有儿童参加的宴会，应先分给儿童，然后按顺序进行常规服务。

（8）遇有老年人参加的宴会，应采用快分慢撤的方法进行；或在分菜时先少分，然后酌情添分。

【项目考核】　按表 2-6 所列项目进行分菜服务考核。

表 2-6　分菜服务考核成绩表

考核项目	应得分	扣分	考核项目	应得分	扣分
分菜均匀	8		分菜时机与节奏	7	
分菜顺序	8		分菜方法得当	8	
台面干净	10		操作规范娴熟	12	
分特殊菜品	10		餐后服务	8	
服务态度	9		整体印象	8	
报菜名	12				
总成绩					

考核时间：　　　　　　　　　　　　　考核人：

填写本任务实训评价表（见本书附录）。

2.3　中式餐饮服务

任务导入

某日贵宾 12 号包厢的客人用餐时点了一份"银鱼羹"，在用餐快结束时，包厢服务员小陈去收银处核对账单，发现"银鱼羹"被输入成"鳕鱼羹"，小陈问了收银员，得到的回答是价格一样的，小陈便把打好的账单交给客人买单，结完账客人要求看账单明细，他看了之后就说："你多收我钱了，银鱼羹根本不可能有一百多元钱。"可小陈理直气壮地向客人解释说肯定不会出错。随后客人与小陈一起去收银台进行查账，结果系统中"银鱼羹"和"鳕鱼羹"的价格不一样，相差 60 多元钱。客人很恼火，要求假一赔十。后经管理人员妥善处理后，客人的情绪才平息。

思考：如果你是该餐厅管理人员，应如何处理此事？

中式餐饮服务是一项技术性较强并具有一定表演性的工作，作为一名优秀的餐饮服务管理人员，具备娴熟扎实的服务技能是一项基本功，也是为客人提供优质服务的基础和前提。本节主要介绍中餐早餐、零点、午晚餐、团体用餐及宴会服务程序。

工作任务 26　中餐早餐服务

（1）客人进入餐厅，引座员礼貌地向客人问好，询问人数。

（2）根据客人的需要和人数，将客人引领到适当的餐桌。

（3）拉椅让客人就座，向客人提供早餐菜单。

（4）询问客人喝何种茶类，为了主动，应先报出餐厅所供应的主要品种，请客人选择。准备茶水、斟茶。

（5）除去筷套，请客人点用点心；供应点心，请客人享用。

（6）不时为客人添加茶水。撤去多余的空盘、碟。

（7）客人要结账时，去收银台取客人账单，放在账夹里交给客人。

（8）客人付款后，说声多谢，将款项交收银员。收银员收妥款项，将发票和找回的余数，用账夹交给客人。

（9）服务员为客人拉椅，多谢客人，欢迎再度光临。引座员在门口笑脸送客，向客人道再见。

工作任务 27　中餐零点服务

1. 餐前准备

按中餐零点要求摆好台，工作台备足各种用品用具；熟悉当天菜品及酒水的供应品种和数量，准备好各种小票；整理好个人仪容仪表，做好自查，接受领班检查。

2. 入席服务

开餐前10分钟，值台员面带微笑地站在规定位置上迎候客人；见到客人到来，要主动迎上前问候，应用礼貌用语"先生（小姐）中午（晚上）好，欢迎光临"，同时接过客人衣帽、物品依次放好，拉椅让座，用礼貌用语"您请坐"（如有小孩，应立即送上童椅）。

3. 餐中服务

（1）送上热毛巾，应用礼貌用语"请用香巾"，在客人的右面斟倒第一杯礼貌茶。

（2）请客人点菜，问酒水。

（3）填写完点菜单（一式三联），第一联交收银员；第二联让收银员盖过章后，由传菜员交厨房或酒吧作为取材料和饮料的凭证；第三联交传菜员划单用，此联可留存，作为查阅资料。电子点菜直接确认即可。

（4）上菜。点菜后10分钟要出第一道热菜，热菜由传菜员送进餐厅，再由值台员把菜送上桌，并报菜名（按上菜服务要求进行操作）；每上一道菜，要在该台的菜单上划去此菜名；上第一道热菜时，在客人只吃饭、不用酒的情况下，主动征询客人是否上面点；上带壳的食品，要跟上毛巾（或洗手盅）；上带汁的菜或大盘菜时，要加公勺。

（5）席间服务要求。服务员要严守自己的工作岗位，按站立要求站立，面带笑容，并在客人的餐桌旁边离客人桌面1.5m处巡视，用眼光注视全部客人的情况，出现问题及时处理,以便随时为宾客服务;及时为客人添斟酒水,更换餐碟,如客人的餐碟有 1/3 杂物,要及时撤换;服务中要保持转台、餐台的整洁;收去餐桌上的空酒瓶和菜盘等;点菜后30 分钟,应检查客人的菜是否到齐;客人进餐中,应主动征求客人意见,是否需要加些什么;要经常为客人加满茶水,饭后要换上热茶;客人吃完饭,主动为客人介绍水果和饭后甜点。宾客席间离座,应主动帮助拉椅、整理餐巾;待宾客回座时应重新拉椅、落餐巾;宾客祝酒时,服务员应立即上前将椅子向外稍拉,坐下时向里稍推,以方便宾客站立和入座;根据客人要求上饭、面点、汤,要先分汤,再将面点规整地摆上转台;上水果前,撤去所有餐具,换上干净盘子,视情况摆上刀叉等,端上水果,并说:"水果拼盘,请慢用";整个服务过程,值台员必须坚守岗位。

4.餐后服务

(1)客人用餐完毕,送上香巾,并征求客人意见(零点服务亦同),对宾客提出的意见要虚心接受,记录清楚,并感谢:"非常感谢您的宝贵意见";为客人拉开座椅让路,递送衣帽、提包,在客人穿衣时主动配合协助;送客道别(按送客服务规范进行)。

(2)收台工作:客人离开后,要及时翻台;收台时,按收台顺序依次先收玻璃器皿、银器、口布、毛巾、烟缸,然后依次收去桌上的餐具;整理清洁宴会厅,使其恢复原样。

工作任务 28 中式午餐、晚餐服务

(1)客人进入餐厅,引座员礼貌地向客人问好,并询问人数。

(2)引领客人到适当的餐桌就座。拉椅,请客人入座。给客人递上香巾(湿的小毛巾,一般热天用冷的,冷天用热的)。

(3)询问客人喝何种茶类。准备茶水,给客人斟茶。

(4)客人到齐后,递上菜单。除去筷套,打开餐巾。接受顾客点菜,随时准备帮助客人,提供建议。菜单写妥后,询问客人要何种酒水。

(5)按次序服务茶水,除啤酒外,其他酒类应添酒杯。将订单(一式三联)一联交收银员开账单;另一联送入厨房,夹上次序盘;还有一联用于服务员划单。

(6)厨房按订单备菜,分类烹饪。出菜时,注意加盖及酱汁,按台号用托盘送出。

(7)端菜上台,替客人分菜、分汤。询问客人对菜肴的意见,随时准备提供额外的服务。

(8)根据需要换骨碟,添酒水。客人用餐完毕后,递上香巾,送上热茶。

(9)通知收银员准备账单。到账台取来客人账单,核对后放入账夹交给客人。

(10)客人付款后,说声"多谢",迅速将款项交给收银员。将发票和余额交还客人。

(11)客人离座时,拉椅送客,道谢,欢迎客人再度光临。引座员在门口笑脸送客,向客人道再见。

工作任务 29 团体用餐服务

(1)客人进入餐厅时,礼貌地向客人问好,问清团体名称,核对人数,迅速地引领客人到准备好的餐桌入座,要避免让大批客人围在餐厅门口,影响其他客人。

(2)到达该团队的餐桌后,要热情招呼客人入座,为年老和行动不便的客人拉椅让座。

(3) 迅速递上香巾,尤其是对游览回来,未及时进客房的团体客人,这一点更显得重要。

(4) 准备茶水,迅速给客人斟茶,根据需要,最好备有冰茶。

(5) 将厨师精心烹饪的菜肴按桌端上,主动向客人介绍当地的特色菜肴,增添愉悦的气氛,解除旅游的疲劳。为客人分菜、分汤。

(6) 征求客人对菜肴的意见,收集客人的特殊要求,以便迅速请示落实。根据需要为客人换骨碟,添酒水饮料。

(7) 客人用餐完毕后,再递上香巾,斟上热茶。

(8) 客人离座时,应为年纪大、行动不便的客人拉椅、扶持,多谢客人光临。

(9) 引座员在餐厅门口笑脸送客,向客人道再见。

工作任务 30　中餐宴会服务

1. 餐前卫生清理

餐前卫生清理操作规范见表 2-7。

表 2-7　餐前卫生清理操作规范

工作项目	操 作 规 范	质量标准或要求
准备清洁用品	将干湿抹布、盆、餐洗净,消毒液等清洁用品准备充足,放于指定位置	准备充足,摆放整齐,抹布清洁、无异味
清洁玻璃	① 用半湿专用抹布由上至下擦拭,再用干抹布擦净 ② 窗玻璃每周清洁一次	光洁、明亮、无灰尘、无污迹
清理木质家具	用干湿抹布按先湿后干顺序擦拭桌墩、餐椅及备餐橱,并整理备餐橱内物品,将餐椅摆放整齐;最后清理地面	餐椅无油污、无灰尘、不晃动,物品分类摆放整齐

2. 餐前检查设施设备

餐前检查设施设备操作规范见表 2-8。

表 2-8　餐前检查设施设备操作规范

工作项目	操 作 规 范	质量标准或要求
检查空调	打开空调,检查是否运转正常,合理开关空调	室温保持在 22~24℃
检查灯具	对室内各种灯具逐一进行检查	灯具完好,灯光亮度适中,无坏灯泡
检查电视、音响	调好频道、音量,检查麦克风和遥控器	① 电视调至固定频道,画面清晰,音量适中 ② 麦克风和遥控器完好,使用正常
检查窗帘	拉动窗帘,检查窗帘各部位	轨道运行顺畅,窗帘整体垂挂均匀,干净、无污迹、无破损
检查香巾柜	接通电源,打开开关	检查香巾柜能否正常升温
检查桌椅	检查桌椅	桌椅稳固,无毛刺,无破损

3. 物品准备

物品准备操作规范见表 2-9。

表 2-9　物品准备操作规范

工作项目	操作规范	质量标准或要求
餐前餐具检查	① 骨碟按餐位数的 4 倍,茶杯、茶碟、酒杯、筷架、筷子、汤碗、汤匙按餐位数的 2 倍,烟缸按餐位数 1/2,香巾篮按餐位数的 1.4 倍的量检查 ② 若备量不足,则按程序领取	① 餐具分类、定位整齐摆放,清洁、无破损 ② 备量符合规定要求
餐前其他物品检查	① 托盘每房间一个(大房间 2～3 个),放于指定位置 ② 餐巾纸按餐位数 1：2 准备 ③ 茶叶适量,放于备餐橱内 ④ 台布按餐桌数 1：2 配备 ⑤ 牙签配备适量 ⑥ 暖瓶每房间 2 把(大房间 3 把)	① 物品及一次性用品配备充足 ② 托盘、暖瓶洁净、无污迹 ③ 茶叶新鲜,不变质 ④ 台布、香巾无皱褶、无破损、无异味
备好开水	打好开水,检查暖瓶盖和瓶体(水温 80℃以上)	① 瓶体干净、无水迹 ② 瓶盖密封良好、无破损
餐后餐具及其他物品的补充	按规定要求补齐餐具、茶叶、餐巾纸、牙签	餐具分类、定位整齐摆放,清洁、无破损,备量符合规定要求;茶叶新鲜不变质

4. 摆台

按操作规范进行摆台。

5. 自查

自查操作规范见表 2-10。

表 2-10　自查操作规范

工作项目	操作规范	质量标准或要求
餐前自查	检查设施设备、卫生清理、物品及摆台情况	设施设备完好,卫生达标,物品准备齐全,摆台符合标准
餐后自查	检查设施设备、卫生清理、物品及餐台收集和整理情况	设施设备完好,卫生达标,物品收放整齐

6. 站位迎宾

站位迎宾操作规范见表 2-11。

表 2-11　站位迎宾操作规范

工作项目	操作规范	质量标准或要求
站位迎宾	① 于上午 11:00,下午 5:00 站位于指定位置,面向客人进来方向 ② 站立时,抬头、挺胸、收腹,右手放在左手上,交叉放在腹前,两脚尖分开 45～60℃ ③ 当引领员引领客人至餐厅门口,服务员主动上前迎接,说"您好,欢迎光临",礼貌询问客人厅房名称,伸手示意请客人进入房间	面带微笑,站姿标准,礼貌待客,给客人以温馨感

续表

工作项目	操作规范	质量标准或要求
挂衣	双手轻拿客人衣领，主动将客人衣帽挂于衣架上	① 轻拿轻放，避免衣物掉在地上 ② 记住客人衣物特征，按座位依次挂放
拉椅让座	① 当引领员带领客人进入房间时，热情迎接，并问候客人，"先生/小姐，欢迎光临" ② 确定餐位后，拉椅让座，主宾、女士优先；双手轻提椅背将椅子拉开距下垂台布约30cm，待客人站好后将椅子推到客人膝盖处，请客人入座 ③ 有小孩的，及时提供童椅	① 讲话时使用敬语，语气柔和 ② 拉椅时动作要轻，避免发出声响
展口布、撤筷套、翻茶杯	① 站立于客人右后侧，右脚在前，双手拿起口布在客人右后侧打开，右手在前将口布铺在客人大腿上 ② 右手拿筷尾，转身在客人右后侧脱下筷套，放回原处，完好的筷套及时收回 ③ 用右手拿茶杯柄翻放在茶碟上	① 动作轻巧迅速，使用礼貌用语 ② 口布干净，无破损 ③ 筷子无油污，整齐摆放于筷架上
递巾	左手托盘，右手用香巾夹将准备好的香巾放于香巾篮内	香巾无破损、无异味

7. 上茶

上茶操作规范见表2-12。

表 2-12 上茶操作规范

工作项目	操作规范	质量标准或要求
问茶	站于客人右后侧，介绍餐厅有哪些茶，后征询客人喝哪一种茶，"先生/小姐，请问喝哪一种茶"	① 使用礼貌用语，面带微笑 ② 熟悉茶的种类和特点
泡茶	将适量客人所需的茶叶盛入茶壶，用开水将茶泡开（倒入茶壶的开水量为8成满，泡1~2分钟再斟）	姿势准确，使用80℃以上的水
斟茶	右手五指端茶壶，左手放于背后，从主宾右后侧按顺时针方向给客人斟茶，并说"先生/小姐，请用茶"；斟完第一遍后，将茶壶放于备餐橱上	姿势正确，动作轻快，适时使用礼貌语言；斟茶水量为八分满，适时续水保证茶水质量
续茶	杯中茶水少于1/2时，及时为客人斟茶	使用礼貌用语，及时续加茶水

8. 酒水服务

按操作规范提供酒水服务。

9. 上菜

按操作规范上菜。

10. 值台

值台操作规范见表2-13。

表 2-13　值台操作规范

工作项目	操 作 规 范	质量标准或要求
走动观察	客人用餐中,走动观察客人用餐情况,根据客人需求,随时准备为客人提供有针对性的服务	认真、细致、灵活、及时
换骨碟	① 当客人骨碟内残渣占骨碟 1/3 左右时,左手托盘,走到客人的右侧,礼貌地征询:"先生/小姐,是否需要换碟?" ② 得到客人同意后,右手拇指在上,食指在下,捏住客人用过的骨碟,放到托盘中,将干净的骨碟放在客人面前	操作快捷,轻拿轻放,使用礼貌用语
换烟缸*	① 当发现客人烟缸内有 2～3 个烟头时,左手托盘,右手拿一个干净的烟缸,正放在已使用过的烟缸上(如缸内堆积杂物较满,应将干净烟缸倒扣) ② 将两个烟缸拿起,放在托盘上,重新拿起干净的烟缸放在餐桌上原来的位置	① 操作规范,轻拿轻放,避免烟灰从烟缸中飘出 ② 烟缸标志朝向客人,礼貌用语到位
添加茶水	① 当发现客人茶杯内茶水不足 1/2 时,站在客人右后侧,右手端茶壶,左手放于背后,给客人斟茶 ② 若客人要求自斟,则将茶壶放于餐桌副主宾左侧 ③ 适时查看茶壶,给茶壶补水	① 斟茶避免漏水,以八分满为宜 ② 给茶壶添水以八分满为宜
添加酒水	① 当发现客人酒杯内酒水不足 1/2 时,站在客人右后侧,征询客人:"先生/小姐,是否需要添加酒水?" ② 在征得客人同意后,按斟酒的操作规范为客人添酒 ③ 若客人要求自斟,则将酒瓶放于客人指定位置	灵活掌握客人意图,掌握好添酒时机,避免打断客人谈话
二次推销	① 根据客人用餐情况及时向客人推销菜肴、酒水、饮料、水果等 ② 若客人有需要,填写订单,送吧台和厨房	掌握好推销时机,推销要有针对性,讲究推销技巧,严禁强迫推销
催菜	若客人赶时间或上菜速度慢,应向客人表示歉意,并立即通知传菜员告诉厨师××台催菜,请加快速度	态度诚恳,语言委婉,及时协调处理
巡台特殊情况处理	① 遇到客人喝醉酒时,及时送上毛巾、热茶及备用塑料袋,以防客人呕吐,并告知领班和经理 ② 遇到客人打翻茶碗、酒杯等时,及时用口布、毛巾擦拭,给客人更换新的餐具 ③ 退菜:当客人点菜过多或因上菜速度慢提出退菜时,应及时通知领班,领班立即到厨房了解情况,若菜肴已做,向客人说明,并酌情处理;若菜肴未做,应做退菜处理	热情周到,态度诚恳,语言委婉,灵活应对

注：* 表示原则上不提供此项服务。

11. 结账

结账操作规范见表2-14。

表2-14　结账操作规范

工作项目	操作规范	质量标准或要求
为客人拿账单	① 客人要求结账时,征询客人:"先生/小姐,请问您用何种方式结账,是现金还是信用卡?" ② 在得到客人答复后,请客人稍等,立即去收银台为客人取账单,并告诉收银员所结账的台号,核对账单与客人实际消费是否相符 ③ 将取回的账单放入收银夹内,用托盘将收银夹送至客人面前:"这是您的账单,请过目。"	认真核对,准确无误,注意礼貌,动作规范,不要让其他客人看到账单
现金结账	① 客人用现金结账时,应在客人面前点好钱数,请客人稍候,将现金送收银员 ② 将找零放于收银夹内,返回站立于客人右侧,打开收银夹,将找零和发票递给客人,说"这是找您的零钱和发票,请点清",并向客人表示感谢	注意礼貌,认真核对,准确无误,动作规范
签单结账	① 若是住店客人,礼貌地请客人出示房卡,请客人稍等,然后带客人的房卡到收银台 ② 待收银员确认后,取回账单,请客人签字确认 ③ 若是协议单位,请客人稍等,到收银台确认后取回账单,请客人签字确认	注意礼貌,认真核对,准确无误,动作规范,不要让其他客人看到账单
信用卡结账	① 若客人用信用卡结账,征询客人意见,如客人要求服务员代处理,则将客人的信用卡送到收银台,待收银员确认后,将卡单送到客人面前,请客人签字确认,然后将持卡人回单和发票交给客人,其余卡单交给收银台 ② 如客人要求到收银台结账,礼貌地引领客人到收银台	注意礼貌,认真核对,准确无误,动作规范
一卡通结账	① 若客人使用一卡通结账,征询客人意见,如客人要求服务员代处理,则将客人的一卡通送到收银台,在收银员操作后,将一卡通和发票送到客人面前,并且也可轻声告知客人卡内剩余金额 ② 如果客人要求到收银台结账,则服务员礼貌地引领客人到收银台	认真核对,准确无误,注意礼貌,动作规范
支票结账	① 若客人用支票结账,征询客人意见,如果客人要求服务员代处理,则礼貌地请客人出示身份证和支票,并在支票背面写上客人的姓名、单位、地址、联系电话,然后将支票和身份证送到收银台,待收银员确认后,将身份证还给客人 ② 如果客人要求到收银台结账,则礼貌地引领客人到收银台	注意礼貌,认真核对,准确无误,动作规范
结账特殊情况处理	① 客人损坏物品赔偿:当客人损坏酒店物品时,应礼貌地说些安慰话,迅速收拾损坏的物品,补上相应的物品,并到收银台记账,然后向领班或经理汇报,经领班或经理确认后,决定是否赔偿;若需要赔偿,则在客人结账时,委婉地向客人说明酒店物品损坏赔偿制度;若不需要赔偿,则在客人结账时,礼貌地说明免赔理由 ② 客人要求打折处理:客人在结账时要求打折,服务员应认真听取客人陈述的理由,及时向领班或经理汇报,并给客人以满意的答复 ③ 客人反映账物不符的处理:如客人反映账物不符,服务员立即向客人道歉,"先生/小姐,对不起,请您稍等,我去查一下",并询问客人账单哪一项不对。如账单无问题,须向客人委婉地说明情况;如出现问题,立即向领班汇报,由领班酌情处理	礼貌、灵活、委婉,给客人留面子

12. 送客

送客操作规范见表 2-15。

表 2-15　送客操作规范

工作项目	操作规范	质量标准或要求
征询客人意见	当客人用餐完毕,主动上前征询客人在本餐厅用餐的意见和建议,并做好记录,同时向客人表示感谢	认真诚恳,使用礼貌用语,把握好时机,及时反馈信息
打包	根据客人用餐情况,主动征询客人是否需要打包;当客人提出需要打包时,应到收银台领取相应数量的食品袋(盒),将食品装入打包盒(袋)交给客人	礼貌周到,细致耐心
送客	① 客人起身离开时,主动拉开椅子,鞠躬送客,并提醒客人拿好随身携带的物品 ② 若有客人带走酒店物品,随时提醒客人 ③ 送客至餐厅门口与客人道别,并说"欢迎您/你们下次再来"	举止得体,态度热情
检查现场	再次检查有无客人遗留物品以及物品是否有损坏;如有,则及时上报领班处理	认真仔细,准确无误
客人遗留物品处理	① 若发现客人有遗留物品,应立即寻找客人,并设法归还客人 ② 若客人已离开,将遗留物品交领班处理	诚实、不弄虚作假

13. 餐后清理

餐后清理操作规范见表 2-16。

表 2-16　餐后清理操作规范

工作项目	操作规范	质量标准或要求
收台	检查完现场后,及时将椅子归位,并清点口布、香巾,按照先收香巾、口布、香巾篮、玻璃器具、小勺、筷架、筷子等物品,后撤骨碟、烟缸、茶杯、汤碗的顺序进行收台	① 餐具、香巾数目准确,收台时轻拿轻放 ② 餐具分类清洗、存放,保持干净、无油污
清洗酒具	① 准备三盆水,把餐具先放入有餐具洗剂的水里,再放入有消毒液的水里,最后用清水冲过;清洗干净的餐具用干抹布擦干,放于指定位置 ② 餐具清洗顺序:酒杯→金器→瓷器	餐具光洁明亮、无污迹、水迹,做到每餐消毒;干净餐具整齐摆放于橱内或用干净口布盖好
整理转芯、转盘、换台布	① 用清洗剂擦拭转盘,再用干抹布擦净 ② 轻取转盘,拿下转芯,将用过的台布撤下,抖净杂物放于指定存放处,再将干净完好的台布及时铺上 ③ 转芯和转盘按要求摆放好	抖净用过的台布上的污物,转盘轻拿轻放,新铺台布干净,大小适中,无破损,转盘干净、光亮
摆放暖瓶	先用湿抹布将暖瓶从上到下擦拭干净,再用干抹布擦干,要注意将暖瓶盖里侧擦净,并放于指定位置	无水迹、无污迹、无破损
擦拭牙签筒、花瓶	用抹布按先干后湿的顺序,将牙签筒、花瓶擦拭干净,按标准摆放于桌面上	摆放整齐、无水迹、无破损

续表

工作项目	操 作 规 范	质量标准或要求
卫生清理	① 由房间负责人对门窗、玻璃、地面、木制家具、地脚线、壁画、外环境走廊等进行清理并摆放整齐 ② 门窗玻璃每周四擦拭一次（先用湿抹布，后用干抹布由上而下擦拭） ③ 木质家具除每天清洁外，还要定期打蜡保养	无灰尘、无污迹，各项卫生符合要求
检查设施、设备安全状况	检查灯具、窗帘、香巾柜、桌椅、地面是否正常，若不正常，及时汇报领班，由领班填写维修报告单，经经理签字后报工程部维修；关电视、音响、空调、灯、门窗	认真负责，检查细致

【项目考核】 按表2-17所列项目进行中餐宴会服务考核。

表 2-17　中餐宴会服务考核成绩表

考核项目	应得分	扣分	考核项目	应得分	扣分
餐前卫生清理	5		服务时机与节奏	6	
餐前检查	4		服务方法得当	6	
物品准备	5		操作规范	10	
摆台	10		服务态度	8	
站位迎宾	5		送客	4	
上茶	5		结账	4	
酒水服务	8		餐后清理	4	
上菜	8		整体印象	8	
总成绩					

考核时间：　　　　　　　　　　　　考核人：

填写本任务实训评价表（见本书附录）。

第**3**章

西餐服务技能

目标

- 掌握西餐服务的基本技能。
- 掌握西餐服务的程序和方法。

导读

西餐从用餐的餐具到菜肴,从进餐方式到服务都与中餐有许多不同之处,为了避免在服务中出现差错,西餐服务人员应熟练掌握西餐服务的基本技能和服务程序。通过本章的学习,同学们应熟练掌握西餐的摆台、上菜和斟酒等基本技能,并能熟练运用西餐午、晚餐,西餐宴会和西餐鸡尾酒会等各类西餐服务程序。

3.1 西餐摆台技能

任务导入

小肖是西餐厅的新员工,培训的第二天到西餐厅学习西餐宴会摆台。进入西餐厅后,面对餐桌上摆放好的数十件餐具,小肖感觉有些眼花缭乱。这时,西餐培训老师问小肖:"你知不知道餐桌上的十把刀叉勺分别是用于吃什么食物的?"小肖一时答不上来。

思考:西餐的餐具与中餐的餐具有何不同?西餐的不同刀叉分别用于吃什么食物?

西餐摆台分为早餐摆台、便餐摆台和宴会摆台。台形一般以长台和腰圆台为主,有时也用圆台或方台。具体摆台方式是根据菜单设计的,食用某一类型的菜点,就相应的放置所需要用的餐具。

工作任务 31 西餐早餐摆台

早餐是一天中的第一餐,其用餐质量好坏往往影响宾客全天的情绪,因此必须重视早餐服务。西餐摆台见图 3-1。

下面介绍西餐早餐摆台（见图3-1）程序。

图 3-1 西餐摆台

（1）座位正前方距桌边2cm处摆放早餐垫，早餐垫上正中摆放折好的餐巾纸，店标朝向客人。

（2）餐巾纸的左侧摆放主餐叉，叉尖朝上。餐巾纸右侧摆放主餐刀，刀刃朝向餐巾纸方向。

（3）主餐刀的右侧0.5cm处摆放汤匙。

（4）主餐叉的左侧摆放面包盘，距主餐叉4cm，面包刀摆放在面包盘上右侧1/3处。

（5）水杯摆放在主餐刀上方3cm处。

（6）汤匙右侧摆放咖啡杯、咖啡碟及咖啡勺，杯把、勺把均朝右平行摆放与咖啡碟成45°角。

（7）花瓶摆放在台面正中，花瓶水平左侧摆放糖缸，右侧依左椒右盐顺序摆放椒盐瓶。

（8）摆椅，检查摆放效果。

工作任务 32　西餐便餐摆台

西餐便餐摆台顺序是先摆垫盘定位，然后在垫盘左边摆餐叉，右边摆餐刀，刀刃向内，汤匙放在垫盘前方，匙把朝右，面包盘放在餐叉左边，盘内放黄油刀，刀刃向左。餐刀上方放水杯和红酒杯。花瓶、胡椒瓶、精盐瓶摆放参照西餐早餐摆台。具体要求如图3-2所示。

（1）座位正前方距桌边2cm处摆放垫纸或垫布，餐盘摆在垫纸或垫布上方，盘内摆放折好的餐巾。

（2）餐盘的左侧摆放主餐叉，叉尖朝上，餐盘的右侧摆放主餐刀，刀刃朝盘，刀柄距餐盘1.5cm，主餐刀的右侧摆放汤匙。叉底、餐盘边沿、刀底、匙底在一直线上并相距0.5cm。

（3）餐盘正前方1.5cm处横放甜食叉和甜食勺，叉在下，叉把朝左摆放，勺在上，勺把朝右摆放。

（4）餐盘左侧4cm处摆放面包盘，盘上靠右侧1/3处摆放面包刀。

（5）主餐刀正上方3cm处摆放水杯。

（6）花瓶、胡椒瓶、精盐瓶摆放参照西餐早餐摆台。

（7）摆椅，检查摆放效果。

工作任务 33　西餐宴会摆台

晚宴在西餐中一般被称作正餐，是西方人一天中最为看重的一餐，像中餐服务中的宴会接待一样，它既重视菜肴制作和出品时的色、香、味、形，又对与菜肴相配用的餐具选用有着极严谨的规范。

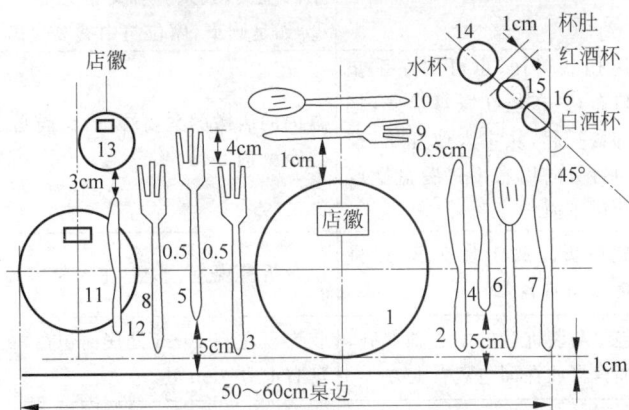

1—装饰碟；2—正餐刀；3—正餐叉；4—鱼刀；5—鱼叉；6—汤匙；
7—开胃品刀；8—开胃品叉；9—甜品叉；10—甜品匙；11—面包盘；
12—黄油刀；13—黄油盘；14—水杯；15—红葡萄酒杯；16—白葡萄酒杯

图 3-2　西餐宴会摆台

（1）确定席位。

（2）餐具的摆放。根据菜单要求准备餐具。餐具齐全、配套分明、整齐统一，美观实用。

西餐宴会需要根据宴会菜单摆台，每上一道菜就要换一副刀叉，通常不超过七件，包括三刀、三叉和一匙，摆放时按照上菜顺序由外到内放置。西餐餐具摆放按照餐盘正中，左叉右刀，刀尖朝上，刀刃朝盘，先外后里的顺序摆放。

（3）酒具的摆放。分别摆放水杯、红葡萄酒杯和白葡萄酒杯。

（4）摆放蜡烛台和椒、盐瓶。

（5）摆椅，检查摆放效果如图 3-3 所示。

图 3-3　西餐摆台

西餐宴会摆台程序及标准见表3-1。

表 3-1 西餐宴会摆台程序及标准

项 目	操 作 规 范	质 量 标 准 或 要 求
确定席位	按照长台和圆台分别安排主人位和副主人位及其余宾客位置	① 如是长台,餐台一侧居中位置为主人位,另一侧居中位置为女主人或副主人位,主人右侧为主宾,左侧为第三主宾,副主人右侧为第二主宾,左侧为第四主宾,其余宾客交错类推 ② 如是圆桌,席位与中餐宴会席位相同
装饰盘的摆放	可用托盘端托,也可用左手垫好口布,口布垫在餐盘盘底,把装饰盘托起,从主人位开始,按顺时针方向用右手将餐盘摆放于餐位正前方	盘内的店徽图案要端正,盘与盘之间距离相等,盘边距桌边 2cm
口布的摆放	将餐巾折花放于装饰盘内,将观赏面朝向客人	口布折叠规范、平整,主人位突出,以盘花为主
面包盘、黄油碟的摆放	面包盘与装饰盘的中心轴取齐,黄油盘摆放在面包盘右上方	装饰盘左侧 10cm 处摆面包盘,黄油盘摆放在面包盘右上方 3cm 处
摆放沙拉叉、鱼叉、主餐叉	装饰盘左侧按从左至右的顺序依次摆放沙拉叉、鱼叉、主餐叉	沙拉叉、鱼叉、主餐叉相距 0.5cm,手柄距桌边 1cm,叉尖朝上;鱼叉上方可突出其他餐具 1cm
摆放主餐刀、鱼刀	装饰盘的右侧按从左到右的顺序依次摆放主餐刀、鱼刀	刀刃向左,刀柄距桌边 1cm;鱼刀上方可突出其他餐具 1cm
摆放汤匙、沙拉刀、甜食叉、甜食勺	鱼刀右侧摆放汤匙,汤匙右侧摆放沙拉刀,甜食叉、甜食勺平行摆放在装饰盘的正前方	鱼刀右侧 0.5cm 处摆放汤匙,勺面向上,汤匙右侧 0.5cm 处摆放沙拉刀,刀刃向左;甜食叉、甜食勺平行摆放在装饰盘的正前方 1cm 处,叉在下,叉柄向左,勺在上,勺柄朝右,甜食叉、甜食勺手柄相距 1cm;黄油刀摆放面包盘上右 1/3 处,黄油刀中心与面包盘的中心线吻合
酒具的摆放	分别摆放水杯、红葡萄酒杯和白葡萄酒杯;摆酒具时要拿酒具的杯托或杯底部	水杯摆放在主餐刀正前方 3cm 处,杯底中心在主餐刀的中心线上,杯底距主餐刀尖 2cm,红葡萄酒杯摆在水杯的右下方,杯底中心与水杯杯底中心的连线与餐台边成 45°角,杯壁间距 0.5cm,白葡萄酒杯摆在红葡萄酒杯的右下方,其他标准同上
蜡烛台和椒、盐瓶的摆放	按照餐位多少摆放蜡烛台和椒、盐瓶	如果是长台则一般摆两个蜡烛台,蜡烛台摆在台布的鼓缝线上、餐台两端适当的位置上,调味品(左椒右盐)、牙签筒,按四人一套的标准摆放在餐台鼓缝线位置上,并等距离摆放数个花瓶,鲜花不要高过客人眼睛的位置
检查	仔细检查,发现问题及时纠正	根据上述内容进行检查,有不到位之处及时调整

【项目考核】 按表3-2所列项目进行西餐宴会服务考核。

表 3-2　西餐宴会服务考核成绩表

考核项目	评分细则	标准分	扣分	得分
铺台布	中凸线对开(中线吻合)	2		
	四次整理成形	2		
	两块台布中间重叠 5cm(整块台布也可)	2		
	四周下垂匀称	3		
拉椅定位	椅子之间距离基本相等	2		
	椅子与下垂台布距离 1cm	2		
展示盘	盘边距桌边 1cm	3		
	店徽一致(在上方)	3		
刀、叉、勺	摆放顺序由里往外	8		
	摆放位置正确	8		
面包盘、刀、黄油碟	摆放顺序(盘、刀、碟)	6		
	摆放位置	4		
摆酒杯、水杯	摆放顺序(白、红、水)	8		
	摆放位置正确	8		
	手拿杯位置(下部、颈部)	8		
口布花(盘花)	造型美观、大小一致	12		
	在盘中位置一致、左右一条线	10		
花瓶	位置准确压中线	3		
整体印象		7		
总成绩		100		

考核时间：　　　　　　　　　　　　考核人：

填写本任务实训评价表(见本书附录)。

3.2　西餐菜肴服务技能

任务导入

　　一天晚上,住在新奥尔良某饭店的怀特先生到饭店餐厅用餐。怀特先生要了"铁扒牛排"和"海鲜饭",但服务员却把"铁扒牛排"错上为"红烩尖角牛排",显然是服务员把餐桌号搞错了。怀特先生非常生气,站起身要走。服务员连忙向他道歉,并要马上替他换菜。怀特先生说,第一,服务员上错菜是看不起他;第二,他也没有时间再等候换菜。此时,餐厅经理匆匆过来道歉,但无济于事。

　　思考:服务员必须掌握哪些服务技能,以避免上例中类似问题的发生?

工作任务 34　西餐上菜服务

1. 上头盘

根据头盘配用的酒类,先为客人斟酒,热头盘从客人左侧上;客人用完后从客人右侧撤盘,撤盘时应连同头盘刀、叉一起撤下。如是冷头盘,宴会前10分钟上好。

2. 上汤

上汤一般有两种上法:一种是将汤分盛在汤盘里,底下放垫盘,送给每位客人;另一种是将汤盘(垫底盘)放在客人面前,由服务员托着汤到每位客人面前,由客人酌情自取。

冷汤用冷汤钵,配垫盘,热汤用热汤钵,配垫盘。服务顺序是女士、客人、主人。上汤时从客人右侧上,一桌客人需同时提供上汤服务。

3. 上鱼

应先斟好白葡萄酒,再从客人右侧上鱼类菜肴。当客人吃完鱼类菜肴后,即可从客人右侧撤下鱼盘、鱼刀和鱼叉。

4. 上主菜(烧、烤、烘的肉类也称主菜)

从客人右侧上主菜并报菜名,牛排、羊排要告知几成熟,撤盘时要徒手撤走主菜盘及刀叉,并将桌上面包屑清理干净,而后征求客人对主菜的意见。

5. 上点心

点心品种很多,吃不同点心所用的餐具也不同。有点心匙、点心叉、茶匙等。吃冰激凌时,应将专用的冰激凌匙放在底盘内同时端上桌。

6. 上奶酪

奶酪又叫忌司,一般由服务员来派。先用一只银盘垫上口布,摆上几种干酪和一副中刀叉,另一盘摆上一些面包或苏打饼干,送到来宾左手边,任客人自己挑选。吃完干酪,应收去台上所有餐具和酒杯,只留一只水杯(如来不及收,酒杯可暂时不收),并刷清台面上的面包屑等。

7. 上水果

先放上水果盆、水果刀、叉和净手盅,将事先装好的果盘端上去。有的将水果盘作为点缀物事先摆上餐台,待上水果时仅摆上净手盅和水果刀、叉即可。

8. 上咖啡

在客人吃水果时,就可以将咖啡杯(一套)放在水杯右面。送上奶油盅、糖盅,然后用咖啡壶为客人斟上咖啡,斟好咖啡后,收下水果盘和净手盅,将咖啡杯移到客人的面前。

特别提示:西餐的上菜方式与中餐是有区别的,它大致有三种方式:第一种,厨师将菜装在一只专用的分菜盘内,给客人分菜时,服务员站在客人的左边,用左手托盘,右手用服务叉、匙分菜。第二种,主菜和色拉在厨房内盛入盘内,放在垫盘里端出送上。第三种是混合式,由服务员将大盆菜送置桌中央,由客人自行取用。

工作任务 35   西餐分菜服务

1. 西餐分菜工具使用方法

西餐分菜和中餐分菜所使用的工具不同,西餐分菜使用的有:服务叉一把、服务匙一把,切肉刀、叉各一把。分菜时,匙的柄在手掌中,叉的底部靠在匙柄上,用手指控制来夹钳食物。食指夹在叉和匙之间,可以用力,而用中指支撑服务匙。无名指与食指同一侧(叉、匙长柄之间),小指与中指同侧,无名指主要起稳定作用。操作时,右手背向下,掌心向上,用匙先插入菜中,同时用拇指和食指将大叉向右分开。待匙操起菜点后再将大叉移向菜点上夹紧。右手背向上将菜点送入主菜盘内。

2. 西餐分菜方法

西餐中如采取"派碟"的上菜方法,应要求服务人员进行分菜。分菜时,服务人员应站在客人的左后侧,左手托大菜盘,靠近客人的菜盘,右手用叉、匙分派。

西餐分菜还有一种方法:即菜肴由厨师在厨房中烹制好,由服务人员当着客人的面,在一个保温的工作台上切、分、加调料或配菜,然后再分派给每位宾客。

3. 西餐分菜顺序

分菜的顺序应是先女宾后男宾,先主宾后主人。然后按顺时针方向依次进行。如席上有两名服务员,则分别从主宾位和副主宾位开始按顺时针方向依次进行。

工作任务 36　西餐撤换餐具及菜盘

1. 撤换餐具

(1) 西餐每吃一道菜即要换一副刀叉,刀叉排列从外到里。因此,每当吃完一道菜就要撤去一副刀叉,到正餐或宴会快结束时,餐台上已无多余物品。待到客人食用甜点时,值台员即可将胡椒盅、盐盅、调味架一并收拾撤下。

(2) 撤盘前,要注意观察宾客的刀叉摆法。如果客人很规矩地将刀叉平行放在盘上,即表示不再吃了,可以撤盘;如果刀叉搭放在餐盘两侧,则说明客人还将继续食用或在边食用边说话,不可贸然撤去。

(3) 撤盘时,左手托盘,右手操作。先从客人右侧撤下刀、匙,然后从其左侧撤下餐叉。餐刀、餐叉分开放入托盘,然后撤餐盘,撤盘按顺时针方向依次进行。

(4) 如果客人将汤匙底部朝天,或将匙把正对自己心窝处,则应马上征询宾客意见,弄清情况后再作处理。客人若将汤匙搁在汤盘或垫盘边上,通常表示还未吃完,此时不能撤盘。

(5) 在客人未离开餐桌前,桌上的酒杯、水杯不能撤去,但啤酒杯、饮料杯可在征求客人意见后撤去。

2. 撤换菜盘方法

西餐的就餐习惯是先撤下用毕的菜盘,后上新菜。具体方法如下。

(1) 当同桌大多数客人将刀、叉合并直放在盘上时,就是表示不再吃了,就可开始撤盘。

(2) 撤盘时,服务人员用托盘从客人的右边进行。

(3) 撤下的菜盘,第一只盘放在托盘的外面一点,把刀、叉集中放在托盘的另一边,托盘中间叠放其余的盘子,撤盘时将剩菜都集中在第一只菜盘内,这样菜盘容易叠平多放,托盘容易掌握重心。

【项目考核】 按表 3-3 所列项目进行西餐上菜服务考核。

表 3-3　西餐上菜服务考核成绩表

考核项目	应得分	扣分	考核项目	应得分	扣分
上菜前准备	8		上菜时机与节奏	7	
上菜程序	8		服务方法得当	8	
上菜顺序	10		操作规范	12	
上菜位置	10		特殊情况处理	8	
服务态度	9		整体印象	8	
报菜名	12				
总成绩					

考核时间：　　　　　　　　　　　考核人：

填写本任务实训评价表(见本书附录)。

3.3　西餐酒水服务技能

任务导入

　　一天,亚龙宾馆的新服务员小王正在为客人服务倒红葡萄酒,开瓶之后他就直接为主人斟倒了九成满的酒水,结果这位客人责怪小王不会倒酒。

　　思考：小王在斟酒过程中有哪些错误,正确的斟倒方法是怎样的?

　　红葡萄酒、白葡萄酒和香槟酒是西式餐饮中常用的酒品,不同类型的酒水由于酿造工艺不同,在饮用时都各有要求,忽视这些要求,人们就无法真正体验到各类酒品的独具风格的味道。

工作任务 37　西餐红葡萄酒服务

　　西餐红葡萄酒服务(见图 3-4)按以下程序进行操作(见表 3-4)。

　　(1)滗酒。陈年红葡萄酒需要经过滗酒以后方可呈送至餐台,以防止酒瓶中沉淀物质直接斟入酒杯,影响红葡萄酒的品质。一般的红葡萄酒无须经过滗酒程序。

　　(2)示酒。红葡萄酒的示酒过程是从客人对所点酒品的酒标确认开始。

　　(3)陈放。示酒完毕后将酒放入酒篮中。

　　(4)开瓶塞。将葡萄酒酒塞起出。

　　(5)验木塞。将起出后的酒塞给客人检验。

　　(6)斟酒。按照操作规范把葡萄酒酒液倒入客人酒杯中。

　　(7)擦瓶口。转动瓶身防止酒液滴落并擦去瓶口残留酒液。

图 3-4　红葡萄酒服务

表 3-4　西餐红葡萄酒服务操作规范

项目	操 作 规 范	质量标准或要求
滗酒	将立起存放 2 小时后的红葡萄酒开启,并轻缓稳妥地借助背景烛光,将瓶中酒液倒入另一个玻璃瓶中,经过滗酒程序的陈年红葡萄酒佳酿方可送至客人餐台	操作平稳,减少晃动,滗酒完毕后无酒液,透亮无沉淀物
示酒	服务员以左手托扶住酒瓶底部,右手扶握酒瓶颈部,酒标正对点酒的客人,让酒标保持在客人视线平行处	面带微笑,报酒名、价格、产地、日期等信息
陈放	待客人确认酒品后,服务员将酒瓶装入酒篮中	酒瓶保持 30°的斜角状卧放
开瓶塞	用酒刀划开红葡萄酒瓶口处的封纸,酒钻对准瓶塞的中心处用力钻入,酒钻深入至瓶塞 2/3 处时停止;以酒刀的支架顶架于红葡萄酒瓶口,左手扶稳支架,右手向上提酒钻把手,利用杠杆原理将酒瓶塞起出	开瓶塞过程中酒瓶应始终保持 30°角斜卧于酒篮的状态,切不可将酒瓶直立操作
验木塞	酒瓶塞拔出后,放在一个垫有花纸的小盘中,送给客人检验	用口布将瓶口残留杂物认真擦除
斟酒	右手捏握酒篮,左手自然弯曲在身前,左臂搭挂服务巾一块,站在点酒客人的右侧,首先为客人斟倒约 1 盎司红葡萄酒供其品尝;待客人确认以后为客人斟酒;斟倒红葡萄酒时,手握好酒篮,手臂伸直,微倾酒篮使红葡萄酒缓缓流入杯中	服务员方可按女士优先的原则,站在距离客人 30cm 处按顺时针方向服务。红葡萄酒的标准斟倒量应该是酒杯容量的 2/3;斟倒时动作切忌过于剧烈
擦瓶口	每斟倒一次,在结束时应该轻转手腕,使瓶口酒液挂于瓶口边缘,然后用左臂上搭挂的服务巾轻轻擦去瓶口残留酒液,以防下一次斟酒时,瓶口残留酒液滴洒在餐台或客人的衣服上	勿将酒液滴落,动作轻缓流畅

工作任务 38　西餐白葡萄酒服务

西餐白葡萄酒服务按以下程序进行操作。

(1)示酒。开启酒瓶前需向客人展示酒标,以便客人确认白葡萄酒品牌。服务员站在客人右侧,以左手托住瓶底,右手握扶瓶颈,酒标朝向客人。待客人确认后方可将白葡萄酒瓶插放在冰酒桶中,桶口以口布覆盖。

(2)开瓶塞。开启白葡萄酒时,服务员站在冰酒桶的后方,右手持酒刀,轻轻划开瓶口封纸。将酒钻对准瓶塞中心点垂直钻入,待钻至瓶塞 2/3 处时停止。将酒钻的支架顶住白葡萄酒瓶口部,左手扶稳酒瓶,右手缓缓提起酒钻把手,使瓶塞逐渐脱离瓶口,拔塞时应避免发出声响。

(3)净瓶口。从酒钻上退出白葡萄酒瓶的木塞,并以干净的口布仔细清理瓶口的碎屑。

(4)斟酒。用折叠成长条状的口布将白葡萄酒瓶下部包好,露出酒标。为点酒的客人斟倒约 1 盎司白葡萄酒供其品尝。经最后确认后服务员方可按女士优先、主宾优先的原则,依顺时针顺序为客人斟酒。

（5）站位。斟酒时，服务员侧身站在客人右侧约 30cm 处，左手背后，酒瓶口与杯口保持约 5cm 的距离，令白葡萄酒缓缓流入杯中；白葡萄酒每杯斟倒量应以 1/2 为宜，酒量满则不宜于客人细细品酒。

（6）旋瓶口。每斟一杯白葡萄酒，在结束斟倒时，手腕应轻轻向内侧旋转 25°，并随之将瓶口抬起，使瓶口残留酒液沿瓶口而流，以防将酒滴洒在餐台或客人衣服上。

（7）冰镇。服务员结束斟酒服务后，应将白葡萄酒瓶重新放回冰酒桶中，以口布覆盖冰酒桶，将冰酒桶移放到点酒客人右侧约 30cm 处。可参考西餐红葡萄酒服务操作规范。

工作任务 39　西餐香槟酒服务

西餐香槟酒服务按以下程序进行操作。

（1）示酒。向客人展示香槟酒时，服务员右手五指向下，以掌心托扶瓶颈，左手托住瓶底，送至客人视线平行处。

（2）冰镇。待客人确认酒品后，将香槟酒置放于冰酒桶中，桶内盛放 1/4 的冰块和 2/4 的水，桶口用口布加以覆盖。

（3）剥封纸。开启香槟酒时，瓶口应该朝向无客人的方向，剥开瓶口封纸，以左手握住瓶，左手拇指轻压瓶塞。

（4）去保险丝。右手捏住瓶口保险丝拧环处，轻轻向逆时针方向拧松保险丝。

（5）拔瓶塞。左手拇指时刻放于瓶塞上方，轻轻施以压力。当保险丝完全去掉以后，以右手拇指轻抵瓶塞下方。待香槟酒瓶塞向上移动时，左手握住瓶塞，防止瓶塞喷射出去。在餐厅客人面前开启香槟酒时，应该尽量防止瓶塞离瓶时发出的响声。

（6）持瓶。香槟酒开启后，服务员应该迅速以右手拇指扣捏瓶底凹陷部位，其他四指托住瓶身，左手持口布轻扶瓶颈处，将酒分两次斟倒于事先备好的酒杯中。

（7）斟酒。第一次将酒斟至杯中 1/2 处，待杯中泡沫平缓后，再续斟至杯中 2/3 处。

（8）再冰镇。客人用餐时，将香槟酒放入冰酒桶中，以口布覆盖桶口，视用餐情况可将冰酒放在餐台上点酒客人的右手处。也可将冰酒桶放在客人右侧的酒桶架上。无论放在何处都应以不妨碍客人用餐，方便客人取拿酒瓶为基本原则。可参考西餐红葡萄酒服务操作规范。

【项目考核】　按表 3-5 所列项目进行西餐酒水服务考核。

表 3-5　西餐酒水服务考核成绩表

考核项目	应得分	扣分	考核项目	应得分	扣分
点酒	8		服务时机与节奏	7	
酒水展示	8		服务方法得当	8	
开瓶	10		斟酒标准	12	
斟酒顺序	10		斟酒站位	8	
服务态度	9		整体印象	8	
斟酒姿势	12				
总成绩					

考核时间：　　　　　　　　　　　　考核人：

填写本任务实训评价表（见本书附录）。

3.4　西式餐饮服务

　　某晚七点多,两位德国客人和一名翻译到北京某饭店的西餐厅用餐。点了"铁扒羊排""牛肉咖喱饭"和"奶油花菜汤"等菜品,并要求尽快送来。10 分钟之后,客人点的菜饭全都上了桌。一位客人看着他那份羊排连连摇头。服务员忙问翻译客人有什么不满。翻译和客人交谈后,不好意思地告诉服务员,客人点菜时他没有搞清楚,一位客人要德式"铁扒羊排",另一位客人要铁扒番茄和煎花菜配制的羊排,而他却为两人同时点了德式"铁扒羊排",所以这件事应由他向客人解释,与服务员无关。服务员听罢忙对翻译讲,尽管他没有说明羊排的区别,但客人已经在该餐厅用过餐,而且也点过不同样式的羊排,自己在点菜时没有进一步问清楚,所以也有责任。说完她端起其中一位客人面前的羊排回了厨房。

　　思考:服务人员应掌握哪些西餐服务知识以获得客人较高的满意度?

　　西餐服务源于欧洲贵族家庭,经过多年的演变,各国各地区的服务方式都不尽相同。其服务程序也与中式餐饮服务有很大区别,下面分别介绍西餐早餐、西餐午晚餐、西餐宴会、鸡尾酒会和冷餐酒会服务程序。

工作任务 40　西餐早餐服务

　　1. 准备工作

　　服务员须在早餐开始前半小时全部到岗,通过简短的碰头会,检查员工仪容仪表,布置当日工作,分配员工工作岗位,介绍厨房当日菜肴和推销菜肴;领班和服务员按区域检查台子、台布、口布、餐用具、玻璃器皿、不锈钢器皿、各种调味品、托盘、烟缸、火柴、花瓶等是否齐全清洁、明亮,摆放是否规范,整个餐厅是否统一;准备好菜单、饮料单,其中饮料单、菜单须清洁,配合厨房摆放自助餐用具和食品,所有用具要保证一定的周转量,以备更换。

　　2. 点菜

　　客人就座后,服务员应表示欢迎,并从客人右边递上菜单和饮料单。客人点菜时,服务员应在客人右后方,上身微躬,如果客人不能确定菜肴,则应主动向客人介绍,帮助客人选择菜肴。如果有特殊要求,须进行备注,客人点完单后,应重复点单内容,请客人确认。如果客人所点菜肴出菜时间较长,则应及时提醒客人,并征求客人意见,是否需要更换。

　　3. 上菜

　　根据客人所点菜肴,调整桌面原有的餐用具,上饮品、菜肴或撤碟时一律使用托盘。除自助餐外,无论客人吃美式套餐、欧陆式套餐还是零点,都应在客人确定好饮料和菜肴后,尽快为客人提供饮料。上菜时,应检查所上菜肴与客人所点菜肴是否一致,调味品与辅料是否齐全,西餐早餐上菜顺序为先冷后热。欧陆式早餐上菜顺序为：自选果汁,各色早餐糕点、咖啡或茶；美式早餐的上菜顺序为：自选果汁或水果、鲜蛋配火腿、咸肉或香肠、咖啡或茶,从客人右侧上菜,从客人左侧撤碟,上菜时要报菜名,放菜要轻,每上一道菜,都须将前一道用完餐的用具撤掉,咖啡或茶只有在客人结账离去后才可撤走。

4. 用餐

早餐就餐客人多,周转快,须不断地与厨房联系,以确保供应,保证出品质量,控制出菜时间,每个服务员应对自己所分管台面负责,要注意客人的表情,尽可能地解决问题,满足客人提出的要求,经常为客人添加咖啡或茶,在就餐过程中要避免发生送错菜或冷落客人,让客人久等的现象,及时撤去餐后盆、碟,勤换烟缸,做好台面清洁。

5. 征询意见

在不打扰客人的情况下,主动征求客人对服务和出品的意见,如果客人满意,则应及时表示感谢,如果客人提出意见和建议,则应认真加以记录,并表示将会充分考虑他的意见。

6. 结账

只有在客人要求结账时,服务员方可结账。多位客人一起就餐时,应问清统一开账单还是分开开账单。凡住店客人要求签房账时,服务员应请客人在账单上签上姓名和房号,并由收银员通过计算机查询核实后方能认可,结账要迅速准确。认真核实账单无误后,将账单夹在结账夹内交给客人,结账后应向客人表示感谢。

7. 送客

客人离开时应为其拉开座椅,递上衣帽,对客人的光顾表示感谢,并欢迎再次光临。检查是否有客人遗落的物品,如果有则应及时送还,如果客人已离开,则应交送餐饮部办公室。

8. 撤台

客人离去后及时检查是否有尚未熄灭的烟蒂,按先口布、毛巾,后酒杯、碗碟、筷子、刀叉的顺序收拾餐具及有关物品,按铺台要求重新铺台,准备迎接新的客人。

工作任务 41　西餐午餐、晚餐服务

1. 准备工作

西餐午餐、晚餐服务与西餐早餐准备工作基本相同。

2. 领台

(1) 带位时女士优先于男士,年长女士优先于年轻女士。拉出最佳的座位,例如面对窗户有视野的座位,提供给两个团体中的女士或是较大团体中的最年长的女士。帮助其入座。如果客人中的男士没有帮女士入座,则服务员应帮助女士入座。

(2) 带位之后马上微笑着服务客人。

3. 餐前服务

(1) 提供面包和水,点餐前饮料。客人入座后2分钟内完成。

(2) 站在客人右侧,呈递菜单、酒单,解释菜单,上饮料时要用托盘,服务时左手托托

盘,右手拿饮料,从客人左侧为客人斟饮料,名贵酒要先给客人过目后,方可打开酒瓶,传送鸡尾酒或其他饮料到适当的位置,提供饮料服务。客人入座后5～10分钟内完成。

(3)点菜。女士优先,除非有位明显的主人要为这桌点餐。保持对话的语调,即使非常忙和吵,也不要大声喊,也不要要求客人大声说出他们的点单,宁可靠近每位客人。如果有需要则重复确认,以谈话的语调及音量询问客人的点单。一般来说,在6人或6人以下的客人中,先请一位女客人点餐再请另一位女士和他们的小孩点餐,然后请男士点餐。如果超过16人,则先从一位女士开始,顺时针方向循着桌子顺序点餐,不必注意年龄或性别的问题。

(4)填写菜单。需等客人先就座后方可填写菜单,如日期、桌号、服务人员的代号、姓名、位置等。点菜时要使用桌位号码系统。不要弄乱椅子号码,因其通常作为送菜的依据,若有两位客人,则男士坐一号椅、女士坐二号椅,则点菜时,是先二号椅,服务也是一样。总而言之,皆以女士优先。填写菜单时,客人所点的餐以及桌号、椅号等相互配合,则更能减少错误发生。在有较多女士的圆桌服务时,因圆桌较易受限制,所以服务时更要小心。不论是男士或女士点菜,皆须注意一下开胃菜的先后,就如上面所说,询问客人是否有特别需求,如蛋、肉的烹调方式的不同;若不询问,则厨师们可能直接以他们惯有的方式烹调而导致客人不满。在填写菜单时,以简略的文字、符号标示,而且又要让服务员及内场人员都清楚。在人数多时,全部点好后,最好再重复念一次,以防点错菜。

4. 餐中服务

(1)上菜。根据客人所点菜肴,适当调整桌面原有的餐具,上菜(图3-5)或撤碟时一律使用托盘,左手托盘,右手上菜或撤盘。上菜时检查所上菜肴与客人所点是否相同,调味品和辅料是否跟全。西餐上菜顺序为:面包、黄油、开胃头盆、汤、色拉、主菜、甜品、咖啡或茶。上菜时,应先宾后主,先女后男,从客人右侧上菜,从客人左侧撤盘。上菜时报菜名,并做适当介绍。除面包

图 3-5 上菜

黄油外,其他菜肴、汤、甜品等上桌时,须将前一道用餐完毕的用具撤去,菜肴全部上完后,应向客人示意,并询问客人还需要什么,然后退至值台位置。咖啡或茶待客人结账离去后方可撤去。

(2)用餐。及时与厨房联系,反馈客人意见,控制出菜时间,记住每位客人的菜单,按顺序上菜,不要颠倒送菜顺序或送错菜,注意随时添加酒、饮料、面包、黄油等,及时撤去餐后的盆、碟等,做好台面清洁,服务员不能随便离开工作区域,要注意观察客人的表情,及时解决和满足客人的需求。

(3)餐间清洁餐桌的服务。在用餐的过程中,有许多用过的餐具必须撤下。当客人快用完餐时,服务员应站在用餐的第一个客人右手边准备收拾。在收拾餐具时,按顺时针方向移动,紧握餐具,用无名指、中指、拇指紧紧扣住餐盘,不要接触到盘中的食物。餐具用左手放于餐盘内,然后将这些餐具送到清洁餐车上,相同尺寸大小的盘子应叠在一

起,若盘子大小不同,则应把小的盘子置于大盘子的上面,把剩菜置于最上面的盘子中。

5. 征询意见

结账、送客、撤台与西餐早餐服务程序相同。

工作任务 42　西餐宴会服务

1. 宴会开始前的准备工作

（1）准备餐具和用具。根据宴会通知单的要求,将摆台所需用的各种干净餐具和用具准备好,包括台布、席巾、台裙、自助餐炉、刀叉、烟缸、牙签、纸巾、鲜花、服务托盘。

（2）摆食品台。根据订单的要求设计台形;铺上台布,围上围裙,保持干净、平整;根据菜单将自助餐炉摆在台上;用餐的刀叉要按西餐要求均匀美观地摆在台面上;将布菲炉保温用的蜡放在自助餐炉下,食品台要整洁美观,适合宴会气氛,便于客人使用。

（3）摆酒会桌。根据客人人数,将酒会桌分别设在餐厅的不同位置上,以便客人使用;铺好台布;每台要分别在适当的位置摆上烟缸、牙签、席巾或纸巾;台面要整洁美观。如果有主台则需要重点装饰以突出主台。

（4）摆设酒水台。酒水台要设在便于取放饮料的位置上;铺好台布围裙,将酒水整齐美观地摆上。如果需要香槟台,则按要求将香槟台摆放好,并摆好香槟塔。

（5）检查。由管理人员进行最后的总体检查,台形需合理、美观、安全,各种餐具整洁充足,场地要求符合通知规定。整个宴会场地及装饰布置最迟要在宴会正式开始前半小时完成并通过客人的认可。

2. 宴会服务

（1）准备工作。宴会开始前 30 分钟,在厨房取出食品前,传菜员要向自助餐炉内加热水,并点燃酒精、蜡加热保温,将各种食品摆好。厨房主管核对品种,确保与菜单要求相一致,酒吧员则将各种酒水准备好。楼面管理人员安排好各服务员的工作区域,如果有必要则需在酒会开始前与各服务员开一个班前会,明确各项工作及该酒会的注意事项。

（2）迎接客人。宴会开始前,站在门口迎接客人,为客人领位,并配合管理人员核对好用餐人数。

（3）餐中服务。如果有用餐客人就座,服务员应马上为客人送上各种餐前饮料。宴会开始以后,服务员要随时清理桌上客人用过的餐具;及时更换烟缸;保持食品台的整齐清洁,随时添加食品饮料。主席台如果需贴身服务则要安排专人跟进。同时配合宴会负责人做好各项工作（与西餐午餐晚餐服务规范及标准基本相同）。

3. 征询意见

结账、送客与西餐早餐服务程序相同。

4. 宴会送客服务和撤场工作

酒会结束时,服务员要站好,礼貌地目送客人离开。管理人员要做好结账工作,并将酒会场地撤掉。撤场时需将所借的物品在两天内全部归还。

特别提示：在接待携幼儿用餐的客人时,服务员应该注意以下几点。

（1）迅速为幼儿提供专用餐椅。

（2）移去幼儿面前可能造成意外伤害的餐具，如刀、叉、筷子和高脚玻璃杯，只留勺子即可。

（3）先为幼儿提供饮品，后为成年人服务。这是因为在幼儿得不到适当安顿前，成人无心享用美食。另外，幼儿在一个新鲜的环境中一般比较兴奋，如果得不到适当的食物，便会大叫大喊，所以一杯饮料常常是安顿幼儿的最佳方法之一。

（4）对幼儿所需要的食品应给予最大可能的满足。

（5）对携带幼儿用餐的客人要给予优先接待，上菜要紧凑，上菜时热菜应远离幼儿手臂所能触及之处。

工作任务 43　西餐鸡尾酒会服务

1. 鸡尾酒会的准备工作

（1）根据方案的具体细节要求摆放台形、桌椅，准备所需各种设备，如麦克风、横幅等。

（2）吧台。鸡尾酒会临时设的酒吧由酒吧服务员负责在酒会前准备好。根据方案上的"酒水需要"栏准备各种规定的酒水、冰块、调酒用具和足够数量的玻璃杯具等。

（3）食品台（图 3-6）。将足够数量（一般是到席人数的三倍数量）的甜品盘、小叉、小勺放在食品台的一端或两端，中间陈列小吃、菜肴。高级鸡尾酒会还准备肉车为宾客切割牛柳、火腿等。鸡尾酒会中的各种小吃，一般为长 6cm、宽 3cm 的薄自烘面包，抹上黄油作底，上面铺着各种肉类，如鸡肉、火腿、鸡蛋、蛋肠、鱼子酱等。

（4）小桌、椅子。小桌摆在餐厅四周，桌上置花瓶、餐巾纸、烟灰缸、牙签盅等物品，少量椅子靠墙放置。

2. 鸡尾酒会的组织工作

主持人根据酒会规模配备服务人员，一般以 1 人服务 10～15 位宾客的比例配员，专人负责托送酒水，照管和托送菜点及调配鸡尾酒，提供各种饮料。

3. 鸡尾酒会的服务工作

鸡尾酒会开始后，每个岗位的服务人员都应尽自己所能为宾客提供尽善尽美的服务。

（1）在入口处设主办单位列队欢迎客人的地方，服务人员一般列队迎宾，在主办代表欢迎客人后，引宾入场。

图 3-6　食品台

（2）负责服务酒水的服务员，用托盘托好斟满的酒杯在厅内来回向宾客敬让，自始至终不应间断，托盘内应置一口纸杯，每杯饮料均用口纸杯递给客人。

（3）要及时收回客人手中、台面上已用过的酒杯，保持台面的整洁和酒杯的更替使用。最好是分设专人负责上酒水和收杯两项工作，不要在一个托盘中既有斟好的酒杯，又有回收的脏杯。

(4) 负责菜点的服务员要在酒会开始前半小时左右摆好干果、点心和菜肴,在酒会开始后注意帮助年老人取用,随时准备加干果、点心,保证有足够的盘碟餐具,撤回桌上和客人手中的脏盘,收拾桌面上用过的牙签、口纸等。

(5) 吧台的服务员要负责在酒会开始前准备好各种需要用的酒水、冰块、果汁、水果片和兑量工具等物品。酒会开始后负责斟酒、兑酒和领取后台洗涮好的酒杯,整理好吧台台面,对带气的酒和贵重酒类应随用随开,减少浪费,各种鸡尾酒的调制要严格遵循规定的比例和标准操作。

(6) 虽然大多数客人是站着边谈边吃,但在餐厅四周仍应设少数座位,这是专供客人中的老年人和病弱者坐的,服务员要给予照顾。

(7) 酒会中,不允许服务员三三两两相聚一起。每个服务员都应勤巡视,递送餐纸、酒水和食品。

(8) 在服务过程中,注意不要与同事发生冲撞,尤其不要碰着客人和客人手中的酒杯。

4. 鸡尾酒会的结束工作

(1) 鸡尾酒会一般进行1.5小时左右。

(2) 酒会结束,服务员列队送客出门。

(3) 宾客结账离去后,服务员负责撤掉所有的物品。余下的酒品收回酒吧存放,脏餐具送洗涤间,干净餐具送工作间,撤下台布,收起桌裙,为下一餐做好准备。

5. 鸡尾酒会的服务特点

(1) 可在任何宴会厅举行,由于是站立式,且周转率高,可在一定程度上超容量接待。

(2) 餐桌布置:不设座位,只设菜台和吧台。

(3) 所需设备:讲台、立式麦克风、沿墙长椅、公司旗帜、标记、标题横幅等。

(4) 花卉:根据方案的要求和宴会厅的情况选用,有时作为一般收费项目。

(5) 菜单:可按确定的鸡尾酒菜单准备,价格主要根据质量确定,高标准的鸡尾酒会可用切割手推车为客人提供牛排、牛腿、猪排等;也可选用特定的菜单,如某地的特色菜等。

(6) 酒水饮料:由各种酒吧供应,如果包价中含饮料酒水,则根据标准选用酒水品种。

(7) 音乐:一般采用轻音乐、背景音乐,可备有主办国的国歌磁带、古典音乐磁带等。

(8) 其他:冰雕是鸡尾酒会的常见装饰品,最好有专人根据主办单位徽标雕刻其产品或公司标记,起装饰作用。

工作任务44   西餐冷餐酒会服务

1. 准备工作

(1) 开餐前半小时将一切准备工作做好。

(2) 场地大小主要根据参加的人数而定,但每人应有$1m^2$左右的活动空间。

(3) 场地中应安排一个主菜台(见图3-7),用多张桌子拼搭而成,铺上台布。

(4) 要根据人数的多少,设置一个或数个酒水台,放置各类饮料,饮料都已倒到杯中,供客人自取或由服务员端送给客人。

（5）餐具一般是提供 2～3 种规格的盘子和刀、叉、勺。放在食品桌上或食品桌旁的餐桌上，冷餐会一般不提供餐巾，而是放置一定量的纸巾供客人取用。

图 3-7　主菜台

2．迎接客人

客人抵达餐厅时，迎宾员要向客人表示热烈的欢迎，酒水服务人员要很快地跟上去给客人送酒或饮品，同时递上纸巾。

3．饮料服务

调酒员要迅速调好鸡尾酒，当客人到酒吧取酒或饮品时要礼貌地问询客人的需要。

4．开餐服务

（1）客人饮完酒、饮品或不再饮的酒和饮料，服务员要勤收换，保持食品台、收餐台和其他台的台面整洁卫生。

（2）服务员要在餐厅里勤巡视，细心观察，主动为客人服务，巡视过程不得从正在交谈的客人中间穿过，也不能打扰客人交谈。若客人互相祝酒，要主动上去为客人送酒。

（3）主人致辞、祝福时，事先要安排一位服务员为主人送酒，其他服务员则分散在宾客之间给客人送酒，动作要敏捷麻利，保证每一位客人有一杯酒或饮品在手中，作祝酒仪式之用。

（4）客人取食品时，要给客人送碟，帮客人取拿食品，服务人员还要经常注意菜量，一旦某种菜已取完，就应及时从厨房取出补充。

（5）服务员要及时收取脏盘，并调换烟缸与餐具。

5．送客

宴会结束时，服务员应礼貌地目送客人离去。

【项目考核】　按表 3-6 所列项目进行西餐宴会服务考核。

表 3-6　西餐宴会服务考核成绩表

考核项目	应得分	扣分	考核项目	应得分	扣分
餐前卫生清理	5		服务时机与节奏	6	
餐前检查	4		服务方法得当	6	
物品准备	5		操作规范	10	
摆台	10		服务态度	8	
站位迎宾	5		送客	4	
上茶	5		结账	4	
酒水服务	8		餐后清理	4	
上菜	8		整体印象	8	
总成绩					

考核时间：　　　　　　　　　考核人：

填写本任务实训评价表（见本书附录）。

第 **2** 篇

知 识 篇

第**4**章

餐饮业概述

目标

- 知晓餐饮业的概念、特征、发展、地位、作用以及发展趋势。
- 知晓餐饮管理的职能、目标和内容。
- 能设置餐饮组织机构。

导读

　　餐饮业一直以来都是人们关注的行业之一。中国的餐饮业与国外的餐饮业一样，都经历了不同的发展时期。目前餐饮业正朝着品牌化、连锁化、技术化等方向发展。本章主要介绍餐饮业的概念、特征，餐饮业的历史与发展，餐饮管理的职能以及餐饮组织机构等基本知识。

4.1 餐饮业的基本概念、特征及其地位和作用

引例

2015—2021 年江苏餐饮国内贸易情况见表 4-1。

表 4-1 2015—2021 年江苏餐饮国内贸易情况

指　　标	2015 年	2016 年	2017 年	2018 年	2019 年	2020 年	2021 年
限额以上法人企业/个	2065	2030	1859	1848	2030	2510	3300
产业活动单位数/个	3366	3349	3313	2536	3099	3840	5612
限额以上企业（单位）从业人数/人	184 395	181 777	177 071	199 339	207 979	234 836	271 973
零售总额/亿元	2336.46	2672.97	2989.83	3393.66	2704.03	2518.05	3013.93

　　（资料来源：江苏省统计局网站. http://tj.jiangsu.gov.cn/2022/nj14.htm.）

4.1.1 餐饮业基本概念

俗话说"民以食为天,生以食为本"。昔日吃饭、喝酒这等最平常的日常活动,如今已经随着人们生活水平的提高,演变成了与商务、社交等活动息息相关的社会文化。社会活动的深层次发展,造就了文化的细分,也造就了社会行业的蓬勃发展。伴随着这个过程,饮食中的礼仪、礼节、观念和习俗也应运而生,饮食也从人类的自然行为逐渐演变成为一种新的经济业态——餐饮业。

1. 餐饮

在辞海中,餐为"饮食",饮为"喝""饮料",餐饮就是指"吃食物,喝饮料(含酒水)"。

据说餐饮来源于 Restaurant(餐馆)一词,按照《法国百科大辞典》的解释,这个词是使人恢复精神与气力的意思,帮助人恢复精神与消除疲劳的方法就是进食和休息。于是人们以"餐馆"为名称,在特定场所提供餐食、点心、饮料,使客人在此场所中得到充分的休息、恢复精神,场所经营者在这种经营方式下获利。这就是西方餐饮业的雏形。

2. 餐饮业

《国民经济行业分类注释》上关于餐饮业的定义是:餐饮业是指从事在一定场所,对食物进行现场烹饪、调制,并出售给顾客,主要供现场消费的服务活动的行业。对这一定义需从以下几个方面来把握。

(1) 餐饮业一般都有自己的经营场所,也就是说,人们在进行餐饮消费的时候都要去一定的地方,如多种多样的酒店餐厅、社会餐馆(包括快餐店、咖啡厅、茶楼、街边的小吃店等)、企事业单位及一些社会保障与服务部门的餐厅(食堂)。

(2) 餐饮业是对食物进行现场加工、生产,提供可食用的菜品、点心、饮料、酒水等的行业。一般餐饮消费者都是在餐饮经营场所进行现场点菜、品尝等消费活动。

(3) 餐饮业是提供服务活动的行业,亦即属于服务行业,包括加工生产菜肴、提供食物、饮料、酒水等服务。服务质量在餐饮业经营管理中占有重要的地位。

随着社会生产力的不断发展,人民生活水平不断提高,各个领域的交流日益频繁,家务劳动社会化程度越来越高,餐饮业也将发生更大的变化,经营业态会越来越多、经营方式会越来越丰富,餐饮业的服务方式也将发生新的变化。

3. 餐饮企业

餐饮企业是凭借特定的场所和设施为顾客提供餐饮产品及服务的经济实体。一般说来餐饮企业必须具备三个基本条件:①必须要有接待宾客所需的空间、设施;②能向宾客提供食品饮料以及相应的服务;③以营利为目的,即餐饮服务组织的企业性。在中国,一般称餐饮企业为餐厅或餐馆。一般情况下,社会餐馆都是独立的企业,而酒店的餐厅属于酒店的一个生产经营部门,不是真正意义上的餐饮企业。

小知识 4-1

按照中华人民共和国国家标准《国民经济行业分类》(GB/T 4754—2017),餐饮业被归类为住宿和餐饮业的一个子类。餐饮业是指通过即时制作加工、商业销售和服务性劳动等,向消费者提供食品和消费场所及设施的服务。餐饮行业类型划分如下。

（1）正餐服务。正餐服务是指在一定场所内提供以中餐、晚餐为主的各种中西式炒菜和主食，并由服务员送餐上桌的餐饮活动。包括：宾馆、饭店、酒店内独立（或相对独立）的酒楼、餐厅；各种以正餐为主的酒楼、饭店、饭馆及其他用餐场所；各种自助式餐饮服务；各种以涮、烤为主的餐饮服务；车站、机场、码头内设的独立的餐饮服务；火车、轮船上独立的餐饮服务。不包括提供单一类食品的餐饮服务，如饺子、包子、面条、米粉等（列入小吃服务）。

（2）快餐服务。快餐服务是指在一定场所内或通过特定设备提供快捷、便利的餐饮服务。包括：中式快餐服务、外国快餐服务。不包括各种特色小吃式的餐饮服务，如清真小吃、四川小吃等（列入小吃服务）。

（3）其他餐饮业。小吃服务是指可全天就餐的简便餐饮服务，包括路边小饭馆、农家饭馆、流动餐饮和单一小吃等餐饮服务。包括：清真小吃服务、茶点式小吃服务、饺子店餐饮服务、包子店餐饮服务、面条店餐饮服务、米粉店餐饮服务、粥店餐饮服务。不包括以出售蛋糕、面包为主的乳品店、面包房（列入糕点、面包零售）。其他未列明餐饮业，包括下列其他未列明餐饮业活动：餐饮私人定制服务；餐饮上门定做服务；机构餐饮服务；其他未列明餐饮服务。不包括为连锁快餐店送货的服务（列入城市配送）。

4.1.2 餐饮业的特征

餐饮业作为服务业的一种，除具有服务业的共同特征外还有其独特的性质。

1. 客源市场的广泛性

餐饮业的客源十分广泛，国内外各种类型的旅游者、机关团体、企事业单位、政府机构、当地居民等各行各业的人都是餐饮企业服务的对象。因此，为了满足不同群体的需要，餐饮企业（部门）的经营规模和风格、经营范围、食品风味和花色品种等也不尽相同。

2. 产品风味的民族性和地方性

餐饮业是在不同的地域范围经过漫长的时间才发展起来的，不同的地理环境、风物特产、文化习俗会产生不同风味的餐饮食品，即使是在同一地区，因为人们的个体差异也会对食品提出不同的要求，因而餐饮产品风味具有较强的民族性和地方性。随着餐饮业的发展，除了注重其民族性和风味性以突出餐饮的特色外，兼容并蓄，博采众长，不断创新，也是在餐饮经营中应该考虑的问题之一。

3. 依赖性

餐饮业是旅游业六要素吃、住、行、游、购、娱中最基本的要素之一，各地的美食是旅游业的重要旅游资源之一。离开了吃，旅游活动无法正常开展。同时，餐饮业的发展也会受到旅游业发展的影响，要依赖于旅游。一个地区，旅游业发达，会带来更多的不同类型的客人，他们会对餐饮业提出更多更高的要求，促使餐饮业更快发展。另外，餐饮业的发展离不开当地的国民经济。人们的收入越高，社会交往就越频繁，对餐饮的需求也越旺盛。因此，餐饮业的发展规模和速度水平与旅游业和国民收入的发展水平相适应。

4. 不可储存性

餐饮企业提供的产品有两种：一是实物（有形）产品；二是餐饮服务（无形产品）。作为实物产品重要组成之一的食品具有易腐烂变质的特点,只能当天而且是在较短的时间内使用,不能储存到第二天;餐饮服务也只能当次使用、当场享受,不能储存到第二天。因此,餐饮企业应注重实物产品的质量和服务的质量,以求更多的回头客。

5. 差异性

差异性主要是从餐饮服务的角度来看的,表现在两个方面:一方面,服务人员在年龄、性别、性格、受教育程度及工作经历等方面存在着个体差异,所提供的服务质量会有所不同;另一方面,同一名服务人员在不同的场合、不同的时间和不同的情绪中,服务态度、服务方式也会出现一定的差异。为了避免出现服务质量问题,餐饮企业(部门)应有规范的操作程序和严格的操作标准,加强对员工培训,使员工的操作尽可能规范化、标准化。

6. 无形性

无形性是所有的服务行业所具有的共性。餐饮服务要借助于有形的餐饮产品才能体现,顾客在购买前无法看到、感觉到,餐饮服务也不能量化,其质量的好坏只能以顾客在餐饮场所的满意程度来衡量。因此,餐饮企业不仅要使餐饮产品有形化,如提供精美的食品、营造适宜的就餐氛围,让顾客在购买时减少不确定的心理因素;同时还要提供个性化、情感化、标准化的服务,提高顾客满意度。

7. 同步性

绝大多数餐饮产品的生产、销售、消费几乎是同步的。同步性决定了餐厅应营造良好的餐饮销售环境,以员工为本,加强员工的培训和激励,使员工全身心地投入对客服务和销售当中,为企业(部门)带来良好的经济效益。

8. 产品的时间性(季节性)

餐饮产品的时间性是由食品原料和气候决定的。不同的季节有不同的食品原料,餐饮企业所提供的食品品种也会有所不同。同时,在不同的季节,人们对食品会有不同的需求,导致餐饮企业出现淡旺季。例如,经营火锅的餐厅冬天的生意会更红火,而经营冷饮的小店夏季的生意会更火爆。

4.1.3　餐饮业的地位和作用

国以民为本,民以食为天。餐饮业作为国民经济中基础性的生活服务业,作为满足人民美好生活需要的重要消费产业,餐饮业的发展状况不仅从侧面反映了人民的生活水平、生活质量及消费水平,也与社会的稳定、和谐有着紧密联系。[①] 改革开放 40 多年来,中国餐饮业跨越式发展成为基础生活服务消费产业。餐饮业在经济社会中的重要作用主要体现在扩大消费、稳定就业、保障民生和传承文化四个方面。为稳定和扩大餐饮消费,支持餐饮业高质量发展,进一步增强消费在国内大循环中的主体作用,九部门在 2024 年 12 月联合印发《关于促进餐饮业高质量发展的指导意见》。[②]

1. 餐饮业是国民经济发展的增长点

餐饮产业一直保持着稳定、持续、快速增长,其经济贡献一直位居三产前列。[③] 餐饮

---

① 谢军.2021年长沙市湘菜餐饮业发展报告[M].湖南:湘潭大学出版社,2021.

②③ 于干千.我国餐饮业高质量发展的产业政策转型研究[M].北京:北京大学出版社,2022.

消费零售额增长速度连续十几年达到 13% 以上,高于同期社会消费品零售额的增长幅度,更高于同期国内生产总值的增长幅度。餐饮业在 2023 年的总收入达到了 5.2 万亿元,首次突破 5 万亿元大关,同比 2022 年增长 20.4%,对社会消费的贡献率达 11.2%。[①]强劲的餐饮消费,对经济增长做出了积极的贡献(见表 4-2)。

表 4-2　2020 年各地区限额以上餐饮企业基本情况和经营情况

地 区	营业收入/亿元	餐费收入占比/%	利润总额/亿元	法人企业/个	年末从业人员数/万人
广东	916	94.1	−2.0	4868	43.5
上海	865.9	97	3.8	2508	29.8
北京	642.3	95.2	−21.9	2009	25.5
江苏	527.6	90.6	14.3	2510	23.5
浙江	406.7	95	8.7	2163	16.4
四川	308.6	95	43.9	1795	16.4
福建	261.7	95.1	9.2	1411	8.9
湖北	220.5	91.5	10.1	1421	10
山东	205.9	84.6	−1.4	1627	10.8
陕西	188.7	90.7	7.2	1419	7.5
安徽	180.3	90.6	7.1	1359	9
湖南	179.4	89.9	12.3	1493	7.4
重庆	157.3	91.9	12.5	1181	6.1
天津	113.9	91.4	0.2	515	5.6
河南	101.4	90.6	5.5	1184	5.4
辽宁	86.9	96.9	−4.8	347	3.6
广西	66.8	88.9	2.1	531	3.7
江西	65.6	87	4.0	796	3.3
云南	62.7	93.8	2.7	770	3
山西	62.2	85.5	−3.5	603	4.5
河北	47.2	78	−4.6	499	3.1
贵州	44.8	93.3	1.1	645	2.3
甘肃	34.3	86.9	0	368	2.2
内蒙古	31.5	83.5	−3.0	227	2.1
新疆	22.7	90.3	−0.6	181	1.1
吉林	17.9	88.3	−0.9	155	0.8
海南	14.4	96.5	0.1	98	0.8
黑龙江	7.8	94.9	−1.0	86	0.5
宁夏	5.4	68.5	−0.3	59	0.4
青海	4.2	78.6	−0.1	56	0.3
西藏	2	85	0.3	17	0.1

资料来源:中国统计年鉴。

---

① 毕马威中国消费餐饮行业团队.因势而变·应变而兴——2024 年餐饮企业发展报告[R],2024.

2. 餐饮业是增进国际交流、扩大内需的重要服务行业

中国餐饮产业作为改革开放的领头羊，既紧跟改革的步伐又率先实行开放。一方面，中国积极吸引外资餐饮企业进入中国，外国烹饪大师来中国交流，推动了中西方餐饮技艺和文化的交流，满足了中国消费者和在华外国友人的饮食和文化交流需求。另一方面，中国餐饮业鼓励中餐立足中华传统文化，"走出去"，服务全球消费者。与此同时，随着经济的持续增长和人民生活水平的提高，消费者对于餐饮的品质、口味和服务要求越来越高，极大地促进了餐饮业的需求增长。餐饮业在满足居民饮食消费需求中发挥了越来越重要的作用，成为消费升级的主力军。

3. 餐饮业是吸纳社会就业、促进社会和谐发展的重要渠道

餐饮业既是劳动密集型、可以提供大量就业岗位的行业，又是中小企业占多数、投入较少、上马较快、劳动力成本相对较低的行业。餐饮业还可以吸收和容纳多层次的就业人员，从高级经营管理人员和厨师、服务师，到一般水平的烹调、服务人员，乃至洗碗工、洗菜工、清扫工等，这对于解决我国当前日益突出的就业矛盾和"三农"问题具有重要的现实意义。

4. 餐饮业是旅游消费的重要组成部分

餐饮业解决旅游六要素中"吃"的问题。中国不仅具有源远流长的饮食文化，而且历来就有追求美食的传统和习惯。中华民族不但创造了世界第一的餐饮美誉，而且也将饮食文化发挥得淋漓尽致。历史悠久、颇具特色的中国饮食文化在世界享有很高的美誉度和知名度，是中华民族一项宝贵的财富资源。大力发展餐饮业，广泛宣传饮食文化，可以不断提升中国旅游在国际市场上的吸引力，能激发国内居民的旅游热情。饮食一条街、小吃一条街、饮食文化节、休闲餐饮、旅游餐饮等吸引了人们的眼球，对旅游业的兴旺功不可没（见表 4-3）。

表 4-3　江苏限额以上餐饮业基本情况（2021 年）

项　　目	法人企业数/个	产业活动单位数/个	餐饮营业面积/平方米	从业人员/人
餐饮业合计	3300	5613	8 090 070	271 973
国有控股	128	132	695 172	15 558
按登记注册类型分组				
内资企业	3219	3494	7 385 985	203 803
国有企业	41	40	251 491	4378
集体企业	9	40	23 280	701
股份合作企业	1		1500	417
联营企业	2		900	29
其他联营企业	2		900	29
有限责任公司	279	820	1 073 897	32 254
国有独资公司	23	20	111 919	2512
其他有限责任公司	256	800	961 978	29 742
股份有限公司	13	41	66 257	1712
私营企业	2860	2592	5 963 132	164 135
私营独资企业	347	97	415 717	8754

续表

项　　目	法人企业数/个	产业活动单位数/个	餐饮营业面积/平方米	从业人员/人
私营合伙企业	17	1	37 999	708
私营有限责任公司	2478	2482	5 475 288	153 907
私营股份有限公司	18	12	34 128	766
其他企业	14	1	5528	177
港、澳、台商投资企业	42	617	271 641	24 504
合资经营企业	12	112	57 458	3856
独资经营企业	30	505	214 183	20 648
外商投资企业	39	1502	432 444	43 666
合资经营企业	8	641	202 734	29 169
独资经营企业	29	838	228 184	14 316
外商投资股份有限公司	2	23	1526	181
按行业分组				
正餐服务	2698	2054	6 800 878	163 047
快餐服务	195	2134	825 123	77 250
饮料及冷饮服务	166	868	101 938	7446
餐饮配送及外卖送餐服务	181	102	276 164	17 923
其他餐饮业	60	455	85 967	6307

资料来源：江苏省统计局网站. http://tj.jiangsu.gov.cn/2022/nj14.htm.

5. 餐饮业坚持改革成为民营经济的"晴雨表"

改革开放以来，中国餐饮业不断发展，民营餐饮企业逐步成长。20 世纪 90 年代成立的诸多品牌餐饮企业，从最初的一个门店，几张餐桌，逐步积累，历经二三十年的稳步发展，已经成为中国餐饮业发展的支柱；满足新时代消费需求的新一代的餐饮品牌也在 21 世纪亮相，依托互联网的力量，迅速获取大量粉丝，成为势不可挡的新发展力量。餐饮产业的主体、前进动力和重要的"晴雨表"是民营经济。[①]

6. 餐饮业的发展对相关产业具有一定的带动作用

餐饮业是紧密连接生产和消费的产业，具有较高的产业关联度，对包括农业、食品加工制造业、餐厨用品及设备制造业、生产性服务业等在内的上下游相关产业具有直接的带动作用，每年消耗农产品、食品调味品等原材料价值近两万亿元；同时，餐饮业作为基础消费产业与旅游、文化娱乐、批发零售业等产业都有较强的产业协同效应，特别是在电子商务爆发式增长的时期，餐饮业的体验经济属性使其成为跨界融合的焦点，已经成为旅游休闲产业、文化创意产业、批发零售业的重要协同产业；餐饮业态成为城市商圈、城市综合体、购物中心的重点业态。[②]

① 于干千.我国餐饮业高质量发展的产业政策转型研究[M].北京：北京大学出版社,2022.

② 前瞻产业研究院.2019 年中国餐饮行业市场现状及前景分析　敢于融入创新,将成为全球第一大市场[EB/OL].(2019-07-17)[2022-02-20].https://www.sohu.com/a/327488682_99922905.

4.2　餐饮业的发展

引例

> **预制菜**
>
> 　　最近几年，预制菜的概念在市场上持续火热，2023 年发布的中央一号文件更是首次将预制菜写入其中，这也为预制菜产业发展带来了新的机遇和挑战。预制菜源于美国，20 世纪 90 年代开始传入中国，近年来得益于预制菜的降本增效功能，餐饮外卖行业掀起了一轮预制菜的热潮。当前，越来越多的餐饮企业通过布局中央厨房或与预制菜生产企业合作的方式引入预制菜。其中，头部连锁餐饮企业预制菜使用率较高。由于经营成本的大幅下降，促使越来越多的餐饮行业选择预制菜，推进了行业的快速发展。
>
> 　　根据天眼查数据，国内预制菜相关企业为 5.9 万余家。其中，2023 年一季度新增注册相关企业 330 余家，新增注册企业平均增速 124.5%。
>
> 　　（资料来源：根据网络资料整理。）
>
> 　　**思考**：预制菜的广泛使用，将会对餐饮行业产生什么影响？

4.2.1　中国餐饮业的历史与发展

　　中国不仅是世界文明古国，亦是古代三大“烹饪王国”之一，饮食文化源远流长，历史悠久，饮食业作为专门制作与销售餐饮食品的行业出现在市场上，至今已有两千年以上的历史。

　　1. 考古发现

　　据考古工作者考证，距今 40 万年前的北京人懂得使用火，开始了最初的餐饮烹饪活动。公元前 6000 年至公元前 2000 年的新石器时代，出现了陶器，使人们有了炊具、餐具和盛器。在六七千年之前，生活在今日浙江省余姚市河姆渡地区的先人，已经大面积种植水稻并饲养牲畜。同时，人工酿酒开始出现，人们能以酒助兴，以肴佐酒。火、陶器的使用及原始种植业和畜牧业的发展改善了人们的物质生活条件，为餐饮业的形成奠定了原始的物质基础。

　　2. 筵席的出现

　　唐朝以前的古人席地而坐，用芦苇或其他植物编成筵，用较细的料编成席，设宴待客或聚会。《周礼·春官·司几筵》的注疏说：“铺陈曰筵，藉之曰席。”这两句话的意思是说：铺在地上的叫“筵”，铺在“筵”上供人坐的叫作“席”。所以“筵席”两字是坐具的总称，酒席菜肴置于筵席之上。《礼记》中有这样的记载：“铺筵席，陈尊俎，列笾豆。”其中的“尊”“俎”“笾”“豆”都是古代用于祭祀和宴会的礼器，分别用来盛放酒、牛羊或果脯、腌菜、酱菜。因此,筵席又含有进行隆重、正规的宴饮的意思。"筵席"这个词正是在这个意义上沿用下来的,后来专指酒席。筵席阶段宴会活动方式多样,主要为奴隶主、贵族所享用。

3. 餐饮业的出现

商、周、春秋战国时期,青铜器出现,炊具、餐具进入金属器具时代,烹饪技术得到进一步发展和提高。由于生产力的提高,食物进一步丰富,在王室及诸侯国,筵席发展到国家政事各方面。当时对宴会的仪式和内容都有详细的规定:垫座的筵席,天子五重,诸侯三重,大夫二重;盛装菜肴等的鼎,天子九鼎,诸侯七鼎,大夫五鼎,士三鼎。后来,鼎不仅是盛装食物的用具,亦成了王权的象征,"问鼎"一词即由此而来。

在这一时期,宫廷菜肴的丰盛与精致程度足以令现代人叹服。从周代起,中国出现了烹调食谱,《周礼·天宫》中记录了我国最早的名菜——八珍,在《楚辞》中的《招魂》篇列出的一份菜单中记有:红烧甲鱼、挂炉羊羔、炸烹天鹅、红焖野鸭、铁扒肥雁和大鹤、卤汁油鸡、清炖大鱼等。

商周时期,音乐助餐已经出现。《周礼·天宫》云:"以乐侑食,膳大受祭,品尝食,王乃食,卒食,以乐彻于造。"可见,餐后将剩余的食品撤入厨房这一过程,也是在音乐伴奏下完成的。

应该说,餐饮业的从业人员最早出现在宫廷中,宫廷宴会由尚食、尚酒等内侍人员担任服务,为防止下毒,他们先尝食而后献食。据专家统计,周朝王室管理饮食的机构就有22个,管理人员有2332人。

4. 餐饮业的发展

秦汉时期餐饮业有了很大的发展。一方面,由于当时农业、手工业、商业有了很大的发展,对外交往日益频繁,汉朝与西域的通商贸易使原产西域的各种原料传入中原,各种新原料的开发和引进丰富了食物的品种,促进了中原与西域饮食文化的交流,中国餐饮业在社会大变革中博采各民族饮馔的精华。另一方面,铁器大量出现并用于烹饪之中,早期的瓷器被广泛用于餐饮活动,使餐饮业在炊具、餐具方面也大为讲究。

唐宋时期是我国餐饮史上的黄金时期之一,具体表现在:食源继续扩大,瓷餐具风行,工艺菜新兴,风味流派显现。唐朝以后的餐饮宴席,已从席地而坐发展成为座椅而餐。民间多用方桌,而宫廷、官府的宴会活动则用条案举行,食品放在条案上,主人在上,宾客在四周围案而坐,形成主次分明的宴会气氛。"宴会"这一名词在这一时期也正式使用。

北宋名画家张择端的《清明上河图》以不朽的画卷向后人展示了当时汴梁人的市井生活,酒楼、茶馆成为画面的重要组成部分。当时的酒店可将三五百人的酒席立即办妥,可见规模之大、分工之细、组织之健全。南宋时期,杭州的各类餐饮店按服务内容分有:直卖店(只卖酒)、分茶酒店、包子酒店、散酒店(普通酒店)、巷酒店(有娼妓服务的酒店)、面食店、荤素从食店、茶坊、北食店、南食店、川饭店、罗酒店(山东、河南风味)等;从等级上讲有高级酒店、花园酒店、普通酒店、低档酒店和走街串巷的饮食挑子。在西湖上还出现了提供餐食的游船,其中最大的游船可同时提供百十人的宴会。这种把宴会与旅游结合在一起的做法一直保留到今天。

元、明、清时期,国内民族大融合,中国筵宴已经成熟,并走向鼎盛,以豪华宫廷大宴为标志的中国烹饪达到了封建时代的最高水平。期间食谱原料已近千种,灶具式样增多,设计更精巧。烹饪技术经过数千年的积累、提炼,得到了升华,已初步形成有原则、有规律、有程序、有标准的烹饪工艺。这一时期的筵宴规模宏大,格式多样。宴会采用圆桌,餐厅讲究台型设计、台面布置,斟酒、上菜注重服务程序和服务质量。菜点的组合、席面的铺排、接待礼仪、乐舞的配合,都呈现出新的特色,以乾隆时"千叟宴"和满汉燕翅烧烤全席最为典型。此外,民族的大交融使饮食市场不仅有汉食,还有回族饮食、维吾尔茶饭、满族饮食,形成能满足各地区、各民族、各种消费水平及习惯的多层次、多方位、较完善的市场格局。在各地各有特色的烹饪饮食风格的基础上,清代形成了较稳定的地方风味流派,奠定了各大菜系形成发展的基础。

晚清时期在通商口岸及沿海城市出现了西菜馆,而中国餐饮也随华侨开始走向世界。西方列强用坚船利炮打开了中国的国门之后,西方的经济、文化、生活习惯如潮而来,西菜在中国的沿海城市,如广州、福州、厦门、宁波、上海以及大都市北京、天津等地纷纷登场。随西菜馆而来的各种各样的西式原料和调料,以及西式烹饪技法和西式餐饮服务方式等,对中国餐饮业产生了深远的影响。

新中国成立后,大城市与小城镇生活水平的差别逐步缩小,尤其是改革开放40多年来,餐饮市场得到空前的发展(见图4-1)。餐饮产业一直保持着稳定、持续、快速增长,其经济贡献一直位居三产前列。餐饮市场与过去相比发生了质的变化,主要表现在经营品种与服务范围不断扩大,产业结构日趋合理,行业科技含量明显提高,新的经营模式不断出现,餐饮市场的消费者日趋成熟,消费层次明显提高等方面(见表4-4)。

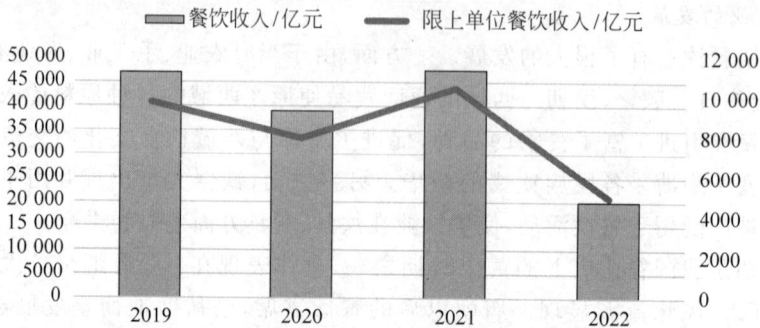

图4-1   2019—2022年全国餐饮业营业额与餐费收入

表4-4   连锁餐饮企业基本情况(按登记注册类型分,2022年)

指 标	总店数/个	门店数/个	年末从业人员数/万人	年末餐饮营业面积/万平方米
内资企业	323	11 092	30	450
港澳台商投资企业	91	10 592	22.76	285
外资投资企业	90	15 533	44.41	481
合计	504	37 217	97.17	1216

4.2.2   国外餐饮业的历史与发展

国外餐饮业起源于古代地中海沿岸的繁荣国家,基本定型于中世纪,其发展受诸多因素的制约,在不同的历史阶段、不同的国家各具特色。

1. 中世纪前

公元前 2500 年,尼罗河流域土地肥沃,盛产粮食,高度文明的社会创造了灿烂的艺术和文化,其中也包括西餐的出现。古埃及的等级观念在餐厅的装修和家具使用上得以充分反映:农夫与普通艺人只使用简单的陶器,坐在未经修饰的长条凳上,在低矮的泥屋中进餐,而富人的餐厅则如同宫殿一般。当时埃及是法老统治的王国,法老们自以为是地球上的主宰,其食物要经过精心制作。考古发现的同一时期或更早时期的菜单,菜单上写的基本上是面包、禽类、羊肉、烤鱼和水果等。早在公元前 1700 年,已有酒店存在,但当时妇女和儿童不准进入各种酒店和餐馆。到公元前 400 年时,妇女和儿童才成为各种酒店和餐馆中不可缺少的一部分。通常,只有男孩可以随同父母一起去酒店和餐馆,而女孩必须等到结婚以后才能进入酒店和餐馆。

公元后不久,希腊受埃及文化的影响成为欧洲文化的中心。经济的发展带来了丰富的农产品、纺织品、陶器、酒和油。当时希腊的贵族很讲究饮食,日常食物已经有羊肉、牛肉、鱼类、奶酪、面包和经过填食后足够肥硕的鹅肉等;餐厅服务用具也制作得更加精细,还出现了冷盘手推车,这些都对今天的餐饮业产生了巨大的影响。在古希腊,早期的酒店多设在各种庙宇旁边。牲畜首先被人们送到庙宇中敬奉神灵,祭扫之后把牲畜抬到酒店里供宴会上享用,大家分享并开怀畅饮。当时,古希腊的酒店主已经开始向旅行者提供食品和饮料,主要包括地中海地区的谷物、橄榄油、葡萄酒、奶酪、蔬菜和肉食等。

大约在公元 200 年,古罗马的文化和社会高度发达,烹调方式汲取了希腊烹调的精华,餐饮业已颇具规模。罗马人尤其擅长制作面食,至今意大利的比萨饼和面条仍享誉世界,就餐时人们使用餐巾也是古罗马人引入餐馆的。除此之外,在餐馆的餐桌上放置玫瑰花,重大宴会叫报每道菜菜名的做法等,均由古罗马人最早在餐厅使用。庞贝古城的考古发现表明,当时客栈、餐馆和酒店十分兴盛,至今仍能分辨出有 118 家酒店或餐馆酒吧的遗址。

2. 中世纪

法国的诺曼底人侵占了大英帝国,使当时说英语的人们在生活习惯、语言和烹调方法等各方面都受到法国人的影响。1183 年,伦敦出现了第一家出售以鱼类、牛肉、鹿肉、家禽为原料制作的菜肴的小餐馆。

16 世纪中期,意大利成为欧洲文艺复兴的中心,艺术、科学的繁荣和商业经济的发展,使烹饪技术博采众长,吸收世界各地烹饪精华,形成了追求奢华、讲究排场、典雅华丽的特色。至 16 世纪末为止,意大利几乎具备了现在意大利菜使用的所有原料,其中包括引自世界各国与新大陆的材料在内,其烹饪技术以及饮食习惯也已定型。意大利因此被誉为"欧洲烹调之母"。意大利的烹调方法传到法国后,由于历史上路易王朝中好几位国王对西餐烹饪、服务的重视和讲究,使得法式餐带有宫廷华贵、高雅的气度与风格。

3. 中世纪后

自 1650 年英国牛津出现第一家咖啡厅以后,咖啡厅如雨后春笋般接连出现,到 1700 年仅伦敦就有 200 余家。

1765 年,法国巴黎出现了第一家法式餐厅,当时这家餐厅已具备了现在经营西餐厅的很多条件。18世纪中期,法国成为欧洲政治、经济和文化中心,由于其物产丰富、农牧渔业发达,餐饮业迅速发展。法国涌现了许多著名的西餐烹饪大师,这些大师们设计并制作了许多著名的菜肴,至今都在扒房菜单上受到顾客的青睐。由于法国有好的材料、好的厨师、好的烹饪环境和好的美味欣赏者,使得西餐的发展达到了极高程度。当今法式西餐的选料、烹饪,甚至法式西餐的服务水平在全世界都代表着最高水准。20世纪60年代,法国又提出"自由烹饪"的口号,改革传统烹饪工艺,力求更符合人们的要求。法国因此被公认为世界烹饪王国,法国菜受到人们的普遍欢迎,在世界上广为传播。

美国餐饮业形成于18世纪末。随着大量移民进入美洲,美洲大陆餐饮业迅速形成和发展。20世纪初,为适应社会经济迅速发展、社会节奏加快的需求,餐饮业出现了革新性的变化,注重营养、求新、求快的西式快餐首先在美国发展起来,而后遍及世界。至今,美国餐饮业已成为美国重要的服务产业之一,其"营养丰富、快速简便"的餐饮特色,随着国际经贸交流的迅猛发展而推向世界各地。

4.2.3　餐饮业发展趋势

1. 服务不断创新,专门化趋势增强

创新是企业的灵魂,没有创新就没有发展。为了吸引消费者和增加市场竞争力,餐厅在菜品创新上下了大功夫。同时,一些餐厅也提供独特的餐饮体验,如主题餐厅、互动餐饮等,让消费者在就餐过程中感受到更多乐趣。随着人们健康和环境意识的提高,可持续发展和健康餐饮成为餐饮服务创新的一大趋势。餐厅开始推出有机食品、素食菜单和低碳菜品,以满足消费者对健康饮食的需求,并减少对环境的影响。

2. 新型餐饮业态不断兴起

中国餐饮业经营业态逐渐走向多样化、特色化和细分化,在初期仅有正餐和快餐,渐渐衍生出正餐、快餐、火锅、地方特色餐、休闲娱乐餐、国际餐、轻食、夜宵、小吃等多个新兴业态。也有超时空情境的未来式科技感餐厅,如O2O餐饮、VR餐厅,主题餐、DIY餐等生活场景式餐饮企业。在服务上,部分餐饮企业突破传统营业时空格局,提供全天候、场景可选式餐饮服务(见图4-2)。

图4-2　净菜取餐柜、热链智能取餐柜

餐饮服务创新在各行业融合发展中前进。近年来，餐饮业日益成为国内外旅游业、新兴农业、住宿业等产业进行跨界融合，发展创新的对象。餐饮消费是以体验经济和基础性消费为特征的，因此，在电子商务高速发展的信息时代，餐饮服务成为吸引消费者的重要引流服务。许多线下超市都将餐饮业态引进门店，更好的线下体验服务以提供餐饮的方式实现。大量购物中心、百货店也在积极调整业态结构，提高餐饮业态比重，通过餐饮来吸引线下流量。同时，餐饮业也在不断调整，开启零售业态，以此来提高门店收益。

3. 快餐小吃升级迭代迅速

近些年单品小吃店如雨后春笋般发展迅猛：诸如炸串、烧烤、卤味、甜品、奶茶等小吃店正在北上广深、川渝地区和江南地区的街头巷尾、商场超市内"遍地开花"；特色单品和小吃发展迅猛，因其门店租金少、人工成本低、标准化程度高、复购率高、运营损耗小、销售渠道灵活的优势，可以实现短期内快速扩张、实现连锁化的目标，备受餐饮业者青睐。

4. 多品牌经营，打造品牌矩阵

品牌餐饮是经营业绩佳、社会口碑好、知名度高并形成相当规模，得到社会认可的名牌餐饮。例如世界上最大的餐厅集团——百胜全球餐饮集团，拥有世界著名的肯德基、必胜客、TacoBell 品牌，其连锁餐厅遍布全球 100 多个国家，截至 2023 年 12 月底，肯德基已在中国 2000 多个城市开设了 10 000 余家餐厅。相比于国外餐饮品牌，国内餐饮品牌在识别度、成熟度和文化底蕴上仍存在一定的差。《2021 年中国餐饮业年度报告》调研结果显示，有 56% 的餐饮企业将品牌化列为重要发展方向之一。而国内具有一定规模的品牌餐饮企业，则已经开始打造多品牌、跨品类的品牌矩阵。越来越多餐饮企业试图成为平台，从原先单品牌、多门店的连锁式扩张，进阶到重塑供应链并向行业开放，同时组建多品牌矩阵的平台式经营模式。在上市餐饮企业中，采用多品牌策略的企业达到了 70% 以上。各家的多品牌主要有三种来源：①通过企业内部孵化，创立自有品牌；②通过投资并购获取新品牌；③通过品牌授权，获得品牌区域经营权。

5. 餐饮营销创新不断

随着互联网的普及和数字化技术的发展，餐饮新营销涵盖了多种策略和手段，以更好地吸引、互动并转化目标消费者。在品牌营销方面，餐饮企业在内容营销与宣传渠道上保持与时俱进。①利用社交媒体与短视频营销，通过在社交媒体和短视频平台上发布美食图片、短视频、直播等内容，展示菜品特色和制作过程，与消费者进行深度互动。②利用数字化系统收集和分析消费者数据，以更精准地了解消费者需求和行为，实现个性化营销。例如，通过大数据分析，企业可以了解消费者的口味偏好、消费习惯等，从而推出更符合消费者需求的菜品和服务。③除了传统的广告推广，内容营销也成为餐饮新营销的重要手段。通过发布有价值的内容，如菜谱教程、饮食文化解读等，吸引消费者的关注和兴趣，提升品牌形象和知名度。④跨界合作与 IP 营销：餐饮企业与其他行业或品牌进行跨界合作，共同推出联名产品或活动，借助对方的资源和影响力扩大自身品牌的影响力。同时,通过打造独特的 IP 形象或故事,增强品牌的辨识度和记忆点。⑤体验式营销:提供独特的用餐体验,如主题餐厅、沉浸式餐厅等,让消费者在享受美食的同时,也能感受到品牌的独特魅力。这种营销方式能够增强消费者的参与感和忠诚度。

6. 数智化变革赋能 引领餐饮行业新增长[①]

①中央厨房和品牌连锁模式。中央厨房逐渐开始自动化生产,控制技术不断提升,传统的餐饮供应链管理模式和门店生产模式被新的生产方式替代,中国餐饮品牌连锁模式得到迅速发展。②数字化服务业转型。随着信息技术运营、学习成本下降,中国餐饮业的信息化、数字化水平不断提高(如 SaaS 和互联网平台),餐饮业的各个方面正在实现数字化,实现从传统服务业向数字化服务业转型发展指日可待。③与互联网结合模式。餐饮外卖市场的飞速发展是餐饮产业与互联网结合的成果,包括美团、饿了么在内的各种外卖平台的出现是餐饮产业外卖市场的重要商业模式创新,促进了外卖市场发展,同时推动了餐饮门店传统外卖服务和整个餐饮企业的经营模式变革。④物联网、人工智能技术的应用。

7. 预制菜产业发展前景广阔

2023 年 2 月,中央一号文件发布,提出要提升中央厨房等产业标准化和规范化水平,培育发展预制菜产业,为预制菜行业明确了未来的发展方向。预制菜亮相中央一号文件,是产业走向更规范化、更标准化发展的明确信号,也是鼓励各地方大力发展预制菜产业,将其作为全面推进乡村振兴、发展区域经济的有力抓手。目前国内预制菜应用场景以餐饮供应链端为主,消费者端比重相对较小。预制菜是产业化的发展趋势,过去餐饮靠纯手工洗菜切菜配菜,而在产业化、标准化的当下,现代化的流水线作业、无菌车间,让作业效率大大提高、食品安全标准也较过去大幅提高。在冷链物流的保障下,实现了远距离运输的同时保证了食材的新鲜度和安全度。随着生鲜电商、便利店、到家服务等业态持续发展,个性化、多层次消费需求进一步释放,预制菜将加速向消费者端渗透,迎来更大发展空间。

小知识 4-2

人工智能应用

餐饮行业是一个服务性行业,提供优质的服务是餐饮企业的一项重要任务。人工智能技术在餐饮领域中具有很大的应用潜力。

(1) 智能点餐。客户可以通过语音或文字输入对菜品的需求,人工智能软件会根据客户输入的信息推荐适合客户的菜品,提供更个性化的点餐服务,如回答客户的问题、提供菜品信息等。通过人工智能技术,餐饮企业可以提供更智能、高效的客户服务,提高客户满意度和忠诚度。客户可以通过人工智能软件与餐厅进行交流,了解菜单、预订餐桌、

---

① 毕马威中国消费餐饮行业团队.因势而变·应变而兴——2024 年餐饮企业发展报告[R],2024.

查询订单等服务,提高餐厅服务效率。

(2) 服务预测。人工智能软件可以使用机器学习算法和大数据分析技术,预测客户需求和服务需求。例如,当客户查询菜单时,人工智能软件可以根据查询历史和相关数据,预测客户未来的需求,并提供相应的服务。根据用户反馈和服务需求,自动升级服务,提高服务质量。例如,当客户提供服务反馈时,人工智能软件分析反馈内容,识别需要改进的服务,并自动升级服务以提高客户满意度。

(3) 服务定制。餐饮企业可以利用人工智能技术提供更好的菜品服务,满足客户的个性需求和偏好。如根据客户的口味、偏好、营养需求等推荐菜品。

(4) 服务评估。人工智能软件可以对服务进行评估和监控,提供改进方案。例如,当客户提供服务反馈时,人工智能软件可以分析反馈内容,识别和解决常见问题,提高服务质量。当客户进行服务查询时,人工智能软件可以实时监控服务状态,发现问题并对服务进行智能调度,及时处理,提高服务效率。提供监督方案,并监督服务流程,以保障服务质量和安全。

(5) 数据分析。人工智能软件可以分析大量数据,提供数据分析报告,支持餐厅决策。例如,当餐厅需要制定菜单和服务策略时,人工智能软件分析相关数据,提供数据分析报告,支持决策制定。当餐厅需要对服务进行优化和改进时,可以分析相关数据,提供优化方案,并优化服务流程。

(6) 风险预警。人工智能软件可以使用机器学习算法和大数据分析技术,预测餐厅风险,提前预警,避免风险发生。例如,当餐厅需要对特定菜品进行风险评估时,人工智能软件可以分析相关数据,预测菜品风险,提前预警。

(7) 情感分析。人工智能软件可以使用自然语言处理技术,分析用户情感,提供情感分析报告,帮助提高服务质量。例如,当客户提供服务反馈时,ChatGPT 可以分析反馈内容并识别情感,以更好地了解客户需求和情绪。

(8) 营销推广。①提供客户画像,对客户信息进行分析和管理,提供个性化服务。②会员管理,对餐厅会员信息进行分析和管理,提供个性化服务和定制化菜单,提高会员满意度。③开展营销,通过分析客户数据和行业趋势,帮助制定营销策略,提供营销推广策略方案。

(9) 供应链管理。对餐厅供应链信息进行分析和管理,提高供应链效率。例如,当餐厅需要优化供应链时,人工智能软件可以分析供应链数据,提供优化方案和调度策略,提高供应链效率和降低成本。

(10) 菜品创新。人工智能软件可以通过分析菜品数据和行业趋势,提供菜品创新策略。例如,当餐厅需要推出新菜品时,人工智能软件可以分析菜品数据和相关信息,提供创新策略和菜品设计方案。

(11) 安全保障。人工智能软件可以使用安全技术,保障餐厅信息和客户信息的安全。例如,当客户需要提供个人信息时,人工智能软件可以使用安全技术,保障客户信息的安全和保密。

4.3　餐饮服务概述

引例

　　4月中旬的一天晚上,210号包厢的客人在备餐间门口大发雷霆,餐厅主管调查了解到:该客人点了一份煎馄饨,他跟点菜的领班说是要打包带走的,但是服务员仍然上到了桌上,上了桌的馄饨又不好撤下,客人非常尴尬,投诉员工不负责任。后经过调查了解:点菜领班当时已经交代过该包厢的服务员,但是由于该员工比较忙,一时忘记了。餐厅主管及时向客人赔礼致歉,并重新赠送一份煎馄饨给客人打包,客人的态度才缓和下来。

　　思考:本引例反映了餐饮服务管理的哪些方面?

4.3.1　餐饮服务的方式

1. 国外餐饮服务

世界各国和各地区都有自己的餐饮方式,这里主要介绍的是以欧美为主的餐饮方式,也就是我们常说的西餐。西餐的服务常采用的方法有法式服务、俄式服务、美式服务、英式服务等。

1) 法式服务

法式服务源于欧洲贵族家庭及王室,是一种比较注意礼节的服务方式,其服务的节奏通常较慢。法式服务,一般由两名服务员协作完成。一名为主,另一名为辅。为主的服务员负责接受点菜、烹饪加工、桌面服务、结账等工作;为辅的服务员负责传递单据、物品、摆台等工作。

（1）法式服务的特点

法式服务是把所有菜肴在厨房中先由厨师略加烹调后,由服务员用手推车推到餐厅,在客人面前现场烹调或加热,再分盛于食盘端给客人,此项服务方式与其他服务方式不同。现场烹调手推车布置华丽,推车上铺有桌布,内设有保温炉、煎板、烤炉、烤架、调味料架、砧板、刀具、餐盒等器具,手推车的式样甚多,不过其高度大约与餐桌同高,以方便操作服务。

法式服务的最大特点是有两人同时服务,一名服务员,一名助手。服务员须受过相当长时间的专业训练与实践。法式服务需要的员工比较多,而且服务速度也比较慢,通常在高星级酒店以及高档西餐厅才提供此种服务。

（2）法式服务的方式

服务员接受客人的点餐后,将菜单交给助手送至厨房,然后由厨房将菜肴装盛于精致的大银盘中端进餐厅,摆在手推车上再加热烹调,由服务员在客人面前现场烹饪、切割及装盘。当服务员将佳肴调制好分盛给客人时,服务员助手即手持客人食盘,其高度略低于银盘。

当服务员准备盛菜给客人时,应视客人的需要而供应,以免供应太多而降低客人食欲且造成浪费。当餐盘分盛好时,助手即以右手端盘,在客人右侧服务。在法式服务的餐厅,除了面包、奶油碟、色拉碟及其他特殊盘碟必须在客人左侧服务应外,其余食品均一律在客人右侧服务,餐后收拾盘碟也是在客人右侧收拾,但是如果服务员习惯用左手,可以左手在客人左侧服务。

收拾餐盘须等所有客人均吃完后再收拾。餐盘餐具的收拾动作要熟练,尽量勿使餐具发出敲击声。刀、叉、盘、碟要分开,避免在客人面前堆叠盘碟。

2）俄式服务

俄式服务起源于俄罗斯的贵族与沙皇宫廷之中,并逐渐为欧洲其他国家所采用。俄式服务是一种豪华的服务,大量使用银质餐具,也十分讲究用餐礼节,风格典雅,能使客人享受到体贴的服务。

（1）俄式服务特点

俄式服务是西餐普遍采用的一种服务方法。俄式服务的餐桌摆台与法式服务的餐桌摆台几乎相同。但是,它的服务方法不同于法式。俄式服务讲究优美文雅的风度,服务过程中既让顾客欣赏到了厨师的手艺,也刺激了顾客的食欲。俄式服务,每一个餐桌只需要一名服务员,服务的方式简单快速,服务时不需要较大的空间。因此,它的效率和餐厅空间的利用率都比较高。由于俄式服务使用了大量的银器,并且服务员将菜肴分给每一个顾客,使每一位顾客都能得到尊重和较周到的服务,因此这种服务方式很受欢迎。分完剩下的菜肴应送回厨房,从而减少不必要的浪费。俄式服务的银器投入成本很大,应加强对使用和保管过程的管理。

（2）俄式服务的方法

服务员先用右手从客人右侧上空餐盘（开胃菜盘、主菜盘、甜菜盘等）。冷菜上冷盘,热菜上热盘,以便保持食物的温度。上空盘时按顺时针方向操作。

菜肴在厨房加工完成,每桌的每一道菜肴放在一个大浅盘中,然后服务员将装有菜肴的大银盘用肩上托的方法送到顾客餐桌旁,热菜要加盖子。

服务员用左手以胸前托盘的方法,用右手操作服务叉和服务匙从客人的左侧分菜。分菜时按逆时针方向进行。斟酒、斟饮料和撤盘都在客人右侧操作。

3）美式服务

（1）美式服务特点

美式服务是简单而快捷的餐饮服务方式,一名服务员可以负责几张餐台的服务。美式服务简单、快捷,餐具和人工成本都比较低,空间利用率及餐位周转率都比较高。美式服务是西餐零点和西餐宴会理想的服务方式,广泛用于咖啡厅和西餐宴会厅。

美式服务的桌布铺法与法式服务相同,先在餐桌上铺上海绵桌垫,再铺上桌布,这样可以防止桌布在餐桌上滑动,也可以减少餐具与餐桌之间的碰撞声。桌布的四周至少要垂下 30cm。有些咖啡厅在台布上铺上较小的方形台布,这样,重新摆台时,只要更换小型的台布就可以了,可以节约大台布的洗涤次数,同时也起着装饰餐台的作用。通常,每两个顾客使用糖盅、盐盅和胡椒瓶各一个。

（2）美式服务方法

在美式服务中，菜肴由厨师在厨房中烹制好，装好盘。餐厅服务员用托盘将菜肴从厨房运送到餐厅的服务桌上。热菜要盖上盖子，并且在顾客面前打开盘盖。传统的美式服务，上菜时服务员在客人左侧，用左手从客人左侧上菜；从客人右侧撤掉用过的餐盘和餐具，从顾客的右侧斟倒酒水。目前，许多餐厅的美式服务也采用从顾客的右边，用右手按顺时针方向上菜。

4）英式服务

（1）英式服务特点

英式服务又称家庭式服务。其服务方法是服务员从厨房将烹制好的菜肴传送到餐厅，由顾客中的主人亲自动手切肉装盘，并配上蔬菜，服务员把装盘的菜肴依次端送给每一位客人。调味品、沙司和配菜都摆放在餐桌上，由顾客自取或相互传递。英式服务家庭的气氛很浓，许多服务工作由客人自己动手，用餐的节奏较缓慢。在美国，家庭式餐厅很流行，这种家庭式的餐厅采用英式服务。英式服务是一种非正式的、用于餐厅单间里、由主人在服务员的协助下完成的特殊餐饮服务方式，也称主人服务。

（2）英式服务方法

食品和配菜都被盛在方盘或大碗中送到餐桌上，由男主人从大方盘中把菜肴分到客人的餐盘里，然后递给站在主人左边的服务员，再端送给女主人、声望高的客人及其他客人。进餐过程中大方盘内的食品不够时，可将剩菜盘撤下并换上盛满食品的另一个盘子，或直接拿大方盘去添满食品然后送到餐桌上。

英式服务开始时常常是上汤。服务员把热汤盘放在男主人面前，男主人盛满每一只碗，再由站在左边的服务员根据主人的吩咐送给每一个客人。在英式服务中，通常是将第一碗汤递给女主人。

盛满食品的餐盘可由服务员递给每一个客人挑选，也可由客人自己挑选拿取自己喜爱的菜。肉由男主人切分后放在餐盘里，蔬菜和其他配菜由女主人分到盛有肉菜的餐盘里。

甜点由女主人分好，服务员进行装饰后再递给客人。

所有饮料都由男主人调制和服务。

英式服务总是从右边开始，而清理盘碗却是从左边开始。这和其他西餐服务方式有所区别。

2. 中式餐饮服务

中式餐厅服务流程，包括餐厅的布置安排、菜单计划和服务对象的需求分析；餐厅服务计划的制订，各种餐别的摆台和服务程序；餐厅的服务组织、班次安排、制订经营计划书等。掌握餐厅服务流程的技能和理论，对于有效地进行各类餐厅的计划、组织和控制有着十分重要的意义。中餐厅是餐饮部门的重要组成部分，中餐厅顾名思义是供应中餐的场所。加强对中餐厅的服务和流程的管理，是我国饭店餐饮部门的一项重要工作，是改善服务质量、提高旅馆声誉的重要方面。

3. 其他服务类型

1）综合式服务

综合式服务是一种融合了法式服务、俄式服务和美式服务的综合服务方式。许多西餐宴会的服务采用这种服务方式。通常用美式服务上开胃品和色拉;用俄式或法式服务上汤或主菜;用法式或俄式服务上甜点。不同的餐厅或不同的餐次选用的服务方式组合也不同,这与餐厅的种类和特色、顾客的消费水平、餐厅的销售方式有着密切的联系。

2) 自助式服务

自助式服务是把事先准备好的菜肴摆在餐台上,客人进入餐厅后支付一餐的费用,便可自己动手选择符合自己口味的菜点,然后拿到餐桌上用餐。这种用餐方式称为自助餐。餐厅服务员的工作主要是餐前布置,餐中撤掉用过的餐具和酒杯,补充餐台上的菜肴等。

4.3.2　餐饮服务工具的种类及使用

1. 常用餐具种类

1) 按制造材料分类

(1) 陶器。陶器是人类的第一代餐具。陶器可区分为细陶和粗陶,白色或有色,无釉或有釉,是用黏土经成型、干燥、烧制而成的器皿。它的质地较粗,吸水性和透气性较强。人类在一万多年前就开始使用陶器了。

(2) 瓷器。瓷器是使用得最广泛的餐具。瓷器脱胎于陶器,是中国古代先民在烧制白陶器和印纹硬陶器的经验中逐步探索出来的。制瓷原料是富含石英和绢云母等矿物质的瓷石、瓷土或高岭土,烧制温度须在 1200℃ 以上,瓷器有高温下烧成的釉面。瓷器精美、轻便、卫生、易于清洁,十分普及且价廉物美,瓷餐具造型丰富,装饰多样。以"薄如纸、白如玉、声如磬"的骨质瓷、象牙瓷等餐具为上等。

视频:三招教你玩转葡萄酒杯

(3) 木制餐具。木制餐具外观简练自然,且取材广泛。作为餐具既环保也卫生。常见的木制餐具有筷子、木勺、木铲及木瓢、竹签、食品刷、刀座、菜板等。

(4) 玻璃餐具。玻璃器皿的出现已经有五千多年的历史,在我国古代非常稀有。由于那时的烧制技术并不成熟,玻璃制品在全世界都极为珍奇,只有在皇室才能使用。到了近代,玻璃工艺制作手艺得到了大大的提高,玻璃餐具也被人们越来越广泛地使用。玻璃器皿玲珑剔透,素雅高贵,盛装菜品能衬托出菜品的汤色和透明度,给人一目了然的清爽感觉。

(5) 漆器。漆器是以竹木或棉麻、丝织物为胎,以生漆为黏合剂及覆盖物制成的器皿。漆器坚固耐用,色泽光艳,体质轻巧,有四千多年的历史。多为观赏工艺品和盛具,形态多样。

(6) 金属器皿。金属器皿由金、银、铜、不锈钢等材料制成。金、银、铜餐具多用于高级宴会。不锈钢餐具由于卫生、耐用,故在餐饮行业中的使用越来越广泛。

(7) 微波器皿。由于现代生活节奏越来越快,微波炉的使用越来越普及。微波炉在对食物进行烹饪时,是从内到外进行加热,因此专门适用于微波炉的微波餐具也就应运而生了。有很多菜品在烹饪之前就需要装盘、造型,如果在烹饪后再进行这一步骤,就有可能达不到理想的效果。使用微波方式烹调就可以解决这一问题。这样一来就可以把食品一次性装盘、烹饪,然后整盘上桌。这样既不会破坏造型,又能烹制出可口的菜品。

(8) 纳米餐具。纳米技术为一种新兴技术,用纳米材料制成的餐具抗菌性能非常强,纳米技术已在全球范围内成为新的科技竞争重点,纳米餐具在餐饮市场的前景十分看好。

(9) 骨器餐具。骨器餐具通常用动物的角制作,历史上常有用动物角制作的酒具等,在高级宴会上使用较多。

2) 按饮食习惯分类

餐具按饮食习惯分类可分为中餐餐具和西餐餐具。中餐餐具和西餐餐具的分类既有区别也有类同,这一点将在后面的章节中详细的介绍。

3) 按用途分类

餐具按用途分类可分为食具和饮具。食具中包括食用器皿和食用具。食用器皿中又包括碗、盘、蝶、杯、盅、壶、盘等;食用具中又包括西餐中使用的刀、叉、匙,中餐中使用的筷、匙等。饮具中包括茶具、咖啡具和酒具。

2. 餐具的基本用途及分类

1) 中式餐具

(1) 盘类。中餐用盘的形状各异,尺寸也不一样,从直径为 7.6cm 的小调味碟到直径为 81.3cm 的大直圆盘一应俱全。常用的中式餐具有圆盘、条盘、高脚盘、汤盘、碟等。

① 圆盘。圆盘底平而形圆,盘边有平边和荷叶边两种,其规格为直径 12.7～81.3cm,约分 16 种,可用作拼盘、爆炒菜盘、点心。

② 条盘。条盘又叫鱼盘、腰圆盘,呈椭圆形,有深腰圆盘和腰圆盘两种。其规格从直径 15.2～81.3cm,共 14 种。此盘一般用作盛装整形菜或拼盘用,也常用于盛装爆、炒、烧、炸菜等,用其盛装花色菜比圆盘效果好些。

③ 方盘。方盘呈长方形或正方形,四角为圆弧且腹深,适用于盛装烧菜和造型菜,也可用作冷碟。

④ 高脚盘。高脚盘底平口直,底部有脚,形似高脚酒杯,其边有平圆和荷叶边两种,直径有 8～16cm 的多种规格。用于盛装水果、干果、点心、水饺等。

⑤ 汤盘。汤盘亦称窝盘,盘边稍高,盘深,其规格有直径 11.7～30.5cm,共 7 种,多用于盛装汤汁较多的烧、烩、焖等菜品。

⑥ 碟。碟比盘子小,底平而浅,多为圆形。一般用于搁汤勺、分装菜肴、盛装味料、干果或接放骨渣之用,所以又称搁碟、味碟、餐碟、骨碟、渣碟等。

(2) 碗类。碗是餐厅中常用的餐具之一。可盛装米饭、水饺等主食,又可用来盛汤或炖制品。

现在餐厅所常用的碗类主要是以下几种。

① 汤碗。汤碗的主要用途就是用以盛装汤类或炖制品,敞口底深,容量较大。分平圆边和荷叶边两种,直径均为 21cm 左右。

② 手碗。手碗在宴会中使用广泛,由于手碗面小而底浅,直径 9cm 左右,摆台时不会占用太多空间,又可在进餐时盛食物,同时也可盛装米饭、粥等主食。

③ 口汤碗。口汤碗比汤碗稍小,直径在 5～7cm,多用于宴会分菜,碗壁较薄,便于使用。

④ 面碗。面碗是专门盛装面食的餐具,敞口底深,容量大,碗壁较厚,便于端取。

(3) 勺。勺又名调羹、汤匙、划子等,是专门舀汤的餐具。

① 服务用勺。服务用勺一般在分装整盘食物和炖制品时使用,由木质、瓷质、金属和

玻璃等材料制成。全长 18～20cm,有长柄和短柄之分,长柄勺体较小,柄长而细,主要用于分装流质类食品;短柄主要用于不用分派的汤菜及添菜之用。

②进餐调羹。进餐调羹一般是陶瓷制成,用于接食菜品和舀汤之用,客人在进餐时辅助筷子食用一些汤类食品,也可用于甜羹与小吃。桌上用的调羹体积较小,可放入碗碟中,也可配合口汤碗同上。

(4)筷及筷架(筷套)。

①筷子。现在的筷子一般用竹子、红木、黄杨木、象牙、银、塑料等制成,有方头和圆头两种,一般全长为 20cm 左右。

②筷架(筷套)。筷子在摆放和使用时为了方便卫生,应使用筷架和筷套。筷架的作用是托起筷头,保证筷子摆放在餐桌上时不会受到污染。

(5)锅类。在中式烹饪中常使用的锅类有:煎锅、煮锅、炒锅、炸锅、蒸锅、焖锅、炖锅、烤锅等。

2)西式餐具

(1)餐叉类。餐叉常用不锈钢、铝合金或银制成。常用的有正餐叉、鱼叉、甜点叉、海鲜叉、服务用叉等,如图 4-3 所示。

1—海鲜叉;2—鱼叉;3—蛋糕叉;4—甜点叉;5—正餐叉;6—服务用叉

图 4-3　餐叉

(2)餐刀类。餐刀也是西餐中必备餐具。主要分为正餐刀、牛排刀、鱼刀、甜点刀、黄油刀、水果刀等,如图 4-4 所示。

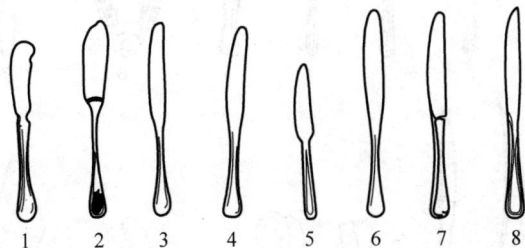

1—黄油刀;2—鱼刀;3、4—甜点刀;5—水果刀;6、7—正餐刀;8—牛排刀

图 4-4　餐刀

(3)餐匙类。西餐匙按形状、大小和用途可分为冰茶匙、甜点匙、汤匙、茶匙、咖啡匙等,如图 4-5 所示。

(4)专用的餐具和服务用具。除上述常用的西餐餐具外,还有许多异形的专用餐具

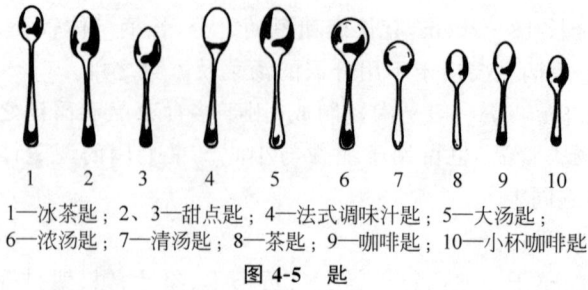

1—冰茶匙；2、3—甜点匙；4—法式调味汁匙；5—大汤匙；
6—浓汤匙；7—清汤匙；8—茶匙；9—咖啡匙；10—小杯咖啡匙

图 4-5　匙

和服务用具。如龙虾叉、牡蛎叉、蚝叉、蜗牛夹钳、龙虾签、蛋糕刀、切肉刀，剔骨钢刀、冰夹、糕饼夹、糖夹、通心面夹、蛋糕托匙。

此外，还有一些常见的服务用具，例如：

① 糖夹，主要用于夹取糖、椒盐等作料；

② 蜗牛夹，与蜗牛叉配用，主要用于食用蜗牛等风味菜；

③ 冰夹，是一种较大型的服务用夹，主要用于夹取碎冰块；

④ 蛋糕托，是一种形似铲子的用具，主要用于铲取糕点；

⑤ 糕饼夹，形状和糖夹相似，主要用来夹糕饼；

⑥ 通心面夹，是一种带锯齿的夹子，主要用来夹取通心面；

⑦ 蛋糕刀，与餐刀相似，主要用来切蛋糕等糕点；

⑧ 蔬菜夹，又称沙司斗，是西餐所用的一种两头带耳的船形的盛器，主要用于盛装蔬菜类的菜肴，为服务员派菜时所用；

⑨ 盅，形似糖缸又比糖缸小的盛器；

⑩ 坚果捏碎器，主要用于食用核桃等坚果和一些服务用品。

专用餐具及服务用具如图 4-6 所示。

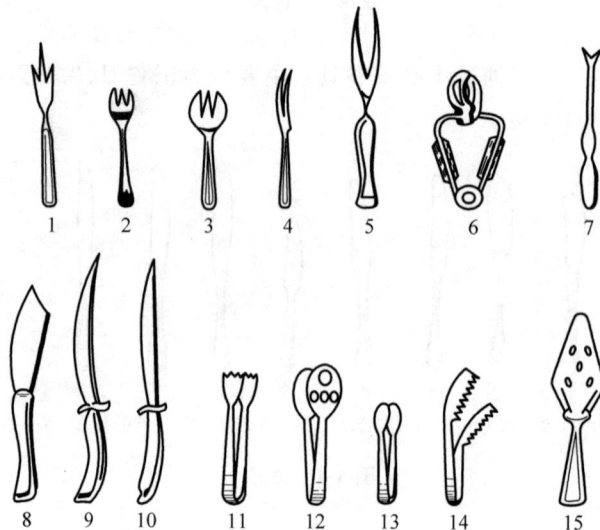

1—龙虾叉；2—牡蛎叉；3—蚝叉；4—蜗牛叉；5—切肉叉；6—蜗牛夹钳；
7—龙虾签；8—蛋糕刀；9—切肉刀；10—剔骨钢刀；11—冰夹；12—糕饼夹；
13—糖夹；14—通心面夹；15—蛋糕托匙

图 4-6　专用餐具及服务用具

3. 酒具的基本用途及分类

1) 中式酒具

(1) 陶瓷酒具。陶瓷酒具一般成套使用,一个酒壶通常配 6 个左右的酒杯,分高脚杯和矮脚杯两种,一般容量为 10～100g。

(2) 玻璃酒具。玻璃酒具制作精美,杯子一般为高脚杯,这样便于端取与饮用。容量一般为 15～50 克,如图 4-7 所示。

2) 西式酒具

(1) 香槟酒杯。香槟酒是起泡酒,香槟酒杯口大、杯体粗浅、无色透明,这样可充分观赏到美酒清爽的色泽及产生的气泡。现在还常用郁金香形杯或空心脚杯等,目的都是享受香槟酒的气泡从杯底甚至底脚缓缓上升的乐趣。常见的香槟酒杯容量为 90～180 毫升,如图 4-8 所示。

1—陶瓷酒杯；2—玻璃酒杯

图 4-7　酒具

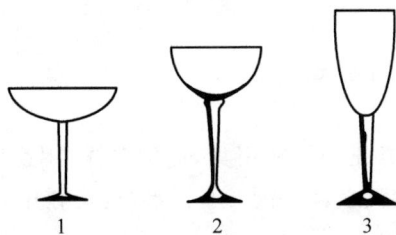

1—浅碟形香槟酒杯；2—空心脚香槟酒杯；3—郁金香形香槟酒杯

图 4-8　香槟酒杯

(2) 鸡尾酒杯。鸡尾酒杯一般为倒三角形。杯脚高,饮用者的手温一般不容易传进酒里,可以保证鸡尾酒的冷饮性质,杯口高,既可使鸡尾酒的芬芳有效地释放,也便于装饰。鸡尾酒杯的容量一般为 60～160mL,如图 4-9 所示。

(3) 白兰地酒杯。白兰地酒杯是一种杯口窄、形似郁金香的矮脚杯。这种造型可使饮用者方便、平稳地转动酒杯以便较快地以手暖酒,从而增加酒香。此种杯的杯容虽有 100～200mL,但习惯上只装 30mL 左右的酒。这样可使白兰地酒聚集在狭窄的杯口而少量挥发损失,使饮用者更持久地享受到浓郁的酒香,如图 4-10 所示。

(4) 葡萄酒杯。葡萄酒杯从质地上可以分为玻璃杯和水晶杯两种,按用途可以分为红葡萄酒杯和白葡萄酒杯两种。葡萄酒杯通常是无色透明的,杯体接近直筒形且较深,为高脚薄杯,如图 4-11 所示。

1—大口杯；2—V形杯

图 4-9　鸡尾酒杯

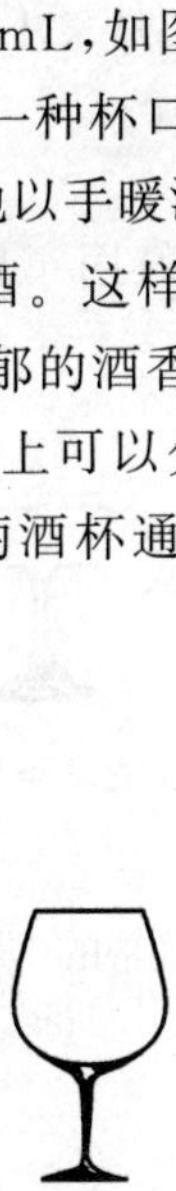

图 4-10　白兰地酒杯

1—白葡萄酒杯；2—红葡萄酒杯

图 4-11　葡萄酒杯

（5）威士忌酒杯。一般威士忌酒杯的杯口外放，外形矮胖，且材质厚重，容量为 180～240mL。但近年来也流行用利口杯或雪利杯来饮威士忌，如图 4-12 所示。

（6）啤酒杯。啤酒杯无统一规格，造型各异。不过，啤酒起泡性强，泡沫持久，占用空间大，酒度低，故要求杯容大，可装酒 300mL 左右，安放平稳，如图 4-13 所示。

1—古典杯；2、3—利口杯；4、5—雪利杯

图 4-12　威士忌酒杯　　　　　　　　图 4-13　啤酒杯

4. 饮料杯用途及分类

1）果汁杯

果汁杯为常见的饮料用具，造型多样，用途广泛。除盛装橘子汁、柠檬汁、西瓜汁等果汁外，还可装汽水、矿泉水、苏打水，也可在中式宴会时用来装送饮料。其容量一般为 125 毫升，如图 4-14 所示。

图 4-14　各式果汁杯

2）冰激凌杯

冰激凌杯杯脚粗矮，敞口呈浅碟形。一般用于盛装各式冰激凌或圣代，同时也可以装水果、点心等，如图 4-15 所示。

图 4-15　冰激凌及圣代杯

5. 茶具的种类

茶具，古代亦称茶器或茗器。现代人所说的"茶具"主要指茶壶、茶杯之类的饮茶器具。

1）紫砂茶具

紫砂茶具，典雅精美，气质独特，自明朝正德年间以来已有 500 年历史，而以江苏宜兴出品最负盛名。紫砂茶具由一种双重气孔结构的多孔性材料制成，其气孔细微、密度高,有较强的吸附力,用它沏茶,不仅不失茶的色、香、味,更不易霉馊变质,使用较长时间后,以沸水注入空壶亦有茶香。此外,紫砂壶使用越久,壶身色泽越是光亮照人。

2) 陶瓷茶具

陶瓷茶具在茶具中占有很大比重,因价格适中而更为流行。具体可分为青瓷茶具、精陶茶具、彩陶茶具等。

3) 工艺茶具

工艺茶具,既可用来沏茶又极具观赏性,造型常以新、奇、特见长,引人遐思。从材质方面看,有紫砂的、陶制的、玻璃的,也有铜制的或几种材料混合制成的并配有精致的底座或托盘,是一件很好的装饰品,因而也受到消费者的广泛欢迎,如图 4-16 所示。

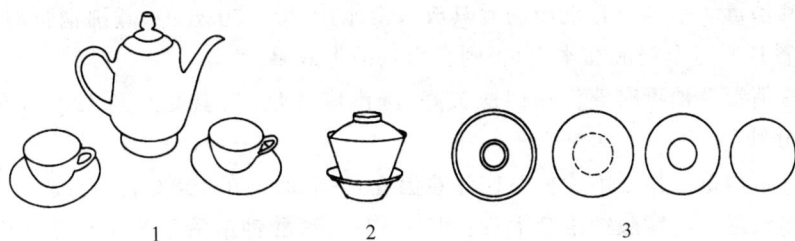

1—茶壶及茶杯；2—盖碗；3—盖碗的构成部分

图 4-16　茶具

6. 咖啡具

咖啡具主要包括咖啡杯、咖啡座、咖啡勺、咖啡壶、咖啡滤壶以及奶缸、糖缸等。常见的咖啡杯为一种带把的瓷质杯,一般配有托盘。咖啡杯身直,口小,以利保温。日式咖啡杯较小,而美式咖啡杯则较大。用餐时,早餐咖啡杯大于晚餐咖啡杯。皇家咖啡和爱尔兰咖啡所使用的咖啡杯与普通咖啡杯不同。由于这两种咖啡是由白兰地和威士忌与鲜制咖啡混合后加糖在酒精炉上烤制而成的,所以这两种咖啡所用的杯子是由玻璃特制的,类似白葡萄酒杯,如图 4-17 所示。

1—小咖啡杯和碟；2—咖啡杯和碟；3—咖啡壶；4—奶油壶；5—糖缸

图 4-17　咖啡具

7. 常用餐具的使用与保管方法

1) 普通餐、酒具的清洁

(1) 餐、酒具清洗

酒具的清洗、消毒,通常按一刮、二洗、三冲、四消毒、五保洁的顺序操作。

一刮是将剩余在餐、酒具内的食物残渣倒入桶内并刮干净。

二洗是将刮干净的餐、酒具用2%的热碱水以及适量洗涤剂清洗。

三冲是将经过清洗的餐、酒具用流动的水冲去残留在餐、酒具表面和碱液或洗涤剂。

四消毒是将洗净的餐、酒具进行消毒处理。

五保洁是将洗后的餐、酒具放在清洗的餐具柜里。

（2）餐、酒具消毒

餐、酒具的消毒是保证餐饮安全的一项重要措施。通常，餐、酒具消毒方法有以下几种。

① 煮沸消毒。消毒时将洗净的餐具放入沸水中20～30分钟，煮沸消毒时餐具不宜叠得太紧，餐具要完全浸泡在水里，否则会影响消毒效果。

② 蒸汽消毒。消毒时蒸汽箱门应关好，蒸汽应开足，当温度升到120℃，在12磅压力下蒸20分钟。

③ 消毒柜消毒。使用消毒柜时应注意温度，一般保持在120℃，并持续30分钟。

④ 药物消毒。高锰酸钾溶液消毒：用0.1%高锰酸钾溶液浸泡不少于10分钟。漂白粉溶液消毒：用0.1%漂白粉溶液浸泡5～10分钟。过氧乙酸消毒：过氧乙酸是一种高效广谱杀菌剂，用0.2%的过氧乙酸液浸泡餐具2～3分钟。

2）餐具保管

餐具保管是指消毒后的餐具应存放于专门的保洁柜内保管，避免与其他杂物混放。存放柜应定期进行消毒处理，保持其干燥和洁净。在操作过程中还应注意以下几点。

① 消毒好的餐具不得用手触摸餐具的内面和筷子头。

② 消毒过的餐具应及时放入保洁橱内，待下次使用。

③ 不能用未经消毒的不干净的抹手（台）布擦拭餐具内面。

④ 餐具放入消毒柜应竖起排列，中间留有空隙，不要叠成一堆，以便热气透入。筷子应分头尾、平放或筷子头朝内。未使用的餐具应存放于柜内保管。

⑤ 保洁橱的材料应用瓷砖或不锈钢制成，以利保洁工作和防止害虫侵入。

⑥ 使用含氯消毒水（特别是原液）应注意防止灼伤皮肤或溅到衣服上造成脱色。

⑦ 做好餐具保洁，除有固定地方存放餐具外，使用餐具时也应该注意卫生。

3）银餐具的清洗和保管

当银器锈蚀不严重时，可用软布蘸一点白垩粉加水调成的糊，或用含有几滴氨水的酒精揩擦。还可用电化学还原法，把器物和铅放在一起，浸泡在5%碳酸钠溶液或氢氧化钠溶液中，直到污迹消失为止，立即用蒸馏水清洗净，再用软布或棉花团擦光。也可用稀硫酸代硫酸钠溶液消除硫化物的晦暗色。

有些含铜的银器，加热时可能会造成一层氧化铜的黑色表面层，这类氧化物的污斑，可用5%硫酸溶液去除。

保管银器的房间必须保持清洁，没有尘埃和空气污染，房屋附近不能有污染源。特别重要的是不能有硫化氢、亚硫酸气体和氢氧化锶等物质，以免银器变得晦暗。除尘和清洗可用软布揩擦，布上可蘸一点银粉加水调成的糊，或用含有几滴氨水的酒精揩擦。

4.3.3　酒水知识

✏️ 引例

　　某酒店一位客人在用完餐结账时,对一瓶酒收费 80 元提出异议,他说有位男主管告诉他这瓶酒的价钱是 60 元。负责为之结账的领班第一时间寻找那位男主管,但他已下班了,无法与之取得联系。虽然这位领班拿出价格表让客人看,证明这瓶酒的价格确实是 80 元,但这位客人仍不加理会,强调是那位男主管告诉他这瓶酒的价钱是 60 元。由于与这位主管联系拖延了结账时间,加之与客人发生争执,使这位客人非常不满,认为餐厅在推销酒水时有欺骗行为。

　　(资料来源:http://www.5129999.com.)

　　思考:遇到这种情况该如何处理?

　　1. 酒类基本知识

　　餐饮中常说的酒水有特定含义。酒是指含有酒精的一种可饮用液体,一般酒精含量为 $0.5\%\sim75.5\%$;水是指不含酒精的饮用品(又称软性饮料)。

　　1) 酒水的介绍

　　乙醇在饮料酒中的含量是用酒度来表示的。目前,国际上酒度表示法有以下三种。

　　(1) 标准酒度

　　标准酒度(Alcohol% by Volume)是指在 20℃ 条件下,每 100mL 酒液中含有多少毫升的酒精,通常用百分比表示,或用编号 GI 表示。

　　(2) 美制酒度

　　美制酒度(Degrees of Proof US)用酒精纯度(Proof)表示,1 个酒精纯度相当于 0.5% 的酒精含量。

　　从 1983 年开始,欧洲共同体(包括美国)统一实行 GL 标准,即按酒精所占液体容量的百分比为度数,用符号"°"表示。而美国仍沿用 Proof 方式。

　　(3) 英制酒度

　　英制酒度(Degrees of proof UK)是 18 世纪由英国人克拉克(Clark)创造的一种酒度计算方法,以 Sikes 表示。酒液中酒精含量在 114.4Proof 或 57.1%酒度时,定为 Osides。

　　换算如下:

$$1°=2\text{Proof}=1.75\text{Sikes}$$

　　中国酒的酒度表示方法基本采用标准酒度法表示。例如,著名的茅台酒酒度为 53°,也就是每 100mL 酒液中含 53mL 的纯酒精。

　　2) 酒水分类

　　在日常生活中常用的酒有白酒、洋酒、葡萄酒、黄酒、药酒、啤酒等。具体分类如下。

　　(1) 按产地酒可分为中国酒和外国酒。

视频:酿造红葡萄酒的葡萄品种

(2) 按度数,酒可分为高度酒(40°以上)、中度酒(20°～40°)、低度酒(20°以下)。

(3) 按酒的制造方法分为酿造酒、蒸馏酒、配制酒。

① 酿造酒

酿造酒是制酒原料经发酵后,在一定容器内经过一定时间的窖藏而产生的含酒精饮品。这类酒品的酒精含量一般都不高,一般不超过百分之十几。这类酒主要包括啤酒、葡萄酒和米酒。

a. 啤酒是用麦芽、啤酒花、水和酵母发酵而产生的含酒精的饮品的总称。啤酒按发酵工艺分为底部发酵啤酒和顶部发酵啤酒。底部发酵啤酒包括黑啤酒、干啤酒、淡啤酒、窖啤酒和慕尼黑啤酒等十几种,顶部发酵啤酒包括淡色啤酒、苦啤酒、黑麦啤酒、苏格兰淡啤酒等十几类。

b. 葡萄酒主要以新鲜的葡萄为原料酿制而成。依据制造过程的不同,可分成一般葡萄酒、气泡葡萄酒、酒精强化葡萄酒和混合葡萄酒共四种。一般葡萄酒就是我们平常饮用的红葡萄酒、白葡萄酒和桃红葡萄酒。气泡葡萄酒以香槟酒最为著名。酒精强化葡萄酒的代表是雪利酒和波特酒。混合葡萄酒如味美思等。

c. 米酒主要以大米、糯米为原料,与酒曲混合发酵而制成的。其代表为中国的黄酒和日本的清酒。

② 蒸馏酒

蒸馏酒的制造过程一般包括原材料的粉碎、发酵、蒸馏及陈酿四个过程,这类酒因经过蒸馏提纯,故酒精含量较高。按制酒原材料的不同,大约可分为以下几种。

a. 中国白酒。中国白酒一般以小麦、高粱、玉米等原料经发酵、蒸馏、陈酿制成。中国白酒品种繁多,有多种分类方法。

b. 白兰地酒。白兰地酒是以水果为原材料制成的蒸馏酒。白兰地特指以葡萄为原材料制成的蒸馏酒。其他白兰地酒还有苹果白兰地、樱桃白兰地等。

c. 威士忌酒。威士忌酒是用预处理过的谷物制造的蒸馏酒。这些谷物以大麦、玉米、黑麦、小麦为主,或加以其他谷物。发酵和陈酿过程的特殊工艺造就了威士忌酒的独特风味。威士忌酒的陈酿过程通常是在经烤焦过的橡木桶中完成的。不同国家和地区有不同的生产工艺,威士忌酒以苏格兰、爱尔兰、加拿大和美国四个地区的产品最有知名度。

d. 伏特加。伏特加可以用任何可发酵的原料酿造,如马铃薯、大麦、黑麦、小麦、玉米、甜菜、葡萄甚至甘蔗。其最大的特点是不具有明显的特性、香气和味道。

e. 龙舌兰酒。龙舌兰酒以植物龙舌兰为原料酿制的蒸馏酒。

f. 朗姆酒。朗姆酒是主要以甘蔗为原料,经发酵蒸馏制成的。一般分为淡色朗姆酒、深色朗姆酒和芳香型朗姆酒。

g. 杜松子酒。杜松子酒人们通常按其英文发音叫作金酒,也有叫作琴酒、锦酒的,是一种加入香料的蒸馏酒。也有人用混合法制造,因而也有人把它列入配制酒。

③ 配制酒

配制酒是以酿造酒、蒸馏酒或食用酒精为酒基,加入各种天然或人造的原料,经特定的工艺处理后形成的具有特殊色、香、味、型的调配酒。中国有许多著名的配制酒,如虎骨酒、参茸酒、竹叶青等。外国配制酒种类繁多,有开胃酒、利口酒等。

（4）按香型可分为酱香型、浓香型、清香型、米香型和复合香型。

① 酱香型白酒。以茅台白酒为代表,特点是酒质醇厚,酱香浓郁,香气幽雅,绵软回甜,倒入杯中放置较长时间香气不失,饮后空杯留香。

② 浓香型白酒。以泸州老窖特曲为代表,特点是芳香醇厚,回味悠长,饮后幽香。

③ 清香型白酒。以汾酒分代表,特点是酒液晶莹透亮,酒气幽雅清香,酒味醇厚绵软,甘润爽口。

④ 米香型白酒。以桂林三花酒为代表。这类酒主要以大米为原料发酵成的小曲酒。特点是酒气蜜香清柔,幽雅纯净,回味悠长。

⑤ 复合香型白酒。混合两种以上香型,比如"白云边酒"是泸头茅尾(也称浓头酱尾),"酒鬼酒"混有浓香、酱香、米香三味。

以上几种香型只是中国白酒中比较明显的香型,但是,有时即使是同一香型的白酒,香气也不一定完全一样,就拿同属于浓香型的五粮液、泸州老窖特曲、古井贡酒等来说,它们的香气和风味有显著的区别,其香韵也不相同,因为各种名酒的独特风味除取决于其主体香含量的多少外,还受各种香味成分的相互烘托、缓冲和平衡作用的影响。

2. 中国酒水知识

我国有悠久的酿酒历史,在长期的发展过程中,酿造出许多被誉为"神品"或"琼浆"的美酒。著名唐代诗人李白、白居易、杜甫等都有脍炙人口关于酒的诗篇流传至今。据历史记载,中国人在商朝已有饮酒的习惯,并以酒来祭神。在汉、唐以后,除了黄酒外,各种白酒、药酒及果酒的生产已有了一定的发展。中国酒品种繁多,风格独特,下面详细介绍几种酒的分类方法。

中国酒按商品类型分为中国白酒、中国黄酒、啤酒、果酒、药酒等。

1）中国白酒

中国白酒是世界著名的六大蒸馏酒之一(其余五种是白兰地、威士忌、朗姆酒、伏特加和金酒)。中国白酒在工艺上比世界各国的蒸馏酒都复杂得多,原料各种各样,酒的特点各有风格,酒名也五花八门。

中国白酒在饮料酒中,独具风格,与世界其他国家的白酒相比,我国白酒具有特殊的不可比拟的风味。酒色洁白晶莹、无色透明;香气宜人,五种香型的酒各有特色,香气馥郁、纯净、溢香好,余香不尽;口味醇厚柔绵,甘润清冽,酒体谐调,回味悠久,那爽口尾净、变化无穷的优美味道,给人以极大的欢愉和幸福之感。

以下简要介绍几种中国名酒。

① 茅台酒。茅台酒为大曲酱香型。茅香,香气柔和幽雅,郁而不烈,酒液纯净透明,敞杯开饮,味感柔绵醇厚,饮后空杯留香不绝,为茅台酒的特殊风格。由酱香、窖底香、醇香三大特质融合而成,每种特质由许多特殊的化学成分组成。浓郁的茅台酒有 46°、53°、55° 的高粱酒,也有 38° 的中度酒,产于贵州省仁怀市茅台镇。

② 五粮液。五粮液为大曲浓香型,以喷香为酒中举世无双的妙品。开瓶时喷香,浓郁扑鼻,饮用时满口溢香,宴席间四座皆香,饮后余香不绝,满室留芳。酒液清澈透明,虽为 50° 的高度酒,但沾唇触香,并无强烈的刺激性,唯觉酒体柔和甘美,酒味醇厚落喉净

爽,恰到好处,酒味全面,又在同类酒中有显著的风格;不上火,隔壶留香,畅快而饮。五粮液有52°的高度酒,也有38°的中度酒。该酒因主要以红高粱、糯米、大米、小麦为原料酿造而得名,产于四川宜宾市五粮液酒厂。

③ 剑南春。剑南春为大曲清香型。酒液无色透明,芳香浓郁,醇和回甜,清冽净爽,余香悠长,并独特的曲酒香味。剑南春具有芳、冽、醇、甘的特点,一般有52°的高度酒和38°的中度酒。早在明末清初时称为绵竹大曲,后更名为剑南春,产于四川省剑南春酒厂。

④ 古井贡酒。古井贡酒为大曲浓香型。酒液清澈透明如水晶,香醇幽兰,倒入杯中沾稠挂杯,酒味醇和、浓郁、味香悠长,有经久不息的风格。在明清两代被选为敬献皇朝的贡品,故此得名古井贡酒。并在安徽省亳县有一古井泉,清澈甜美,此泉千余年都是用于酿制古井贡酒之用。产地为安徽省古井贡酒厂。

⑤ 董酒。董酒为复合香型,主要采用沾粮为原料。酒液晶莹透亮,浓郁扑鼻,浓郁香气,饮用时甘美、清爽、满口醇香,饮后回味香甜优绝。以混合特有的香味和因产地董公寺而得名。产地为贵州省遵义市董酒厂。

2) 中国黄酒

中国黄酒因其颜色而名之,又称老酒、压榨酒,是一种低度酒,酒精含量一般在15%～20%。黄酒也是用谷物酿造的。它与白酒的酿造方法完全不同,是采用压滤工艺生产的,因而较好地保留了发酵过程中产生的葡萄糖、糊精、甘油、矿物质、醋酸、醛、酯等。据分析,黄酒可提供给人们的热量比啤酒和葡萄酒都高得多。黄酒中含有十多种氨基酸,大多数氨基酸是人体不能合成的而且是人体必需的。据测定,每升黄酒中的赖氨酸的含量,在中外各种营养酒类中最丰富,所以人们把黄酒誉为"液体蛋糕"。还由于黄酒酒精含量远远低于白酒等蒸馏酒,不但营养丰富,且具补血气、助运化、舒筋活血、健脾补胃、祛风寒的功能,所以在医学上被广泛用于治病制药。如绍兴的加饭酒、状元红、即墨老酒、江南黄酒(包括韶关黄酒和花雕酒)、山东黄酒(包括老酒、青酒、兰陵美酒)、福建黄酒(福建老酒和沉缸酒)等。

3) 啤酒

啤酒是风行世界、男女老弱咸宜的营养饮料。啤酒是英语的译音。它传入我国只有一百多年的历史。啤酒是大麦发芽的辅料糖化后,加啤酒花和酵母发酵而制成的。啤酒是含酒精度数最低的一种酒,只有3°～5°,又有丰富的营养成分,除水和碳水化合物外,还含有酒花、蛋白质、二氧化碳、丰富的氨基酸、钙、磷和维生素等。据测定,1升12°啤酒(按啤酒瓶上所标的这种度数不是酒精度数,而是特指啤酒液中原麦汁重量的百分数,也就是糖度)相当于770克牛奶或210克面包的营养。因此,啤酒又素有"液体面包"之美誉。还因为啤酒花含有挥发性的芳香油,使啤酒兼备了特殊香气和爽口的苦味,因而有了健胃、利尿和镇静的医药功效,而二氧化碳,使啤酒有了消暑散热之功能。

4) 果酒

果酒是以水果为原料发酵而酿成的酒。葡萄酒由于产量、质量和品种、名声都远远超过其他水果酒,自然成为果酒类的代表。由于葡萄酒不经过蒸馏过程,属于发酵酒类,因此较好地保留了鲜葡萄果实中的各种营养成分,同时在发酵和陈贮过程的一系列生化变化中,又产生了对人体非常有益的新营养物质。这些成分形成了葡萄酒的特殊风味,也构成了其营养性能。酒中含有醇、酸、糖、酯类、矿物质、蛋白质、多种氨基酸和多种维生素。因此,适量饮用有益于健康,不仅能滋补健身、开胃和助消化,而且对心血管病、贫血、低血压、神经衰弱等症均有较好的防治效果。葡萄酒酒精含量较低,一般在 $8°\sim24°$,现在市场上出售的我国生产的葡萄酒大多在 $12°$ 左右。

5)药酒

药酒属配制酒,中医称为酒剂。它是用白酒、食用酒精、黄酒或葡萄酒,根据不同病症,选择不同药方,用不同方法制成的,多为浸泡药材后配制而成的。药酒是中国的传统产品。明代李时珍的《本草纲目》中载有 69 种药酒,有的至今还在沿用。药酒品种繁多,功效各异,既有滋补功能,又有医疗效用。一般称起滋补作用的药酒为补性酒,起疗效作用的药酒为药性酒。因为选用的酒不同,所以酒的度数也有高有低。药酒剂量浓缩,针对性强,疗效快,服用简单,便于储藏和携带,所以被广泛应用于内科、外科和妇科等某些疾病。但由于酒性强,适用范围有一定的限度,有些病人不宜内服,在临床上应遵医嘱,切忌滥用。常见的药酒有五加皮酒、人参酒、五味子酒、灵芝酒、虎骨酒、竹叶青酒等。

3. 外国酒水知识

1)外国酒分类

洋酒按特点分为烈酒类、利口酒、配制酒、啤酒及麦酒类等。

2)外国酒介绍

(1)烈酒类

① 威士忌(Whisky)。威士忌酒是用大麦、黑麦、玉米等谷物为原料,经发酵、蒸馏后放入旧的木桶中进行酵化而酿成的。"威士忌"一词出自爱尔兰方言,意为"生命之水"。威士忌以粮食谷物为主要原料,用大麦芽作为糖化发酵剂,采用液态发酵法经蒸馏获得原酒后,再盛于橡木桶内储藏数年而成(普通品储藏期约 3 年,上等品储藏期在 7 年以上)。饮用时一些人喜欢加苏打水,还可将其与柠檬水、汽水混合饮用,一般使用古典杯斟酒,斟 1/3 杯满。

世界上许多国家和地区都有生产威士忌的酒厂。但最著名且最具代表性的威士忌分别是苏格兰威士忌、爱尔兰威士忌、美国威士忌和加拿大威士忌四大类。

② 白兰地(Brandy)。世界著名佳酿白兰地,原产于荷兰,由发酵的生果取出原汁酿制而成,蒸馏时酒精度不能超过 85%。一般要达到成熟的白兰地,必须在橡木桶里储存 2 年以上。白兰地酿制过程中储藏期越长其品质越好,一般用五角星来表示老熟程度,每颗星代表 5 年,当今被誉为洋酒之王的法国"人头马路易十三"在白兰地酒中最负盛名。

洋酒年份标志的含义如下。

- 三星:表示 3 年存酿。
- 五星:表示 5 年存酿。
- VSOP:表示 5 年以上,10 年以下存酿。
- VO:表示 10 年以上存酿。

- XO：表示 20 年以上 60 年以下存酿。
- Extra Old：表示 60 年以上存酿。

③ 伏特加(Vodka)，又名俄得克，最早出现于俄国，其名称来源于俄语"伏达"，是俄罗斯具有代表性的烈性酒，是俄语"水"一词的延伸。它主要以土豆、玉米为原料，经过蒸馏后再加 8 小时的过滤，使原酒的酒液与活性炭充分接触而成，酒液无色透明，口味纯正，酒精度多为 34°～40°。

④ 金酒(Gin)，又称杜松子酒，起源于荷兰，是国际著名蒸馏酒之一。它的名称从荷兰语中嬗变而来，意为"桧属植物"，是以麦芽和裸麦为原料，经过发酵后再蒸馏三次而成的谷物酒。现有荷兰麦芽式金酒和英美式干型金酒两种。

⑤ 朗姆酒(Rum)，以甘蔗汁或制糖后的副产品中的废糖蜜为原料，经发酵蒸馏成食用酒精，然后放于橡木桶中陈酿，最后与香料兑制而成。其酒液透明，呈淡黄色，有独特的香味，入口有刺激感，酒精度为 40°左右，分甜和不甜两种。

(2) 利口酒和配制酒

① 利口酒，气味芬芳，有甜蜜的味道。利口酒有苦艾酒、波多酒、雪莉酒等，通过调配后成为鸡尾酒。

② 配制酒类，就是广义上的葡萄酒，是世界上消费量最高的酒类，主要有红葡萄酒、白葡萄酒和香槟酒等，一般酒度为 11°～18°。

a. 红葡萄酒，由红葡萄带皮发酵而成。口感不甜(Dry)，但甘美。其适饮温度为 14～20℃。但法国薄酒来区(Beaujolais)所产的清淡型红酒，适饮温度为 12～14℃。红葡萄酒，适合搭配牛肉、猪肉、羊肉、乳酪等口感较重的食物。

b. 加强葡萄酒，即在葡萄酒发酵过程中加入白兰地，故比一般葡萄酒含有较高的酒精度及甜度，如波特酒(Port)和雪莉酒(Sherry)。加强葡萄酒多作为餐后酒，可单独喝或搭配甜点或雪茄。

c. 白葡萄酒，由白葡萄或红葡萄去皮酿制而成，可分甜的和不甜的。若为不甜的白酒，其适饮温度为 10～12℃。甜的白酒适饮温度则为 5～10℃。白葡萄酒适合搭配海鲜、鱼类、家禽类等烹调方式较为清淡的食物。

d. 香槟酒(Champagne)。据法国政府规定，只有在法国香槟地区出产的气泡酒才可以冠称香槟酒，其他地方的只可以叫气泡酒。香槟是位于法国东北边一个极小区域，距巴黎约 145 千米，由于该地区肥沃的土壤、适宜的气候以及独特的名贵葡萄品种，因而酿制出举世闻名的香槟酒。香槟酒以两次瓶内"天然发酵"，产生二氧化碳而成。可单独饮用或配以头盘或海鲜，也是喜庆宴会不可或缺的饮料。香槟酒适饮温度为 5～10℃。

(3) 啤酒和麦酒类

啤酒是用大麦或其他杂类麦、糊状物经过发酵酿制，再加上啤酒花而制成的低度酒。一般酒精度为 3°～5°。啤酒的成分有水、酒精、碳水化合物、蛋白质、二氧化碳、矿物质等，其中碳水化合物可提供精力、蛋白质，可同化食物、二氧化碳，可使人清凉舒适，啤酒可起开胃作用。鉴别啤酒好坏主要看其持泡性是否显著，优质啤酒泡多，呈白色，又细又密，并根据色香味等指标判断质量。

4.4　餐饮管理概述

人工智能的美食领域应用

近年来,人工智能的运用为美食领域带来了许多创新和便利。它可以帮助消费者做出个性化的美食选择,协助厨师创作菜品和调整菜谱,改善供应链管理效率,以及实现厨房的智能化和自动化。相信随着人工智能技术的不断发展,人工智能在美食领域的应用将会为我们带来更多的创新和便利,促进美食行业的发展和提升。

对于某些消费者来说,选择满意的餐厅或菜品可能是一件困难的事情。人工智能在美食推荐方面发挥着重要的作用。可以通过分析用户的口味偏好、历史消费记录以及社交媒体的数据,AI 都可以根据个人口味和需求提供准确且具有针对性的建议。

对于厨师来说,创作一道独特的菜品需要花费大量的时间和精力。人工智能通过深度学习和模式识别技术,分析大量的菜谱和食材数据,帮助厨师探索新颖的菜品组合和烹饪方法。此外,人工智能还可以根据用户的反馈和口味偏好,对菜谱进行智能调整和优化,使菜品更加符合目标顾客的口味和需求。随着人工智能的发展,智能厨房设备正变得越来越普遍。例如,智能烹饪机器人可以通过视觉和机器学习技术,自动烹饪各种菜品,大大减少了人工操作的时间和人力成本。此外,人工智能还可以通过自动识别食材和烹饪步骤,提供烹饪指导和个性化的菜谱建议,使家庭厨房更加智能化和便利化。

另外,人工智能还可以在供应链管理中提升效率。餐饮行业中,供应链的管理通常面临着许多挑战,如订购管理、库存控制和采购规划等。通过分析历史销售数据、人流量和天气等因素,为餐饮企业提供精确的供应链管理建议。人工智能还可以通过物联网技术实时监测库存,预测需求和自动补货,减少了人工操作的时间和错误。

思考:人工智能技术在餐饮行业的应用不断推广,将给餐饮经营、管理和服务带来哪些变化?

4.4.1　餐饮管理职能

餐饮管理是餐饮企业经营管理的简称,包括经营和管理两个方面,是以菜肴、酒水生产和营销为核心的全方位的经营管理。餐饮管理是指在了解市场需求的前提下,为了有效实现餐厅的既定目标,遵循一定的原则,运用各种管理方法,对餐厅所拥有的人力、财力、物力、时间、信息等资源进行计划、组织、指挥、协调和控制等一系列活动的总和。

1. 计划

计划职能是指餐厅通过详细的、科学的调查研究、分析预测并进行决策,以此为基础确定未来某一时期内企业的发展目标,规定实现目标的途径、方法的管理活动。简言之,计划是在决定了目标的情况下明确做何事,如何去做,由谁去做及何时做才能达到目标。

1) 分析经营环境,设定管理目标

餐饮的经营管理活动是在一定的客观条件下进行的,一个称职的管理者必须对企业所面临的经营形势和环境有充分的了解,分析经营环境就是要求经营者及时了解和掌握市场动态,为制订准确的经营管理目标做好准备。环境分析主要包括以下两个方面。

(1) 外部环境分析。外部环境分析主要是进行机会和威胁的分析,包括及时了解和掌握国家相关的方针政策,特别是与餐饮经营相关的方针政策和法律法规,确保企业能够守法经营;进行全面市场调研,了解市场状况,掌握市场动向,对市场的特征、变化和发展趋势要有比较清醒的认识;充分了解消费者的消费需求及消费需求的变化;了解竞争对手以及潜在竞争对手的经营情况。

(2) 内部环境分析。对本企业进行全方位分析,找出企业自身的优势和不足,包括企业品牌、企业经营的特色、企业的人力资源状况、餐厅的就餐环境、食品的花色品种、餐饮服务等。

在内外环境分析的基础上,确定经营方针和经营管理目标。设定餐饮管理目标时,首先设定企业的总体战略目标,然后形成市场、销售、质量、效益等具体管理目标,并通过管理目标的层层分解,转化为收入、成本、费用、利润等经济指标,落实到企业、部门、基层班组等各级管理部门和人员。

2) 发挥规划功能,合理分配资源

发挥规划功能就是要求餐饮管理者根据企业制订的管理目标,做好各项经营管理工作的统一规划,保证餐饮经营各部门、各环节的协调发展。

餐饮管理的规划工作包括以下三个方面。

(1) 人力资源规划。根据企业经营目标和发展要求、接待能力和管理任务,设定合理的组织机构和人员配置方案,对食品原材料筹措、厨房生产和餐厅销售服务等环节的管理人员、生产人员和服务人员进行统一、合理的规划,确保各项工作的顺利进行。

(2) 服务项目规划。通过市场调研,了解目标客源市场的需求和特点,有针对性地对餐厅类型、服务内容、销售方式进行设计和规划,以满足客人多层次的消费需求,吸引更多的客人,提高餐饮经营效益。

(3) 经营活动规划。经营活动规划就是要对餐饮产品设计、食品原材料采购、厨房生产和餐厅服务、市场推广等各种经营业务活动进行统筹安排和规划,使各工作环节之间形成相互关联、相互衔接的管理体系,保持全局一盘棋。

管理资源的分配是各项管理工作合理规划的必然结果。餐饮企业的资源既包括企业内部资源和外部资源,也包括有形资源和无形资源,主要体现在人、财、物三个方面。

人力资源的分配要以管理目标、工作任务和工作标准为基础,根据劳动定额进行人员的定岗定编。人力资源分配力求做到人尽其才,各尽所能,尽量减少不必要的岗位和人员,确保人力资源的精简高效,降低劳动力成本和不必要的费用开支。

财力资源的分配是以资金消耗为主线的。餐饮经营管理中必须根据经营需要制订合理的采购成本和生产成本,确定能源消耗、人力成本及费用、其他各项费用消耗指标,制订合理的资金占用、资金周转指标,保证各项经营业务活动的正常运转。

物资资源的分配要求管理者根据经营和生产的需要,制订有效的物资储存定额、生产和服务用品的消耗定额,在有效控制物耗率的基础上确保生产和服务的正常进行。

合理分配资源的关键在于搞好各部门和相关工作环节的综合平衡,合理安排各部门、各环节的各种资源分配的比例结构,最终达到物资流、资金流、信息流畅通,为完成餐饮管理目标提供稳定的资源保障。

2. 组织

组织职能是为了有效地达到组织目标,在人群中建立权力流程和沟通体系的管理活动。

餐饮经营管理活动包括市场调研、产品设计、食品原材料采购、验收、储存、发放、厨房生产、餐厅销售服务、信息反馈等多个环节,这是一个复杂而多变的过程。组织业务经营就是要求经营管理者根据经营管理的需要,通过有效的手段,制定相应的管理制度,合理安排工作流程,把各项工作组织好,并根据各工作环节的特点,加强管理沟通,协调好各环节之间的关系,保证餐饮经营的各项业务活动在既定的经营目标下顺利开展。同时,通过现场的管理和督导,及时发现问题,解决问题。

餐饮组织职能包括以下内容。

(1) 明确各项任务之间的关系,即确定工作岗位和各岗位之间的相互关系,设计合理的餐饮组织机构。

(2) 编制定员,为各岗位配置合格的工作人员。

(3) 建立健全管理制度,搞好餐厅的服务组织,制定餐饮服务标准、标准服务程序和服务操作规范,提高服务质量,更好地满足宾客的各种需要。

(4) 建立信息沟通体系,加强内部沟通,协调各部门的关系。

(5) 建立业务和管理培训制度。一方面可以提高各级管理者的管理能力和水平,另一方面也是为了更好地使各层次的管理者都能够理解企业或部门目标,让所有的管理者都能自觉地把经营管理目标融入日常的经营管理工作中去,把高标准、严要求变成一种自觉的行动,这既有利于经营管理,也可以确保管理质量。

3. 指挥

指挥是指管理者将有利于餐饮目标实现的指令下达给下属,使之服从并付诸行动的一种反映上下级关系的管理活动。餐饮指挥职能包括以下几个方面。

(1) 按等级链的原则,划分管理层次,明确权力关系,建立有效的指挥制度和系统,使每个员工自觉服从上级的指令,保证畅通无阻。

(2) 确定层级关系,不能越级指挥,也不能越级汇报,防止令出多头,实行统一指挥。

(3) 运用有效的激励手段,调动员工的积极性。

4. 协调

协调是指分派工作任务,组织人员和资源去实现企业目标,对餐饮企业内外出现的各种不和谐的现象采取的调整联络等措施的管理活动。其目的是保证各项经营业务活动的顺利开展,并实现经营目标。

餐饮企业的协调职能包括外部协调和内部协调两大类。

外部协调要处理好与宾客之间的关系和与社会各界的关系。因而,餐饮企业要随时了解宾客的需求变化情况，不断调整餐饮服务内容和项目，提高服务质量，使餐饮企业与宾客之间和谐融洽，通过各种公共关系活动处理好与社会各界的关系。

内部协调包括纵向协调和横向协调。纵向协调是指垂直管理的各层次之间的协调，横向协调是指层次相同的各部门、各岗位之间的平衡与协调。由于餐饮工作涉及的工作人员多、工作环节多，因此，餐饮管理的内部关系十分复杂，常常在资源分配、任务确定、人际交往、工作安排、利益分配等方面产生矛盾和摩擦。只有正确处理好各方面的关系，才能使各级管理人员和员工心情舒畅，形成凝聚力和向心力，使餐饮管理工作发挥最大的功效。

协调内部关系，首先是协调餐饮部和其他部门之间的关系。餐饮经营工作具有复杂性，在经营过程中需要各部门的相互帮助和支持，如市场营销部给予的市场开拓、信息反馈、市场推广方面的支持；工程部在设备维护和保养、设备检修等方面的支持；财务部在物资采购、验收、储存管理、成本核算、收益管理等方面的支持。有了这些支持和帮助，餐饮的经营管理工作才能够顺利进行。所以在日常的经营管理过程中，必须本着相互支持、相互理解、相互协调的原则，与各部门多沟通、多协调，及时解决工作中出现的问题，确保餐饮经营目标的顺利实现。

协调内部关系，其次是协调部门内部关系。必须理顺内部管理体制，明确各级管理人员和各岗位工作人员的工作职责，明确管理者的工作职权和隶属关系，本着公平、公正的原则解决好各环节和部门之间的矛盾与摩擦，同时应该避免越级指挥和越级协调的现象，避免指挥混乱、政出多门。

5. 控　制

控制是把餐厅各部门、各环节的活动约束在计划要求的轨道上，即对照计划来检查并纠正实际执行情况，以确保目标任务完成的管理活动。

控制工作进展是保证餐饮管理各部门、各环节的工作朝着既定目标和计划顺利进行的重要条件。餐饮经营管理工作是一个有步骤、有计划的工作，各部门、各工作环节都必须按计划有步骤地开展各项工作，管理者必须按照布置的工作计划进行定期和不定期的检查，控制各部门和各环节的工作进程，保持工作的协调性。另外，餐饮业务管理过程中，客源数量、营业收入、成本消耗、经济效益等各项指标是通过逐日、逐月开展业务经营活动来完成的。控制工作进展就是要建立相关的原始记录制度，逐日、逐月做好统计分析，收集各方面的信息，及时发现问题，纠正偏差，保证管理任务的顺利完成。

4.4.2　餐饮管理目标和内容

1. 餐饮管理目标

1）制作优质的菜点

餐饮经营的重点是精致可口的菜点。菜点质量是指菜点能满足客人生理及心理需要的各种特性。客人对菜点质量的评定，一般是根据以往的经历和经验，结合菜点质量的内在要求，通过嗅觉、视觉、听觉、味觉和触觉等感官鉴定得出的。因此，餐饮管理者应了解市场需求及宾客的消费趋向，开发、制作优质的菜点使之符合目标市场的需求；采购符合规格标准的食品原料，加强食品生产过程的管理与控制，发挥生产人员的积极性和创造性。

2）提供赏心悦目的就餐环境

随着社会的发展，客人在饭店用餐，不仅是满足生理需求的一种手段，而且越来越多的人把它当作一种享受和社交形式。有人说，餐饮消费已经进入由"口味消费"转变为"口味环境消费并重"的时代。餐饮服务设施，不仅要满足宾客的生理需求，还要能满足其精神享受的需求等。所以对餐饮企业而言，要满足客人的需要，不仅要有好的食品和服务，也要提供赏心悦目的就餐环境，即餐饮服务设施的装饰、布局协调一致；灯光、色彩应柔和；家具、餐具配套并与整体环境相映成趣；环境卫生符合卫生标准要求；服务人员的仪容仪表符合要求；餐饮服务设施的温度、湿度宜人等。

3）提供令人放心的餐饮卫生条件

餐饮卫生在餐饮管理中占据重要的位置，卫生工作的好坏，不仅直接关系到客人的身心健康，而且关系到餐饮企业（部门）的声誉和经济效益。因此，餐饮企业（部门）必须严格执行《食品卫生法》，在经营管理的各个环节始终贯彻"重效益不忘卫生，工作忙不忘整洁"的基本理念，形成"全店讲卫生，处处重卫生"的风气。

4）提供舒适完美的服务

适口的菜点酒水，只有配以优质的对客服务，才能真正满足宾客的餐饮需要。优质的对客服务包括良好的服务态度、丰富的服务知识、娴熟的服务技能和适时的服务效率等。要实现舒适完美的服务，必须使餐饮服务具有美、情、活、快四个特点。所谓美，就是给客人以一种美的感受，主要表现为服务员的仪表美、心灵美、语言美、行为美、神情美；情，即服务必须富有一种人情味；活，则主要是指服务要恰到好处；快，即在服务效率上要满足客人的需要，出菜要迅速，各种服务要及时。除了制订合理的程序外，还应注意服务手段的现代化。

5）树立餐饮企业的品牌

品牌是市场经济高度发达的产物，是一种无形资产，品牌至上是现代餐饮企业经营的法宝之一。它不仅可以为企业直接从市场吸引顾客，获得现实经济效益，还可以为企业衍生出综合整体效益。餐饮企业只有在社会上有了良好的信誉、声望和企业形象，才能拥有超值的品牌，才能使企业获得生存、发展得更有利条件。

6）倡导独特健康的饮食文化

在知识经济背景下，人们的餐饮消费也附加了更多的文化要求。现代人注重文化品位，他们在餐饮消费上告别了原先"吃大鱼、尝大肉"的生理性追求，取而代之的是"吃文化、品情节"的精神性追求。他们到饭店餐厅消费，带有购买文化、消费文化和享受文化的动机。因此，餐饮企业（部门）在餐饮经营管理中应突出经营上的文化性，把饮食文化融入餐饮产品和餐饮服务当中，不断弘扬和发展餐饮事业。

7）取得满意的三重效益

餐饮管理的最终目标是获取效益，效益是衡量经营成败的依据。餐饮管理的三重效益是指社会效益、经济效益和环境效益。社会效益是指餐饮经营给企业带来的知名度和美誉度，它可为企业赢得客源，增强企业的竞争能力；经济效益是指餐饮经营给企业创造的利税（绝对效益）以及由餐饮带来的企业其他设施的宾客消费（相对效益）；而环境效益则是指餐饮企业因采取各种节能环保措施而带给自己的效益,同时也使企业具备可持续发展的能力,也是企业社会责任感的具体体现。餐饮企业(部门)应建立有效的餐饮成本控制体系,在保证餐饮生产需要的前提下,加强对餐饮生产全过程,如采购、验收、库存、发放、厨房的粗加工、切配、烹制、餐厅销售等各环节的成本控制,并定期对餐饮成本进行比较分析,及时发现存在的问题及其原因,从而采取有效地降低成本的措施,最终提高企业的经济效益。

2. 餐饮管理内容

餐饮经营管理无论是效益目标还是品牌目标,都是为了直接或间接地获得经营收入。餐饮企业经营管理内容不能只局限在菜肴制作和厨房管理环节上,而是应该把可利用的各种资源整合起来,通过有效地利用人力、物力、财力和信息等生产要素,赋予资源更大的价值,以此来实现餐饮企业的经营目标。

1) 人力资源管理

人力资源管理是餐饮管理的首要任务,因为有了人,才能顺利开展各项工作。人力资源管理包括人员配置、人员招聘与选拔、人员培训、考核与激励、保持企业人员的动态平衡等内容。

2) 经营效益管理

利润最大化和成本最小化是餐饮经营管理的目标。餐饮企业经营效益是指餐饮企业的营业状况、盈利水平、成本控制效果、资金使用态势的综合表现。餐饮企业经营效益管理的内容包括经营计划管理、经营指标管理和营销策划管理。

3) 物资原料管理

餐饮企业的生产和服务对设备、设施的依赖性很强,管理的好坏将直接影响到经营的成败。物资原料管理内容包括设备设施管理、餐具用具管理和食品原料管理。

4) 产品质量管理

餐饮产品质量关系到餐饮企业的生存和发展。餐饮企业的产品由实物产品和服务产品两部分组成,产品质量包括实物产品的质量和服务的质量。餐饮产品质量的高低由顾客满意度来体现。餐饮企业应对厨房出品质量、服务质量和就餐环境质量等进行管理,以达到较高的顾客满意度。

5) 工作程序管理

餐饮企业工作程序管理是指餐饮企业为做到生产经营工作计划有序而必须从事的一些日常基础管理,包括工作流程规划、制定生产规范、制定管理制度、设计运转管理表格和建立督导机制等。

6) 卫生管理

卫生管理是餐饮企业经营管理中不可忽视的内容,因为饮食卫生关系到顾客的身体健康,关系到企业的声誉。餐饮卫生管理包括食品卫生安全管理、生产操作卫生安全管理、设备及使用的卫生安全管理、产品销售及环境卫生安全管理和餐饮卫生安全管理体系的建立。

7) 餐饮经营中的风险与创新管理

经营风险是指企业在为赢得某一个经营机会,实现企业经营目标过程中可能遭受的损失。餐饮企业经营是在一定的内部环境中进行的,但受到外部环境的约束,原材料的供应、顾客的需求、国家的政策法律等都是影响餐饮企业的外部因素。餐饮经营环境的变化使企业面临经营风险和威胁。为此餐饮企业应预见、正视各种可能存在的风险,想方设法采取措施防范风险,弥补因风险造成的损失,保证餐饮企业不断发展壮大。

创新是餐饮企业谋求发展、提高企业核心竞争力的重要手段之一。餐饮企业创新主要表现在通过掌握市场动向推出新产品、新服务以及利用现代信息技术和科技手段进行技术创新和管理创新两个层面。餐饮经营的创新管理包括建立鼓励创新的制度、对创新的支持等方面。

【案例 4-1】

就餐可点服务员

当顾客陈先生带着客人走进杭州市某大酒店时,发现就餐大厅的门旁悬挂着一块醒目的宣传牌,牌上贴着餐饮服务员工的照片,并打出了"尊贵的顾客,请您选择"的服务承诺。据介绍,该大酒店推出这项新举措,把员工工资与宾客满意直接挂钩,顾客钟爱某位服务员,该服务员就能得到更多的绩效分。按每分 10 元钱加以奖励,服务员与服务员之间的月度工资差最多超过 400 元。

被提拔为该店餐饮部领班的谢小姐以前是位服务员,她以热情、大方、耐心、细致的服务,赢得了广大顾客及酒店管理人员的一致好评,现在不仅个人工资比以前每月增加 500 多元,还可以利用自己积累的丰富经验指导给其他服务人员,使自身价值得到了充分体现。她说:"没有改革前,大家干好干坏一个样,每月工资一刀切,现在有了竞争,服务得好,意味着可以加工资,可以有机会得到提升,这对员工来说是莫大的激励。"

思考:请对本案例中的管理方法进行评析。

4.4.3　餐饮组织机构

1. 餐饮组织机构的概念

组织是由两个或两个以上的个体为达到共同的目标,在有意识的合作之下所组成的持续运作的社会单位。组织机构是为发挥集体优势,按照一定目的和程序而组成的,以权责角色结构为表现的,利用个人智慧的发挥来创造整体成就的一种具有系统特征的组织形式。餐饮组织机构是为筹划和组织餐饮产品的产供销活动,满足客人消费需求,获得良好经济效益而成立的一种专业性业务管理机构。尽管不同饭店餐饮部的组织机构不尽相同,但组织的目的是一致的,即提供最佳的服务以获取经济效益与社会效益。

餐饮组织机构包括五个要点。

(1) 职位。组织机构是一种人群聚合体。任何组织都是由一个一个的职位组成的。人们在组织机构中的任何一个职位都代表某一角色。职位不同,角色不同,其作用、工作任务也不同。

(2) 职权。组织机构的职权是由组织管理体制及其职位决定的。组织机构一经建立,就会确定其组织管理体制,并经过一定程序赋予各个职位以一定权力。职位越高,权力越大。组织管理就是运用不同职位的权力来协调人们的活动,规范人们的行为,从而发挥出集体优势。

(3)责任。职权和责任是相辅相成的。有职无权,无法达成组织目标;有权无职,则名不正,言不顺。因此,组织的职位一经确定,就必然要确定不同职位应该完成的任务、必须承担的责任,并使这种任务和责任与权力大小相适应。在餐饮组织管理中,职位、职权和责任及其上下级关系都要通过组织机构所制订的不同岗位的职责规范表现出来。

(4)关系。关系即组织机构内部各个职位之间的相互联系。这种关系主要包括两个方面:一是上下级关系。现代组织管理主要采用垂直领导、逐级负责、逐级协调、逐级反馈和报告、不越级指挥的管理体制。二是横向关系,主要通过岗位职责规范和有关组织管理制度作出规定。由此,就在企业组织机构内部形成了一种具有系统特征的上下联系、横向协调、纵横交错的权责角色体系,即相互间的关系和联系。

(5)形式。形式即反映组织机构内部的各个机构、各个岗位及其上下左右相互关系的具体形式,主要通过组织模式和图形反映出来。

2. 餐饮组织机构设置原则

设置餐饮组织机构时应当遵循追求效率、统一指挥、授权明确、权责相等和保持弹性的原则。

1) 追求效率的原则

餐饮组织机构是为业务经营活动服务的。组织机构的规模、形式、内部结构、岗位人数等必须在符合业务需要的前提下,将人员精简到最低程度,用最少的人力去完成任务。因为组织结构过于复杂会导致效率下降和官僚主义。追求效率原则要求做到以下几点。

(1)指挥幅度不宜过大。一个领导直接下属的人数一般以3~8人为宜。

(2)尽量减少组织结构层次。管理层次过多,容易使信息传递速度减慢和失真,从而影响组织效率。

(3)岗位的设置要按实际业务活动的需要来进行,不因人设岗,也不设可有可无的岗位。

2) 统一指挥的原则

每位员工只接受一位上级领导的指挥,各级管理人员也只能按管理层次向自己管辖的下属人员发号施令。在制订岗位职责时,必须说明汇报上级是谁、直属下级是谁。如果一个员工同时受多个领导指挥,政出多门,必将无所适从,影响组织的稳定,最终影响组织目标的实现。

3) 授权明确、权责相等的原则

餐饮管理是运用不同职位的权力去完成管理任务。责任是权力的基础,权力是责任的保证,责任和权力不相适应,管理人员就无法正常地从事各项管理工作。管理者在给下级授权时,必须明确规定下级的职责范围和权限,并将职责范围和权限具体地列在岗位职责中。权责相等原则要求各级管理人员的责任明确,权力大小能够保证所承担任务的顺利完成,权责分配不影响各级管理人员之间的协调与配合,即有权必有责,有责必有权。

4) 保持弹性的原则

餐饮经营的外界客观影响因素众多,业务活动、设施利用率都有明显的季节波动性和随机性,其经营方式也十分灵活。因此,餐饮组织机构的设置就不能过于死板、一成不变,而应保持一定弹性。这种组织弹性的基本要求是:餐饮组织机构的形式可随餐饮企业的性质(如酒店餐饮部、酒楼饭庄和餐饮集团连锁)而变化,组织内部的部门划分可随业务需要而增减或调整,基层各岗位人员编制可根据淡旺季的业务波动程度而增减,实行弹性用人制度。

3. 餐饮组织机构的类型

餐饮企业的组织结构形式按业务经营部门职权的大小及其与职能管理部门的关系,可以分为直线制、直线职能制和事业部制三种。

1) 直线制

直线制是一种结构形式简单、上下垂直领导,一切管理职能都由各级行政领导担任,不设专门参谋结构的组织形式。其特点是:餐饮企业内各机构按纵向系统直线排列,形成由上而下的指挥系统,每个下属只接受一个上级的直接领导;下属不但必须服从上级所下达的任何指令,而且必须认真努力地去执行完成;管理者直接发布或下达任何行政命令;每位员工的职责划分明确、界线分明。

优点:结构简单,管理成本低,指挥命令关系清晰,决策迅速,责任明确,反应灵活。

缺点:要求管理人员具有全面的经营管理知识和业务能力,缺乏横向配合,沟通周期长,一旦扩大经营规模则无法适应。只适用于规模小、业务单纯的小型餐饮企业。

2) 直线职能制

直线职能制是在直线制的结构上增加职能(参谋)部门,职能部门为各直线部门提供专业知识或改进意见,但不直接发布或下达任何行政命令的一种组织形式。这种结构保持了直线制统一指挥的优点,又充分发挥了职能参谋的作用,有利于提高经营管理效率和水平。

优点:实现了专业化分工,既能充分发挥专业管理人员的作用,又利于加强直线行政领导的权威,有利于培养有较强行政指挥能力的综合管理人员。

缺点:行政领导容易包揽一切事务,而职能管理部门的作用发挥不够,各职能部门之间沟通协调性差;在业务指导上直线领导与职能部门会出现一定的矛盾冲突,使下级无所适从。

3) 事业部制

事业部制是在大型餐饮集团的总部下设有经营自主权的事业部来进行管理的一种组织结构形式。这种结构形式按产品、地区或市场划分事业部;事业部独立经营、单独核算,拥有一定的经营自主权;餐饮集团高层有人事、财务、价格等控制监督权,利用利润等指标对事业部进行控制。

优点:利于最高层管理者摆脱日常事务,专心致力于公司的战略决策和长期规划;有助于调动部门和职工的积极性、主动性和创造性;利于培养管理人员;便于公司考核和评定各部门的生产经营成果。

缺点:管理机构重叠,管理人员浪费,增加了管理费用。

4. 餐饮企业组织结构形式

餐饮组织结构形式总体上可分为餐饮企业组织结构形式和饭店餐饮部组织结构形

式,而前者又分为单体餐饮企业组织结构形式和餐饮集团组织结构形式。

1) 单体餐饮企业组织结构形式

单体餐饮企业在经营规模、策略运用和职权划分等方面的差异使得所采取的组织结构形式各有不同。这里就小型、大中型单体餐饮企业组织结构一般形式作一简介。

(1) 小型单体餐饮企业组织结构。这种形式的餐饮机构结构简单,呈扁平式,如图4-18所示。由于规模小、人员少,往往一人身兼数职。

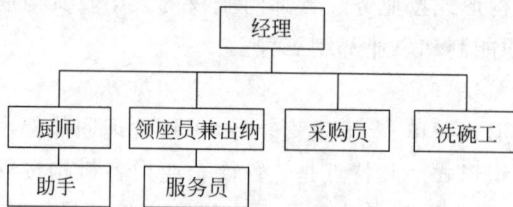

图 4-18　小型单体餐饮企业组织结构图

(2) 大中型单体餐饮企业组织结构。大中型单体餐饮企业,由于人多事杂,一般采取直线职能制的组织结构形式,如图4-19所示。

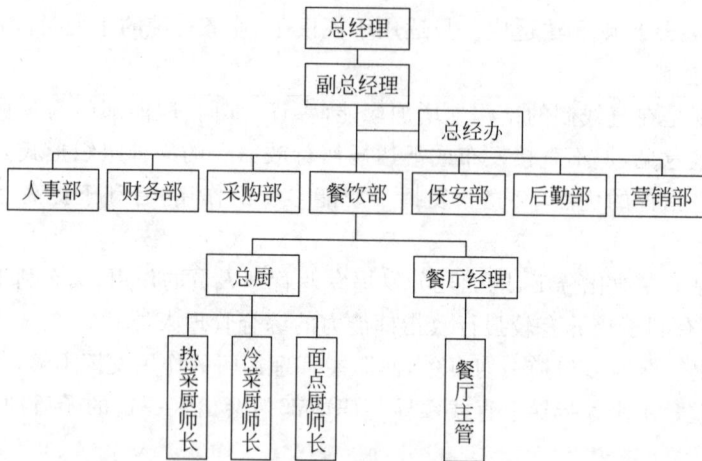

图 4-19　大中型单体餐饮企业组织结构图

2) 餐饮企业集团和餐饮连锁企业总部的组织结构

餐饮企业集团和餐饮连锁企业总部的组织结构形式较为相似,都采用事业部制结构,如图4-20所示。

3) 饭店餐饮部的组织结构形式

饭店的规模大小不一,因而组织结构形式不同。

(1) 小型饭店餐饮部组织结构。这类饭店餐饮部餐厅数量较少、类型单一,大多只经营中餐,故其岗位设置及管理层次设置都较少,组织结构较为简单,如图4-21所示。

(2) 中型饭店餐饮部组织结构。这类饭店餐饮部因餐厅数量和种类增多,分工比较细致,管理层次也比小型餐饮部有所增加,其组织结构较为复杂,如图4-22所示。

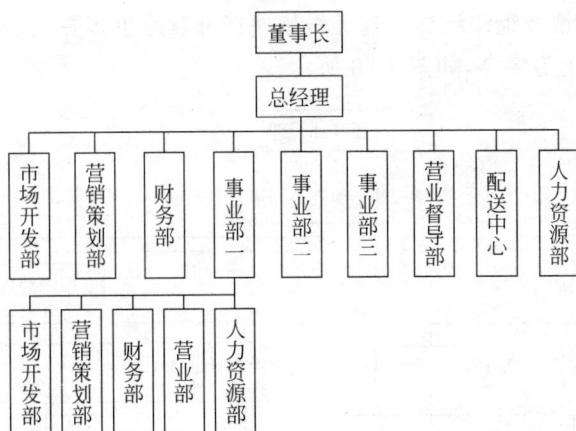

图 4-20　餐饮企业集团和连锁企业总部组织结构图

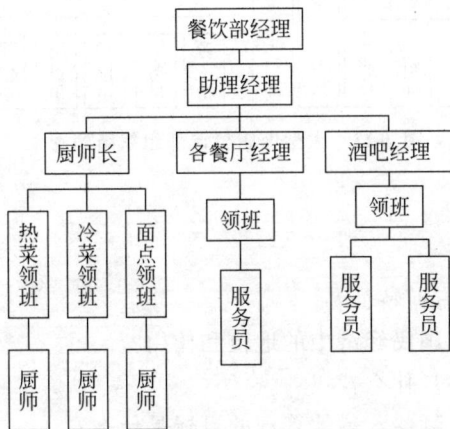

图 4-21　小型饭店餐饮部组织结构图

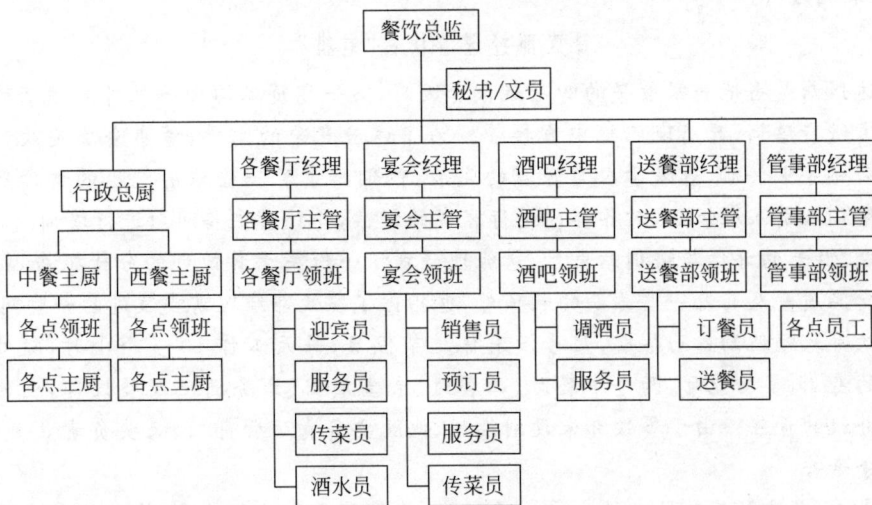

图 4-22　中型饭店餐饮部组织结构图

（3）大型饭店餐饮部组织结构。这类饭店餐饮部餐厅更多更全,分工明确细致,管理层次较多,组织结构更为庞杂,如图4-23所示。

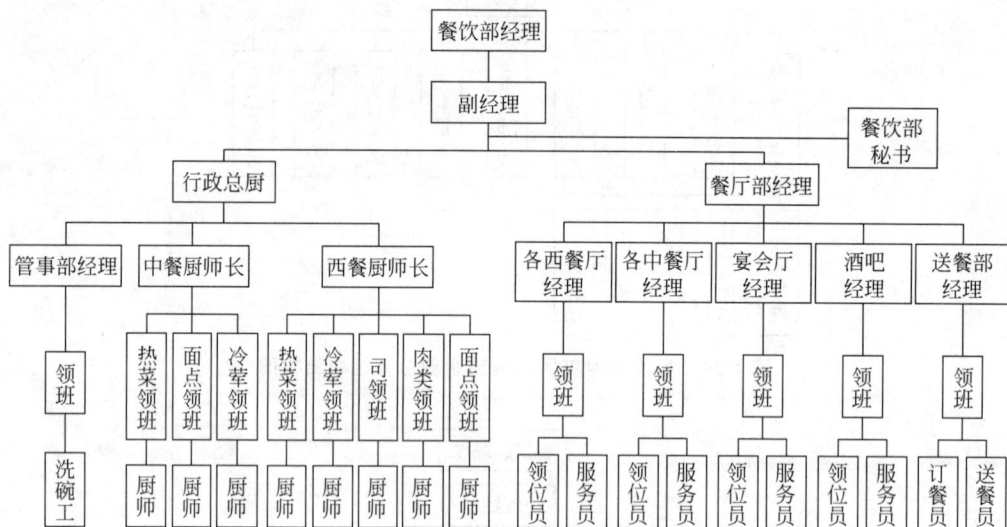

图4-23　大型饭店餐饮部组织结构图

检测

1. 什么是餐饮业,它有何特征?
2. 如何理解餐饮业在国民经济中的地位和作用?
3. 餐饮业的发展趋势是什么?
4. 餐饮管理的职能有哪些? 餐饮管理的目标是什么?
5. 请实地调查一家餐饮企业,并对其组织机构进行分析。
6. 案例分析。

餐饮部经理潜伏着"危机"

顺达饭店是当地一家最早的四星级合资饭店,第一期员工均由一位外方酒店管理集团的专家进行培训,此店现已被中方接管。为了适应竞争的需要,董事会决定改组领导班子。新领导上任后,着眼于人力资源的发展,他们聘请了一些旅游院校的讲师及成功饭店的培训人员入驻饭店,对各部门进行客观的评估,并针对主要问题进行培训。

为期20天的评估与培训结束后,总经理得到了一份关于餐饮部的分析报告,报告中除指出食品质量及其他一些方面的长项外,也指出了餐饮部经理需要改进的一些问题。

餐饮部耿经理勤恳而尽职,几乎没有休过节假日,每天工作10多个小时,随处可见他忙碌的身影,多功能厅、两个中餐厅、西餐厅、大堂酒吧、商务酒吧及餐饮部,由他一人承担着全权的责任。由于餐饮部未设副经理,他既要负责运营部门,又要负责3个厨房,工作十分辛苦。

事实上,顺达饭店餐饮部的主管都是饭店10年前开业时的员工,他们热爱自己的企业,面对客人,他们依然按照开业时的标准提供服务。这些年来不知什么原因,培训工作就没做过。主管们的专业知识依旧停留在 10 年前的水准上,遇到需要自己决定的事情,他们常常拿不定主意,一定要找耿经理,哪怕这件事属于自己的职权范围。他们已习惯了一切由耿经理决定。新员工成长慢且流动率很高,老员工是"恨铁不成钢"。另外,餐饮部的经营已是薄利多销了,成本居高不下,虽然每日看来顾客盈门,但利润率极不乐观。

耿经理认为自己很敬业,说话总是理直气壮,与其他部门经理的合作也很困难,再加上总经理对他信任有限,致使他对餐饮部的控制与管理潜伏着"危机"。

思考:耿经理存在的问题是什么?他该如何解决?你从案例中得到什么启示?

第**5**章

餐饮计划管理

目标

- 知晓消费者类型与需求、调研内容；掌握餐饮市场调研方法。
- 知晓消费者购买行为的因素及餐饮企业选址原则,餐饮企业经营计划的意义及要求,菜单的作用、种类及原则。
- 能编制餐饮企业经营计划、设计菜单。

导读

　　餐饮消费者是餐饮服务的对象,离开了服务对象,服务也就无从谈起。为了更好地提供服务,餐饮经营者应该首先了解服务的对象,明白他们的需求。餐饮经营者要想经营好自己的餐厅,首先要对餐饮市场进行调研,确定自己的目标群体及经营特色,然后精心编制经营计划、设计出好的菜单。本章介绍餐饮消费者的类型,餐饮市场调研的内容、方法及程序,餐饮企业经营地址的选择,餐饮经营计划的意义、要求以及编制,菜单的类型及设计等。

5.1　餐饮消费者类型与需求分析

引例

　　6月16日中午,戴校长在瑞景苑宴请赵总一行。在赵总来之前,戴校长关照了该包厢服务员:"今天是赵总生日,我特意请他来用餐,请你们安排一下。"服务员听闻后,立即汇报给主管。酒店做好精心策划,做了订蛋糕、鲜花,请司仪,安排照相等一系列准备。经与戴校长约定,等到用餐结束,赵总准备离席时,戴校长宣布生日仪式开始。随即,餐厅门打开了,只见四名迎宾身穿大红色旗袍,推着蛋糕车,管理人员手捧鲜花和唱着生日歌带着生日贺卡,专人照相,当时场面热烈,把没有准备的赵总惊呆了,以为是不是迎宾员走错了房间。当得知是戴校长和酒店精心安排的,他非常惊喜,连声道谢,并现场与前来祝贺的管理人员和员工合影留念。

　　思考：消费者的需求有哪些？如何更好地满足消费者的需求,培养忠诚客户？

5.1.1　餐饮消费者类型

　　随着经济的不断发展,饮食品种越来越丰富,质量和档次越来越高,餐饮消费者的差异越来越大,餐饮市场的竞争也越来越激烈。餐饮企业要想在激烈的竞争中赢得众多的餐饮消费者,就需要深入分析餐饮消费者的购买行为,把握不同类别餐饮消费者的需求差异,制订有效的营销策略,有针对性地满足消费者的需求,为他们提供超值服务。根据不同的分类方法,餐饮消费者有不同的类型。

　　1. 按餐饮消费者的群体状况分类

　　(1) 单身消费者。单身消费者是指独自一人进餐的消费者。人们在差旅途中或下班之后的充饥行为往往是单身就餐。单身就餐者要求环境清洁、安静、上菜迅速,菜肴可口、分量足、价格公道。

　　(2) 群体消费者。群体消费者是指两人以上共同进餐的消费者。群体消费者的特点是：消费目的是各种聚会、宴会、酒会、招待会等;就餐人数不定,差别很大,从几人到几十人甚至几百人不等;就餐购买行为的选择性较强,对餐厅名气、装潢、就餐环境、菜肴制作及质量、菜品价格、服务质量、交通状况及停车场等要求较高,往往是对各项因素比较、综合考虑后才做决定。

　　(3) 家庭消费者。家庭消费者是指家庭成员共同就餐的消费者,可分为日常就餐和家宴两种。日常就餐指下班后或周末外出的消费行为,主要考虑就近,环境卫生、怡人,菜肴可口,价格合理;而各类家宴,如寿宴、婚宴、团圆年饭等对店铺名气、就餐氛围、菜肴品位及服务质量的要求更高一些。

　　2. 按消费者的性别分类

　　(1) 男性消费者。一般要求肉食制品较多,喝含酒精的饮料。

　　(2) 女性消费者。大多喜欢吃素食和蔬菜,饮果汁、奶制品,要求就餐环境安静,无吸烟者干扰,对价格较为敏感。

　　3. 按餐饮消费者的享受程度分类

　　(1) 享受型消费者。享受型消费者一般为高收入阶层,或高级公务员,或企业高层管理者。就餐时注重餐厅的名气,希望建筑富丽堂皇、环境高雅气派、服务质量上乘,要求菜肴名称动听、制作精美、色香味形俱佳,讲究稀有、新鲜、珍贵,对价格不敏感,追求饮食的意境,视就餐为美食享受。

　　(2) 实惠型消费者。实惠型消费者大多属于中等或中等偏上收入阶层,如企业中层管理者、中级公务人员以及中层商旅人员。就餐时以满足基本以上的需求为出发点,注重价格,但不以价格作为唯一的选择标准,讲究就餐环境及设施餐具的卫生状况、菜肴的风味和质量、服务态度的好坏及服务是否周到、交通是否便利等。

（3）温饱型消费者。温饱型消费者主要是低收入阶层，出差在外的低层商务人员以及打工族，就餐时只注重饭店的价格及菜肴、饮料内容和分量，以填饱肚子为主，对服务质量、就餐环境、店铺名气、规模、装潢设施等不太讲究。

4. 按餐饮消费者的购买动机分类

（1）追求便利型消费者。大多时间观念较强，工作效率高，性情较为急躁，缺乏耐心，怕麻烦，就餐时希望方便、快捷、省时省事，上菜快，结账快，以尽量少的时间完成餐饮购买和消费过程。对于这类顾客，餐厅在经营中要处处以方便顾客为宗旨，在网点建设、服务方式上遵循方便顾客的原则，提供便利、快捷、高效、质量上乘的服务。

（2）经济节俭型消费者。一般来说，崇尚节俭，生活朴实，经济收入较低，因而购买能力有限。这类消费者善于精打细算，希望以最少的支出换来最大限度的满足，就餐时对价格特别敏感，强调价廉实惠，对就餐环境、菜肴、服务的质量不做过分要求。这就要求餐饮企业在菜品及服务上分开档次，以中、低档的服务项目去满足节俭型顾客的需求。

（3）追求享受型消费者。注重环境、服务的档次，要求环境高雅、设施齐备、菜肴精美，有名饮名品，服务周到，追求奢华和排场，对价格不关心。为满足追求享受型顾客的需求，餐饮企业不仅要提供高水平的设备和高质量的菜肴，还要提供全面、优质、个性化的服务。

（4）标新立异型消费者。一般观念新潮、思想活跃、性格开放，对新奇事物、时尚风潮感兴趣，乐于品尝各种新式菜肴，享受新的服务项目，在尝新中获得刺激，得到满足，对饭店的地理位置、交通状况、价格等不太讲究。为了满足这类顾客的需要，餐饮企业应在菜品上追求创新，或在服务方式上力求与众不同。

（5）体验型消费者。一般情感体验深刻，审美感觉敏锐，就餐时选择典雅古朴、温馨浪漫或恬静悠闲的环境，讲究菜肴的名称动听，造型优美，饮料的色彩清新，服务人员善解人意等。整个消费过程或是情感的体验，或是心路历程的回顾，或是某种意境的追寻。对这类顾客，餐饮企业可通过设置情侣包厢、推出各种庆典活动来满足其情感体验的需要。

（6）社交型消费者。一般性格外向，为人坦诚豪爽，热衷于社交活动，交际广，朋友多。就餐时注重喜庆热闹和聊天逗乐的氛围，要求服务周到热情，菜品可口，有好酒好菜助兴，不太计较价格，视就餐为沟通、消遣、娱乐和休闲。

（7）注重健康型消费者。一般注重食物的营养保健作用，希望通过食物的营养食疗达到营养保健的目的，对于菜品的口味及服务不太在意。回归自然、追求健康和无污染的绿色食品是这类消费者的主流。餐饮企业应在菜肴的营养保健上下功夫，一方面推出营养保健的菜品，另一方面在服务上注重保健知识的普及，以此来满足这类消费者的需求。

5.1.2　餐饮需求分析

著名的心理学家马斯洛指出，人类的需求动机有着不同的层次，最基本的是生理需求。只有当人们的生理需求得到满足或部分满足之后，才会产生更高层次的需求，包括社会交际、自尊及自我实现等，而且需求的层次越高，表现在心理需求方面的成分也越多。消费者的餐饮消费需求有多种分类方法，最基本的方法是分为两类，即生理需求和心理需求。

1. 生理需求

生理需求是指消费者为了保证其身体健康、精力充沛、维持生命的延续，以便从事正常的社会活动,而本能地产生温饱住行等的需求。餐饮消费者的生理需求包括以下几个方面。

1) 营养健康需求

"民以食为天"。人们的生活离不开对饮食的需求,饮食是维持人们生存的物质基础。在短缺经济时期,生产力低下,绝大多数人都感到"囊中羞涩",客人外出就餐最看重的是菜肴的分量、价格。而现代人不仅要求吃饱,更关心如何通过饮食达到健康身体、延年益寿、减少疾病等保健目的。一些"三低、两高、多素"(即低脂肪、低盐、低热量、无胆固醇,高蛋白、高纤维,多种维生素、微量元素、矿物质)的食品及天然野生菌类绿色食品成为人们饮食的首要选择。

2) 品尝需求

"食以味为先"。人们对食物的选择和接受,核心是对"味"的选择。客人对风味的期望和要求各不相同,有的喜爱清淡爽口,有的中意色浓味香,有的则倾向于返璞归真的原汁原味。一般来说,国际游客的消费层次高,对食物选择极具眼力,对烹调的质量和技艺也极为敏感、挑剔。餐厅应尽量针对他们的不同需求,提供各种风味极佳的高档菜肴;亦可以专门经营一些特别风味的食品,如法国蜗牛、日本生鱼片、美国牛排、中国北京烤鸭等。

3) 卫生需求

卫生是餐饮消费者的基本生理需求。客人一旦发现餐厅存在不清洁的地方或污染的环境,即便是不太引人注目的地方,也会反感。如发生食物中毒,更是会给客人带来极大的伤害和痛苦,也会严重影响餐厅声誉。所以,餐厅要重视卫生,确保顾客不受到病害的威胁和感染。

4) 安全需求

安全问题不可忽视。一般来说,客人在安全方面对餐厅是信任的,认为发生事故的可能性极小。餐饮经营者应尽量预防和避免服务员把汤汁滴洒在客人的衣物上、破损的餐具划伤客人的手或口、客人在餐厅摔跤、用餐时吊灯脱落击伤客人等各种安全事故的发生。

【案例 5-1】

危险的晚餐

马先生听说北京某星级饭店的火锅不错,具有正宗的重庆口味,因此特意带着妻儿前来品尝。"小姐,这桌下的煤气罐像是在漏气,熏得我眼睛睁不开。"坐在窗口边的马太太对服务员说。"不会的,我们开业前都检查过了,不会有问题的。"服务小姐不以为然。"你过来闻一闻,不要站在那里不动。你们应该考虑更换电火锅,这样会安全得多。"马先生用命令的口气说道。

服务员弯腰看桌下的煤气罐,果然发现有些漏气,但不是很厉害。她刚要向客人做解释,突然,窗顶天花板上的一块木头饰物掉了下来,正好落在滚烫的火锅里,锅中的热汤汁溅到了众人的手上、身上。"你们这儿也太不像话了,又是煤气泄漏,又是房顶掉东西,一点安全感都没有,我们不在这里吃了!快把你们经理叫来!"马先生愤怒地吼叫着。

思考:马先生因何生气? 该如何解决呢?

2. 心理需求

心理需求是指客人在就餐过程中的各种精神方面的需求。客人的精神享受欲望越高，他们对于餐厅的环境、气氛及服务的要求也越严，或者说，他们的心理需求更为复杂和苛刻。餐饮消费者的心理需求主要包括以下几个方面。

1）受欢迎的需求

受欢迎的需求主要包括：①受到礼遇，即在服务过程中能得到服务员礼貌的招呼和接待；②得到一视同仁的接待，服务人员永远不能让客人感到你不喜欢他（们），不能为了优先照顾熟人、关系户、亲朋好友而冷漠、怠慢了其他客人。餐厅服务中，无特殊原因一般应遵循"排队原则"，即"先来先服务，后来后服务"；③愿意被认识，被了解，当客人听到服务员称呼他的姓名时，他会很高兴，特别是发现服务员还记住了他所喜爱的菜肴、习惯的座位，甚至生日，客人更会感到自己受到了重视和无微不至的关怀。

2）受尊重的需求

外出就餐的客人普遍要求受尊重。在服务中，客人追求的主要是对个人人格、习俗习惯和宗教信仰的尊重，以获得心理和精神上的满足。"顾客至上"的精神就是将客人放在最受尊敬的位置上。这就要求餐饮企业的服务人员处处礼貌待人。

3）"物有所值"的需求

客人进入餐厅，期望餐厅提供的一切服务与其期望相称。他们不怕价格昂贵，只要"物有所值"。"高价优质"是高消费层次的需求。例如，豪华或高级餐厅中，总要设置食品陈列柜或陈列桌，放上大龙虾、牛肉、水果、蔬菜等正宗新鲜的食物和各种高级饮料，以显示其优良品质，使客人相信其购买的是货真价实食品，相信用这些原料烹制的菜肴一定是上乘可靠的。

4）方便快捷的需求

外出就餐的客人难免有诸多的不便，因此，他们希望餐饮企业能提供种种方便。因此，餐厅服务一方面要尽量简化工作程序，减少工作环节，为客人提供高效率的用餐服务；另一方面要充分利用科技手段，提高工作效率，确保为客人提供高效快捷的服务。

5）满足舒适需求

每位顾客在用餐时都希望餐厅提供的服务设施、服务项目等能给身心带来满足和享受。餐厅的装饰布置、烹调艺术应当从现代消费者的审美要求、思想观念和文化需求出发，以人为本，运用现代环境和造型艺术概念，渲染一种意境，一种氛围，一种文化，由此陶冶人们的性情，激发人们的美感。

消费者的这些心理需求不仅复杂多样，而且也不是一成不变的，它们常常相互交叉、更替出现，还有可能出现更多的需求，比如追求品牌的需求、追求多体验的需求等。这无形中给服务和经营工作增加了难度。因此，在餐饮经营管理工作中，必须以提高服务质量为核心，以满足顾客需求为出发点，满足人们饮食消费过程中心理和生理的双重需求。

【案例 5-2】

　　A 饭店咖啡厅来了三位中国香港客人，小廖热情地向客人推荐了咖啡和新西兰牛排。在给客人上餐具的过程中，小廖特别将其中一位客人的餐具交换了位置，将餐刀摆在右边，餐叉摆在左边，配料放在中间。客人对此举感到非常惊讶，连忙说："小姐，你怎么知道我习惯用左手用餐？"小廖微笑着说："刚才您在抄电话号码时，我就留意了，发现您用左手握笔写字，所以我猜您左手较为灵活，这样摆放，希望您能满意。"客人听后，感到十分惊喜，微笑着说："你们饭店的服务，的确名不虚传。"

　　思考：怎样的服务才能让客户满意，本案例的启示是什么？

5.2　餐饮市场调研与经营环境选择

引例

　　某三星级饭店餐饮部为吸引本地客人前来餐厅消费，对本地市民做了一些调查，结果显示，本地居民对饭店餐饮的普遍看法是价格偏高，而居民一家三口外出就餐的心理价位为 100～1200 元。为此，餐饮部精心策划，推出了三款家庭套餐，价格分别为 98 元、158 元、198 元。其中 98 元的套餐中有当地人喜欢的盐水河虾或红烧鲫鱼（任选一种），并免费供应一瓶啤酒和一听可乐。该饭店在媒体上发布的广告为："三星级饭店的家庭套餐仅需 98 元。"家庭套餐一经推出，餐饮部的预订电话不断，并出现了当地居民在餐厅门口排队等候就餐的现象。

　　思考：影响消费者消费的因素有哪些？餐饮企业的市场调研该如何进行？

5.2.1　餐饮消费的特点

　　餐饮消费与其他消费行为不同，有其特殊性。餐饮消费具有以下特点。

1. 餐饮消费目的的明确性

　　通常来说，人们餐饮消费的目的非常明确，消费的随机性和冲动性较少。当餐饮消费者的某种需要被主体意识到后，就会转化为明确的行为动机，促使其采取具体的行动，但是消费场所的选择往往要通过个人的多种比较和心理感受去实现。比如，带小孩的父母选择就餐地点时往往考虑到小孩的需要，有适合小孩胃口、营养丰富的食品，比较卫生、干净，有儿童娱乐设施或者能在娱乐过程中受到教育等。

2. 餐饮消费的直接性

　　餐饮消费的直接性是指消费者必须本人亲自到场消费，不能由其他人代为购买、消费。餐饮产品由有形实物和无形服务结合组成，顾客的消费过程与产品的生产过程是同时进行的，因而餐饮企业必须不断地提高服务质量，才能满足顾客的需要，赢得更多的回头客。

3. 餐饮消费的综合性

人们对餐饮食品的要求不仅仅满足于吃饱、吃好,改善一下生活,对传统的以物质产品为主导的消费需求开始下降,而对具有高附加值的精神产品的非单纯物质产品的需求迅速攀升,不仅仅满足于对口味求新求奇、求特求异的单一体验,而是追求除口味以外的多种感受和多种体验。随着社会的进步,餐饮消费的综合性会越来越明显。餐饮企业要向顾客提供具备综合性的产品,才能满足现代社会消费多元化的需求。

4. 餐饮消费的重复性

人们对食物的依赖程度远远超过对其他物质的依赖程度,一日三餐是人类生存的基本需求。餐饮消费具有周期性和重复性。餐饮企业应充分利用消费者的动机强化机能,努力给顾客留下美好的印象和满意的心理感受,让他们的消费行为周期地重复出现。

5. 餐饮消费的可诱导性

餐饮消费需求的产生、发展和变化,与现实的生活环境、当前的消费环境有着密切的联系。消费观念的更新、社会时尚的变化、社会交际的启迪、工作环境的改变、广告宣传的诱导、消费现场的刺激,服务态度的感召等,都会不同程度地使顾客的兴趣发生转移,并不断产生新的消费需要,采取新的消费行动。因此,餐饮企业应适当地通过各种媒介,运用各种方法加以启发和引导,达到诱导更多顾客消费的目的。

5.2.2　餐饮市场调研

根据美国著名营销专家菲利普·科特勒的观点,市场调研就是"系统地设计、收集、分析并报告与饭店面临的特定市场营销状况有关的数据的调查结果"。餐饮市场调研也称餐饮市场的调查与研究,它是运用科学的调查方法,搜集、整理、分析餐饮市场资料,对餐饮市场的状况进行反映或描述,认识餐饮市场发展变化规律的过程。市场调研本身并不是目的,而是达到目的的手段,即改进决策的一种手段。餐饮经营者在这种手段辅助下所进行的一系列决策可能影响到餐饮产品的性质、价格策略、销售策略、促销活动等诸多环节。

1. 餐饮市场调研的内容

(1) 调研经济信息,预测餐饮市场需求状况。对客源地经济信息的调查主要在于国家经济政策、人口构成、收入水平等指标,通过对经济指标的分析,了解餐饮市场的需求总量,预测其变化趋势,从而调整和确定企业的经营战略和经营方式。

(2) 了解竞争对手的情况,确定餐饮市场竞争状况。竞争对手的状况是餐饮企业产品定位需考虑的关键要素之一。需要收集的信息包括竞争对手的市场占有率、竞争对手的经营方式及特点等。通过对竞争对手进行分析,了解餐饮市场的竞争状况,确定企业自身的竞争策略,做到知己知彼。

(3) 了解餐饮消费者的心理因素。餐饮消费者的需求是餐饮产品开发的出发点,成功的餐饮产品定位必须建立在对餐饮消费者需求的深刻理解和把握上。对消费者的调查主要从消费者的购买动机、购买行为、购买习惯、购买欲望、对餐饮产品品牌的依赖程度以及促销对消费者的影响程度着手,找出促使消费者购买的最大影响因素,以此确定本企业的产品组合。

（4）了解其他不可控的因素。不可控因素包括政治、文化、科技等，一般情况下餐饮企业主要从报刊等资料收集的过程中进行了解。

2. 餐饮市场调研的程序

（1）确定市场调研的主题与准备。餐饮市场调研是一种目的性很强的收集信息和加工处理的过程，必须首先确定好主题，并对调研问题的科学性和可行性进行初步分析，明确所选主题在餐饮经营管理过程中所起的作用。确定主题之后，就要做好相关准备工作，写出周密的调研计划，包括调研的内容和范围、资料的来源渠道、数据收集的方式和方法、时间的安排及组织分工等。

（2）着手调研。调研从两个方面进行：一是从实际调研中掌握第一手资料，常用的是抽样调查法，直接从信息源获取原始、真实的信息；二是从文献资料调研中收集第二手资料，如查找当地的统计年鉴，了解当地的经济水平、人口构成和收入水平等。

（3）资料整理和分析。根据收集的资料和各种数据进行综合、对比、分析和判断，最后得出结论。

（4）编写调研报告。调研报告的编写要注意简要、完整、确切、明了，客观而有价值。一个完整的调研报告应包括报告题目、调研目标、前言和正文、结果和建议、附件等。其中正文部分是调研报告的核心和主体。

3. 餐饮市场调研的方法

餐饮市场调研的常见方法有询问调查法、观察调查法和资料调查法。

（1）询问调查法。询问调查法又称为问卷调查法，是通过设计调查问卷，请被调查者根据问卷回答问题以收集资料的一种调查方法，是经营者获得第一手数据资料的一种最常见的方法。调查问卷的设计是询问调查法的最基本而又关键的工作之一。因为问卷设计的好坏，不仅关系到能否对所获取的资料顺利地进行加工处理，而且直接关系到是否能获得正确的信息，关系到餐饮信息采集的目的能否最终实现。

询问调查通常可以通过电话访问、个别访问和邮寄问卷三种方式实现。

（2）观察调查法。观察调查法是调查者根据餐厅目前存在的主要问题，设计出调查问卷，在不征询被调查者意见的情况下，观察其用餐过程及反应，从而获得信息的一种方法。

观察调查法在餐饮管理中经常采用。在餐厅现场管理过程中，通过对客人的用餐表情、点用菜点、剩余菜点、餐厅上座率，以及服务人员的操作规范、仪表仪容等内容进行观察、分析，从而了解消费者的喜好和口味特征、服务质量水平等，并根据经营中存在的问题制订相应的整改措施。观察调查法亦可用于对竞争对手的调查和分析，即在实地考察竞争对手的经营情况，通过观察其经营产品、销售手段、服务技巧等充分了解竞争对手的经营方式和优势，从而确定自己的经营策略和经营方针。

（3）资料调查法。资料调查法是通过收集企业内部和外部现有资料，并对资料进行归类、分析，获取有效经营信息的方法。资料调查法对经营中的饭店来说是最为有效的一种调查方法。

与其他调查方式相比较而言，资料调查所获得的信息资料比较多，获取也较为方便、容易，无论是从餐饮企业内部还是外部，收集过程所花时间短而且调查费用低，这些都是资料调查的突出优点。资料调查要收集的信息内容包括：收集相关的政策和法规以掌握餐饮企业的宏观环境;收集有关市场需求信息以了解市场需求状况及消费者的消费倾向、消费特点、消费习惯等;收集有关竞争对手的信息以了解竞争对手的价格、产品及管理等方面的信息。

4. 影响餐饮消费者购买行为的主要因素

餐饮消费者购买行为是指餐饮消费者购买所需餐饮产品的活动及与此活动有关的决策过程,包括收集信息、比较、选择、购买、消费、评价等一系列过程。消费者的购买行为是由社会、文化、个人、心理及市场营销因素共同作用的结果。

(1) 社会因素。任何一名消费者都是存在于特定社会中的购买者,离不开与社会的沟通和与其他人的交流,这种沟通与交流对消费者的消费行为会形成重要的影响。

① 家庭:家庭成员对购买行为的影响非常大。在购买不同的产品和服务时,父母、配偶和子女所起的作用是不同的,他们都有可能成为购买的决策者。

② 社会阶层:根据地位、声望、价值观以及生活方式等划分的相对稳定的人的集团。同一社会阶层的人的行为有较大的相似性,而不同社会阶层的人消费心理和行为具有很大的差异性。

③ 生活方式:在一定的历史时期与社会条件下,各个民族、阶层和社会群体的生活模式,它受人们的世界观、人生观和价值观所支配,随着社会的发展而变化。由于经济的发展,竞争的加剧,日常生活节奏变得日趋紧张,对餐饮产品的需求也发生了变化;居民收入水平普遍提高,人们更加重视身体的健康,绿色消费、分餐制都受到人们的重视;随着生活质量的提高,人们已不再局限于对单纯的物质餐饮产品的消费,而更加重视附加在餐饮消费过程中的审美和文化内涵。因此,餐饮企业应当重视消费者对餐饮产品需求的变化,不断地改进产品的质量,提高服务水平,提升餐饮经营的文化内涵,对餐饮服务的内涵进行延伸,创造企业知名品牌。

(2) 文化因素。文化因素对餐饮消费者消费行为的影响比社会因素的影响更为普遍、深入,且其影响是多角度、多层面的。社会在不断地变化发展,人们所承袭的文化也在不断变化。餐饮经营者要掌握文化变化的趋势,随着市场需求的变化来设计产品和服务。例如,在文化上出现了更加关注健康和保养的趋势,在饮食上要求更清淡的口味和天然食品;家庭结构、婚姻观念的变化,节日观念的变化,单身者和离异者越来越多等,都会产生不同的餐饮消费需求,餐饮经营者也应随之采取不同的经营方式,使自己的餐饮产品适应目标顾客的文化品位和内涵,提高顾客的接受程度。

(3) 个人因素。餐饮消费者的购买决策受到年龄、所处家庭的生命周期阶段、职业、经济状况等个人特征的影响。人在不同的年龄层次和不同的人生阶段的消费需求是不完全相同的。经济上未独立的年轻人的消费场所是经济实惠、物美价廉的快餐店和小吃店,有一定的经济能力、家庭负担小的年轻人的外出就餐目的地则是有特色的风味餐厅、西餐厅等。不同职业和经济状况的人消费需求也不同。普通职员一般在快餐店购买快餐,企业白领或公务员可能会去餐馆订餐。

(4) 心理因素。影响餐饮消费者购买行为的心理因素有动机、知觉、学习以及态度。

① 动机:当一种需要在强度上达到足够水平时,这种需要就转化为动机。一个人在任何时候都会有很多的需要,有生理上的需要,有心理上的需要,不同的需要层次阶段对

餐饮的需求不同。

② 知觉：直接作用于感觉器官的事物在大脑中的反映。在知觉时人是运用已有的知识和经验对被感觉到的信息进行选择、组织和解释的。人们对信息感觉时，存在三个过程，即选择性注意、选择性曲解和选择性保持，只有那些支持其信念和态度的信息才会被保留。因此，餐饮企业在向目标市场传达信息时应在吸引消费者上多下功夫。

③ 学习：由于经验而引起的个人行为上的变化。人类的大多数行为都是通过学习得到的。当消费者在餐馆消费时，他也在学习，并与以往的经验对比形成一种对餐馆的评价，而这个评价会影响其下一次是否光顾。

④ 态度：一个人对某种客观事物或观念的比较一贯的评价、感觉和倾向。态度将人们置于对事物有好恶感和趋利避害想法的思维框架中。态度一旦形成将很难改变。餐馆的好坏取决于最后一次服务的质量，一旦顾客得不到好的服务，对餐馆产生厌恶感，以后将很难再光顾。

（5）市场营销因素。影响餐饮消费行为的市场营销因素是指对消费者消费行为产生影响的餐饮企业的市场营销组合。

① 广告：唤起消费者需要和消费者信息收集的重要途径，对顾客消费决策产生直接影响。通过广告不断给消费者发送各种餐饮信息，可能诱发消费行为决策的制订，影响消费者评价与选择，促成消费者对某餐饮品牌及其产品产生需求。好的广告创意能够在同样的条件下赢得更多的消费者。

② 促销：促销餐饮消费现场的促销和服务活动，其影响主要发生在消费者决定购买和购后评价两个环节。消费过程中的促销和服务会对顾客的消费心理产生影响，进而影响顾客的购买行为。服务人员和促销员良好的沟通、有目的地介绍菜品和服务会诱发顾客增加消费的数量，改变消费品种的结构。

5.2.3　餐饮企业经营地址的选择

"酒香不怕巷子深"的古老经商哲学已受到越来越多的质疑。现代餐厅设计非常重视餐厅地理位置的选择，包括对附近商业环境、交通状况、顾客消费圈、竞争情况、自然环境等各个环节的综合考虑和理性分析。

1. 影响餐饮企业地址选择的因素

1）地区发展潜力

餐饮企业的发展与一定的社会经济发展相联系。餐饮地址的选择应考虑地区的社会经济发展现状和潜力，包括地区人均收入水平、商业发展速度、交通运输条件、人们的消费习惯、消费观念等。一个地区人们的收入水平、物价水平会影响到人们可用于消费的金钱数量和他们必须支付的价格。当人们的收入增加时，人们愿意支付更高价值的产品和服务，那么在餐饮消费的质量和档次上会有所提高。因此，餐厅一般应选择在经济繁荣、发展速度较快的地区。

餐饮企业地址的选择还要考虑当地的区域规划。投资者应了解和掌握哪些地区被规划为商业区、文化区，哪些地区被规划为旅游区、交通中心，哪些地区被规划为居民区，等等，因为区域规划往往会涉及建筑物的拆迁、重建和人口的迁移。同时，掌握区域规划后便于餐饮经营者根据不同的区域类型,确定不同的经营形式和经营规格等。

2)文化环境

文化教育、民族习惯、宗教信仰、社会风尚、社会价值观念和文化氛围等因素构成了一个地区的社会文化环境。这些因素影响了人们的消费行为和消费方式,决定了人们收入的分配方式。文化环境的不同,影响餐厅经营的规格和规模。一般而言,文化素质高的人,对餐饮消费的环境、档次的要求比文化素质低的人高;宗教信仰不同的消费者对餐饮食品的要求不同。

3)竞争优势

一个地区餐饮行业的竞争状况可以分成两个部分来考虑。一是直接竞争,即提供同种经营项目、同样规格、同样档次的餐饮企业可能会导致的竞争。二是非直接竞争,包括不同的经营内容和品种,或同样品种、不同规格或档次的餐饮企业之间的竞争。这类竞争有时起互补作用,对餐饮企业是有利的。在选择餐厅经营区域时,如果无任何形式的竞争,将具有垄断地位;如果有任何一种形式的竞争,都值得餐厅经营企业在投资前认真研究和考虑。在选址之前先要了解该区域内现有的餐厅设施情况与竞争对手的经营特色与状况:是否有新建餐厅的规划,以及区域内饮食设施、规模特色、营业时间、顾客层次、消费单价、营业额、菜系和菜单内容等。只要能体现自己的竞争优势就可以把它作为参考地址。

4)地点特征

地点特征是指与餐饮经营活动相关的位置特征。餐厅经营的项目和服务内容与餐厅所处的地点特征直接相关。一般餐厅应根据自己经营的目标市场定位选择适合的区域,因为政治中心、购物中心、商业中心、旅游中心、居民小区等不同地点特征的消费者的特征不同、需求不同。

5)经营成本

餐厅经营的关键因素之一就是经营成本,在餐厅选址时应充分考虑所在地区影响将来经营的成本因素,包括土地价格或建筑物租金,水、电、天然气等能源供应,原材料的供应及价格水平,劳动力供应状况及工资成本高低,税收负担、贷款及利率、社区服务等。

6)市场特征

任何餐饮企业都有自己的目标市场。一般餐厅经营者应考虑区域内的潜在人口数量、就业人数及特点、旅游资源、交通运输、可见度等,以选择适合自己目标群体的区域。

2.餐饮企业选址原则

餐厅的选址是一项复杂的工作,在考虑上述基本因素的基础上,还应确定具体的经营场所。选择具体的经营场所时应遵循下列基本原则。

1)目标市场原则

任何餐饮企业,都要根据目标市场,选择适当的地点,建立相应的规模,选择相应的设施设备和相应的经营内容与服务档次。如果餐厅的目标市场是工薪阶层,地址宜选择居民区域和工薪阶层工作区域,经营方式上可选择特色餐饮、自助餐等。如果餐厅的目标市场是高收入阶层,地址宜选择在商业中心或高收入人群居住区,经营方式应是提供高档、精品餐饮和高水平的服务。

2）容易接近原则

容易接近主要是针对餐饮消费者而言的，指便于消费者到达。餐厅应按所在地人们行进、停留的规律选址，原则上选择在顾客容易接近的地段和位置，因为在大多数情况下顾客是以方便性来决定进入哪家餐饮企业的。因此，餐厅应选择在交通便利的商业区、经济区、文化区，且尽可能地设置规模相当的停车场，方便顾客来往。

3）具有可见度原则

餐厅的可见度是指餐厅位置的明显程度，比如说选址的位置无论在街头、街中，还是巷尾，应让顾客从任何一个角度看，都能获得对餐厅的规模和外观的感知。一般而言，餐厅宜紧靠某条主要街道、繁华的商业区域或某个公寓区。这样顾客远远就能看到餐厅，引发他们的食欲。

4）综合配套原则

综合配套方式有两种，一是企业内部资源的配套，二是企业与附近设施的配套。前者是指企业内部除了有餐饮设施外，还应有娱乐、休闲乃至住宿的设施；后者是指餐饮企业附近有相应的娱乐设施或购物中心、住宿设施，可与之形成互补。

5）投资预期目标原则

餐厅在选址时，除考虑外部因素外，还应考虑自身的条件，如经营品种、经营方式等，要以能实现预期投资目标的地点来衡量地理位置的优越程度。

【案例 5-3】

肯德基在中国的选址

肯德基（KFC）自 1987 年在北京前门开了中国第一家餐厅后，相继在北京、上海、杭州等地成立了有限公司，开设了几百家餐厅。肯德基的选址成功率几乎是百分之百，选址能力是其核心竞争力之一。

肯德基非常重视选址，选址决策一般是两级审批制，即通过地方公司和总部两个委员会的同意。选址按以下几个步骤进行。

1. 商圈的划分与选择

（1）划分商圈。肯德基计划进入某城市，首先通过有关部门或专业调查公司收集这个地区的资料，然后才开始规划商圈。商圈规划采取记分法，如营业额在 1000 万元的大型商场算一分，5000 万元算 5 分，一条公交线路或是一条地铁线路都要加分。分值标准是多年积累的经验值。通过打分把商圈分成几大类，以北京为例，有市级商业型（西单、王府井等）、区级商业型、定点（目标）消费型，还有社区型、社区和商务两用型、旅游型等。

（2）选择商圈。选择商圈即确定目前重点在哪个商圈开店，主要目标是哪些。在商圈选择的标准上，一方面要考虑餐馆自身的市场定位，另一方面要考虑商圈的稳定度和成熟度。餐馆的市场定位不同，吸引的顾客群不一样，商圈的选择也就不同。商圈的成熟度和稳定度也非常重要。肯德基一定要等到商圈成熟稳定后才进入，保证开一家成功一家。

2. 聚客点的测算与选择

（1）确定商圈最主要的聚客点在哪里。肯德基开店的原则是：努力争取在最聚客的地方和其附近开店。因此,在选址时要考虑人流活动的线路和人流量。选址人员将采集来的人流数据输入专用的计算机软件,就可以测算出,在此地投资额不能超过多少,超过多少这家店就不能开。

（2）选址时要考虑人流的主要动线会不会被竞争对手截住,如果大量客流被对手截住,开店效益就不会好。

（3）聚客点选择影响商圈选择,有主要聚客点的商圈才能被选择开店。

3. 房产评估

肯德基企业认为,对于餐饮业而言,除了房产的结构和格局外,尤其应注重门面宽度和上下水、电力、排烟等技术条件,这也是选择物业时对房产进行评估的重要指标。

5.3 餐饮企业经营计划管理

引例

某餐饮企业零点餐厅经营计划表见表 5-1。

表 5-1 某餐饮企业零点餐厅经营计划表

时　　段		人均消费 /元	顾客 人数	4人 桌数	日营业额 /元	月营业额 /万元	座位 周转率
最低营业额	午餐时段	135	27	7	3645	10.935	0.7
（每月 0.43 万	午餐时段	150	27	7	4050	12.15	0.7
元/平方米）	合计		54	14	7695	23.085	1.4
平均营业额	午餐时段	135	40	10	5400	16.2	1
（每月 0.63 万	午餐时段	150	40	10	6000	18.0	1
元/平方米）	合计		80	20	11 400	34.2	2
最高营业额	午餐时段	135	56	14	7560	22.68	1.4
（每月 0.89 万	午餐时段	150	56	14	8400	25.2	1.4
元/平方米）	合计		112	28	15 960	47.88	2.8

思考:上面的表单是什么表单? 为何要制订这样的表单?

5.3.1 餐饮企业经营计划的意义及要求

1. 餐饮企业经营计划的意义

（1）餐饮经营计划是餐饮经营管理的行动纲领。餐饮计划管理是餐饮企业管理工作的出发点和基础。计划是餐饮企业经营目标的具体体现,为实现餐饮企业经营目标提供了一个有关未来行动方案的具体说明。搞好计划管理,对提高整个餐饮企业的管理水平有着重大的作用和意义。

（2）执行餐饮经营计划可有效减少工作的盲目性。实现组织目标是企业管理工作的最终归宿，组织目标指明了行动的方向，计划则是说明如何做、怎样做才能实现组织目标，计划是前提。计划提供了从目前的现实通向未来目标之间的道路和桥梁，按照计划进行运作，可以减少工作的盲目性。

（3）执行餐饮经营计划可以避免和防止工作失误。餐饮企业各级、各部门、各餐厅都有明确的计划指标，并且这些计划都是互相联系、互相依存的，下一级指标既是上一级指标的分解，又是上一级指标的基础。在计划编制和执行中按照指标逐级负责、逐级考核，可避免和防止工作失误。

（4）餐饮经营计划有助于协调相关部门工作。餐饮经营计划是一项综合性较强的工作，涉及企业各部门、各环节、各项业务活动。餐饮计划管理工作的任务就是协调餐饮活动的各个环节，充分挖掘和合理利用人力、物力、财力信息等资源，以求得到最佳的社会效益和经济效益。

（5）分析餐饮经营计划，有助于调整、完善经营管理。在餐饮经营计划的执行过程中，可以利用信息反馈，掌握计划进展和可能出现的偏差，发挥计划的控制职能，调整和完善经营管理活动。

2．餐饮企业经营计划的要求

（1）目标明确。餐饮企业经营计划的目的是保证餐饮企业组织目标的实现，保证经营管理工作正常开展。

（2）统分结合。经营计划既有总体经营计划又有各部门、各环节的计划，相互形成一个统一体。

（3）具体可行。经营计划是在调研、分析的基础上所编制的，用于指导各部门、各环节、各项业务工作的开展，必须是具体的、可操作性强的。

（4）修订完善。经营计划在编制出来后，要进行实际的运行，在运行过程中要根据餐饮企业的实际情况及时进行修订完善。

（5）务求实践。餐饮企业经营计划是在经过大量的统计、总结、分析的基础上形成的，是对未来的预测，应当在实践中检验，使之更符合企业经营的实际情况。

5.3.2　餐饮企业经营计划的内容

1．经营销售计划

销售计划是根据市场需求，在确定产品风味和花色品种的基础上分析企业档次结构、接待对象、接待能力来制订的，其主要内容包括餐厅接待人次、上座率、人均消费、不同餐厅的食品收入、饮料收入和其他收入及总销售额等。

2．营业收入计划

营业收入计划是餐饮利润计划的基础。它根据餐厅的上座率、接待人次、人均消耗来编制。餐饮企业收入的高低受餐厅的等级、接待对象、市场环境、客人消费结构等多种因素影响，编制营业收入计划，应根据历史资料和接待能力以及市场发展趋势，将产品供给和市场需求结合起来，要区别不同餐厅的具体情况。其内容与销售计划基本相同。

3. 食品原料计划

食品原材料是保证餐饮产品生产需要、完成销售计划的前提和保证,其计划指标是以食品原料采购为主。食品原料计划的内容包括采购成本、库房储备、资金周转、期初库存、期末库存等。

4. 生产服务计划

生产服务计划主要是针对厨房生产和餐厅服务制订的。厨房生产和餐厅服务是餐饮业务经营、销售活动的中心环节。生产过程的组织直接影响产品质量、客人需求和原材料的消耗。餐厅的服务质量是餐饮管理体制的生命,直接影响客人的需求、产品销售和营业收入的完成。生产服务计划的内容包括菜品的安排、食品原材料的安排、厨师任务的安排、单位成本控制的安排、服务程序的安排、服务质量标准、人均接待人次、职工人均创收、人均创利、优质服务达标率、客人满意程度等。

5. 成本控制计划

餐饮成本是影响餐饮利润的重要因素。餐饮营业成本主要是指食品原料成本,餐饮管理中的其他各种消耗均作流通费用处理。营业成本是在食品原材料的采购、储存、生产加工过程中形成的。编制成本控制计划,以产品成本为主,其内容主要包括标准成本、成本额和成本降低率指标,以此作为食品原材料成本管理的依据。

6. 费用管理计划

费用是影响餐饮利润的重要因素。它是指食品原材料成本以外的其他各种合理耗费。其内容大致可分为固定费用和变动费用两大类。固定费用是不随餐饮销售量的变化而变化的费用,与销售量无关,包括房屋折旧、家具设备折旧、人事成本、销售费用、管理费用、交际费用、装饰费用等。变动费用是随着餐饮销售量的变化而变化的费用,包括水、电、燃料费用、客用消耗品、服务用品、洗涤用品费用等。费用管理计划就是要确定这些费用指标及其费用率。

7. 实现利润计划

利润是餐饮企业经济效益的本质表现。营业收入减去营业成本、费用和税金,就是营业利润。在饭店宾馆,餐饮部门营业利润形成后,上缴税金和利润分配由饭店统一安排,营业利润计划只反映部门经营效果。在社会餐馆,营业利润计划还包括税金安排和利润分配。利润计划指标内容还包括利润额、利润率、成本利润率、资金利润率、实现税率等。

5.3.3 餐饮企业经营计划的依据和指标

1. 餐饮企业经营计划的依据

(1) 地区旅游经济发展状况和发展趋势。

(2) 企业周围地区的市场环境和客源状况。

(3) 企业等级规格和接待能力。

(4) 企业餐饮管理历史资料和季节波动程度。

2. 餐饮企业经营计划的指标

餐饮企业经营计划指标指的是各种标准和定额。餐饮计划指标的内容很多,概括起来有以下几个方面的指标,即营业收入指标、营业成本指标、营业费用指标、利润预估指标、资金利润指标、人均劳效指标等。

5.3.4　餐饮经营计划的编制

1. 餐饮经营计划编制的步骤

（1）分析环境，收集资料。分析经营环境、收集资料是经营计划编制的前提和基础。分析经营环境要求在认真做好市场调查的基础上，掌握市场动向、特点、发展趋势和市场竞争状况，然后结合本企业的实际情况，分析企业顾客类型、档次结构、需求变化、产品特色、价格水平、服务质量等与市场需求的适应程度；分析本企业的优势和劣势，为确定餐饮经营方向和计划目标提供客观依据。收集资料工作主要包括了解地区旅游接待人次、增长比率、停留天数、旅客流量等对企业餐饮计划目标的影响；了解各餐厅近年来的接待人次、增长比率与餐饮计划目标的关联程度和餐厅上座率及人均消费等；了解各餐厅近年来营业收入、营业成本、营业费用、营业利润及成本率、费用率、利润率等各项指标的完成情况及其变化规律。收集这些资料后，经分析整理，与市场环境结合，即可为餐饮经营计划的编制提供客观依据。

（2）系统分析，预测目标。餐饮计划的内容和结果最终要通过收入、成本、费用和利润等指标反映出来。进行系统分析，预测目标要做好以下工作：①根据市场的动向、特点及发展趋势，以调查资料为基础，预测各餐厅的上座率、接待人次、人均消费和营业收入；②分析食品原材料消耗，制订各餐厅标准成本，预测成本额、成本率，确定成本降低率指标；③根据业务需要和计划收入，分析流通费用构成及其比例关系，预测各项费用消耗，确定费用降低指标；分析营业收入、营业成本、营业费用和营业利润的相互关系，预测餐饮目标利润。

（3）综合平衡，落实指标。审查采购资金、储备资金、周转资金的比例关系，使之保持衔接和协调；审查收入、成本、费用和利润在各部门之间的相互关系，使资源分配和计划任务在各部门之间保持协调发展。在此基础上，做出计划决策，形成各项指标，为业务经营活动的开展提供客观依据。

（4）分解监控，执行计划。落实计划指标后，就要以餐厅、厨房为基础分解计划指标，明确各级、各部门及其各月、各季的具体目标，动员和激励员工共同努力完成计划目标，并对计划的完成情况实施监控。建立信息反馈系统，统计计划指标完成结果，发现问题要及时纠正。

2. 餐饮经营计划编制的方法

（1）营业收入计划编制方法

① 确定餐厅上座率和接待人次。以餐厅为基础，根据历史资料和接待能力，分析市场发展趋势和准备采取的营销措施，将产品供给和市场需求结合起来，确定餐厅上座率和接待人次。

② 确定餐厅人均消费。注意将食品和饮料分开来确定。确定餐厅人均消费要考虑三个因素：一是各餐厅已达到的水平；二是市场环境可能对餐饮人均消费带来的影响；三是不同餐厅的档次结构和不同档次的客人消费水平。

③ 编制营业收入计划方案。营业收入计划一般是把每季度指标分解到各月，也可逐

月确定;指标既可以各餐厅为基础确定,也可以全部餐饮销售额为基础。营业收入计划方案以餐厅为基础,最后汇总形成食品、饮料和其他收入计划。

(2) 营业成本计划编制方法

① 确定不同餐厅的食品毛利率标准。根据市场供求关系和企业价格政策,结合企业餐饮管理实际确定餐厅的毛利率标准。毛利率标准一旦确定,餐厅食品的成本率和成本额也就确定了。其计算公式为

$$食品成本率=1-毛利率$$
$$食品成本额=计划销售额×成本率$$

② 编制饮料成本计划。以进价为基础,受饮料销售额和上期成本率两个因素的影响,其计算公式为

$$饮料成本额=去年销售额×(1±销售额增减率)×(1±成本增减率)$$
$$计划成本率=\frac{饮料成本额}{计划销售额}×100\%$$

③ 编制职工餐厅成本计划。职工餐厅属于职工福利,不要求赢利,其成本率较高。编制方法为

$$成本额=去年销售额×(1±成本增减率)$$
$$成本率=\frac{成本额}{计划销售额}×100\%$$

④ 确定签单成本消耗。企业为了开发市场,组织客源,推销产品和开展业务经营活动,需要一部分交际费,它是列入计划的。其中相当一部分用于餐厅餐饮消费,在企业或部门交际费用中列支。其计划额一般根据企业销售费、交际费及历史统计资料来确定。

⑤ 编制餐饮成本计划方案。编制时,职工餐厅成本和签单成本计划必须单列,以保证成本计划的真实性,有利于餐饮成本控制。

(3) 营业费用计划编制方法

① 财务分摊预算法。这种方法以财务会计报表为基础,结合餐饮费用实际消耗或占用来确定计划费用额。它主要适用于各种固定资产的折旧费用预算。具体方法有年限折旧法、综合折旧法、工作量折旧率法。

② 销售额比例预算法。该方法以餐饮计划销售额为基础,分析费用消耗比例,参照历史统计资料来确定费用计划额。它主要适用于餐饮管理费用、销售费用、维修费用、装修费用、餐茶具消耗等费用指标的预算。具体方法是用上述费用占计划销售额的比例来确定计划额。

③ 人事成本预算法。餐饮管理人事成本分为固定人事成本和可变人事成本。前者以职工数为基础,确定人均需要量,其内容包括固定工资、浮动工资、职工膳食、医疗保险、失业保险、养老保险等。后者是指餐饮管理中计划安排的职工奖金,临时工、季节工等人员的成本消耗。固定人事成本的预算方法是人均需要量×职工平均人数。可变人事成本根据经营效益高低和业务需要来确定。

④ 业务量变动法。该方法以历史统计资料为基础,分析费用消耗合理程度,结合餐饮业务量的增减变化来确定计划费用额,主要适用于可变性费用指标预算。其预算公式为

可变性费用＝去年销售额×（1±业务增减率）×（1±费用增减率）

⑤ 不可预见性费用预算法。不可预见性费用是指企业管理中经常发生的捐助、赞助、摊派等费用消耗。这些费用支出往往是不可预见的，但又是必然会发生的。其预算方法一般是根据历史资料大致确定。

⑥ 营业性税金预算方法。营业性税金是指在营业费用中列支的税金支出。其内容包括印花税、车船使用税、土地使用税、房产税、资金占用税 4 种。预算方法是根据企业实际情况和国家规定的税种、税率分别预算。

（4）营业利润计划编制方法

① 编制餐饮计划营业明细表。以餐厅为基础，将各餐厅营业收入、营业成本和营业毛利汇总，形成计划方案，作为餐饮成本控制的主要依据。

② 编制餐饮管理利润计划表。以部门为基础，将整个餐饮管理的收入、成本、费用汇总，形成餐饮管理损益计划表。它与餐饮营业明细表结合使用，是餐饮业务管理的重要工具。

5.4　菜单计划

> ## 荷 花 宴
>
> 　　三水荷花世界是集观光、表演、娱乐、美食、度假、生产科研、荷文化展示于一体的荷花生态专类园。最近在三水荷花世界的荷花美食节推出了荷花宴，吸引了大量的客人前来赏荷花、品荷花茶、食荷花宴，营业额有了很大的提高。
>
> 　　三水荷花世界推出的特色荷花宴有以下五种。
>
> 　（1）荷花藕骨汤　荷花葱油鸡　荷莲全家福　海皇荷花包　碧绿荷香包甫
> 　　　荷花海上鲜　酸藕佛手骨　荷花游水虾
>
> 　（2）荷莲藕骨汤　荷叶清香鸡　五彩莲子丁　家乡让莲藕　三水狗仔鸭
> 　　　莲藕文火腩　海皇一品煲　荷叶海上鲜
>
> 　（3）老火莲藕汤　荷花葱油鸡　荷叶海上鲜　莲藕文火腩　荷香游水虾
> 　　　酸藕西柠骨　五彩莲子丁　荷塘月色
>
> 　（4）双莲藕骨汤　荷花葱油鸡　荷叶海上鲜　招牌炸荷花　五彩莲子丁
> 　　　海皇一品煲　百鸟归巢
>
> 　（5）荷花藕骨汤　荷花咸香鸡　锦绣绿蕴荷花　荷花游水虾　荷芽百花卷
> 　　　荷花海上鲜　荷花酸藕骨　荷花高汤梗　八星荷叶饭
>
> **思考**：三水荷花世界为什么要推出荷花宴？如何设计主题宴会菜单？

　　"菜单"一词来自拉丁语，原意为"指示的备忘录"，是厨师用于备忘而记录的菜肴清单。现代餐厅的菜单，不仅要给厨师看，还要给客人看。菜单是餐厅作为经营者向用餐者展示其各类餐饮产品的书面形式的总称,即餐厅的商品目录和介绍书。菜单是餐厅的消费指南,也是餐厅最重要的"名片"。

5.4.1 菜单的作用

1. 菜单反映了餐厅的经营方针,标志着餐厅菜肴的特色和水准

菜单是餐厅经营者和生产者通过对客源市场需求分析以及竞争对手产品的研究后,结合自身优势和具体资源状况制订的,是餐厅经营方针和经营思想的具体体现。每个餐厅都有各自的特色、等级和水准,菜单上的食品、饮料的品种、价格和质量告诉客人本餐厅商品的特色和水准。近年来,有的菜单还详细地注明了菜肴的原材料、烹饪技艺和服务方式等,以此来表现餐厅的特色,给客人留下深刻的印象。

2. 菜单既是艺术品又是宣传品

一份设计精美的菜单,雅致动人,色调得体,洁净靓丽,读起来赏心悦目,看起来心情舒畅,可以成为餐厅的主要广告宣传品,提高客人的食欲。同时,它也可以作为一种可供欣赏的艺术品,营造餐厅良好的氛围。设计精美的菜单可作为纪念品,让客人带出餐厅、带回故里,与亲朋好友共同赏析。

3. 菜单是连接消费者与餐饮企业之间的桥梁

消费者通过菜单了解餐饮企业的类别、特色、产品及其价格,选购他们所需要的食品、饮料和服务,而餐饮企业通过菜单向顾客介绍餐厅的产品及产品特色,进而推销其产品和服务。菜单起着促成买卖交易的媒介作用。

4. 菜单是菜肴研究的资料

菜肴研究人员根据客人订菜的情况,了解客人的口味、爱好,以及客人对本餐厅菜点的欢迎程度等,进而不断改进菜肴及服务质量,提高餐厅的经济效益和社会效益。因而菜单可以揭示本餐厅所拥有的客人的嗜好,作为菜肴研究的资料。

5. 菜单是餐饮经营的计划书

菜单在整个餐饮经营活动中起着计划和控制作用,它通过多种形式影响和支配着餐饮企业的服务系统。

1) 菜单是餐饮企业购置设备的依据和指南

每种菜式都有相应的加工烹制设备和服务餐具。一份菜单的菜式品种越丰富,餐厅所需的设备种类就越多;菜式烹饪水平越高,所需的设备餐具也就越特殊。菜单决定了餐饮企业的餐桌椅、炊具、餐具等的种类、数量、质量、性能与型号,因而在一定程度上决定了餐饮企业的设备成本高低。

2) 菜单决定了餐饮企业所需员工的数量与质量要求

菜单内容标志着餐饮服务的规格水平和风格特色,而要实现这些规格水平和风格特色,必须通过厨房烹调和餐厅服务来完成。因此,必须根据菜式的制作和服务要求,配备具有相应技术水平的厨师和服务人员。菜单除决定职工的技术水平要求以外,还决定职工的工种和人数。中、西餐兼备的菜单,各派名菜汇集的菜单,必然要求餐饮企业拥有一支庞大的、技术全面的职工队伍。

3）菜单的内容决定了食品原料采购和储藏工作的对象

食品原料的采购和储藏是餐饮企业业务活动的必要环节。菜单类型在一定程度上决定着采购和储藏活动的规模、方法和要求，例如，如果餐厅使用固定菜单，由于菜式品种在一定时期内保持不变，餐厅所需食品原料的品种、规格等也固定不变，因此，餐厅在原料采购方法、规格、货源、储藏方法、储藏要求、仓库条件等方面能保持相对稳定；如果餐厅使用循环菜单或变换菜单，则会有不同的情况，食品原料的采购和储藏活动也会变得烦琐复杂。

4）菜单是餐饮企业成本控制的依据

菜单在体现餐饮服务规格水平、风格特色的同时，也决定了餐厅成本的高低。用料珍稀、原料价格昂贵的菜式过多，必然导致较高的食品原料成本；精雕细刻、煞费苦心的菜式过多，会增加餐厅的劳动力成本。所以，菜单制订得是否科学合理，各种不同成本菜式的数量比例是否恰当，直接影响到餐厅的赢利能力。因此可以认为，餐饮成本管理须从菜单设计开始。

5）菜单影响着厨房布局和餐厅装饰

厨房内各业务操作中心的选址，各种设备、机械、工具的定位，应当以既定菜单内容的加工制作要求为准则。中餐与西餐厨房的布局安排往往大相径庭，因为它们烹制的方法不同，过程不同，所用的设备、工具不同。即使同是中餐厨房或西餐厨房，也会因各自菜单在菜肴特色、加工制作的方法、品种和数量比例等方面的差异而产生不同的布局。

餐厅装饰的目的在于形成餐饮产品的良好的销售环境。因此，装饰的主题、风格情调以及饰物陈设、色彩、灯光等，都应根据菜单的特点来设计，以达到环境体现餐饮风格、氛围烘托餐饮特色的效果。

5.4.2　菜单的种类

不同类型的餐厅、餐馆和不同的场合，所使用的菜单不同，菜单的类别多种多样。归纳起来，常用的有以下几种。

1. 根据餐饮形式和服务项目分类

1）中餐菜单

中餐菜单以中国菜系和具有代表性的地方风味为核心内容，在组成上兼收并蓄，具有中国传统饮食文化的本土气息。主要包括早餐菜单、广式早茶、午茶菜单、午餐菜单、晚餐菜单、消夜菜单等。

2）西餐菜单

西餐菜单围绕法、意、美、俄等欧美风格，以法式餐厅的菜单为代表；咖啡厅菜单以欧美简单、快捷的西餐为主要内容，注重餐饮风味的多元化和流行性。主要包括西式早餐菜单、正餐菜单、下午茶点菜单等。

3）宴会菜单

宴会菜单是根据客人的饮食习惯、口味特点、消费标准和宴请单位或个人的要求而特别制订的菜单，如图 5-1 所示。宴会类型多样，有公务宴请、婚宴、生日宴请、同学聚会等，不同宴会需要不同的菜单。宴会菜单体现饭店或餐厅的经营特色，菜单上的菜肴是该饭店或餐厅著名的美味佳肴,并在原料和工艺的协调方面进行了认真的筹划,同时还根据不同的季节安排一些时令菜肴。

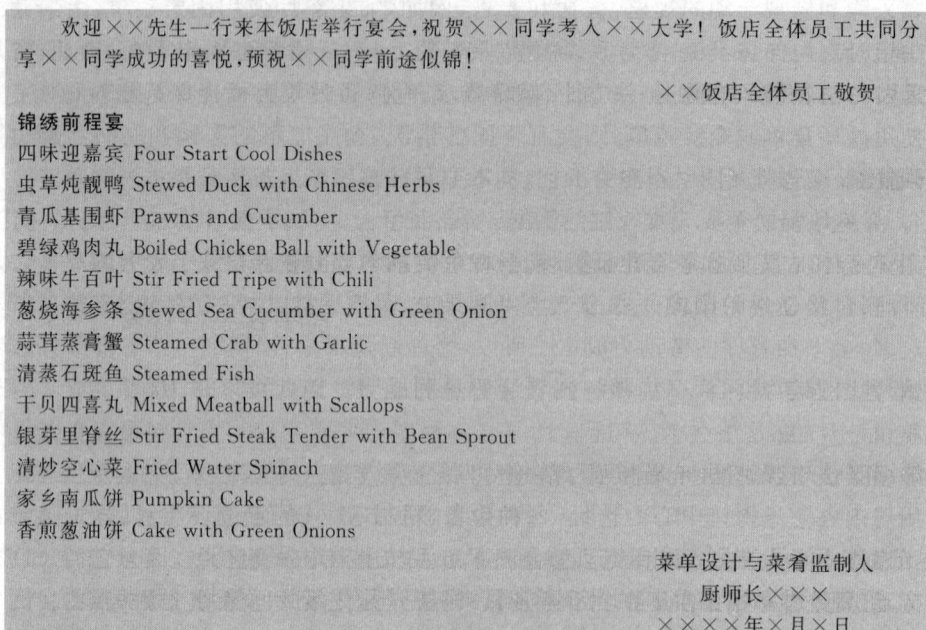

欢迎××先生一行来本饭店举行宴会,祝贺××同学考入××大学! 饭店全体员工共同分享××同学成功的喜悦,预祝××同学前途似锦!

××饭店全体员工敬贺

锦绣前程宴
四味迎嘉宾 Four Start Cool Dishes
虫草炖靓鸭 Stewed Duck with Chinese Herbs
青瓜基围虾 Prawns and Cucumber
碧绿鸡肉丸 Boiled Chicken Ball with Vegetable
辣味牛百叶 Stir Fried Tripe with Chili
葱烧海参条 Stewed Sea Cucumber with Green Onion
蒜茸蒸膏蟹 Steamed Crab with Garlic
清蒸石斑鱼 Steamed Fish
干贝四喜丸 Mixed Meatball with Scallops
银芽里脊丝 Stir Fried Steak Tender with Bean Sprout
清炒空心菜 Fried Water Spinach
家乡南瓜饼 Pumpkin Cake
香煎葱油饼 Cake with Green Onions

菜单设计与菜肴监制人
厨师长×××
××××年×月×日

图 5-1　中餐宴会菜单

4) 客房送餐菜单

住在客房中的客人由于某种原因不能或不愿去餐厅用餐,因而要求在客房中就餐。为满足这些客人的要求,星级饭店大都提供客房送餐服务(Room Service),并制订了专门的客房送餐菜单。

5) 团体菜单

团体菜单是用于接待旅游团队、会议团体等的菜单,其菜品一般由餐饮企业根据其用餐标准安排。一般应注意:根据客人的口味特点安排菜点;中西菜点结合,高中低档菜点搭配。这些客人往往会在餐厅连续用餐,所以应注意菜点的花色品种,争取做到天天不一样、餐餐不重复。

6) 自助餐菜单

自助餐形式的菜单多种多样,有的以美食广告的形式宣传促销,更多的是与自助餐食台的布置装饰结合,菜台以同样的规格和巧妙的布局标示菜点饮品,可看作"立体菜单"。常见的自助餐形式菜单有:自助餐宴会菜单、冷餐会菜单、鸡尾酒会菜单、池畔花园烧烤等户外自助餐餐饮活动的菜单。

7) 酒水单

酒水单的类型与内容依据餐饮场所的功能和提供的服务项目设置,其表现形式和菜单相似。酒水单和菜单同等重要,相当一部分餐饮企业的菜单与酒水单合二为一,但最好还是单独设计酒水单。酒水单应清楚、整洁和精美,不宜太复杂,而且应根据客人的需求经常更新。

8）特种菜单

餐厅为迎合顾客多样化的就餐口味和方式，会推出各式各样的特种菜单，以提高餐厅销售额。最常见的特种菜单有特殊推销菜单、儿童菜单、老人菜单、情侣菜单、宗教菜单、航空菜单、节食菜单等。餐厅也会根据不同季节、不同节日和不同场合设计特种菜单。例如，冬季推出砂锅菜、火锅等热菜；夏天推出清凉菜；在节日里推出圣诞菜单、春节菜单、"六一"菜单、情人节菜单等。

2. 根据市场特点分类

1）固定菜单

固定菜单也称标准菜单。顾名思义，它是一种菜式内容标准化而不作经常性调整的菜单。这种菜单上的菜肴都是餐厅的代表菜肴，是经过认真研制，并在多年销售中受顾客欢迎的、具有餐厅特色的产品。这些菜肴深受顾客欢迎且知名度较高，成为餐厅的品牌。顾客到餐厅消费的主要目的就是品尝这些菜肴，所以这些产品是不经常变动的，只是根据市场需求做适当调整。

2）循环菜单

循环菜单是按一定周期循环使用的菜单。使用循环菜单，饭店必须按照预订的周期天数制订一套菜单，即周期有多少天，这套菜单便应有多少份各不相同的菜单，每天使用一份。这些菜单上的内容可以是部分不相同或全部不相同，厨房每天根据当天菜单的内容进行生产。循环菜单的特点是满足顾客对特色菜肴的需求，使餐厅天天有新菜，但是给每日剩余的食品原料处理带来一些困难。

3）当日菜单

当日菜单指仅供当日使用的菜单，也称即时性菜单。它既不固定，也无循环周期，具有明确的目的性。

4）限定菜单

限定菜单指菜式品种相当有限的菜单，多见于特种餐馆、快餐馆或点心小吃店等。

3. 根据菜单价格形式分类

1）零点菜单

零点菜单是餐厅使用最为广泛的、最基本的菜单。它按一定的程序排列餐饮部提供的各式菜点，每个菜都有单独的价格，就餐宾客可以根据其消费能力、口味喜好自由选择所需的菜点，其价格层次和结构比较开阔，能满足不同消费者的需求。餐厅零点菜单的品种搭配要平衡，并注意对菜品的原料、烹饪方法和价格的合理搭配，尽量选择一些能反映本餐厅特色的招牌菜，并将它们作为特色菜加以重点推销。

2）套餐菜单

套餐是根据顾客的需求，将各种不同营养成分、食品原料、制作方法、菜式、颜色、质地、味道及不同价格的菜肴合理地搭配在一起，设计成一套菜单，并制订出每套菜肴的价格。套餐菜单上的菜肴品种、数量、价格全是固定的，顾客不能自由选择，只能购买固定的一套菜肴，如表5-2所示。套餐菜单的特点是节省了顾客点菜时间，价格比零点菜单更便宜。

表 5-2　会议正餐套餐菜单

代　号	菜　　名	价格/元
套餐 A	三色拼盘　芙蓉里脊片　脆皮鸡　丁香排骨　菊花青鱼　芦笋余鸭片　扬州炒饭	每人 40　每桌 400
套餐 B	五味冷菜　响油鳝糊　海参锅巴　咕唠肉　香酥鸭　豆瓣青鱼　莼菜鸡片汤　扬州炒饭	每人 50　每桌 500
套餐 C	七味冷碟　芙蓉鸡片　酱爆肉花　三鲜海参　双冬扒鸭　松鼠鳜鱼蘑菇时蔬　火鸡鱼圆汤　扬州炒饭	每人 60　每桌 600

3) 混合式菜单

混合式菜单综合了零点菜单与套餐菜单的特点和长处,最初的混合式菜单是一份零点菜单及一份套餐菜单印刷在一起,即一部分菜式以套餐形式进行组合,而另一部分菜式则以零点形式出现。这种方法的主要缺点是菜单过大,使用不便。现在各地餐厅、饭店使用的混合式菜单稍有变化。以西餐为例,有些餐厅的混合式菜单以套菜形式为主,但同时欢迎宾客再随意点用其中任何主菜,并以零点形式单独付款;有的饭店使用的混合式菜单则以零点形式为主,主菜有两种价格,一种为零点价格,另一种为套菜价格,吃套菜的宾客在选定主菜后,可以在其他各类菜中选择价格在一定限额内的菜式作为辅菜。

4. 按菜单装帧制作的方式分类

1) 合卡式菜单

合卡式菜单由菜单封面、正页和封底组成,其特点是菜单容量大、具体翔实,宾客有充分的选择余地,其缺点是制作成本较高。

2) 招贴式菜单

招贴式菜单是指张贴悬挂于饭店餐饮场所或公共区域,具有广告宣传功能的菜单。在西餐厅可以将菜单刻写在精致的木板上悬挂起来或由服务员手持着,以供宾客在轻松惬意的氛围中点菜。在中餐厅和日式餐厅,可在餐厅四周牵拉众多排列有序的小彩旗,每一个小彩旗上书写一道菜点的名称,颇有情趣。

3) 纸垫式菜单

纸垫式菜单一般用于服务快捷的快餐厅、速食店和咖啡厅,客人入座后,即可迅速点菜,经济实惠,轻松自由,提高了服务效率。

4) 立牌式菜单

立牌式菜单立体新奇,多姿多彩。可将菜单折叠、切割或冲压成不同的形状,其形状一般与餐厅的主题特色、菜点的成形和餐具器皿的形状相联系,对特色菜、特色饮品的推销起到暗示作用,引起宾客的注意,促进餐饮推销。

5) 活页式菜单

活页式菜单的封面、封底及其框架固定不变,类似相册或相框的格式,菜单的正页由活页的形式定期更换,便于菜单的更换,制作成本较低。

5.4.3　菜单设计和制作的原则

1. 迎合目标顾客需求的原则

任何餐饮企业,不论其规模、类型、等级,都不具备同时满足所有消费者需求的能力和条件。不同年龄阶段、不同性别、不同宗教信仰、不同民族、不同消费水平的宾客在餐饮口味、热量需要、菜式品种、餐饮价格、份额大小、营养成分、服务速度、烹制方法等方面会有较大的区别。餐饮企业必须选择一群或数群具有相似消费特点的宾客作为目标市场,以便更有效地满足这些特定宾客群的需求。

2. 体现餐饮企业经营风格的原则

各种餐厅的菜单设计应反映经营风格,有利于树立餐厅形象。如高档饭店的餐厅,菜单设计应高雅庄重,菜品名贵价高;经济快餐厅的菜单设计则价格较低;宴会厅的菜单应突出美观、有纪念作用;咖啡厅的菜单则体现轻松、自由;海味餐厅、野味餐厅可配备不同的图案,反映各自的风格等。

3. 考虑菜品赢利能力的原则

菜单的设计者在决定某一菜式是否列入菜单时,应该综合考虑三个因素:一是该菜式的原料成本、售价和毛利,成本是否符合目标成本率,即该菜式的赢利能力;二是该菜式的畅销程度,即可能的销售量;三是该菜式的销售对其他菜式的销售所产生的影响,即是否有利于其他菜式的销售。在选择菜式时,不能只看到眼前出售的高价,而要从成本的角度分析利润的高低;对于毛利大的品种要多选一些,适当地舍弃一些毛利小的菜式,使各种菜式互相弥补,达到利润最大化。

4. 保证食品原料供应的原则

凡列入菜单的菜式品种,厨房必须无条件地保证供应,这是一条相当重要但极易被忽视的餐饮管理原则。食品原料供应往往受到市场供求关系、采购和运输条件、季节、饭店地理位置等因素的影响,无法保证供应的菜品不能放在固定的菜单上。

5. 花色品种适当的原则

不同餐厅菜单上的花色品种应有明显的区别。中餐菜单的凉菜、热菜、甜点、汤类一般应分类排列,其比例应掌握在 5∶15∶4∶3 左右。顾客喜爱程度高、应重点推销的品种安排3~5种为宜。同时,应将常年菜、季节菜、时令菜结合起来,价格水平一般应高、中、低档搭配,高档菜可掌握在 25% 左右,中档菜占 45%~50%,低档菜占 25%~30%,套菜则根据客人需求,安排多个档次。这样,可以刺激客人消费,适应不同档次客人的多种需求。

一份菜单中,菜肴种类要尽量平衡。为满足不同口味的顾客,菜单所选的品种不能太窄。选择品种时要考虑多种因素的平衡。

(1) 每类菜品的价格要平衡。同一目标市场的顾客需求不同,其消费水平也有高低之分,所以每类菜的价格应尽量在一定范围内有高、中、低的搭配。

(2) 原料搭配要平衡。既要有主料,又要有辅料;既要有荤,又要有素,肉、鱼、蛋、家禽、蔬菜等各类原料应尽量都涉及,方便更多的顾客选择自己喜欢的品种。

(3) 烹调方法要平衡。各类菜的烹调方法不同,如炸、炒、煮、蒸、炖,成品的质地要生、老、嫩、脆搭配,口味要咸、甜、清淡、辛辣搭配。

(4) 要考虑营养的平衡。营养结构不仅指菜单中各式菜肴之间的营养合理搭配,更重要的是每个菜肴本身的营养合理。选择适合自己的餐饮产品是就餐客人自己的责任,但向客人提供既丰富多彩又营养丰富的饮食无疑是餐饮企业义不容辞的职责。因此,菜单设计者必须充分考虑各种食物的营养成分,了解各类客人每天的营养和摄入需求,还应了解如何搭配才能生产出符合营养原理的餐饮产品。

(5) 造型菜比例要恰当。优美的造型可以刺激人们的食欲,给其就餐过程带来美的艺术享受,但是,造型菜在菜单中过多,会造成厨房压力过大,菜肴出菜时间过长,人力成本增加。

(6) 菜肴的花色品种、数量要适当,不能出现单上有名、厨中无物的情况。菜式品种过少,会使人感到单调、厌烦。而菜单上的花色品种太多,客人点菜时就显得困难和犹豫不决,也会占用厨师做菜的时间,降低座位周转率,影响餐厅的收入。品种过多还会增加采购和储藏成本,给厨师的操作带来麻烦。

6. 考虑餐饮生产条件的原则

在菜单设计时应充分考虑到企业生产条件的局限性。厨师的技术水平和烹调技能无疑是首先必须考虑的问题。在设计菜色时要考虑到厨师的烹调技术和特长,尽量选择厨师所擅长做的那类菜,否则设计出来的菜肴没有厨师会制作,岂不如同空中楼阁?其次,菜单设计者还必须考虑到厨房设施设备的限制,如设施设备的生产能力、适用性等,避免某些厨师或设备忙不过来,而其他厨师或设备空闲的现象。

5.4.4 菜单设计的程序

1. 准备所需材料

(1) 各种旧菜单,包括餐饮企业目前在用菜单。

(2) 标准菜谱档案。

(3) 库存原料信息。

(4) 菜肴销售结构分析。

(5) 菜肴的成本。

(6) 客史档案。

(7) 烹饪技术书籍。

(8) 菜单词典等。

2. 制订标准菜谱

标准菜谱一般由餐饮部和财务部共同制订,其内容如下。

(1) 菜肴名称(一菜一谱)。

(2) 该菜肴所需原料(主料、配料和调料)的名称、数量和成本。

(3) 该菜肴的制作方法及步骤。

(4) 每盘分量。

(5) 该菜肴的盛器、造型及装饰(装盘图示)。

(6) 其他必要信息,如服务要求、烹制注意事项等。

3. 菜单的构思及装帧设计

(1) 根据菜单设计,确定菜肴种类。

(2) 根据进餐先后顺序决定菜单程序。

(3) 进行菜单定价。

(4) 进行菜单的装帧设计。

（5）印刷和装帧。

5.4.5　菜单制作

1. 菜单的内容

设计完美、印刷精良的菜单不仅是餐厅独特经营的产品清单目录，更是餐饮企业营销的得力工具。一份成功的菜单，它的内容应集中体现餐饮产品的特色、成本、品质、服务等优势和特点。

1）菜肴名称

菜肴的名称是饮食文化的一个重要组成部分，会直接影响顾客的选择。大多数客人对餐饮企业的菜肴知之甚少，尤其是新菜肴或从未品尝过的菜肴。他们一般借助菜单上标明的菜肴名称来决定是否消费。菜肴名称的选择一般应注意几个方面：①真实性，即原料和成品的质量、规格要与菜单介绍的一致；②文字优雅、蕴意贴切、充满情趣，增强菜肴的吸引力，切忌牛头不对马嘴；③菜名字数适当，一般 4～5 个字，简明扼要地说明菜肴的特色，使就餐者易于记忆，印象深刻；④特色的传统菜、经典菜的菜名可以保留，如龙虎斗、佛跳墙等，但最好配以辅助性说明；⑤高档餐厅菜单上的菜点名称应有中英文对照，避免英语单词拼写错误及翻译错误，风味餐厅的菜名还应配有相应国家或地区的文字。

2）菜肴价格

菜肴的价格应明确、真实。菜单应明码标价，没有任何涂改痕迹。就餐客人的实际消费额应与菜单上的菜肴价格（包括服务费等）一致。菜肴价格的标示方法应尽量统一按份数标价或按质量标价，以免引起误会，导致客人的不满。加收服务费、开瓶费、包间费、特种行业经营管理费等必须在菜单上加以注明；如果菜单上的菜肴价格已经作了调整，要立即做出相应的处理，以免就餐客人误解和投诉。

3）菜肴介绍

菜单上对菜肴简明扼要的介绍是必不可少的，尤其是新推出的菜肴。一方面可以代替餐饮服务员向客人作介绍，便于客人选择，另一方面也是餐饮企业经营特色和风格的体现。最好通过文字介绍说明和彩图形象展示，图文并茂，使菜单形式高雅，体现菜单的艺术性和观赏性。菜单的风味特色介绍主要包括以下几个方面的内容。

（1）菜品的历史典故，采用的特殊主料及配料，特殊的烹调技法，具有独特的味型及风味特色。

（2）风味菜品的份额。通常有两种形式：一是标明菜量够几人食用，以菜品例数为标准，一例标明一位客人就餐的量，以小、中、大盘为标准的份额，通常以英寸为单位，有六寸、八寸、十寸、十二寸等不同尺码；二是标明菜点的主要用量，以克为计算单位。

（3）要特别说明的菜品。在烹调技法运用中需要较长时间烹制的菜点，应当作必要的说明，避免引起客人的误会。

（4）风味菜品的简介要突出营销产品重点，以引起消费者的注意和选择，例如，应季时令菜点、价高利厚菜点、品牌菜点、烹制简单的质优菜点及特价菜点等都应作具体介绍。

4）告示性信息

为了更好地宣传餐饮企业，一份菜单除了介绍菜品、菜价外，还应有一些告示性的信息，如餐厅的名称与标识、餐厅经营特色、餐厅的地址及其简况、订餐电话、联系人、营业时间等。还可以用一些附加性促销内容强化企业的形象，如餐厅的历史介绍，对服务的承诺，甚至是一首诗歌或有趣的故事。

2．菜单制作

1）版面布局

菜单的版面就是完成后的菜单草图。版面的设计包括将菜单的各项内容按合适的顺序进行安排，将菜单菜名（包括描述性语言）布置在页面上，确定菜单的版式，选择合适的字体以及确定完整画面在菜单上的位置等。

（1）菜肴顺序编排。菜单上菜肴顺序的编排一般可按照上菜的先后顺序，以便顾客能很快找到菜品的类别而不至于漏点。中餐菜单一般的排列顺序是冷菜—热菜（分类排列）—汤羹—主食—饮品，西餐菜单的排列顺序为开胃品—汤—色拉—主菜—甜品—饮料。注意，不要按菜品价格的高低来排列菜肴，否则客人会仅根据价格来点菜，这对餐厅的推销是不利的。

菜单中有两大类菜肴需给予特殊对待：一类是餐厅的特色名肴；另一类是经营者希望在同类食品中销售量超于一般的菜肴。这些菜不要列在各类菜通常的位置，应该放在显眼的位置，如将其列在菜单的最前端或次前端，画上一个方框将其框起来，或将其列在整页菜单的中间，或将其放置在一幅显眼的图画旁边，或将其单列出来。

（2）排版。菜单内容的顺序暂时安排好后，就可画出一张菜单草图，用方框或直线标出每种菜肴的文字所需的空间，留出附加性促销内容的位置和画面、边饰、照片的位置。注意不要使菜单过分拥挤，这样有助于将顾客的眼光引向重要的内容。如果餐馆中经常使用夹子，那么要给夹子留出空间。

（3）版式。版式是指菜单的形状、大小及结构。菜单的可选版式很多（见图5-2），每个餐馆的决策者都必须确定出适合自己经营场所的版式。菜单有各种尺寸，零点菜单和固定菜单的宽度常是15～23cm，长度是30～32cm。太大的菜单占据了小餐桌的桌面，甚至还可能使客人拿起菜单时撞翻杯子，太小的菜单读起来不方便且显得拥挤。菜单的大小应与餐厅面积、餐桌大小和座位空间相协调。菜单的页数一般在1～6页。宴会菜单、每日特菜菜单、季节菜单、儿童菜单一般是1页纸；固定菜单、零点菜单通常是4～6页纸，包括菜单的封面和封底。页数太多的菜单会造成菜单的主题和特色不突出，延长点菜时间，也使客人茫然；页数少则使菜单一般化，不利于餐厅经营。

菜单的式样最常见的是长方形，但也可以根据餐厅的具体情况设计成圆形、正方形、梯形、菱形、手风琴形、扇形等。

确定了菜单的大小及结构后还要对内容做一些调整。如果菜单内容过多，可取消一些内容，或减少描述性内容，或缩短附加性促销内容；如果菜单内容过少，则可增加菜单内容，或利用多余空间添加画面，或换一个较小的版式。

（4）字体。选择字体时第一要考虑的是餐馆的风格。每种字体都有各自的特性，有些在页面上具有深沉浓重的效果，有些则具有开放明快的感觉。选择的字体应该能反映出经营场所的特色，最起码的要求是字体必须起到交流作用。一般中文仿宋体容易阅读，适合作为菜肴名称和菜肴介绍。英语字体印刷体比较正规，容易阅读，通常在菜肴名

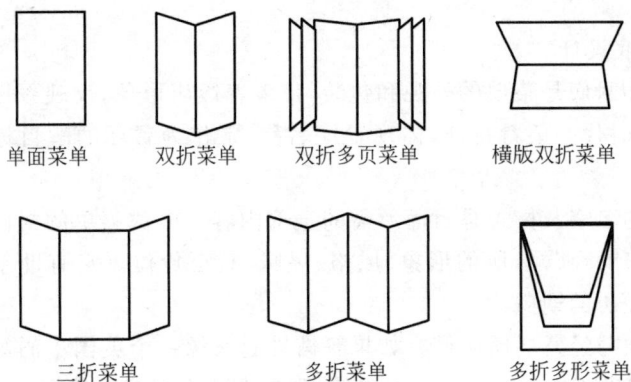

单面菜单	双折菜单	双折多页菜单	横版双折菜单

三折菜单	多折菜单	多折多形菜单

图 5-2　菜单版式

称和菜肴解释中使用；手写体流畅自如，有自己的风格，但不容易识别，偶尔将它们用上几处可为菜单增加特色。如果选择的是陌生的而又难以认读的字体，会引起客人的反感，进而影响餐厅收入。

菜单上的字体不宜太小，要使客人能在餐厅的光线下阅读清楚为准。一般分类标题的字体要大于菜点名称。行距不应太密，行与行之间有一个看起来舒适的空间。标题、菜名和需要特别强调的描述性内容用大写字母，显得庄重。大小写字母结合的单词容易认读。

字体选好并排出后，应首先印出一页看看效果如何，有必要时再做一些调整。

（5）画面。画面包括了图画、照片、装饰画以及用来引起客人兴趣，增加文字效果，强化餐厅形象的边饰。如果画面包括在菜单之内，那么它就应该与餐厅的内部设计，或者与餐厅的主题装修风格相和谐。画面不应过多或者复杂，否则客人会不知所云或者难以看懂。一份杂乱无章的菜单会使点菜变得困难无比。

2）纸张

菜单质量的优劣与菜单所选用的纸张有很大的关系，菜单的光洁度和质地与菜单的推销功能有着一定的联系，而且纸张的成本占据着总成本的相当比例，所以，纸张的选择值得考虑。

纸张的类型很多，其质地也各有不同。有粗糙异常的，也有光滑无比的。分辨其质量要根据其光亮度或者反光度，反光太强会刺眼，造成阅读困难。纸张还有硬度的不同、感光度的不同以及吸墨情况的不同。

菜单的制作材料应根据餐厅使用菜单的方式而定。一般说来，"一次性"菜单应当印在比较轻巧、便宜的纸上，不必考虑纸张的耐污、耐磨等性能，如咖啡厅的纸垫式菜单、客房送餐服务的门把手菜单、宴会菜单等；"耐用"菜单则应当选用质地精良、厚实的纸张，同时还必须考虑纸张的防水、防污、去渍、防折和耐磨等性能，如零点菜单等。

菜单的表面可以烫金，烫金画面或是烫金文字，如餐厅名称和符号。纸张可以压痕，也可以压膜，这样可使菜单不脏不破；还可将纸张上的一些有趣的设计进行折叠和剪切，如儿童菜单就常常使用特殊的形状，甚至还有活动装置。

全部菜单不必用同一类纸张印刷，封面可以厚一些，用压膜材料，而内页则可薄一些,便宜一些。

3）封面与封底设计

菜单的封面和封底是菜单的外观和包装,代表着饭店形象,反映餐厅经营特色、风味和等级,反映不同时代的菜肴特征,体现餐厅名称,常作为餐厅的醒目标志,因此必须精心设计。

饭店和餐厅的名字及标志是封面所需的全部内容。多数菜单的封面都极具特色,设计完美的封面能表明经营场所的形象、风格、风味,甚至价位。它有助于创造一种气氛,创造一种对用餐经历的期望值。

封面设计必须与经营场所协调。如果餐馆看起来像一个英国小酒馆,菜单封面就应符合这种风格;如果菜单封面是一个牛排馆,那就会使人们产生美国西部的联想。

封面色调可与餐馆主题色调相一致,也可与餐馆主题色调形成适宜的对比度。色调一定要慎重选择,因为它能产生许多有意识的和潜意识的效果。色调能使人感到舒心惬意,也能使人感到沮丧;能使人感到冷,也能使人感到热。淡色显示出热情平和的气氛,深紫色和红色显示出华贵繁荣。民族风味菜单的色调常常与发源地的文化相和谐,大红、黄色和橘色衬着沙色的背景纸张显示出墨西哥的特色,黑色和红色相配显示出日本和中国的风格;意大利餐厅的菜单常常使用意大利国旗的色调——红色、白色和绿色。

饭店与餐厅的信息性内容,如地址、电话、营业时间、接受的信用卡类别以及聚餐、筵席、会议设施、外卖服务、饭店简史、饭店所处地段的简图等应放在封底上。注意,封底不能留空。

4）菜单制作及使用中常见的问题

（1）制作材料选择不当。许多菜单采用各色夹子,有用文件夹、讲义夹的,也有用集邮册和影集本的,这样的菜单不但不能起到点缀餐厅环境、烘托餐厅气氛的效果,反而与餐厅的风格格格不入,显得不伦不类。

（2）菜单太小,装帧过于简陋。许多菜单太小,菜单上菜肴名称等内容排列过于紧密、主次难分。有的菜单甚至只有练习本大小,但页数竟有几十张,无异于一本小杂志。还有一部分菜单纸张单薄,印刷质量差、无插图、无色彩,再加上保管使用不善,显得极其简陋、肮脏不堪,毫无吸引人之处。

（3）字形太小,字体单调。不少菜单为打字油印本,即使是铅印本,也大都使用四号铅字。客人坐在饭店餐厅中不太明亮的灯光下,阅读由3mm大小的铅字印成的菜单,其感觉绝对不能算轻松,油印本的字迹更容易被擦得模糊不清。

（4）随意涂改菜单。随意涂改菜单是菜单使用中最常见的弊端之一,菜单上被涂改最多的部分是价格。涂改的方式主要有:用钢笔、圆珠笔直接涂改菜品、价格及其他信息;用计算机打印纸、胶布粘贴。随意涂改使菜单显得极不严肃,很不雅观,会引起就餐客人极大的反感。

（5）缺少描述性说明,或者说明不恰当。每一位厨师长或餐饮经理都能把菜单菜肴的配料、烹调方法、风味特色、有关菜肴的典故传说讲得头头是道,然而这些通常不在菜单上反映。中餐中的那些传统经典菜和创新菜,菜品虽然形象雅致、引人入胜,但由于菜单缺少描述性说明,绝大多数就餐者不能理解其意。

有时菜单菜肴的名称使人难以明白其内容,或者不能说明问题,不能引起客人的兴趣。优秀的描述性说明能够使餐馆增加销售额。

(6) 单上有名,厨中无菜。凡列入菜单的菜肴品种,厨房必须无条件地保证供应。这是一条相当重要但易被忽视的餐饮管理规则。不少菜单表面看来可谓名菜汇集、应有尽有,但实际上往往缺这个少那个。

(7) 不应该的省略。有些菜单未列价格;有的菜单不把所有的红酒或者一些供应的特殊饮品列入菜单,或者在菜单上标出"甜点可选"但却不列出甜点的品种。不在菜单上的菜肴,客人又如何点呢?

(8) 遗漏。许多菜单上没有饭店地址、电话号码、餐厅营业时间、餐厅经营特色、服务内容、预订方法等内容。显而易见,为使菜单更好地发挥宣传广告作用和媒介作用,这些重要信息是不能遗漏的。

(9) 空页。空页是指在菜单上的某页上没有任何有关餐馆或菜单的内容。许多餐馆都把封底留作空页,除非封底空页是餐馆的形象,否则就应将菜单的附加内容或附加性促销内容放在封底。例如,海鲜馆就可以在封底上列出该馆所供应的鱼的种类,以及特色风味和本质特性。

(10) 夹子问题。经常使用夹子的餐馆应该在菜单上留出夹子的空间,这样夹子就不致掩盖住重要的菜单内容。夹子本身也应与菜单的设计和质量相吻合,一个结构松散的夹子配上低劣的纸张将会破坏设计精美的菜单的效果。

3. 菜单评估

无论菜单的内容设计和艺术设计如何缜密,菜单评估都应该按阶段进行。

(1) 管理部门要制订出评估目标,即菜单的期望评估。例如,午餐评估目标:每张客人账单平均达到 40 元;晚餐评估目标:每位晚餐客人除主菜外应点一份开胃食品,一份汤或者色拉,一杯红酒或一份甜点。如果这个目标达不到,管理部门就必须确定是什么原因带来了这些问题,并根据问题对菜单进行审视。

(2) 建立自己的评估方案进行评估。餐饮经营场所可以编制自己的菜单评估表,在表中列出问题,例如,客人对菜单提出过赞扬吗? 菜单内容能满足客人的要求吗? 菜单有吸引力吗? 等等,并按组分类。当确定评估因素和制定评估表时,经理人员应该记住,只有收集到了诸多信息,菜单设计者根据这些信息修改了菜单,菜单的评估才是有价值的。

检测

1. 餐饮消费者的类型有哪些? 餐饮消费具有什么特点?

2. 餐饮市场调研的内容及方法有哪些?

3. 什么是餐饮消费者购买行为? 其行为受到哪些因素影响?

4. 影响餐饮企业地址选择的因素有哪些? 进行选址应考虑哪些原则?

5. 为什么要编制餐饮经营计划? 餐饮经营计划的内容有哪些? 如何编制营业收入和成本计划?

6. 菜单有什么作用?

7. 菜单有哪些类型？在菜单的使用和制作当中容易出现哪些问题？

8. 实践题。

（1）观察一家餐饮企业，分析其选址的成功或失败之处，找出其目标顾客群，并分析其菜单的特点。

（2）选择一种餐饮经营模式，设计一份详细的菜单。

9. 案例分析。

某日晚上三位客人到餐厅用餐。客人点菜时，连点两个菜都因原料缺货无法满足，客人开玩笑说："我们想吃的你们都没有，那你说有什么？"结果，在服务员介绍后，客人点了菜。冷菜上来后，第一道菜是青菜腐皮，客人感到奇怪，脸上已有不悦。当500克贝壳类菜肴上桌时，客人一看就说分量不足，服务员说不可能。这时，客人要求称500克生的作比较，结果，熟的一盘明显少于生的。原来厨房加工时，发现几颗坏的，就弃之不用，加工完毕，又拣出几片空壳，故出现上述情况。对此，三位客人要求总经理出面给出解释。

思考：如果你是总经理，你将如何处理这件事情？试用本章知识对案例进行分析，并提出改进意见。

第 **6** 章

餐饮原料管理

目标

- 知晓餐饮原材料采购和库存管理的基本理论。
- 能对采购、验收、储存、发放等环节有效管理。

导读

餐饮原材料的采购是整个餐饮经营实践的第一步,也是餐饮成本控制的第一个环节。餐饮原料采购是一项系统工作。如果餐饮企业内部协调不力往往会给原料采购工作带来许多不必要的麻烦,甚至影响到与供应商关系的健康发展,严重时还会失去一些非常优质的供货渠道。通过本章的学习,可以了解餐饮采购的基本原理和管理方法。

6.1 餐饮原料采购管理

✒ **引例**

一天中午,芙蓉厅的客人王先生请几位比较重要的客户用餐,酒店正在搞螃蟹促销活动,王先生就点了一份螃蟹,但等一盘螃蟹上桌,客人刚开始吃,就感觉螃蟹不新鲜,味道不好,王先生当时很生气,要找经理。当值服务员听到反应后,连忙跟餐厅经理报告,经理首先给客人赔礼打招呼,答应立即给客人重新换一份。随后马上把那盘螃蟹撤回厨房,安排厨房赶忙重新制作一份。虽然最后总经理出面为客人免单了,但是之后这个老客户再也没有光顾该酒店。

思考:餐饮企业加强食品原料管理的重要性是什么?

6.1.1 原料采购目标与方式

1. 目标

餐饮原料采购的目标,是指餐饮生产部门在菜单确定以后,以适当的价格,从适当的来源购买适当质量与数量的物资,以备生产经营。

2. 方式

餐饮原料采购是餐饮生产的一个重要环节,要结合自己产品特点、市场需求等多种因素来决定采购的方式,采购方式的选择要以经济、保证供给、保证质量为前提。

餐饮原料采购主要有七种方式。

1) 合同采购

餐饮生产部门与供应厂商签订食品采购或供货合同,双方遵照合约条款的规定进行购货或供货交易,这种合同普遍分为两大类。

(1) 定期合同。在协议期(一般3~6个月)由厂商以协议的价格供货,以减少另行购货的麻烦,节省时间、人力、物力,并控制成本预算。价格相对稳定的食品如干货食品,调味品、罐头食品等适合用这种合同。

(2) 定量合同。在协议的期限内(一般3个月以内)厂商依协定的价格供应一定数量的食品,典型例子是供应冷藏的水果和蔬菜,因为此类食品易受气候的影响,价格易波动。

2) 逐日采购

这种方法适用于采购容易腐败的食品。每天午餐服务后,厨房部门派人清点仓库中易腐败食品的库存,列出清单并交给主厨,由主厨依此单列出一份第二天需补充的食品请购单,交给采购部,这类食品的采购一定要当天交货。

3) 每周或每半月一次的采购

这种方法用于采购杂货。每次订货均以一周或半月交货一次为准,与逐日采购的情形相类似。

4) 付款即自行运货采购

小型餐厅由于每次订货的数量不多,不足以要求批发商定期交货,所以采用这种"购货付现款,运货自己来"的方法最为适宜。供应商最欢迎这种采购方式,在价格上会打点折扣或给予特别优惠。

5) 先付款后交货的采购方式

这种方法主要是在于确保某种特点的食品在某一特定时期不会缺货,在手续上,事先订购大量食品,且货款先付,并和供应商约定其后几个月内每隔一段时间交货一次。此方法有两个优点:一是买了货由供应商代为保存,餐厅在储存上省去麻烦;二是预订的期限内确保某种食品材料没有缺货的困扰。此方法常用于冷冻的对虾和大块的牛排。

6) 依成本计价的采购

此法常用于公司机构的福利餐厅。订货将由供应商依货物的实际成本报价,也就是货品原产地的厂价,但餐厅同意在实际成本上加几个百分点(10%~15%),这些加的百分点中包括供应商的处理成本,交货费用作为他们应得的基本利润。

7) 全程供货采购

这是一种新的采购方式。餐厅需要采购的所有食品,饮料均有一家供应商承担供应,但这仅有极少数的大型供应商能够提供这种服务。这种方式有两大优点:一是采购人员仅和一家供应商洽谈购物,可以节省时间;二是减少交货的次数,餐厅的仓储人员可以省去若干麻烦。

6.1.2　原料采购程序

食品原料的采购程序控制是食品采购控制的重要内容,餐饮企业应为采购工作规定工作程序,从而使采购员、采购部门及有关人员明确自己的工作和责任。通常,采购程序要根据餐饮企业的规模、管理模式而定。

采购程序的运行操作主要遵循以下步骤。

(1) 递交请购单(见表 6-1)。仓库保管员,厨房在需要购买物品时,必须填写请购单,然后将请购单送交采购部门。

表 6-1　原材料请购单

_____酒店

请　购　单

日期:

部　门	品　　　名	单位	数量	单价	金额
					总 计

总经理:_____　财务经理:_____　采购部经理:_____　部门经理:_____

备注:表格名称——请购单。

填写人:管事部保管员。　　　　　　用途:请购用品。

联数:一式四联　①财务部;②采购部;③管事部;④存根。

(2) 处理请购单。采购部门组织人员将请购单分类、分工,然后制订订购单,通知供应商供货。

(3) 实施采购。选择最佳供货商进行采购,在实施采购中主要做好验收工作,在验收工作中,要求验收人员根据验收程序,按验收标准验收,并做好验收记录,要求供应商签字。

(4) 处理票据,支付货款。验收完毕后,验收员还应做到:开具验收单;在供货发票上签字;将供货发票、原材料订购单、验收单一起交采购部,然后转财务部审核后支付货款。

(5) 信息反馈。将原料使用后的情况反馈给供应商,以便其保质保量供货。

6.1.3 原料采购质量控制

餐饮企业原料采购质量的控制关键是管理,主要包括以下内容:确定采购规格、制定标准的采购程序、选择合格的采购人员、选择合适的供货单位、加强验收管理、建立监控体系等。

食品原料的质量指食品的新鲜度、成熟度、纯度、质地、颜色等标准。而食品原料的规格指原料的种类、等级、小大、重量、份额和包装等。控制食品原料的质量与规格必须首先制定出本企业所需要的食品原料质量和规格,而且,要详细地写出各种食品原料的名称、质量与规格要求。

食品原料的质量和规格常常根据菜单的需要做出具体规定。由于食品原料的品种与规格繁多,其市场形态也各不相同(新鲜、罐装、脱水、冷冻)。因此,餐饮部门必须按照自己的经营范围和策略,制定本企业食品原料的采购规格(各种原材料的规格),以达到预期的使用要求和作用,作为单位供货的依据。

6.1.4 原料采购数量控制

1. 影响食品原料采购数量的因素

食品原料的采购数量是食品采购控制的重要环节。由于食品采购数量直接影响食品成本的构成和食品成本的数额,因此,餐厅和厨房的管理人员应当根据该店的经营策略,制订合理的采购数量。通常,食品原料采购数量受以下诸多因素的影响。

(1)产品的销售量。当菜品的销售量增加时,食品原料的采购量也要相应增加。

(2)食品原料的特点。各种食品原料都有自己的特点,它们的储存期也不相同,新鲜的水果和蔬菜,鸡蛋和奶制品的储存期都很短。各种粮食、香料等干货原料储存期都比较长。某些可以冷冻保存的食品原料可以储存数天至数月。

(3)储存条件。要根据仓储空间以及技术水平来确定采购量。

(4)市场供应。对于供应受季节等因素影响的原料的采购,要灵活调整采购的方式、采购量等。

(5)标准库存量。根据各类食品原料的需求量制订仓库的标准储存量。

2. 各类食品原料采购数量的确定

1) 鲜活食品原料的采购数量

(1)鲜活食品原料的采购策略。新鲜的奶制品、蔬菜、水果及活的水产品等原料应在当天使用。这样,既可以保持食品原料的新鲜度,又减少了原料的损耗。因而,鲜活原料的采购频率较大,需要每日采购。采购方法是根据实际的使用量采购,要求采购员每日检查库存的余量或根据厨房及仓库的订单采购。每日库存量的检查可采用实物清点与观察估计相结合的办法。对价值高的原材料应清点实际存量;对价值低的原料只估计大约数就可以。为了方便采购,采购员将每日应采购的鲜活原料编制成采购单。采购单上应列出鲜活原料的名称、规格、需采购量等,有时还要加上供应商的报价,交与供应商。

(2)鲜活食品原料的采购数量。

鲜活食品原料的采购量=鲜活食品原料当日需求量-鲜活食品原料现存量

2) 干货及可冷冻储存的原料采购数量

(1) 干货及可冷冻储存的原料采购策略。干货原料属于不容易变质的食品原料,它包括粮食、香料、调味品和罐头食品等。可冷冻储存的原料包括各种肉类、水产品类原料。为减少采购工作的成本,将干货原料采购量规定为数天或一至二周的使用量。干货原料和可冷冻储存原料一次的采购数量、采购时间,均根据酒店的经营和采购策略而定。

(2) 干货及可冷冻储存的原料采购数量。通常,酒店对干货原料和可冷冻储存的原料采用最低储存量采购法。最低储存量采购法是酒店对各种食品原料分别制订它们的最低储存量(采购点储存量),采购员对达到或接近最低储存量的食品原料进行采购的方法。使用这种方法,要求食品仓库管理员对每种食品原料都要建立库存卡。收发的食品原料必须随时登记在卡上,填上正确数量、单位、单价和金额,并记录在计算机中。除此之外,食品仓库应有一套行之有效的食品原料检查制度,及时发现那些已经达到或接近最低储存量的原料,并发出采购通知单和确定采购数量。

① 最低储存量。通常,干货和可冷冻储存的各种食品原料都有一定的标准储存量,当某种食品原料经过使用后,它的数量降至需要采购的数量,而又能够维持至新的原料到来的时候,这个数量,我们称为某种食品的最低储存量。它的计算方法为

食品原料最低储存量＝日需要量×发货天数＋保险储存量

② 保险储存量。保险储存量是餐饮企业为防止市场的供货问题和采购运输问题预留的原料数量。当然,餐饮企业对某种原料的保险储存量的确定要考虑市场原料的供应情况和采购运输的方便程度而确定。

③ 标准储存量。食品原料的标准储存量也是餐饮企业某种原料的最高储备量,它由某一种食品原料的平均日需要量及餐饮企业对这种原料的计划采购间隔天数相乘,再加上一定的保险储存量而定。它的计算方法为

原料标准储存量＝日需要量×采购间隔天数＋保险储存量

④ 采购数量。食品原料的采购数量是由餐饮企业对各种食品原料的标准储存量减去当时的仓库储存数量(最低储存量),再加上食品原料从供应商发送到餐饮企业期间所需要的数量计算出的。它的计算方法为

原料采购量＝标准储存量－最低储存量＋日需要量×发货天数

⑤ 原料的日需要量。原料的日需要量通常指餐饮企业每天对某种食品原料需求的平均数。当然,日需要量也指食品原料在某一天的实际需要量。

【例 6-1】　某餐厅平均每天需要 20 千克食用油,该餐厅对食用油每隔 2 周采购一次,食用油应有 140 千克的保险储存量,发货天数需要 2 天,如果在采购日之前还剩 200 千克食用油,则食用油的标准储存量、最低储存量和需采购量分别是多少?

解:　　　标准储存量＝日需要量×采购间隔天数＋保险储存量

＝20×14＋140＝420(千克)

最低储存量＝日需要量×发货天数＋保险储存量

＝20×2＋140＝180(千克)

需采购量＝标准储存量－最低储存量＋日需要量×发货天数

＝420－180＋20×2＝280(千克)

6.1.5　原料采购价格控制

价格是影响采购的主要的因素之一。

1. 影响采购价格的因素

采购价格因受到各种因素的影响而造成高低不同。一般影响采购价格的因素有以下几方面。

(1) 原料的规格。由于生产厂家的标准不同,因此在规格相同的情况下,功能可能不尽相同,所以,价格会有差异。

(2) 采购数量。采购数量既要考虑买方的经济批量,也要考虑到卖方的经济生产量。

(3) 季节性变动。例如,农副产品,如果利用生产旺季采购则价格必然合理,而且可获得较佳质量。

(4) 交货期限。采购时对交货期限的急缓会影响可供应厂商的参考或销售意愿,因而对价格会有影响。

(5) 付款条件。对部分供应商如事先提供预付款则会降价供应,若以分期付款方式采购原料,因加上了利息,所以一般比现购价格高。

(6) 供应地区。供应商的供应地的远近不同会使运费有很大的差异,因此货价不同。

(7) 供需关系。供需间关系及通货膨胀、紧缩等环境的变化会影响物价高低。

(8) 包装。原料用何种形式包装运输会直接影响原料的价格。

2. 最优采购价格的确定

1) 采用多种采购形式

采用多种采购形式包括招标采购、供应商长期定点采购、比价采购等,通过对各种采购形式的对比,找出成本最低的采购形式组合以达到降低采购成本的目的。

2) 决定合适的采购价格

通过科学的价格决定步骤,降低采购价格与采购成本。决定一个合适的价格一般要经过以下几个步骤。

(1) 多渠道询价。多方面收集了解市场行情,包括市场最高价、最低价、一般价格等。

(2) 比价。分析各供应商提供材料的规格、品质要求、性能等才能建立比价标准。

(3) 自行估价。成立估价小组,可由采购管理人员、技术人员、财务人员组成,估算出较为准确的底价资料。

(4) 议价。根据底价的资料、市场的行情、采购量的大小、付款期的长短等因素与供应商议定出合理的价格。

6.1.6　供应商的选择

供应商档案是评价选择供应商的最基本的依据。采购部负责建立供应商档案,供应商档案包括:供应商调查表、供应商审批表、供应商质量档案、供应商所提供的合格证明、价格表及相关资料。供应商档案由采购部信息管理员负责管理,未经采购部经理允许,不得随便查阅。如果要寻求一家新的厂商,应特别谨慎,并从下列各点进行仔细的调查。

（1）该厂商的营业情况及其所售产品的范围。

（2）最近的价目表。

（3）售货条件的细节。

（4）和该厂商往来的其他顾客的情形。

（5）全部产品的样品。

最理想的方法是直接参观，以便实地看到厂商的营业规模、加工与仓储能力、运输工具的数量及种类。如果满意，即可与其建立采购与供货关系，并做定期评估，这可以从价格、品质和交货等方面进行考虑。

厂商信用记录表如表 6-2 所示。

表 6-2　厂商信用记录表

厂商名称	采购日期	采购项目	数量	金额	信 用 记 录			损失金额	等级
					品质	交货	短缺		

主管：　　　　　　　　　　　　　　　　　　　　　　　制表：

6.2　原材料验收管理

引例

　　北京全聚德集团公司非常重视原料的采购验收管理，对每批采购原辅材料都要进行在数量、质量、重量等方面的验证，做好采购验收记录；公司为每家在京的直营和特许连锁企业配备了一套便携式农药残留快速检测仪，用于果、蔬、茶、粮中农药残留的快速检测，严把食品原料的验收关，保证了提供的饮食产品的安全。

　　（资料来源：http://citybj.12312.gov.cn.）

　　思考：如何控制餐饮采购的验收环节，提高采购质量？

验收工作是十分重要的任务。原料采购之后，必须经过验收才可入库，验收工作必须迅速，必须注意所付出的代价与进货品质是否符合，原料规格是否符合当时采购的要求。验收工作完成后，需将验收结果填入事先印制好的报告表上，整个验收工作完成。食品原料的验收控制指食品原料验收员根据餐饮企业制订的食品原料验收程序，与食品质量标准检验供应商发送的或采购员采购的食品原料质量、数量、规格、单价和总额，将检验合格的各种原料送到仓库或厨房，并记录检验结果的过程。

6.2.1　验收员

挑选验收员的最好方法是从储藏室职工、食品和饮料成本控制人员、财会人员和厨工中发现人才。这些人员有一定的食品知识和经验,而且往往愿意通过从事验收工作积累管理工作经验。同时验收员这一职位绝不应该设在采购部,而要在餐饮企业的组织设计中由专人负责。企业应明确规定验收员、采购员、厨师长在对外交往中的权力,使三者处于独立的地位,这样才能使验收员排除干扰,严格按照规定检查。

一名合格的验收员应该具备以下素质。

(1)责任心强,具有较高的业务素质和品德修养。独立工作,严格把关,不受他人干扰。

(2)诚实可靠,不徇私舞弊,对企业忠诚。遇有特别情况及时向上级主管汇报请示,不擅自作主张。

(3)有丰富的食品原料知识。验收员一般可以从仓储部职工、餐饮成本控制人员或厨房工作人员中选择。

(4)熟悉财务制度。

餐饮企业应制订相应的培训计划,定期对验收员进行培训、提高其业务水平和道德素质。同时,应使验收员铭记:未经上级主管同意,任何人无权改变采购规格,遇到特殊情况及时向主管报告,不得擅自行事。

6.2.2　验收空间和设备

交货验收地点通常以合约指定地点为准,若预定交货地点因故不能使用而转移至他处办理验收工作时,应事先通知检验部门。饭店一般设有验收处或验收办公室。它的位置一般在饭店的后门或边门,这样送货车开到饭店后门就可以看到验收处,以便于验收。此外要有足够的空地便于卸货。

为使验收工作更有效率,要有适当的设备和工具。磅秤是验收部门最重要的工具。验收部门可配备重量等级不同的磅秤,各种磅秤都应定期校准,以保持精确度。有一种有记录的磅秤,可将货物的准确重量印在发票或收据上面,不仅可以节省人力,还可以减少手记数的错漏。验收办公室还应有直尺、温度计、小起货钩、纸板箱切割工具、铁榔头、铁皮条切割工具,一两把尖刀以及足够数量的公文柜。公文柜用以存放验收部门的各种表格,如"验收单""验收日报表"等。还有一种特殊设计的验收架,一些水果(如橙子等)可放在上面,察看是否有腐烂或斑痕。若质量没有问题,架子上的水果可漏下来,再装入容器。

6.2.3　原材料验收程序和方法

验收工作的准备十分重要,通常合约均载明供应商必须于某年某月某日前交货,并约定在交货前若干日先将交货清单送交买方,以利于买方准备验收工作,如安排储藏空间及拟定验收作业流程等,均需事先安排妥当,届时验收工作才能够顺利进行。

1. 确定科学的验收操作程序

根据验收的目的,验收程序主要围绕以下3个主要环节展开:核对价格;盘点数量;

检查质量。验收的程序分为以下 12 个步骤。

（1）当供货单位送来食品原料时，验收员首先将供货单位的送货发票与事先拿到的相应的"订购单"核对。验收员首先应核对送货发票上的供货单位的名称与地址，避免错收货和接受本饭店未订购的货物。其次是核对送货发票上的价格。若发票上的价格高于"订购单"上的价格，验收员要问清送货员提价的原因，并将情况反映给采购部经理、成本控制员或厨师长，无论退货还是不予退货，都要有厨师长和成本控制员在"货物验收单"上签字，表示责任。若供货单位送货时的价格低于"订购单"上的价格，验收员应请厨师长检查食品原料的质量，质量合格，厨师长在"验收单"上签名，验收员可按此价接受这批原料。

（2）检查食品原料质量。食品原料检验的依据是"食品原料采购规格标准"和"请购单""订购单"。因为在这些表中均有对采购的食品原料质量要求的描述。一套完整的"采购规格表"应贴在墙上或公示在特别的大块批示牌上，以便到货时核对参考。若发现质量问题，如食品原料腐烂、变色、气味怪异、袋装食品超过有效期、水果有明显斑痕等现象，验收部有权当即退货。

（3）检验食品原料数量。验收员根据"订购单"对照送货单，通过点数、称量等方法，对所有到货的数量进行核对。数量检查核对应注意下列事项：①先拆掉外包装再称量。②对于密封的箱或其他容器的物品，应打开一只做抽样调查，查看里面的物品数量与重量是否与容器上标明的一致，然后计算总箱数。但对高规格的食品原料仍需全部打开逐箱点数。③对于未密封的箱装食品原料，仍应按箱仔细点数或称重。④检查单位重量。除了称到货的重量外，还应抽查单位重量，检查单位重量是否在验收规格规定的范围之内。

（4）在发货票上签名。所有送货应有送货发票。送货员呈现给验收员的送货发票有两联，送货员要求验收员在送货发票上签名，将第二联还给送货员以示购货单位收到了货物。第一联交给付款人员。发票上面应该有价格，验收员要检查发票上的价格，避免产生错误，无论是有意还是无意的。

（5）填写验收单。验收员确定他所验收的这批食品原料的价格、质量、数量全部符合"订购单"或"食品原料采购规格书"后，可填写"验收单"。

验收单一式四份：第一联交验收处；第二联交储藏室；第三联交成本控制室；第四联交财务部。

（6）退货处理。若送来的食品原料不符合采购要求，应请示餐饮部经理或厨师长；若因生产需要决定不退货时，应由厨师长或有关决策人员在"验收单"上签名；若决定退货的话，应填写"退货单"。在退货单上填写所退货物名称、退货原因及其他信息，要求送货员签名。"退货单"一式三联：一联留验收部，一联交送货员带回供货单位；一联交财务部。设法通知供货单位，本饭店已退货，如果供货单位补发或重发，新送来的货物按常规处理。交货中有腐烂食品原料，退货之后，应向采购部有关人员报告，以便尽快找到可替代的供应来源或可能的生产办法，以减少生产部门的不便。

（7）"验收章"。验收员检查完食品原料的价格、数量、质量及办理完必要的退货之后，可在获准接受的食品原料的送货发票上盖"验收章"，并把盖了"验收章"的送货发票贴在"验收单"上,以便送往财务部。验收章内容有:饭店名称;验收员签名;验收日期。成本入账部门使用验收章有以下意义:①证实收到食品原料的日期;②验收员签名可明确责任;③管理人员签名表明已知道收到订购的食品原料;④食品控制师核对发票金额的正确性。

(8)在货物包装上注明发票上的信息。注在货物包装上的信息主要有:①收货日期,有助于判断存货流转方法是否有效;②购价,在存货时就不必再查询"验收日报表"或"发货票"。

(9)为所收到的肉类和海产品加存货标签。所有冷藏室的肉类和海产品等成本很高的食品原料,都必须系上"冷藏鱼肉食品标签"。肉类标签有正、副两联(也可上下或左右两联),正联由验收员用绳子扎在食品外包装或者直接拴在食品原料上。副联与"验收单"一起交成本控制办公室。

厨房领料之后,解下标签,加锁保管。原料用完之后将标签送食品会计师,核算当天鱼肉成本。食品成本控制师核对由其保管的下标签和厨房送来的副标签,根据未使用的标签,盘点存货。发现存货短缺,应分析是否存在偷盗,或者记错了金额。

(10)将到货物品送到储藏室、厨房。所收到的食品原料一部分被直接送到厨房或销售地点,称作"直拨原料"。另一部分被送到储藏室,称作"入库原料"。出于质量和安全方面的考虑,验收员应负责保证把货物送到储藏室。由供应单位的送货员直接把货物送入仓库置放的做法是不可取的。当送货员离去后,验收人员或本单位其他工作人员应把货物迅速搬到安全可靠的储藏室。验收员把"验收单"中规定的一联交给储藏室管理员,后者根据"验收单"再次验收,最后入库储存。为了便于进行食品成本核算,验收员在发票上明显的地方逐项注明哪一项是直接送厨房的,哪一项是送仓库的;或者根据不同的送货地点,使用不同颜色的发票,以方便送货,并凭此编制"验收日报表"。

(11)填写"验收日报表"和其他报表。验收完毕后,大多数大型企业要求验收员完成一张列明所有收货项目的表格,这张表格通常以供货商分类,以验收的顺序排列。表格之一是"验收日报表"。除了每种食品原料的价格栏目外,该表将成本分为三类:直拨、储藏室和杂项。杂项指不是食品原料的项目,如纸张和清洁用品,不属于食品原料的成本。

(12)将各种验收记录呈交给有关部门,并标明过期到达的货物。验收员在所有发票签字盖章,并把发票贴在"验收单"上,然后将贴着发票的"验收单"送至管理人员,管理员在发票上签字后送至成本控制师,由成本控制师核对发票数字的正确性。成本控制员检查完毕后,送交财务部,财务部会将有关数字填入采购日志内。当"验收单"还在验收员手上时,就可看出每日直拨成本,因为直拨成本是在食品原料一收到时就计入成本的,后面讲到日销售成本计算时,就可看出每日直拨成本是来自验收单的。由此我们不难看出建立验收程序的目的,是为了保证企业收到的货物是已订购的数量、已明确的质量和已报过的价格。不论是对大型企业来说还是对小企业来讲,这些步骤都是最基本的,也是通用的。控制体系越完备,就需越多的人员和设备,当然这样做也会增加成本。但是,即使是小型的个人业主制的餐饮企业也必须采用基本的步骤,以防止在验收过程中由于数量、质量和价格方面的问题造成成本过高。

食品原料的验收也可以通过专门的软件来进行,如图6-1所示。

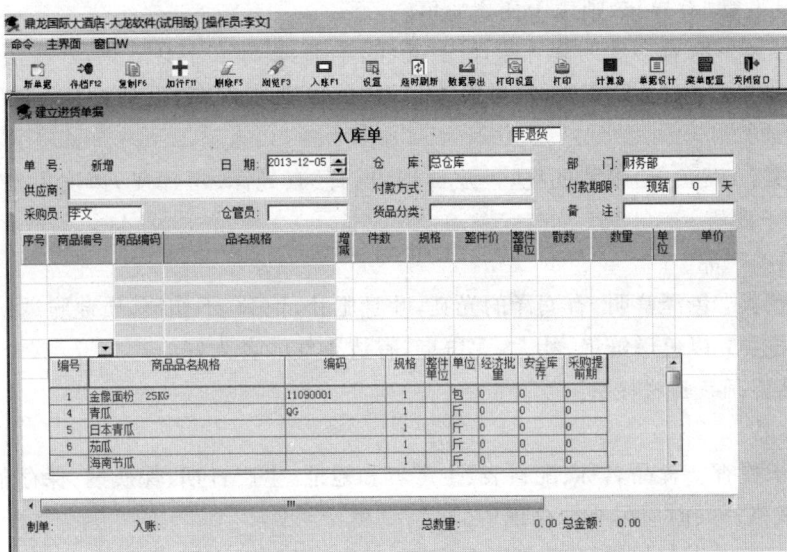

图 6-1　食品原料管理系统

2. 验收方法

验收方法一般采用以下几种。

（1）一般验收。一般验收又可称为目视验收，是指物品可以用一般的度量衡器具依照合同约定的数量予以称量或点数。

（2）技术验收。凡物品非一般目视所能鉴定者，则由专门技术人员利用仪器做技术上的鉴定。

（3）试验。试验是指特殊规格的物料必须做技术上的试验或须由专家复验方能确定质量。

（4）抽样检验法。对于物资数量庞大者，无法逐一检查或者某些物品一经拆封使用即不能复原者，均需要采用这种方法。

6.2.4　原材料验收要求

1. 生鲜类商品验收标准

生鲜类产品均应当日配送，包装物需卫生、干净、无毒、无害、符合包装材料卫生要求。

1）畜禽类产品

（1）猪肉：肌肉看上去光泽较好，且为红色或暗红色，脂肪必须是白色的，肌纤维比较有韧性，用手按下去，其凹陷部分容易恢复，味道闻起来正常，无异味。

（2）鸡/鸭：眼睛明亮饱满，形态完整，表皮颜色有光泽且皮肉结合紧密，肉质弹性好，按之可立即恢复，表面干湿度合适、不黏手，无异味。

2）水产品

（1）鱼类：由于鱼类品种颜色较多，鉴别时根据要求鉴别鲜度：鱼身颜色光度好，眼睛发亮且有光泽，鱼鳞亮且有光泽，鱼鳃颜色鲜红，鱼鳍坚硬。而鱼眼浑浊、凹陷，鱼身没有弹性,并且发黏、有异味,则属于变质的鱼。

(2)虾:鲜虾有着自然的腥香味,虾身光泽、丰满,摸起来不会软烂,虾身与虾头没有松脱。变质虾虾身暗淡,没有光泽,并且有氨臭味,虾头发红(但有的虾属于本身虾脑发红并不是变质)。

(3)足类:(鱿鱼等)眼睛明亮,外皮鲜艳、挺直、有光泽、不掉皮,掉皮后发干、发黏、有异味则属于变质。

3)蔬菜类产品

(1)叶菜类:色泽鲜明,有润泽的光亮,叶身肥壮,饱满,不伤痕,质地脆嫩。

(2)茎根类:以色泽鲜艳、壮大、无斑点,有清香气味者为好。

2.日配类商品验收标准

1)熟食品

(1)标识检查。食品名称、配料表、生产者和地址、生产日期、保质期、保存条件、食用方法、包装规格。同时应附有合格证明。

(2)外观检查。例如腊肠要求外表干爽,肌肉呈红色,脂肪呈白色,红白分明,有光泽,特点具有糖香、醇香和腊香。香肠肠衣干燥完整,并与内容物密切结合,坚实而有弹力,无黏液和霉斑。切面坚实而湿润,肉呈均匀蔷薇红色。无腐臭,无酸败。

2)冷冻品

冷冻品应用专用低温冷藏(冻)车运输,对冷冻类产品制订5%~10%的去水、去冰标准。

(1)外观检查。单件包装完整,无破损,封口严密。产品色泽均匀,形态完整,冻结坚实,无明显粗糙的冰晶,无气孔,不变形,不软塌,不收缩。具有该种应有的滋味和气味,无异味,无可见杂质。

(2)标识检查。检查产品名称、生产厂名及地址、净含量、生产日期、配料表、保存条件、保质期、食用方法,同时应附有检验合格证明。

3.副食品类商品验收标准

副食品的送货日期不得超过保质期的1/3(进口产品可适当延长为1/2)。

1)粮食加工品

粮食加工品是指以粮食为原料,不经过其他化学方法处理而加工制成的产品,包括面粉类(小麦粉、玉米粉、专用面粉等)、淀粉类(米淀粉、小麦淀粉、豆类淀粉等)、复制品类(挂面、方便面等)。

(1)面粉类。产品包装必须符合保质、保量、运输安全和分等储存的要求,严防霉变、虫蚀污染。产品标识应当标以下内容:产品名称、净含量或净重、等级、生产者的名称和地址、生产日期、产品标准编号、检验合格证明、保质期。

小麦粉必须加贴"QS"市场准入标志。

感官检查:形态呈粉末状,无杂质,用手捏无粗粒感,有正常气味、滋味,无霉变,无虫害,不结块,无酸味、苦味和异臭味。如面粉吸潮,则会发热霉变、成团、结块、有霉味、发酸变苦,有时还可出现生虫现象。

(2)淀粉类。外包装使用符合《食品卫生法》要求的白细布、纸、聚乙烯、瓦楞纸箱包装。包装材料必须具备下列质量要求。

清洁干净：未被食用淀粉以外的其他物品污染，无异味，符合食品卫生条件。

完整牢固：袋口缝制均匀、黏合严密、材质和缝口应能耐受装卸、运输和储存、不破漏。

包装上标示应鲜明清晰，包括以下内容：产品名称、生产厂名、厂址、净含量（kg）、等级、生产日期、产品标准号、检验合格证明、保质期。

感官检查：生产淀粉的原料不同，其色泽有所区别，小麦淀粉、白玉米淀粉、马铃薯淀粉色泽洁白有光泽（优等品、一级品）；二级品洁白或略带微黄色，无异味、无砂齿、无杂质。

（3）分装品类。包装分纸装、塑料袋装和盒装三种形式。包装需卫生、无毒、无害、符合包装材料卫生要求。包装必须整齐美观、不松散、无破损。

产品标识应当标注以下内容：产品名称、生产厂名及地址、净含量、生产日期、配料表、食用方法、保存条件、保质期、产品标准编号、检验合格证明。

感官检查：其色泽具有该产品的颜色，均匀一致，具有产品应有的气味、无酸味、霉味及其他异味；煮后口感不黏、不牙碜、柔软爽口。

2）食用植物油

食用植物油是以大豆、花生、芝麻、葵花子、油菜籽等植物种子为原料，经压榨、溶剂浸出精炼或用水化法制成的食用油脂。

（1）大豆油、花生油、菜籽油及精炼油等产品的标准为国家强制性标准。

（2）产品标识标注内容：产品名称、净含量、制造者的名称和地址、生产日期、产品标准编号、保质期、质量等级、检验合格证明；混合油应标注配料表；含有转基因产品的植物油必须在显著位置标明转基因成分；必须加贴"QS"市场准入标志。

（3）感官检查：具有不同种类植物油脂所固有的色泽、透明度、气味和滋味，无焦臭、酸败及其他异味。油脂酸败后，色泽变成深暗。加热实验（280℃）中，油色允许变深，但不得变黑。

一般常见的植物油掺假、掺杂现象，是往植物油中掺兑小米汤，投机者往往利用冬天天冷，油脂不易变质、易凝的情况掺入。掺入米汤的植物油颜色浅或呈浅黄色，因含水分过多，并含有杂质、蛋白质、油脂溶解物等的油脂，多呈混浊凝固、半凝固不透明状态，震荡时可出现丝条状混浊物。还有的在油中掺入其他植物油和矿物油，在采购识别时，需找质量监督检查部门判定。

3）调料类

（1）看包装：如果不是热收缩标签的专用包装，一定要注意，可能货物出自无名工厂，这样的产品质量是不能保证的。

（2）看包装袋印刷质量：色彩符合要求，字迹清晰，线条清爽，无毛刺、不重影。套印的图案不漏白，套印的文字在 0.5m 外看不偏差，更不能有错别字。

（3）测数据：规格的大小一般生产厂家都会根据客户的要求和瓶子形状做调整，比如宽度（折径）除了与瓶子形状有关外，还与客户所在的地理位置、用标的进度有关。但与客户确定好规格后，误差应当不超过以下标准：高度误差 0.1mm，宽度（折径）误差 0.5mm，厚度误差 0.002mm。数量要抽箱查捆扎数量，还有要查一查每捆的数量。

（4）看包装袋做工：质量管理过关的厂家在各工序上都严格把关。除了上述基本点外,还有重要一点,就是中缝胶粘要牢,不能无胶开裂。在粘接处不能有余料,否则收缩后变硬、粗糙,易划伤手,也影响美观。

4)干货类

有外包装的必须标明产品名称、配料表(单一制品可以免除)、净含量、制造者及经营者的名称和地址、生产(或分装、包装)日期、保质期或保存期、产品标准号。

无外包装的必须保证商品干净卫生、无杂质、无虫蚀虫蛀现象,保证商品干鲜,确保商品质量完好。

6.2.5 验收工作使用的表格

1. 一般验收报表

验收员日报表上列有数量、供应商名称、货品、单价、合计、总计等,最后即为"直接采购"与"仓库"两栏。所谓"直接采购"是指当日采购的食品于接受后 24 小时内使用且直接交厨房,并将价款计算于当日的食品成本内的食品。"仓库"一栏指送至仓库储存的货品在需要时按申请表分发给厨房使用。最后一栏为"杂项",指其接受的非食品,是为餐饮部所需要的物品,如清洁用补给品、纸张等。

2. 鱼类及禽类验收报告表

鱼类及禽类的验收员另有特别制度,除所有货品项目均列入验收单上外,另使用一种"鱼(禽)类标签"。此标签为一种活动的存货单。鱼(禽)类标签分上下两种"识别卡",每一种卡均记载其编号、日期、项目、供应商、每千克或每单位价格及总价。

标签之一栏应附于鱼肉上,另一半撕下送交食品控制室列账,当此鱼(禽)被使用后,应将此卡送至食品控制员,以便计算食品成本。食品控制员可依据已用或未用的标签算出现有存量。如标签遗失可能是已分发使用而尚未计算成本,另外此标签可作为鱼(禽)类接受日期的流动记录。可作为"食品先到先用"的有力辅助,也可以防止鱼(禽)类等储存过久。

原材料提货单如表 6-3 所示,退换货申请表如表 6-4 所示。

表 6-3 原材料提货单

————酒店

原材料提货单

餐饮部:————　　　　　　　　　　　　　　　　　　　　　　　日期————

品 名	单 位	数 量	单 价	金 额	备 注
⋮					

批准:————　　　　　　　发货:————　　　　　　　收货:————

备注:表格名称——提货单。

填写人:厨师长/酒水员;用途:领货。

联数:一式三联　①存根;②管事部;③餐饮部。

表 6-4　退换货申请表

申请单位：

日期：_____年_____月_____日

序号	物料名称	单位	数量	进货价格		供货单位	申请要求（退货/换货）
				单价/元	总额/元		

退换货原因说明：

店经理：_____

店管部审核意见：

管部经理：_____

最终处理意见：

6.3　餐饮原料储存与发放管理

引例

据统计，一家中等规模的餐厅，每月销售额在 100 万元左右，如果没有对食品原料存货进行很好的控制，初步估计成本浪费在 1% 以上，也就是一个月至少浪费 1 万元。厨房作为餐厅的核心部门，也是利润的创造部门。厨房要生产优质的、实惠的餐饮产品，也离不开对食品原料存货的有效控制。

（资料来源：http://www.iepgf.cn.）

思考：加强餐饮企业食品原料储存管理的意义是什么？

储存就是要保存足够的食物与饮料以使食物因腐败或被盗而招致的损失降至最低限度。更可以使用优良的储存设备而能在某种食物价格最低时，做充分的预先购存，以减少食物与饮料成本从而增加利润。仓库是食品原料的储存区域，也是餐饮成本控制的重要部门。食品原料的储存指仓库管理人员保持适当数量的食品原料以满足生产需要。它的主要工作是通过科学的仓库管理手段和措施，保证各种食品原料的数量和质量，尽量减少自然损耗，防止食品流失，及时接收、储存和发放各种食品原料并将有关数据资料送至财务部门以保证餐饮成本得到有效的控制。要做好食品原料储存工作，仓库管理人员首先应当制订有效的防火、防盗、防潮、防虫害等管理措施，掌握各种食品原料日常使用的消耗数量和动态、合理地控制食品原料的库存量以减少资金占用、加速资金周转,建立完备的货物验收、领用、发放、清仓、盘点制度和清洁卫生制度,科学地存放各种原料,使其整齐清洁,井井有条,便于收发和盘点。

6.3.1　餐饮原料储存管理

1. 仓储地点应具备的基本条件

(1) 能够提供有效组织货品和存放的空间。

(2) 能适应盘存数量的变化与需要弹性。

(3) 便于材料的收发、存储与控制。

(4) 减少仓储费用。

(5) 能按储存品的性质,予以适当分类以利盘存。

(6) 能考虑盘存的作业流程,如采用先进先出法。

(7) 能适应新型机械设备的操作。

(8) 采用适当的存储方式。

2. 仓储设施的标准

根据业务需要,食品仓库包括干货库、冷藏库和冷冻库,干货库存放各种罐头食品、干果、粮食、香料及一些干性食品原料。冷藏库存放蔬菜、水果、鸡蛋、黄油及那些需要保鲜及当天使用的畜肉、家禽和海鲜等原料。冷冻库将近期使用的畜肉、禽肉、水产品和其他需要冷冻储存的食品原料通过冷冻方式储存起来。通常,各种食品仓库都应设有照明和通风装置,都应规定各自的温度和湿度及其他管理规范等。各类型仓库的管理具体要求如下。

1) 干货食品仓库的管理

(1) 储存的各种货物不应接触地面。

(2) 储存的各种货物不应接触库内的各墙面。

(3) 非食物不得储存在食品库内。

(4) 除了粮食等原料,所有食品都应存放在有盖子和有标记的容器内。

(5) 货架和地面应当整齐、干净。

(6) 标明各种货物的入库日期,按入库日期顺序进行发放,执行"先入库先发放"的原则。

(7) 将厨房常用的原料存放在离仓库出口处较近的地方。

(8) 将带有包装的、重量大的货物放在货架的下部。

(9) 干货库的温度保持在 $10 \sim 30 ℃$,湿度保持在 $50\% \sim 70\%$,以保持食品的营养、味道和质地。

(10) 非工作时间要锁门。

2) 冷藏食品仓库的管理

(1) 将熟食品放在干净、有标记、带盖的容器内。

(2) 食品不要接触水和冰。

(3) 经常检查冷藏库温度。

(4) 保持冷藏库通风,将湿度控制在 $80\% \sim 90\%$。

(5) 食品原料不要接触地面。

(6) 经常打扫冷藏箱和冷藏设备。

(7) 标明各种货物的进货日期,按进货日期的顺序发料,遵循"先入库先使用"的原则。

(8) 每日记录水果和蔬菜的损失情况。

(9) 将气味浓的食品原料单独存放。

(10) 经常保养和检修冷藏设备。

(11) 非工作时间应锁门。

3) 冷冻食品仓库的管理

(1) 食品原料储存温度应低于-18℃。

(2) 经常检查冷冻库的温度。

(3) 在各种食品容器上加盖子。

(4) 用保鲜纸将食物包裹好。

(5) 密封冷冻库,减少冷气损失。

(6) 根据需要设置备用的冷冻设备。

(7) 标明各种货物的进货日期,按进货日期的顺序发料,遵循"先入库先使用"的原则。

(8) 保持货物与地面卫生。

(9) 经常保养和检修冷冻库。

(10) 非工作时间应锁门。

3. 食物的储存方法

餐饮食品原料储存的主要目的就是要保存足够数量,以备不时之需,并予有效保存,将食物因腐败所受的损失降至最低程度。因此,储藏室应有足够的空间,以方便作业,且室内要有良好的通风设备,随时保持干净。常见用以保藏食物的方法有下列几种。

1) 干燥法

利用天然的干燥法(日晒、风干)或人工的干燥法(脱水法),使食品中的水分蒸发,以达到干燥防腐的效果。例如,肉松、奶粉、葡萄干等。

2) 低温处理法

利用低温来储存食品。在低温的状态下,不但可以阻止微生物的生长,同时也可以抑制生鲜食品本身的酵素作用所引起的变化。这也是冬天较夏天容易保存食物的原因。低温保存法可分为冷藏法和冷冻法。

(1) 冷藏法。将食物置于0~10℃的冷藏室中;不适宜冻结的食物,如牛奶、鸡蛋、蔬菜、水果等最适合使用冷藏法保存;冷藏法最能保持天然的原有风味。一般而言,食物以冷藏法保存后最好在数天至2周内吃完。

(2) 冷冻法。将食物置于-18℃以下的冷冻室中,例如冷冻水饺就是利用冷冻法保存的;因为冷冻过程中的化学变化较少,因此可将食物储存数个月至一年;冷冻食品要特别注意维持恒定的低温。

3) 加热杀菌法

利用高温高热将附着在食品上的微生物杀死;加热杀菌对食物的营养价值、色泽、香味及组织皆有影响,一般而言,高温杀菌对食品成分的影响较小;将食物密封加热(罐装或瓶装),或是采用真空包装,则可储存较长的时间;平常我们常吃的罐头食品就是用加热杀菌法加以保存的。

4) 腌浸法

用盐、糖、醋等腌浸食物,如酱瓜、蜜饯等皆是腌浸食品。利用盐腌、糖腌等方法来保存食物,是我们的祖先常用的方法;醋腌则可以提高食物的酸度使细菌难以生存。除了以上所说的方法外,其他如添加防腐剂或是使用烟熏法(如鸭掌、腊肉),也是储存食物的方法。

4. 不同类别食物的储存方法

1) 肉类储存方法

生鲜肉营养丰富,微生物生长繁殖快,加上本身的酶,常温下非常容易腐败变质,因此需要低温冷冻保存,储存温度一般以−10～−18℃为宜。储藏之前要将肉和内脏清洗干净,沥干水分,装于清洁的塑料袋内,放在冻结层。若要用碎肉,应将肉清洗沥干后再绞肉。视需要分装于清洁的塑料袋内,放在冻结层。肉品在家用冰箱中储藏也会发生一些缓慢地变化,使肉质变劣,呈现所谓的橡皮肉,因此生鲜肉的储藏期一般不应超过半年。若置于冷藏层,其时间最好不要超过24小时,冷藏过的食品不宜再冷冻储存。肉类储存时间要求见表6-5所示。

表6-5　肉类储存时间要求

种　类	时　间	种　类	时　间
切成大块的肉(如牛排)	6～12个月	烟肉和熏肉	1个月
碎肉	3个月	热狗、午餐肉和薄片肉	1～2个星期
煮熟的肉	1～2个月		

2) 鱼类储存方法

餐饮企业常见的鱼类储存法是将鱼除去鳞、鳃和内脏,冲洗干净,沥干水分,以清洁食品袋套好,放入冷藏柜,但不易保存太久。除此之外,还有以下多种储存鱼类的方法。

(1) 除内脏盐水浸泡法。可在不水洗、不刮鳞的情况下,将鱼的内脏掏空,放在10%的食盐水中浸泡,可保存数日不变质。

(2) 芥末保鲜法。取芥末适量涂于鱼体表面和内腔部位(已开膛),或均匀地撒在盛鱼的容器周围,然后将鱼和芥末置于封闭容器内,可保存3天不变质。

(3) 热水处理法。把鲜鱼去除内脏后,放入将开未开的热水(80～90℃)中,稍停便捞出,此时,鲜鱼的外表已经变白,再放在冰上储存,可比未经热水处理过的鲜鱼保存时间延长一倍。

(4) 蒸汽处理法。把鲜鱼清洗干净,切成适宜烹饪的形状后,装入透气的食品袋内。将整袋鱼放在热蒸汽中杀菌消毒后,可保鲜2～3天。

(5) 酒类处理法。把鲜鱼嘴撬开,将白酒滴入嘴中,放于阴凉通风处可防止腐败变质。在收拾好的鲜鱼身上切几条刀花,然后,将适量啤酒倒入鱼肉中和鱼体内腔,可在烹饪前保质保鲜。

(6) 活鱼冷冻法。将鱼直接放入冰箱或冰柜冷冻。待食时取出解冻,鱼质似活鱼般新鲜。

海鲜类其他产品储存方法见表 6-6。常见海产品保存期如表 6-7 所示。

表 6-6 海鲜类其他产品储存方法

食 物	储 存 方 法
龙虾	用盐烹煮,放进沸水中 8~10 分钟,放进袋子或者容器中,然后用盐水覆盖;冷藏;在用之前,再煮沸 8~10 分钟
干贝	洗净,除去沙石和壳,沥干水,放进袋子或者容器里面,然后在其上面覆盖一层盐水;冷藏
蛤和蚌类	洗净,用水冲直至其打开;去掉外壳;用盐水覆盖并冷藏
大虾	可保留外壳;简单地将大虾放进容器里面,用水覆盖.然后放进冷藏器
鱿鱼和章鱼	冷冻使肉更加柔嫩;洗净,将它们放进密封袋里,然后放进冷藏器
蚝	洗净,不需去壳,覆盖蚝排出的液体,然后冷藏;蚝也可以在加入冰块的碟子里面单独冷藏(保存在它们的体液里面)

表 6-7 常见海产品保存期

食 物	时 间	食 物	时 间
油炸的鱼	最多 3 个月	蚝	最多 6 个月
烟熏鱼	最多 3 个月	大虾	最多 3 个月
其他的鱼	最多 6 个月	鱿鱼和章鱼	最多 3 个月

3) 乳制品储存方法

乳制品品种不同,在储藏保管上也有不同的要求。

奶粉、麦乳精容易受潮结块变质,所以开罐或食用后应立即盖紧密封(塑料袋装的启封后应立即装入瓶内),存放在干燥、阴凉通风的地方。

炼乳开罐后不宜久放,最多一星期内吃完。夏天天气炎热,食用时间更要缩短,以免变质。

消毒乳等最好当天购买,当天饮用。一般冬天最长不超过 8 小时,夏天 1~2 小时内就要处理完毕。

奶油一次吃不完的,最好要放入冰箱内保管,最多不能超过一星期。各种乳制品,听装的正常保存期限为 1 年,瓶装一般不超过 9 个月。

鲜牛奶冷藏的最佳温度为 2~4℃。

发酵乳、调味乳和乳酪类,应放置冰箱冷藏室中,温度在 5℃ 以下。

冰激凌类应置于冰箱冷冻库中,温度在 −18℃ 以下。

乳制品极易腐败,因此应尽快饮用,如瓶装乳最好一次用完。

4) 蔬果类储存方法

叶菜类蔬菜,如菠菜或茼蒿之类的蔬菜,以叶片无黄色斑点、鲜翠亮丽,根部肥满挺直为首选。如果是用来做沙拉生吃,最好选择柔嫩的叶片。在冷藏前先用报纸包起来，既可保湿，又可避免过于潮湿而腐烂，然后将根部朝下直立摆放在冰箱蔬果保鲜室储存。

白菜、菠菜、芹菜、胡萝卜、桃、葡萄、苹果等适宜在4℃保存。不过，这些果蔬刚买回来时，最好不要立即放入冰箱，因为低温会抑制果蔬的酵素活动，从而使残毒无法分解。所以，以上果蔬最好在室温环境存放一天再放入冰箱。

含水量较多的果蔬或热带水果，如番茄、黄瓜、柿子椒、荔枝等，最好保存在冷藏室的抽屉中，而且不宜久存。由于含水量较多，这些果蔬长时间冷藏后会出现变黑、变软、变味现象。

并不是把所有的蔬菜一股脑儿扔进冰箱就能保鲜。冰箱内的蔬果保鲜室应维持在6℃左右，如果温度过低，像番茄、茄子类的蔬菜就会冻伤，导致变色变味。因此，将不同蔬果不同的保存温度弄清楚，才能妥善地储存蔬果。

冰箱蔬果保鲜室（4℃）：适宜保存除可置于阴凉处以外的蔬菜如小黄瓜、四季豆等。

冰箱冷藏室（6℃）：适宜保存分切过的蔬菜。

阴凉处（16℃）、冬季室温：适宜保存甘薯类，如马铃薯、红薯，带泥的蔬菜如胡萝卜，以及南瓜、洋葱等。

除夏天外的常温（22℃）：适宜保存香蕉、凤梨等热带水果。

保存水果除要注意储藏温度外，还要讲究以下储存方法和技巧。

一般来说，适合水果的保存温度为7～13℃。硬皮水果，如西瓜、凤梨、哈密瓜等水果，建议直接放进冰箱中；苹果、梨子、杧果等薄皮和软皮的水果，要以塑料袋或纸袋装好，防止果实的水分蒸散。可在塑料袋扎几个小孔，保持透气，以免水汽积聚，造成水果腐坏。较特别的是荔枝和龙眼，如果长时间冰在冰箱内，外壳会干硬，并影响到果肉风味，所以建议在装入塑胶袋前，先在水果上喷洒少许水分，再放进冰箱，就可以保持果肉的新鲜口感。不是每一种水果都适合放进冰箱保鲜。有些水果天生"怕冷"，像一些原产于热带的香蕉、杧果、木瓜等，放入冰箱反而会受"冷害"，造成果皮上起斑点或变成黑褐色，破坏水果品质和风味。

5）谷物类储存方法

米面的保质期常温下是6～12个月不等。储存粮食的最佳温度为8～15℃，如果是在北方，只要不放在高温潮湿的地方，正常储藏条件下可储存24个月。不过，米面一旦发了霉，就绝对不能再食用了。

（1）大米的储存方法。以下主要介绍大米的几种储存方法。

① 视米的多少按1∶120的比例取花椒，用纱布包成若干小包，混放米缸内，加盖密封。

② 按1∶100的比例，取适量茴香，用纱布包成小包，在大米里放2～3包，加盖盖严。

③ 取干透的檀香，劈成小条块，插在米缸内，加盖盖严。

④ 取干大蒜、姜片若干，混放在大米缸内。

⑤ 大米存放处，必须保持干燥，盛米器皿不可全装满，上面留一定空间，放上防蛀物，效果更佳。

（2）面包糕点的储存方法。根据季节不同，面包糕点有不同的保质期，一般冬季7

天,春秋季 3～5 天,夏季 1～2 天。如果面包保存不当,隔天就有可能滋生霉菌。这时,即使没到保质期也要坚决扔掉。

6) 蛋类储存方法

鸡蛋是有保质期的,但没有固定的保质期。在温度 2～5℃ 的情况下,鸡蛋一般能放 1 个月左右,冬季室内常温下为 15 天,夏季室内常温下为 10 天。通常每过一星期蛋类的质量就会下降一个等级,但是仍然是可以食用的。冰箱保存鸡蛋要注意,不要水洗,有污物的鸡蛋可以先用温水浸过的半湿毛巾擦一遍,然后大头朝上小头朝下,竖着放在冰箱里,能保鲜较长时间。在鸡蛋的表面均匀地涂上一层食用油,或用保鲜膜包裹后放入冰箱,都可防止蛋壳内的水分蒸发,阻止外部细菌侵入蛋内。

7) 油脂类储存方法

(1) 油脂类应存放在干燥阴凉处,不要让阳光照射到,也不要靠近炉火,并且不要存放太久。

(2) 开封使用后要盖好盖子,以免异物进入。

(3) 使用过的油要另外存放,不可倒入新油中,以保持油的新鲜。

8) 罐头食品的储存方法

罐头将空气、水、细菌完全隔离,真空密封,在此状态下经高温杀菌,其安全性更好,储存时间比较长。罐头依据包装材料不同,有马口铁罐头、玻璃瓶罐头、铝制罐头、复合塑料薄膜软罐头。

罐头食品应储存在通风、阴凉、干燥的地方,一般相对湿度要求 70%～75%,温度在 20℃ 以下,以 1～4℃ 为最佳保存条件。各类罐头的保质期分别为:鱼、肉、禽类 24 个月;果蔬类 15 个月;油炸干果、番茄酱 12 个月。

9) 酒类的储存方法

(1) 白酒的保存。瓶装白酒应选择较为干燥、清洁、光亮和通风较好的地方,相对湿度在 70% 左右为宜,温度较高瓶盖易霉烂。白酒储存的环境温度不宜超过 30℃,严禁烟火靠近。容器封口要严密,防止漏酒和“跑度”。

(2) 黄酒的保存。黄酒的包装容器以陶坛和泥头封口为最佳,这种古老的包装有利于黄酒的老熟和提高香气,在储存后具有越陈越香的特点。保存黄酒的环境以凉爽、温度变化不大为宜,保存温度 4～15℃,在其周围不宜同时存放异味物品,如发现酒质开始变化时,应立即食用,不能继续保存。

(3) 啤酒的保存。保存啤酒的温度一般在 0～12℃ 为适宜,熟啤酒温度在 4～20℃,一般保存期为两个月。保存啤酒的场所要保持阴暗、凉爽、清洁、卫生,温度不宜过高,并避免光线直射。要减少振动次数,以避免发生混浊现象。

(4) 果酒的保存。桶装和坛装最容易出现干耗和渗漏现象,还易被细菌侵入,故须注意清洁卫生和封口牢固。温度应保持在 8～25℃,相对湿度 75%～80%。不能与有异味的物品混杂。瓶酒不应受阳光直射,因为阳光会加速果酒的质量变化。

(5) 药酒的保存。有些泡制药酒的成分由于长期储存和温度、阳光等的影响,会使原来浸泡的物质离析出来,而产生微混浊的药物沉淀,这并不说明酒已变质或失去饮用价值,但发现有异味就不能再饮用了。因此,药酒的保存期不宜太长。

(6) 葡萄酒的保存。保存红酒最忌讳的是温度的强烈变化,如果购买的时候是处于常温之下,购买后也应保存于常温之下。若客人订餐时提出要饮用冰镇过的葡萄酒,于饮用前冰冻即可。如果将葡萄酒储存于冰箱中,只适合存放于温度变化较小的冷藏室内。最理想的长期的储存环境是12~14℃,保持恒温,湿度在65%~80%,保持黑暗,一般酒都放置于地下室。保持干净,以免其他异味渗入酒内。一瓶葡萄酒放入冰箱后,经过1小时,酒温便会下降10℃,一般只要将红葡萄酒放入冰箱1小时,酒温就会降至20℃以下。假如忘记了红葡萄酒在冰箱内存放了多久,也不用担心,只要将红葡萄酒取出,开启并倒入杯中,隔30分钟左右,该红葡萄酒的温度便约为20℃,即所指的"室温"。白葡萄酒放入冰箱中2小时或装有冰水的酒桶中20分钟便足够。

6.3.2 原材料盘存管理

1. 盘存的概念及注意事项

所谓食品原料的盘存制度是酒店按照一定的时间周期,如一个月或半个月,通过对各种原料的清点、称重或其他计量方法确定存货数量。采用这种方法可定期了解餐厅的实际食品成本,掌握实际食品成本率,再与酒店的标准成本率比较,找出成本差异及其原因,采取措施,从而有效地控制食品成本。食品仓库的定期盘存工作一般由酒店的会计师负责,由会计师与食品仓库管理人员一起完成这项工作。盘存工作的关键是真实和精确。餐饮的原材料,由库房办理收料、发料手续,在各经营点直接消耗,到月末结算时,经营点一般都会有剩余物资,如果忽视了这部分物资管理而形成一部分账外物资,就会造成物资流失,给企业带来损失。按照会计核算的要求,每期核算,要如实反映生产经营的消耗,不能以领代耗,盘存不能流于形式,应当制定严格的存货盘存制度,由成本核算员、保管员、部门经理组成盘存小组,对各经营点、库房按月进行盘点,按实计耗,该计量一定要过秤,盘存后经三方签字,会计核算才能认可。

2. 库存食品原料的计价方法

由于食品原料的采购渠道、时间及一些其他因素,某种相同原料的购入单价不一定完全相同。这样,餐饮企业在计算仓库存货总额时,需要采用几种计价方式处理这些烦琐的数字。为了提高工作效率,它们常选用和固定一种适合自己企业的计价方法来计算库存原料的总额,以保证食品成本核算的精确性、一致性和可比性。下面介绍几种原材料的计价方法。

1) 实际进价法

有些餐饮企业在库存的原料上粘贴或挂上货物标牌,标牌上写清进货的价格,用标牌上实际进货的单价来计算库存原料的成本总额。

例如,某餐饮企业在10月份购进凤梨罐头,各项货物的购进单价如下。

10月5日进货80听;单价:4.5元/听。

10月15日进货85听;单价:4.7元/听。

10月25日进货90听;单价:4.8元/听。

如果月底结存100听,根据货物标牌,其中10月5日进货剩余20听,10月15日进货剩余30听,10月25日进货剩余50听,则利用实际进价法月底凤梨罐头的库存价

值为

$$20×4.5+30×4.7+50×4.8=471(元)$$

2）先进先出法

先进先出法指先购买的食品原料先使用，由此将每一次购进的食品单价作为食品仓库计价的依据。这种计价方法需要识别是哪一批购进的食品原料，工作比较烦琐。即先购进的价格，在发料时先计价发出，而月末库存则以最近价格计价。在上例中，若以先进先出法计价，则月末罐头的库存额为

$$90×4.8+10×4.7=479(元)$$

3）后进先出法

当食品价格呈现增长趋势时，餐饮企业把最后进库的食品原料单价作为先发出至厨房使用的单价，而将前一批购进的价格比较低的食品原料计算在仓库储存总额中的计价方法。当然，发送厨房的实际原料并不是最后一批的，仍然是最先购买的。使用这一计价方法可及时地反映食品原料的价格变化，减少仓库食品储存总额，并及时地避免餐饮企业的经济损失。在上例中，若以后进先出法计价，则月末罐头的库存额为

$$80×4.5+20×4.7=454(元)$$

4）平均单价法

平均单价法是在盘存周期，如一个月为一个周期，将食品原料的各种不同的单价平均，然后，将得到的平均单价作为计价基础，再乘以它的总数量，计算出各类食品原料的储存总额的方法。它的计算方法为

$$某种食品原料的平均单价=\frac{本期结存余额+本期收入额}{本期库存数量+本期收入数量}$$

上例中利用此方法计价，其罐头的平均单价为

$$\frac{80×4.5+85×4.7+90×4.8}{80+85+90}=4.583(元/听)$$

月末库存额为

$$100×4.583=458.3(元)$$

5）最后进价法

最后进价法是一律以最后一次进货的价格计算库存的价值，这种方法计价最简单，如果库房没有一套完整的记录制度，或者为了节约盘存时间，可采用最后进价法。但是利用最后进价法计算出来的库存值不太准确。在上例中，利用最后进价法计价，其价值为

$$100×4.8=480(元)$$

用上述五种方法计价，会使月末库存原料的价值不一。因此，餐饮企业必须遵照有关财务制度的规定，选定一种计价方法，并统一按该计价方法计算，不得随意改变，否则会引起财务报告前后不一致。

餐饮原料的库存也可以通过专门的管理软件来进行科学管理，提高管理效率，如图 6-2 所示。

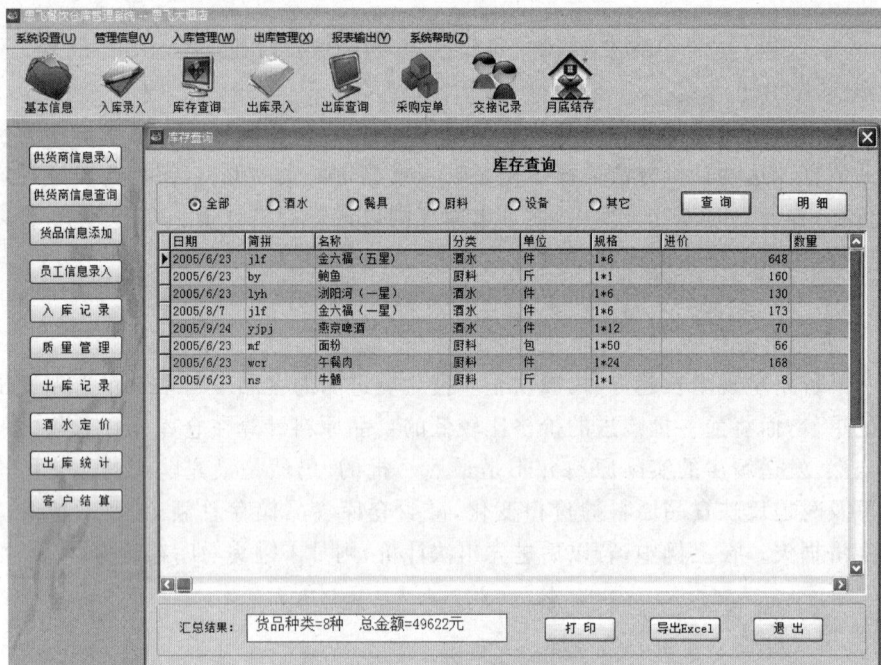

图 6-2　餐饮原料库存管理系统

6.3.3　原材料发放与领用管理

食品原料的发放是食品原料储存控制中的最后一项管理工作,是指仓库管理员按照厨师长和厨师领班签发的领料单上各种原料的品种、数量和规格发放给厨房的过程。食品原料的发放控制关键在于工作认真。所发放的原料一定要遵照领料单中的品名和数量等各种要求执行。

1. 食品原料的直接发放控制

食品原料的直接发放控制是仓库验收员或管理员把刚验收过的新鲜蔬菜、水果和活的水产品原料直接发放给厨房,由厨师长和厨师领班验收并签字。由于这些原料是每天必须使用的,因此,餐厅每天将采购的鲜活的食品原料以直接发放的形式向厨房提供。

2. 食品原料储藏后的发放控制

干货和可冷冻储存食品原料不需要每天采购,可以根据餐饮企业的经营策略一次购买数天的使用量,将它们储存在仓库中,待厨房需要时,根据领料单的品种和数量发放至厨房,厨房中的许多食品原料来自食品仓库。

3. 食品原料领料单

厨房向仓库领用任何食品原料都必须填写领料单(见表 6-8)。领料单既是厨房与仓库的沟通媒介,又是餐饮成本控制的一项重要工作。通常,食品原料领料单一式三联。厨师长根据厨房的生产需要填写后,第一联交与仓库作为发放原料的凭证,第二联由厨房保存,用以核对领到的食品原料,第三联交给餐饮企业的成本控制员保存。领料单的内容应包括领用部门、领料品种和数量、单价和总额、领料日期、领料人等内容。厨房领用各种食品的原料必须经厨师长在领料单上签字才能生效,尤其是较为贵重的食品原料。有时,领用一般日常使用的食品原料,只要领班签字。领料单不仅作为领料凭证,它还是食品成本控制的基础资料。

表 6-8　领料单

单号: _____　　　　　　　　　　　　　　领用部门: _____

日期: _____年___月___日　　　　　　　　　　用途: _____

| 序号 | 物料名称 | 物料规格 | 单位 | 数　量 | | 领用时间 | 备　　注 |
				请领数	实发数		

申请人: _____　　　　库管员: _____　　　　店经理: _____

备注: 表格一式三联,一联仓库,一联财务,一联部门留存;每联用不同颜色。

检测

1. 食品原材料采购有哪几种方式? 简述采购程序。

2. 如何确定采购产品的质量和数量?

3. 验收程序的主要内容是什么? 验收工作可以采用哪些方法?

4. 某餐厅牛排的进货日期和价格如下:

5 月 1 日　　　月初结存　　　35 千克　　　8.5 元/千克

5 月 8 日　　　购进　　　　　120 千克　　　8.7 元/千克

5 月 18 日　　　购进　　　　　110 千克　　　8.8 元/千克

5 月 28 日　　　购进　　　　　100 千克　　　8.6 元/千克

到 5 月 31 日,库存牛排的结存量为 110 千克,根据货品标牌表示,其中有 5 月 8 日购进的为 7 千克,5 月 18 日购进的为 32 千克,5 月 28 日购进的为 71 千克,请按照以下各种方法计算月末余额。

(1) 实际进价法;

(2) 先进先出法;

(3) 后进先出法;

(4) 平均单价法;

(5) 最后进价法。

第7章

厨房生产管理

目标

- 知晓厨房卫生与安全管理的各项规定;了解组织机构的类型;掌握质量管理的概念和方法。
- 能控制厨房生产,提高厨房产品质量。

导读

厨房是饭店的一个重要组成部分,厨房管理也是饭店管理中的一个重要单元。厨房管理水平对菜肴质量、餐饮成本、餐厅服务质量、宾客满意度和饭店的经济效益有着举足轻重的影响。通过本章的学习,学生可以对厨房环境设计与布局、组织机构和岗位职责、生产管理、质量管理、卫生与安全管理等内容进行了解。

7.1 厨房组织机构

引例

　　G餐馆是江苏省某市一家私营餐馆,该餐馆开业一段时间后,经营状况每况愈下,为此餐馆专门成立了工作小组研究对策。工作小组经过分析,认为厨房布局存在严重影响工作效率的问题。

　　首先是海鲜池的位置不当,远离粗加工区。其次,打荷(炉头助手)与划菜员的工作距离太远,打荷的大部分时间花在将烹制好的菜肴运送到划菜处上,而很少有时间来组织菜肴的最后烹制。最后,打荷的工作区域面积太小。工作繁忙时,打荷没有足够的工作桌面来摆放墩头传过来的待烹制菜肴,有时甚至只能将这些菜肴胡乱堆放起来,根本无法确定哪个菜先烹制哪个菜后烹制,这就导致了前面提到的相对速度较慢。所以餐馆组织有关工程技术人员对发现的这些问题进行改进。经过这次改进,该餐馆的上菜速度明显提高,顾客投诉减少,营业额也开始回升。

　　思考: 厨房的组织机构的设置对于厨房的生产有哪些影响? 为什么会有这些影响?

7.1.1　厨房类型

厨房是指以生产经营或为企业配套为目的、为服务顾客而进行菜点制作的生产场所,要有一定数量的生产工作人员、生产所需的设施设备、生产空间和场地、烹饪原材料等要素。

厨房按照其规模、餐饮风味类别、功能的不同,可作以下分类(见表 7-1～表 7-3)。

表 7-1　按厨房规模大小划分

类　型	概　念	规　模	功　能
大型厨房	生产规模大、能提供众多宾客同时就餐的厨房	经营餐位在 1500 个以上的大型饭店或餐饮企业	由多个不同功能的厨房综合而成;各厨房分工明确,协调一致,承担饭店大规模的生产出品工作
中型厨房	生产规模较大、提供众多宾客同时就餐的厨房	提供 500 个餐位左右宾客用餐	加工、生产与出品等集中设计,综合布局
小型厨房	生产规模一般,提供众多宾客就餐的厨房	服务 200～300 个餐位宾客用餐	各工种、岗位集中设计,综合布局设备,占用场地面积大且规整,其生产的风味比较专一
超小型厨房	生产功能单一,服务能力十分有限的厨房	现场烹饪的明炉、明档,饭店豪华套间或总统套间内的小厨房等	多与其他厨房配套完成生产出品任务

表 7-2　按餐饮风味类别划分

类　型	经营风味	特　点
中餐厨房	苏菜厨房、鲁菜厨房、粤菜厨房、川菜厨房、宫廷菜厨房等	设计风格、布局、厨具设备、烹饪技巧等方面都具独特性,更加注重传统文化的体现和烹调技巧的传承,具有浓厚的历史文化底蕴
西餐厨房	法国菜厨房、美国菜厨房、俄国菜厨房、意大利菜厨房	开放式设计、实用设备和材质、更强调功能性和实用性;宽敞明亮、设备现代化、整洁美观,以及注重审美
其他风味菜厨房	日本料理厨房、韩国烧烤厨房、泰国菜厨房等	多以现代为主,对冷藏设施设备要求更高,多功能一体化

表 7-3　按厨房生产功能划分

类　型	承担任务	特点与要求
加工厨房	负责各类烹饪原料的初步加工,干货涨发,原料刀工处理和原料的保藏、保鲜等工作	要考虑食品加工的流程和效率;从接收食材、处理原料到加工成品,必须流畅无障碍;需易于清洁的材料和设备,以确保厨房环境的卫生标准;空间合理,避免拥挤和堵塞
零点厨房	专门用于零点餐厅生产烹调制作菜点	需要有足够的设备和场地;方便菜点的制作;菜点品种较多,按时出品

续表

类 型	承 担 任 务	特 点 与 要 求
宴会厨房	为宴会厅生产服务,保证宴会规格和档次,负责各类大、小宴会厅和多功能厅所需菜点生产	明亮、通风、干燥、防潮、安全、卫生;经营品种的多样化,厨房的大小需要与设备的供餐能力相匹配
中央厨房(中心厨房)	负责中央厨房菜点研发、生产、采购、加工配送	规模较大,设备先进,存储空间和加工空间较大,可根据市场已有的预订,批量进行采购、加工生产,装箱装盒配送
快餐厨房	加工制作快餐食品	多配备炒炉、油炸锅等便于快速烹调出品的设备。其成品多较简单、经济,生产流程的畅达和高效节省是其显著特征
面点厨房	加工制作面食、点心及主食类食品,或甜品和巧克力小饼等制作	要有足够的生产空间;配备相应的面点制作与烹制设备;抽排油烟和蒸汽效果好
冷菜厨房	加工制作、出品冷菜	多为先加工烹制,再切配装盘,故冷菜间的设计,在卫生和整个工作环境温度等方面有更加严格的要求
咖啡厅厨房	负责供应咖啡厅菜肴,兼备房内用膳制作出品的功能	品种多为普通菜肴和饮品,设备配备相对较齐,生产出品快捷
烧烤厨房	专门加工制作烧烤菜肴	由于加工制作与热菜、普通冷菜程序、时间成品特点不同,故需要配备专门的制作间

7.1.2 大型厨房组织机构

大型厨房机构多为大型餐饮企业或大型综合型饭店厨房机构,其特点是集中设立,并特别强化主厨房的职能,由主厨房加工、提供各烹调厨房半成品原料。根据餐饮企业规模,分设若干烹调厨房,领用主厨房原料,进行烹制出品。集中与分散有机结合,既便于控制加工规格、计算原材料成本,又一定程度上保证了各烹调厨房的卫生和出品质量。

7.1.3 中小型厨房组织机构

1. 中型厨房组织机构

中型厨房的组织机构可分为两种:一种是兼有中、西餐功能的综合型饭店的厨房机构,通常分为中菜、西菜两部分,厨房的规模不是很大,除了加工工作合并、集中设计外,每个厨房具有相对独立、全面的多种生产功能;另一种是只有中餐功能的单一型饭店的厨房组织机构,其机构的特点在于岗位分工细致,职责明确,便于基层督导和监控管理。

2. 小型厨房组织机构

小型厨房规模小,因此机构也比较简单,设置几个主要的职能部门即可,加工直接隶属于切配,可不单独设组。更小的厨房可不设部门而直接设岗。

7.1.4 厨房设计布局

厨房设计布局是指根据餐饮企业的经营需要,对厨房各功能所需面积进行分配,对其所需区域进行定位,进而对各个区域、各个岗位所需的设备进行配置的计划和安排。为每一位员工提供足够的工作空间,厨房人员在厨房内的占地面积不得小于每人1.5平方米。

1. 厨房布局类型

厨房布局类型主要有直线型、相背型、L 形、U 形等（见表 7-4）。

表 7-4　厨房布局类型与特点

布局类型	布 局 特 点	适 用 范 围
直线型布局	所有炉灶、炸锅、蒸炉、烤箱等加热设备均作直线型布局，集中供应制作，集中吸排抽烟	适用于高分工合作，场地面积较大，相对集中的大型餐馆与饭店的厨房
相背型布局	将烹炒设备和蒸煮设备分别以两组的方式背靠背地组合在厨房内，中间以一矮墙相隔，置于同一抽排烟罩下，厨师相对而站，进行操作	设备集中，分工不是太细的厨房
L 形布局	将设备沿墙壁设置成一个犄角形，通常是把煤气灶、烤炉、扒炉、烤板、炸锅、炒锅等常用设备组合在一边，把另一些较大的如蒸锅、汤锅等设备组合在另一边，两边相连成一犄角，集中加热排烟	一般酒楼或包饼房、面点间等
U 形布局	将工作台、冰柜以及加热设备沿四周摆放，留一出口供人员、原料进出，甚至连出品亦可开窗口接递	设备多而所需生产人员不多，出品较多的厨房，如冷菜间

2. 厨房作业间设计布局

餐饮企业为了生产、经营的需要，将厨房不同的工种相对集中、合一的作业场所，通常设立加工厨房，中餐烹调厨房、冷菜、烧烤厨房，面点厨房，西餐厨房等（见表 7-5）。

表 7-5　厨房作业间设计布局要领

厨房类型	布 局 要 领
加工厨房	1. 应设计在靠近原料人口并便于垃圾清运的地方 2. 应有加工本餐饮企业所需的全部生产原料的足够空间与设备 3. 加工厨房与各出品厨房要有方便的货物运输通道 4. 不同性质原料的加工场所要合理分隔，以保证互不污染 5. 加工厨房要有足够的冷藏设施和相应的加热设备
中餐烹调厨房	1. 厨房与相应餐厅要在同一楼层 2. 须有足够的冷藏和加热设备；抽排烟气效果要好 3. 菜肴配份与烹调原料传递要便捷 4. 要设置宰杀活鲜、刺身制作的场地及设备 5. 从烹调到备餐快捷
冷菜、烧烤厨房	1. 备两次更衣空间或场所 2. 设计成低温、消毒、可防鼠虫的环境 3. 设计配备足够的冷藏设备 4. 紧靠备餐间，并提供出菜便捷的条件
面点厨房	1. 单独分隔或相对独立 2. 要配有足够的蒸、煮、烤、炸设备 3. 抽排油烟、蒸汽效果好 4. 便于与出菜沟通，便于监控、督查
西餐厨房	1. 扒炉位置合理，便于客人观赏，不破坏餐厅的整体格局，形成制作表演与欣赏品尝于一体的氛围 2. 扒炉上方应装有脱排油烟设施，防止油烟污染、破坏餐厅环境

3. 厨房相关部门设计布局

厨房相关部门（场地）设计布局主要包括备餐间，洗碗间，热食明档、餐厅操作台等设计（见表 7-6）。

表 7-6　厨房相关部门设计布局要领

内　容	布 局 要 领
备餐间设计	备餐间是指配备开餐用品、保障顺利开餐的场所。其设计要领为：备餐间应处于餐厅、厨房过渡地带；厨房与餐厅之间采用双门双道；备餐间应有足够的空间和设备
洗碗间设计	应靠近餐厅、厨房，并力求与餐厅在同一平面；洗碗间应有可靠的消毒设施；洗碗间通、排风效果要好
热食明档、餐厅操作台设计	通常为餐厅煲汤、餐厅氽灼时蔬、餐厅（包括自助餐厅）布置操作台现场表演、制作食品等场所。设计要整齐美观，进行无后台化处理；简便安全，易于观赏；油烟、噪音不扰客；与菜品相对集中，便于顾客取食

7.2　厨房生产管理与质量控制

厨房产品大多要经过多道工序才能生产出来。概括地讲，厨房生产流程主要包括加工、配份、烹调三大阶段，加之点心、冷菜相对独立的两大生产环节，构成了生产流程管理的主要对象。厨房生产管理是厨房计划、组织、协调、控制生产活动的综合管理活动。内容包括厨房生产计划、生产组织以及生产控制。通过合理组织厨房生产过程，有效利用生产资源，经济合理地进行生产活动，以达到预期的生产目标。

7.2.1　厨房生产计划管理

厨房生产计划，是关于餐饮企业厨房生产系统总体方面的计划。它不仅反映了生产岗位的厨房生产活动，菜点生产的细节问题，以及一些具体的厨房设备、人力和其他生产资源的使用安排问题，更指餐饮企业在计划期厨房应达到的产品品种、质量、产量等生产方面的指标、生产进度及相应的布置，它是指导厨房计划期生产活动的纲领性方案。

厨房生产计划工作是指厨房菜点生产计划的具体编制工作，即是指确定和实现生产目标所需要的各项业务工作。它将通过一系列综合平衡工作，完成生产计划的确定，做到投入少、产出多，取得最佳经济效益（厨房生产计划指标见表 7-7）。生产计划编制要考虑：①有利于充分利用销售机会，满足餐饮消费者需求；②有利于充分利用盈利机会，在保障质量的前提下，实现厨房生产成本最低化；③有利于充分利用厨房生产能力，最大限度地减少厨房生产资源的闲置和浪费。

表 7-7　厨房生产计划指标

计划指标	内　容
菜点品种	餐饮企业规定菜点的名称、规格和种类。它不仅反映餐饮企业对社会需求的满足能力，还反映了餐饮企业的专业化水平和管理水平。菜点品种要与餐饮企业规格档次以及厨房生产能力匹配。要考虑市场需求和企业实力，按菜点品种系列平衡法来确定

续表

计划指标	内　　容
菜点质量	衡量餐饮企业经济状况和厨房技术发展水平的重要指标之一。菜点质量受若干个质量控制点影响。对菜点质量参数的统一规定形成了菜点质量技术标准,包括国家标准、行业标准、企业内部标准(标准菜谱)等
菜点产量	反映餐饮企业厨房生产的发展水平,是制定和检查产量完成情况,分析各种菜点比例关系和进行产品平衡分配,计算实物量生产指数的依据;确定产品产量指标主要采用盈亏平衡法、线性规划法等

7.2.2　厨房生产制度规范

厨房生产制度体系(见表 7-8)包括生产标准、生产制度和保障制度等。

表 7-8　厨房生产制度体系

制度类别	制 度 内 容
生产标准	如标准菜单、标准食谱、安全生产标准、操作规范、岗位标准与职责、食品卫生标准等
生产制度	如厨房着装制度、厨房生产流程制度、厨房员工手册、食品卫生制度、安全管理制度等
保障制度	如质量检查制度、设施设备维护制度、物资领用与保管制度、财务与成本控制制度等

以标准食谱的形式,列出菜点的用料配方,规定其作程序,明确装盘规格,标明成品的特点及质量标准,是厨房菜点生产的全面技术规定,可用于核算菜肴或点心成本。

(1) 以方便随时合计成本为特点的标准食谱见表 7-9。

表 7-9　以方便随时合计成本为特点的标准食谱

菜点名称			生产厨房	总分量	每份规格	日期
用料	单位	数量	日期:		日期:	
			单位成本	合计	单位成本	合计
	合计					
菜式之预备及做法:				特点及质量标准:		

(2)以形象直观、方便对照为特点的标准食谱见表 7-10。

表 7-10　以形象直观、方便对照为特点的标准食谱

编号：

名称：_____				
类别：_____	成本：_____			
分量：_____	售价：_____		照片	
盛器：_____	毛利率：_____			

质量标准						
用料名称	单位	数量	单价	金额	备注	制作程序
合计						

日期：

(3)以批量制作、总体核计方式形成的标准食谱见表 7-11。

表 7-11　以批量制作、总体核计方式形成的标准食谱

鸡肉色拉标准食谱

出菜总量：80 份　　　　　　　　　　　　　　　　每份：一杯

配料	重量	数量	制作流程
鸡肉	65 磅		1. 将鸡肉放进汤锅中,加水、盐和月桂叶。水沸后,小火煨 2 小时直到熟透
水		9 加仑	
盐	7 盎司	2/3 杯	
月桂树叶		9 片	
芹菜,切好	12 磅	2 加仑	2. 将鸡肉退骨,然后切成 3~5cm 长的小块
青椒,切好	1 磅 8 盎司	1 夸脱	3. 加入配料,搅匀
洋葱,切好	8 盎司	1 杯	
柠檬汁		1 杯	4. 将这些配料混合在一起,然后加到鸡、菜中混合。轻轻搅拌至均匀。放进冰箱,以备上席
色拉料	3 磅 4 盎司	6 杯	
盐	4 盎司	6 汤匙	
胡椒		1 汤匙	

除了这几种外,现在还有计算机生成的食谱等。

7.2.3　厨房生产过程管理

1. 加工厨房管理

加工厨房的管理关键控制点主要包括加工质量控制、切配控制、加工数量控制、加工成本控制、加工设备控制等(见表 7-12)。

表 7-12　加工厨房的管理关键控制点

名称	管理内容	关键控制点	举　例
加工质量控制	原料初加工（冰冻原料的解冻、对鲜活原料进行宰杀、洗涤和初步整理）	（1）根据生产计划，选择合适的烹饪原料，并对原料质量鉴定（卫生、营养、新鲜度及成熟度） （2）根据原料不同特点针对性初加工 （3）注意卫生控制，保持原有营养，减少营养损失 （4）初加工原料符合菜点进一步加工要求	（1）蔬菜初加工（去泥、虫、须根及清洗等） （2）干货涨发（水发、油发、碱发、盐发、火发等） （3）水产品初加工（去鳞、鳃、内脏、清洗等） （4）禽类初加工（宰杀、褪毛、去内脏等）
	原料深加工	对原料的切割成型和浆腌工作（其加工品的规格质量和出品时效对厨房生产会产生直接影响），加工品质量一致，规格一致	（1）分档取料（熟悉各种动物性原料的生理组织结构，做到准确下刀，保证不同部位原料的完整性；力度适宜，尽量减少碎肉、碎骨的出现；严格按照菜肴的要求，结合不同部分原料的特点进行分档取料，减少浪费） （2）整料出骨（剔出鸡、鸭、鱼整只原料中全部或主要的骨骼，而基本保持原料原有完整形态的一项加工技术。操作时要耐心细致，在选择取料时要精细。宰杀加工要符合整料出骨的要求，不能磨损外皮）
切配控制	菜肴（点心）配份（配菜）	（1）依据标准食谱，将菜肴的主料、配料以及料头（又称小料）进行有机配伍、组合，供炉灶岗位直接进行烹调 （2）选择合适刀法，切配原料，保证每份菜肴合乎规格 （3）杜绝配错菜（配错餐台）、配重菜和漏配菜等情况出现	如大煮干丝。 （1）将豆腐干片成均匀的薄片，然后切成细丝 （2）鸡肉切丝，竹笋切片等辅料 （3）挤虾仁、摘选豌豆苗、火腿切丝
加工数量控制	加工数量	依据订单与生产计划控制加工数量	（1）加工规格（片、丝、条、块、丁等） （2）加工数量满足生产
加工成本控制	原料出净率与利用率	对产品的成本控制亦有较大关系。加工后可用作做菜的净料和未经加工的原始原料之比：出净率越高，即原料利用率越高；出净率越低，菜肴单位成本就越大	（1）控制原料出净率 （2）物尽其用，减少浪费

续表

名称	管理内容	关键控制点	举　例
加工设备控制	设备保障	切割设备(绞肉机、切丝机、切片机、切骨机及去皮机)压面机、搅拌机等	(1) 安全生产 (2) 定期保养 (3) 定期维护

2. 烹调厨房管理

烹调厨房质量控制包括菜点烹制前、烹制中及烹制后,其质量与数量及关键控制点(见表 7-13)。

表 7-13　烹调厨房管理要点

名称	控制内容	关键控制点	举　例
质量控制	烹制前控制	(1) 熟悉订单任务,人员分工 (2) 小料准备(葱姜蒜切配,符合烹制菜点所需形状) (3) 调味料补充 (4) 设施设备检查是否正常运转 (5) 餐具准备	(1) 烹调方法及火候把控 (2) 菜点成品造型把控 (3) 菜点口味及温度把控 (4) 菜点色彩及卫生把控 (5) 餐具及装饰与菜点协调性
	烹制中控制	厨师的操作规范、出菜速度、成菜温度等;菜点烹制标准;操作规范;各岗位工作标准与岗位描述;口味失当、色彩失真等处理流程及标准;现场督导与人员调配	
	烹制后控制	(1) 菜点烹制信息反馈 (2) 人员及现场控制信息反馈 (3) 客人食用及评价信息反馈	
数量控制	烹制数量	(1) 依据点菜单数量 (2) 依据预订单数量 (3) 企业承办大型活动需提供餐饮服务	(1) 减少菜点制作失误,或分盘不均 (2) 控制成本,减少浪费

3. 冷菜厨房管理

冷菜是厨房生产相对独立的部门,其生产与出品管理与热菜有一定的差异。冷菜品质优良,出品及时,可以诱发客人食欲,提高顾客满意度(见表 7-14)。

表 7-14　冷菜厨房管理要点

名　称	控制内容	关键控制点	举　例
分量控制	多以小型餐具盛装,应以适量、饱满为度	测试、规定各类冷菜及点心的生产和装盘规格标准,并督导执行	(1) 装盘份额与餐具匹配 (2) 装盘形式多样 (3) 装盘分量适当

续表

名　称	控制内容	关键控制点	举　例
质量与出口管理	风味要正,口味要准确,对其装盘的造型和色彩的搭配等要求很高	菜肴造型美观,盛器正确,分量准确;菜肴色彩悦目,口味符合特点要求;零点冷菜接订单后3分钟内出品,宴会冷菜在开餐前20分钟;按单备齐配份与装盘出品;按配菜出菜制度执行,严格防止和堵塞漏洞	(1) 对冷菜间进行消毒杀菌 (2) 备齐冷菜用原料、调料,准备相应盛器及各类餐具 (3) 按规格加工烹调制作冷菜及调味汁 (4) 对上一餐剩余冷菜进行重复加工处理,确保卫生安全 (5) 接受订单和宴会通知单,按规格切制装配冷菜,并放于规定位置 (6) 开餐结束,清洁整理冰箱,将剩余食品及调味汁分类放入冰箱 (7) 清洁整理工作场地及用具

4. 厨房开餐管理

厨房开餐管理主要指烹调、出品厨房在开餐期间(即有客人在餐厅消费期间)配合餐厅经营、针对开餐的不同进度开展的各项控制管理工作,主要包括开餐前准备、开餐期间生产出品、开餐后清理收档等(见表 7-15)。

表 7-15　厨房开餐管理要点

管理内容	关键控制点
开餐前准备	(1) 菜单供应品种原料准备齐全 (2) 当餐时蔬供应品种确定 (3) 当餐缺售、推销品种通报;提供备餐物品齐全足量 (4) 调料、汤料添足、备齐;菜点装饰、点缀品到位 (5) 开餐餐具准备归位;检查炉火、照明、排烟状况,确保运行良好 (6) 垃圾用具清洁到位 (7) 员工衣帽穿戴整齐
开餐期间生产出品	(1) 检查、控制出品速度与次序 (2) 检查关照重点客情;督导配份规格与成品摆放 (3) 检查、关注菜肴质量,检查、协调冷菜、热菜、点心的出品衔接 (4) 督查出品手续与订单的妥善收管 (5) 强化餐中炉灶、工作台整洁与操作卫生管理 (6) 督导厨房出品与传菜部的配合 (7) 及时进行退换菜点处理 (8) 及时解决可能出现的推销和沽清问题 (9) 抽查、关照果盘质量
开餐后清理收档	(1) 收齐并上交所有出品订单,归档 (2) 检查、落实下餐的准备工作 (3) 调料、汤料及时妥善收藏 (4) 对配菜所用的水养原料进行换水处理

续表

管理内容	关键控制点
开餐后清理收档	(5) 检查水产品活养状况,防止原料变质 (6) 查检、确保冰箱正常运行 (7) 督查炉灶、餐具的处理 (8) 妥善完成刀、砧、布的处理 (9) 及时进行彻底的垃圾及地沟等卫生处理 (10) 关闭水、电、气、汽阀门,关锁门窗

7.2.4 厨房产品质量管理

1. 厨房产品质量评价指标

厨房产品即厨房加工生产的各类冷菜、热菜、点心、甜品、汤羹以及水果拼盘等产品,其质量体现了厨房生产、管理人员的技术素质和管理水平。厨房产品质量即厨房生产、出品的菜点等产品品质,包括菜点自身的质量和外延质量(见表 7-16)。

表 7-16 厨房产品质量评价指标

质量指标	质量指标内涵
色泽	菜点成品颜色,有原料固有色、环境色和光源色共同作用的结果,好的色泽能刺激食欲
香气	菜点散发出的气味,美食的香味能增加食欲
口味	经烹饪加工后的菜点产生特殊味道,包括酸、甜、苦、辣、咸是五种基本味与复合味,能刺激顾客口腔与味蕾
形态	菜点最终呈现在顾客面前的形态由众多因素影响,如原料固有形态、刀工处理、加热变化和装盘技术等
质地	菜点的质地,如弹性、韧性、胶性、粘附性、纤维性、切片性及脆性等。菜点均有特有的质地要求
器皿	器具大小与菜点分量匹配;器皿的样式、风格能彰显菜点特色
营养	菜点应有特有的营养,满足客人需求

菜点感官质量评定法是运用人的感觉器官通过对菜肴点心的鉴赏和品尝,来评定菜点各项指标质量的一种常用方法(见表 7-17)。

表 7-17 菜点感官质量评定

质量指标	感官质量评定
嗅觉评定	运用嗅觉器官来评定菜肴点心的气味
视觉评定	基于经验,用眼睛观察菜肴点心的外部特征如色彩、光泽、形态、造型,菜肴与盛器的配合,装盘的艺术性等,判断质量
味觉评定	通过品尝接触食物受到刺激时产生反应,进而辨别菜点滋味与质地。
听觉评定	判断应该发出响声的菜肴出品时的声音,从而对菜肴质量做出相关评估
触觉评定	通过接触菜点的组织结构、质地、温度等,从而评定菜肴质量

2. 厨房产品质量控制方法

厨房产品质量控制是对原材料和成品质量进行控制,防止生产不合格产品的过程。控制方法主要有消费者评价反馈法、神秘顾客法、岗位职责法、重点岗位法等,见表 7-18。

表 7-18 厨房产品质量控制方法

控制方法	控制要领
消费者评价反馈法	消费者现场反馈信息收集、分析;第三方网络平台、企业 App 及其他线上消费者对厨房菜点评价信息梳理与分析评估
神秘顾客法	由于"神秘顾客"方法具有组织安排的系统性、实施的严密性、考核指标的客观性和咨询分析的科学性,餐饮绩效评估部门已经广泛采用
岗位职责法	利用厨房岗位分工,强化岗位职能,并施以检查督导。实施岗位控制应注意:所有工作均应有落实;岗位责任分主次
重点岗位法	针对厨房生产与出品某个时期、某些阶段或环节质量或秩序,或对重点客情、重要任务,以及重大餐饮活动而进行的更加详细、全面、专注的督导管理,以及时提高和保证某一些方面、活动的生产与出品质量。针对重点岗位、环节控制;重点客情、重要任务控制;重大活动控制
阶段标准控制法	针对厨房食品原料生产前、食品生产中及食品销售三个阶段不同工作特点,分别设计、制定作业标准,在此基础上再加以检查、督导和控制,以达到厨房生产及产品质量稳定

7.3 厨房卫生与安全管理

引例

近两年,无论是国内餐饮企业还是"洋快餐",食品安全卫生问题频频曝光。数名曾在国内某餐饮连锁企业工作过的人士向媒体爆料,在企业的后厨里,用于炸鸡的油 4 天才彻底更换一次,期间每晚把油渣滤掉后第二天继续用;鸡在水里简单过一遍还滴着血水就直接裹面,用于洗鸡的水都混浊了也无人更换;高峰时,按照规定应该炸 7 分钟的鸡翅不到 4 分钟就被捞出来;食品原料或成品掉在地上后,工作人员捡起继续出售。在食品卫生受到质疑的同时,食品安全同样令人担忧。几位在该企业做过兼职的内部人员向某报记者透露,对于汉堡等肉类品种,本应过了一定时间就不再售卖,但工作人员常是把日期更改之后继续卖给顾客。

思考:厨房的卫生与安全对于消费者和商家来说各意味着什么?如果你是厨房的负责人,如何对厨房的卫生和安全进行管理?

7.3.1 厨房卫生管理

厨房卫生是指厨房生产原料、生产设备及工具、加工生产环境以及相关的生产和服务人员及其操作的卫生。

1. 厨房设备、工具及餐具卫生的管理

厨房设备、工具及餐具卫生状况不佳,容易导致食物中毒事件的发生。例如砧板处理不当会产生霉变,餐具用脏抹布擦反而会污染菜肴等。通常,厨房设备、工具及餐具的卫生要求应该按以下几类去考虑。

1) 加工设备及加工工具、用具的卫生管理

这类设备包括刀具、砧板、案板、切菜机、绞肉机、切片机,各种盛装的盘、盆、筐等,由于它们直接接触生的原料,受微生物污染的几率较大,如果加工后不及时地进行消毒和清洗就可能会给下次加工带来隐患。因此,使用过的任何加工设备、工具、用具应该及时地进行清洗、处理,保证下次使用时不会对原料造成污染。

2) 烹调设备的卫生管理

对于烤箱、电炸炉之类的烹调设备,长时间使用会产生不良气味,需要将污垢、油垢及时清理掉,以免会污染食品。而对于有明火的炉灶,应及时地清理炉嘴,长时间不清理的炉嘴容易生成油垢,一会影响煤气或燃料的充分燃烧,易产生黑烟,造成厨房气味不佳;二会使工作效率大大降低。

对于锅具而言,应该每天进行洗刷,尤其是锅底。锅底的黑色粉末极易使炉灶操作人员的工作岗位显得污秽不堪,甚至把干净的抹布变成黑布,如果去擦抹餐盘会造成食品的污染。另外,炉灶上使用的各种工具、用具也要经常清洗,以保证光洁明亮,如调味罐、灶台、调味车、手勺、漏勺、笊篱等。

3) 冷藏设备的卫生管理

原料放置在冷藏设备中,只是短暂保藏,不能成为万无一失的保险箱。由于低温只能抑制细菌的生长、繁殖,不能杀灭细菌,所以不要过分依赖冷藏设备。如果冷藏设备卫生状况差,会使细菌繁殖生长的机会大增,即使温度较低,有时也会产生不良气味,使原料串味。因此,除了正常地处理冷藏设备中的原料外,保持冷藏设备内外环境的卫生也是维护原料高质量的一个重要因素。

冷藏设备原则上每周至少要清理一次,其目的是除霜、除冰,保持冷藏设备的制冷效果,保持冷藏设备良好的气味,清理时,关掉冷藏设备的电源,待其自然化冻除霜或使用水冲刷除霜,然后擦干设备,重新打开电源,待设备制冷。注意千万不能使用硬物去敲打、撬扒设备,防止损坏。另外,每天都应该对冷藏设备中的原料进行整理,保证良好的制冷效果,同时将设备内的污物清理干净,对设备常触摸的地方进行擦拭,使之保持清洁,降低污染原料、食品的概率。

4) 餐具、储藏设备的卫生管理

餐具是盛装食品、菜肴的器皿,其卫生状况的好坏直接关系到食品、菜肴的卫生质量。为此,任何一家餐饮企业都会设立专门的清洗餐具的部门,但应注意,并不是每个餐具清理部门都能保证餐具洗涤后的卫生质量,所以加强清洗、消毒餐具,并不能保证菜肴出品时一定有良好的卫生状况,因为不合理的保管和工作人员不正确的操作手法都会导致餐具被二次污染,如裸露储藏、脏抹布擦盘等。因此,厨房管理人员一定要在每个环节上防止餐具被污染。

2. 原料的卫生管理

生产原料的卫生状况是厨房最应该关注的要素之一。原料的卫生状况如何,除了应该鉴别原料是否具备正常的感官质量外,更主要的是鉴别原料是否被污染过。通常要鉴别的污染是生物性污染和化学性污染。

1) 生物性污染

食品的生物性污染是指因微生物及其毒素、病毒、寄生虫及其虫卵等对食品污染造成的食品质量安全问题。原料在采购、运输、加工、烹制、销售过程中要经历很多环节,不可避免地会发生生物性污染,而要预防和杜绝原料的生物性污染,应该采取下列措施。

(1) 采购原料要尽可能选择新鲜的,降低被各种致病因素侵害的可能性。比如死鳝鱼很容易造成食物中毒。

(2) 在原料运输过程中,要做好防尘、冷藏和冷冻措施。尤其是长途运输的原料一定要进行必要的冷藏或冷冻处理。

(3) 严格执行餐饮生产人员个人卫生制度,确保员工的身体健康。有传染病、皮肤病的员工应调离餐饮行业。

(4) 保持厨房良好的环境卫生,保持各种设备、器具、工具及餐具的卫生。

(5) 严格规定正确的储存食品原料的方法,避免食品原料遭受虫害或变质。

(6) 培训员工掌握必要的鉴别原料被污染的专业知识及相关的法律法规,及时发现、及时处理,杜绝被污染的食品原料直接上桌而危害顾客的行为。

2) 化学性污染

目前原料的化学性污染主要来自原材料种植、饲养过程中所遭受的各种农药、化肥及化工制品的侵害。为防止化学性污染,必须采取以下措施。

(1) 对水果、蔬菜要加强各种清洗操作,努力洗掉残留在水果、蔬菜上的各种农药和化肥。有时可以使用具有表面活性作用的食品洗涤剂清洗,然后用清水漂洗干净。

(2) 有些水果、蔬菜可以去皮以降低化学污染的概率。

(3) 选用符合国家规定卫生标准的食品包装材料及盛装器具,不允许采用有毒或有气味的食品包装材料和盛装器具。

(4) 对硝酸钠和亚硝酸钠的使用实行严格的控制,能不用尽量不用。如果一定要使用,其用量应该控制在硝酸钠每千克食品不超过 0.5 克,亚硝酸钠每千克食品不超过 0.15 克的范围内。

(5) 坚决弃用被污染过的水产原料及注水原料。凡是在食用时有柴油、煤油味的食物一定要弃用,这可能是被污染水严重污染的原料。

3. 生产卫生和管理

生产阶段是厨房卫生工作的重点和难点所在。由于生产环节多,程序复杂,在原料转变成产品的过程中,会受到各种不同的因素的影响,控制不好就容易形成对成品卫生的影响。

1) 加工生产的卫生管理

厨房加工从原料领用开始。对于鲜活原料验货后,应该立即送到厨房加工,加工后应该立即进行冷藏处理,长时间摆放会改变原料的品质,尤其在夏季更应该注意。俗语

"香六月、臭七月"讲的就是对原料适时处理的问题,即六月的原料从内部开始坏起,尽管外面还闻不出臭味,其实是最危险的,最容易造成食物中毒事件。对于冰鲜原料领取出库后,要采用科学、安全的解冻方法进行处理,罐头食品在开启时要注意方式和方法,避免金属、玻璃屑掉入原料中。对于蛋、贝壳类原料,要先洗净外壳再进行处理,不要使表面的污物污染内容物,同时加工时也要防止壳屑进入原料中。对于易腐败的食品加工,要尽量缩短加工的时间,大批量加工原料应逐步分批从冷库中取出,以防食品在加工中变质。

配制菜肴时注意使用清洁的盛器,最好将盛装生原料的器具与盛装熟原料的器具分开,不要混装。有时考虑空气中细菌对原料的污染,需要放置的原料要加封保鲜纸。

2) 烹调生产的卫生管理

烹调生产一定要考虑加热的时间和温度。由于原料是热的不良导体,在加热时更多地应该考虑食品内部的温度是否达到杀死细菌的最低温度。为此应合理地控制加热温度,加热后放在干净的餐盘中。

对烹制好但只是备用的原料来说,保证其不变质是厨房生产的一个难点。如果处理不当,熟制原料也容易发生变质。尤其在春夏、盛夏、夏秋之交的季节里,高温会给富含蛋白质的原料带来更多变质的可能。烧开烧熟的原料忌讳用不干净的器物去搅拌或翻动,通常操作人员会忽略这点,而这会给细菌带来更多的机会,加之有油的保护,原料腐败速度更快。解决这一问题的方法有两种:一是将原料烧开后,迅速进行降温,让原料的内部温度迅速脱离细菌繁殖的温度区域;二是加盖烧开原料后,关火,不要再开盖,使锅内空气细菌被杀死,同时外界细菌不会进入锅中。

4. 个人卫生管理

因为人是产品的生产者,不可避免地在生产中跟各种原料及用餐的顾客接触。因此,良好的个人卫生习惯及员工的卫生状况是厨房及产品卫生的前提。

1) 个人卫生及健康管理

厨房工作人员应该养成良好的个人清洁卫生习惯,在工作时应穿戴清洁的工作衣帽,防止头发或杂物混入菜点之中。接触食物的手要经常清洁,指甲要常剪,接触熟食时需要戴手套。严禁涂抹指甲油、佩戴戒指及各种饰物进行工作。一旦工作人员手部有创伤、脓肿时,严禁从事接触食品的工作。

厨房从业人员的健康状况是保证食品卫生状况的前提,有好的卫生习惯,而没有健康的身体是不行的。因此,餐饮企业在厨房人员招聘时,身体健康是第一要素。应在员工取得防疫机构检查合格的许可后,才允许其从事餐饮工作。对患有脓疮、结核病、肝炎等可能造成食品污染的患病人员,一定要将其排除在餐饮员工队伍之外。厨房管理人员及企业人事部门的工作人员应该对餐饮从业人员的健康资格进行审查,不合格的不能录用,同时要督促健康合格人员定期到防疫机构进行健康检查,通常是每年检查一次。

2) 工作卫生管理

厨房中是禁止员工吸烟的,吸烟易使环境被污染,也易造成食物被烟灰、烟蒂污染。与熟食接触的员工应该戴口罩,防止唾液污染食品。品尝菜肴的员工,不要用手抓食,应该使用清洁的调羹、勺、舀放入专用的碗中进行操作。对于现场操作的工作人员来说,使用干净的手套进行操作可以预防对食物的污染。餐具如果摔落在地上,要对破碎物及时进行清理,防止碎片混入其他原料、菜肴之中。另外,员工在操作中,不要挖鼻子、掏耳朵、搔头发,对着食物咳嗽、打喷嚏等,应保持良好的工作习惯。

3) 卫生教育

对新员工来说,卫生教育可以让他们对餐饮企业生产的性质有所了解,知道出现卫生状况不佳的原因,掌握预防食物中毒的方法。对在职员工来说,可以时时地提醒他们要绷紧卫生生产这根弦,及时发现,及时补救,有效预防食物中毒的发生。对各位管理者来说,卫生教育可以使自己也保持高度的警惕,对员工的操作进行有效的管理。

7.3.2　厨房安全管理

厨房的员工每天都接触诸如火、加工器械、蒸汽等容易造成事故或伤害的因素,如果不具备一定的防范意识并遵守安全操作规范,肯定会发生事故。一旦事故发生,很容易使餐饮企业造成财产和人员的损伤。因此,厨房管理者在生产经营中要时刻保持安全意识,保证厨房员工的安全,避免企业蒙受损失。

1. 火灾事故的预防

火灾应该说是厨房最易发生且危害最大的灾难之一。诱发火灾的因素很多,比如未熄灭的烟头、电线短路漏电、燃气外泄、烹调操作不当、机械过度工作产热、故意纵火等多种。了解火灾事故的原因,就可以防患于未然。具体的做法如下。

(1) 厨房内每个员工必须遵守安全操作规程,并严格执行。

(2) 厨房的各种电动设备的安装和使用必须符合防火安全的要求,严禁员工野蛮操作。厨房的用电线路一定要分清照明电线路和动力电线路,千万不能混用。线路的布局要合理,尤其炉灶线路的走向不能靠近灶眼。要设立漏电保护器,防止因短路引起的火灾和对员工的意外伤害。

(3) 厨房内煤气管道及各种灶具附近不要堆放易燃物品。使用煤气要随时检查煤气阀门或管道有无漏气,也可设置煤气报警器,出现问题应及时通知专业维修人员,杜绝不闻不问的马虎行为。

(4) 在烹调操作时,锅内的介质(水、油)不要装得太满,温度不要过高,严防温度过高或油溢、水溢而诱发的各种伤害。

(5) 炉灶、烟罩要定期清理,防止油垢过多引起火灾。一般饭店炉灶会有管事部人员在每天下班后进行清洁,而烟罩通常每季度由专业人员清理。

(6) 任何使用火源的工作人员,不能擅自离开炉灶岗位,防止因无人看守导致烧干原料而引发的火灾。

(7) 清理厨房卫生时防止违章操作,防止将水浇洒在电器设备上,预防漏电、短路事故发生。卫生工作结束后,厨房要设专人负责检查各种电器、电源开关,并关好各种电源和燃气阀门。

2. 意外伤害事故的预防

厨房的意外伤害都是由员工疏忽大意或设施布局不合理造成的。意外伤害会影响到餐饮企业的声誉,也会伤害到员工,造成非正常的减员,同时关系到厨房工作的顺利进行。厨房意外伤害主要包括摔伤、烫伤、割伤、电击伤等,因此,必须了解各种安全事故发生的原因和预防方法,才能加强管理。

1) 摔伤

摔伤的原因往往是地面不平、地面有坡度、地面上有汤汁或食物、障碍物的磕绊等,使人摔倒、磕碰而产生伤害。为了防止此类伤害的发生,操作时应注意以下几点。

(1) 保持地面平整,需要铺垫的要进行铺垫。如有台阶,在台阶处用醒目的标志予以提醒,以防绊倒。

(2) 在有坡度的地面和员工的出入口,应该铺垫防滑软垫。

(3) 一旦在操作中地面出现了水渍、油渍、汤渍及食物洒落,一定要及时清理,最好用墩布擦干,千万不要再用水冲洗。在操作繁忙时,应急的方法是在地面上撒些盐,可以有效地防止人员滑倒。

(4) 在工作区域的各个通道及出入口处,不要摆放各种物品,要及时清理障碍物,以免发生不必要的碰撞。

(5) 运送各种货物的推车不要堆放过多的货物,以免挡到视线,撞伤他人。

(6) 员工在厨房爬高时,要借助专用的梯架,切不可选用不安全的纸箱、货箱等不可靠的物品来充当垫衬物。

(7) 有拐角的箱柜,尤其是正好在头顶位置的,应该将拐角进行垫衬,防止碰伤。

(8) 切忌在厨房中奔跑,尤其到出入口时更应该放慢速度,避免人员碰撞。

(9) 厨房应该有足够的照明,避免因光线昏暗而引起事故。另外,厨房还应该配备应急照明灯具,一旦厨房突然停电,可以作应急照明使用,防止在黑暗中造成伤害。

(10) 在易滑倒处应放置警示牌。

2) 烫伤

烫伤在厨房操作中是经常遇到的。例如,由于操作人员的粗心大意而碰触到高温蒸汽、滚烫的炉灶、沸腾的水、滚热的油、不冒热气的汤等。为了防止烫伤,生产操作时应注意以下几点。

(1) 无论烧水或加热油,水或油都不要加得太满,以防止移动时热水或热油溢洒出来。

(2) 烹调时各种器具不要靠近炉灶,防止器具发烫而操作者还不知晓的现象,如漏勺、油罐的边缘等。

(3) 使用蒸汽柜、烤箱时,要先将门打开,待饱和气体或热空气散掉,再用抹布垫着去拿取菜肴,切不可徒手直接去取。打开有盖的热食时,要先放热气,再进行下一步操作。

(4) 进行油炸操作时,要将原料的水分沥干,防止水分四溅;用遮挡物挡住四溅的油分。操作者下料的方法要正确,原料应该从锅边滑下去,不要扔原料,否则溅起的油花会烫到自己。

(5) 任何厨房的操作人员在工作中要保证正确的衣着,千万不要赤膊、光脚穿鞋,防止危害发生。

(6) 经常检查蒸汽管道和阀门,防止蒸汽泄漏出现伤人事故。

(7) 点燃气体灶时,要先排净多余气体后,再打开总阀,点燃气体。

3) 割伤

割伤主要是因为不正确使用刀具、碰到尖锐的器物等造成的。为了防止割伤,生产操作时应注意以下几点。

(1) 锋利的刀具要统一保管。不使用的刀具要套上刀套,切不可随便乱丢,尤其是丢在黑暗处,极易造成伤害。

(2) 使用机械刀具或一般刀具进行切割时,精力要集中,切不可说笑、打闹。

(3) 使用的刀具应该锋利,不锋利的刀具反而容易造成伤害。

(4) 清洗刀具时要使用抹布,切不可将刀具与其他原料放在一起清洗,清洁刀口时,要用抹布去擦拭。

(5) 开过盖的罐头,要带抹布去打开开口,切不可用手直接支扳,以免造成划伤;玻璃器皿开盖后,一定要小心瓶口,不要随意乱摸,如有缺口很容易划伤手指。另外,破碎的玻璃器皿,尽量不要用手去处理,以免划伤。

(6) 各种金属盛器的边缘一定是卷边的,如果卷边不好,需用抹布去端取,切不可徒手去端,以免割伤。

(7) 使用机械设备时,应仔细阅读说明书,按规程去操作。切不可直接用手去触摸,防止出现大的伤害,比如向绞肉机填肉时,应该使用专用塑料棒,而不是用手。

(8) 厨房所有的机械设备都应该配备防护装置或其他的安全设施。

4) 电击伤

电击伤的原因主要是电器设备老化、电线有破损处或电线接点处理不当等。用湿手去触摸电器有时也会造成电击。为了防止电击伤,生产操作时应注意以下几点。

(1) 所有的电器设备都应该有接地线。

(2) 所有电器的安装调试,都由专业的电工来操作。

(3) 各种电器设备员工只需进行简单的开关操作,不要触摸电机及无关的部分。

(4) 定期检查电源的插座、开关、电线,一旦有破损,应立即报修。

(5) 使用电器前,要保持手的干燥,不要用湿手去操作电器设备。

(6) 容易发生触电的地方,应有警示标志。

【案例 7-1】

2012 年 6 月 6 日下午 4 时 43 分许,贵州省某酒店的员工杨某、孙某正在厨房炒菜,突然,挂在墙壁上的储存生物醇油的燃料箱倾斜掉落,油料溢出泼洒在正燃烧着的不锈钢节能灶上,转眼间,杨某和孙某变成了"火人"。见此,其他工友赶来取水施救,几分钟后,杨某、孙某身上的火被扑灭,但他们身体大部已被烧焦,整个人面目全非。后经医院诊断,杨某全身 93% 的面积被烧伤,而孙某被烧伤的面积为 83%,均为重度烧伤。医院竭力抢救,但因抢救无效,两名伤者分别于 6 月 12 日和 14 日去世。

思考:餐饮企业安全生产之重要性体现在哪里,如何避免案例中的悲剧和损失?

检测

1. 厨房按照生产功能分可以分为哪些类型？
2. 大型、中型和小型厨房组织机构的设置各有什么特点？
3. 厨房的布局可以分为哪些类型？
4. 加工厨房的布局在设计时应注意哪些问题？
5. 什么是菜肴配份，如何对菜肴配份进行管理？
6. 什么叫标准食谱？标准食谱的作用有哪些？
7. 什么是食品的生物性污染？要避免污染发生应采取哪些措施？
8. 结合所熟悉的菜肴，设计一张以方便随时合计成本为特点的标准食谱。
9. 去参观一家餐饮企业的厨房，思考这间厨房在卫生和安全方面是否存在隐患。

第8章

餐厅管理

目标

- 知晓餐厅的组织机构及各岗位职责；知晓食品节管理相关内容。
- 能管理餐厅和提高餐厅服务质量；能建立客史档案并进行管理。

导读

餐厅服务是饭店服务的重要组成部分，餐厅是饭店创收的重要部门。餐厅服务质量的好坏不仅影响到饭店的服务质量，还影响到整个饭店的形象，对饭店的客源也有着直接的影响。通过本章的学习，可以使学生对饭店餐厅组织结构、日常管理等知识有初步的了解。

8.1 餐厅组织机构及岗位职责

引例

北京某大型度假村式酒店是一家背景比较特殊的五星级酒店，它既具有一般五星级酒店的经营需求和服务要求，在需要时还要承担接待系统内的各级重要领导的任务。这种特殊性决定了酒店要对其内部管理精细化和人员调配的机动性提出更高的要求。但是，该酒店目前的内部管理中面临着多种问题。例如，以该酒店餐饮部为例，内部人员忙闲不均、工作饱和度严重不足的问题已经严重制约了部门绩效乃至酒店的发展。

（资料来源：http://wenku.baidu.com.）

思考：餐饮部门如何科学合理地配备人员？

8.1.1　餐厅种类

1．以服务方式分类

1）餐桌服务型餐厅

餐厅各具特色,建筑装潢上乘,就餐环境舒适,卫生状况优良,菜单内容丰富,菜肴口味体现时尚,价格适中。烹饪技术全面可靠,餐饮服务规格化、标准化、程序化;餐厅在经营管理上,注重宣传促销,以提高座位周转率和回头率;客源市场以团体、商务客人为主。

2）柜台型餐厅

厨房向外开放,采取全透明式操作。在厨房设有柜台和餐椅,能让宾客亲眼看见厨师制作菜点的全过程,而忘掉等待上菜的焦急感。

3）自助式餐厅

自助餐的宗旨是以低廉的价格快速供应营养丰富、菜式多样的饮食供在外工作、上学的人食用。目前自助餐除了广泛应用于学校、机关等团体外,还为一般商业型餐厅普遍接受。自助餐已成为全世界流行的一种用餐方式。

自助式服务是把事先准备好的菜肴摆在餐台上,客人进入餐厅后支付一餐的费用,便可自己动手选择符合自己口味的菜点,然后拿到餐桌上用餐。餐厅服务员的工作主要是餐前布置,餐中撤掉用过的餐具和酒杯,补充餐台上的菜肴等。

自助餐可以分为两种形式:一种是客人自行至餐台取菜,而后根据所取样数付账,英文称之为 cafeteria;另一种也是客人自行取菜,但是一次付费任客人吃到饱,英文称为 buffet。两种方式都是自助型或半自助型(饮料由服务员供应)的,在人工费用昂贵的现今社会,这种服务方式的确是餐饮潮流趋势。

20 世纪 70 年代开始推行的"吃到饱"的自助餐,对餐饮业的经营方式产生了极大的震撼。消费者不再因为不谙点菜技巧而不敢上大饭店,也不用受套餐组合的约束,因此这种餐饮方式广受消费者的喜爱。

2．饭店中常见的各种餐厅

1）中餐厅

中国幅员辽阔,民族多,民俗殊异,基于地理、气候、风俗、民情、经济等因素,塑造了多样的文化性格,形成了独特的饮食习惯与奇妙的烹饪方法,有所谓的"南甜、北咸、东辣、西酸"——随地域而变化万端,各地区均形成自己独特的菜系,且既有小吃,又有大菜,如川菜、鲁菜、浙菜、粤菜、皖菜、苏菜、湘菜、滇菜、京菜、东北菜等,中餐厅通常是我国饭店的主要餐厅,是饭店餐饮部门主要的销售服务场所。我国的星级饭店,几乎都设置了一个到几个不同风格的中餐厅,向宾客提供不同菜系、不同规格档次的重点服务和宴会服务。中餐厅环境气氛和服务方式均能体现中华民族文化和历史传统特色。

2）西餐厅

西餐厅的定义是指装潢西化、供应欧美餐饮及以西式服务为主的餐厅。为方便大量不熟悉西餐的消费者,大部分的西餐厅都供应套餐,例如 A 餐和 B 餐,其顺序大致是汤、色拉、主菜、甜点及最后的饮料。有些西餐厅为吸引更多的客人,甚至还会供应排骨饭、鸡腿饭等中式菜单供客人选用。因此,现在吃西餐并非有钱人的专利,也没有特别讲究的餐饮礼仪,其休闲娱乐的性质大于正餐的性质。目前,除了大饭店和高级牛排馆还保持传统西餐的风味外,去一般的西餐厅,感受已经大不相同了。中国境内的西餐厅大都以经营法、德、意、俄式菜系为主。

3)咖啡厅

咖啡厅属于小型的西餐厅,在国外称为简便餐厅,主要经营咖啡、酒类饮料、甜点、小吃、时尚美食等。饭店咖啡厅营业时间长,一般 24 小时全天候营业,服务快捷,并以适中的价格面向大众经营。

4)大宴会厅和多功能厅

大宴会厅和多功能厅是宴会部的重要组成部分,是宴会部经营活动的重要场所。通常以一个大厅为主,周围还有数个不同风格的小厅,与之相通或独立,一般可以用隐蔽式的活动板根据客户的要求调节大小。这类宴会厅是多功能的,活动舞池、视听同步翻译、会议设备、灯光音响设备等应有尽有,为宴会部经营各种大型餐饮活动、会议、展览、文艺演出等提供了良好的条件。

5)特色餐厅

特色餐厅主题鲜明,有一定的社会性,以特定的历史阶段为背景,依照一定的文化传统、历史沿革、风俗时尚来体现古今中外餐饮文化的无穷魅力。特色餐厅通常涉及不同时期、国家和地域的历史人物、文化艺术、风土人情、宗教信仰、生活方式等,以特殊的菜系或美食为主题是该类餐厅的经营特色。

8.1.2 餐厅组织机构

组织结构是指组织内部的指挥系统、信息沟通网络和人际关系等各部分之间的组成关系。它体现了人们工作中的相互关系,反映了组织不同层次、不同部门、不同职位的职责与权力,同时也为各部门、各环节之间的沟通与协作提供了框架,为整个饭店企业管理奠定了基础。组织结构的模式将随着组织任务的发展而更新演变,并最终影响组织效能的发挥。

餐饮部组织机构的具体形式受企业规模、接待能力、餐厅类型等因素的影响,其一般模式有以下三种。

1. 小型饭店餐厅组织结构

小型饭店餐厅数量少,类型单一,大多只经营中餐。其组织结构图如图 8-1 所示。

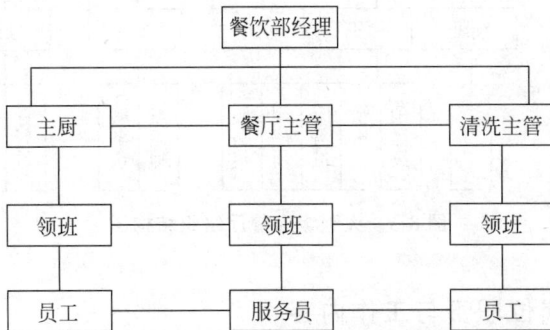

图 8-1 小型饭店餐厅组织结构图

2. 中型饭店餐厅组织结构

中型饭店餐厅类型比较齐全，厨房与餐厅配套，内部分工比较细致，餐饮管理组织机构较复杂。其组织结构图如图 8-2 所示。

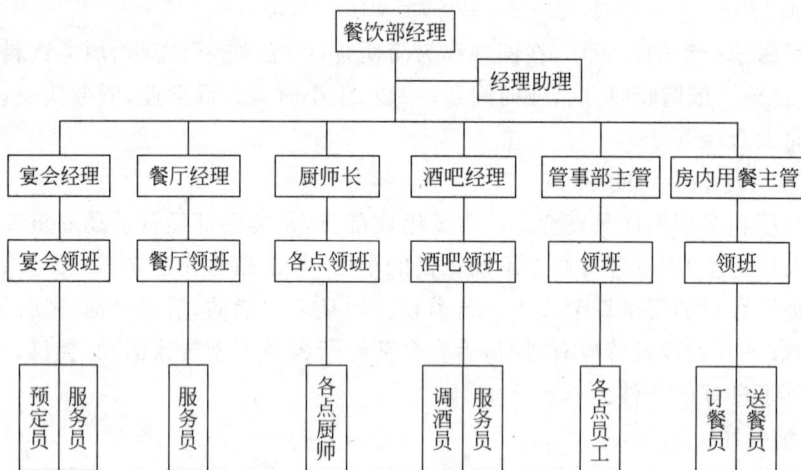

图 8-2　中型饭店餐厅组织结构图

3. 大型饭店餐厅组织结构

大型饭店有 5～8 个以上餐厅，大的可达十几个、几十个。中西餐、宴会、酒吧、客房送餐等各类餐饮服务齐全。厨房与各种类型的餐厅配套，内部分工十分细致，组织机构专业化程度高。其组织结构图如图 8-3 所示。

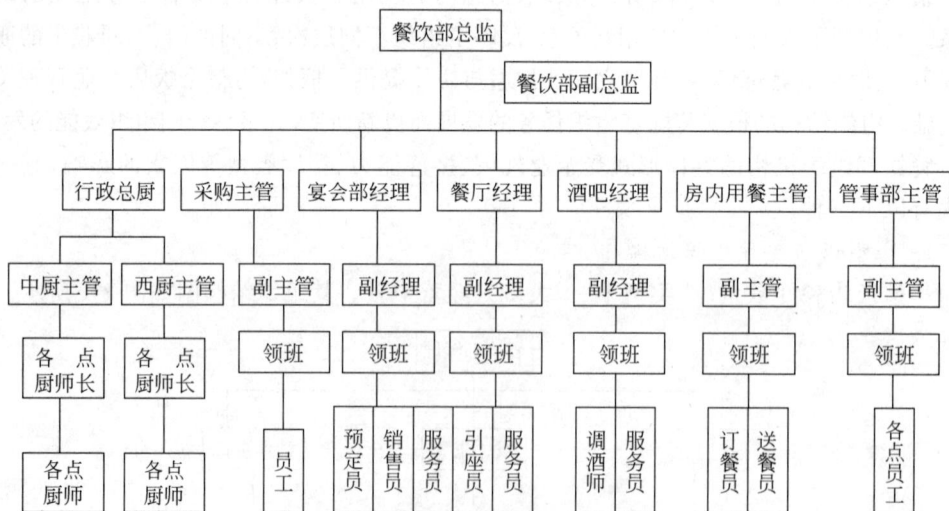

图 8-3　大型饭店餐厅组织结构图

8.1.3　餐厅岗位职责与工作内容

餐饮部工作岗位通常包括餐饮总监、中餐厅经理、中餐厅领班、中餐厅迎宾员、中餐厅服务员、宴会厅经理等。这里主要介绍餐饮总监、各餐厅经理及餐厅领班的工作职责。

1. 餐饮总监的工作职责

餐饮总监在驻店经理的领导下,全面负责饭店餐饮的一切经营管理,了解餐饮市场的现状及发展趋势,了解对客的服务状况以及餐饮产品的创新情况,改进服务及操作程序,确保产品质量标准和卫生要求,合理控制成本及毛利率,提高宾客满意度,增加经济效益。

餐饮总监的工作职责从以下几方面阐述。

1) 计划与报告

(1) 制订饭店餐饮部年度、月度经营管理计划,并确保相关人员都能对此有充分的了解。

(2) 定期将餐饮部的年度、月度工作计划按要求递交饭店管理公司餐饮总监,并遵从管理公司餐饮总监的协调。

(3) 定期向饭店管理公司餐饮总监递交指定的饭店有关餐饮的各种报告。

(4) 审阅餐厅经理和行政总厨递交的工作计划和工作报告。

2) 政策、标准与流程

(1) 按照管理公司组织结构设置标准,制订餐饮部所有员工的工作说明书。经饭店人力资源部的协调和饭店总经理的批准后执行。

(2) 确保饭店管理公司制定的餐饮制度及产品标准的贯彻执行。

(3) 更新改良服务流程设计、管理系统,精简运作程序,并递交管理公司餐饮总监核准实施。

3) 绩效评估

(1) 监察餐厅、厨房有关服务、产品、设施等的一切运作。

(2) 制订标准并和评估餐厅经理、行政总厨的年度绩效。审批部门基层管理人员的年度绩效考核与检查的标准与方法。

4) 人力资源

(1) 提名餐厅经理和行政总厨的任免,递交驻店经理批准。

(2) 核准除餐厅经理和行政总厨外所有餐饮部管理人员的任免,并递交饭店人力资源部留档。

(3) 遵照集团的人力资源政策和计划,落实执行餐饮部的培训计划和人力资源开发计划。

(4) 根据人均效率及实际需要制定餐饮部各岗位人员的分配制度,递交驻店经理核准的同时递交管理公司餐饮总监作横向统计分析。

(5) 与员工保持良好的沟通,及时掌握员工的思想状态。

5) 经营管理

(1) 督导加强防火防盗安全工作和食品卫生工作,控制食品和饮品的标准、规格要求,保证产品质量。

(2) 策划餐饮部各项重要活动如食品节、节假日活动等。

(3) 了解餐饮市场发展状况,掌握饭店的菜肴状况,制订适合目前饭店市场的菜肴创新计划,并督导行政总厨落实执行。

(4) 督导管理人员做好服务的创新,保持较高的服务水准。

(5) 每日巡视餐厅、厨房及后台各区域,掌握服务及管理动态。

(6) 每日阅读经营日报表,了解部门及各区域经营情况,掌握经营趋势,发现问题及时做出调整。

(7) 拜访饭店餐饮的重要客户,与饭店宾客保持良好的沟通,掌握宾客的消费心理。

(8) 对整个就餐环境及设施设备进行整体协调部署。

(9) 控制原料成本,减少浪费,制定合理的定价策略,以便于有效控制毛利率。

(10) 参加饭店会议,主持部门会议,落实饭店会议相关内容,了解部门工作情况,布置部门工作。

(11) 了解市场信息及竞争对手状况,做好市场定位,及时协同驻店经理及总经理做出决策。

2. 各餐厅(中餐厅、西餐厅、宴会厅)经理的工作职责

(1) 职责概述:具体负责餐厅的日常运转和管理工作,保证以舒适的就餐环境、良好的服务来吸引客源,通过向客人提供有程序、高标准的服务来获取最佳效益。

(2) 在餐饮总监助理的领导下,负责餐厅的日常经营管理工作。

(3) 制订餐厅年度、月度经营管理计划,领导餐厅员工积极完成各项接待任务和经营指标,努力提高餐厅销售收入;分析和报告餐厅年度、月度经营管理情况。

(4) 参加餐饮总监(经理)主持的工作例会,提出合理化建议。全面掌握餐厅预订和重要接待活动情况,主持召开餐厅有关会议。

(5) 巡视餐厅的营业和服务情况,检查领班的工作和餐厅的服务质量,抓好餐厅设施设备的保养和卫生、安全工作。

(6) 控制餐厅低值易耗品成本,抓好成本核算、节能控制,加强物品原材料的管理,降低费用,增加盈利。

(7) 了解厨房的工作程序和相关知识。

(8) 发展良好的客户关系,亲自督导或参与重要接待活动,积极征求宾客意见和建议,处理客人投诉。监督建立并完善客户接待档案。

(9) 与厨师长保持密切联系和合作,提出食品销售建议,及时将客人需求反馈给厨师长,为食品原料的采购和厨房出菜提供依据。

(10) 做好餐厅领班的排班工作,监督餐厅领班制定排班表,带头执行饭店各项规章制度。

(11) 负责与相关部门的工作协调,处理各类突发事件。

(12) 审核餐厅的营业收入,做好结账控制工作,杜绝舞弊行为。

(13) 负责对下属的考勤、绩效考核和评估,组织开展餐厅培训活动,掌握员工的思想状况、工作表现和业务水平,做好餐厅人才开发和培养工作。

3. 餐厅领班的工作职责

(1) 在餐厅经理领导下,贯彻饭店经营方针和各项规章制度,负责所在班组的日常管理和接待工作。

(2) 根据所在餐厅的年、月度工作计划,带领员工积极完成各项接待任务和经营指标,努力提高餐厅的销售收入,汇报每日经营接待情况。

（3）参加部门例会，提出合理化建议，了解每日接待、预订情况并召开班前例会。

（4）组织带领员工完成每日接待工作，及时检查物品及设施的节能状况、清洁卫生、服务质量，使之达到所要求的规范和标准，并保证高效、安全、可靠。

（5）全面掌握本区域内客人用餐状况，及时征询宾客意见、建议，解决出现的问题，处理客人投诉。

（6）合理安排员工的排班，保证各环节的衔接，使接待工作顺利完成。

（7）每日填写工作日志，做好餐厅销售服务统计和客史档案的建立工作。

（8）定期对本班组员工进行考勤和绩效评估，组织、实施相关的培训活动，及时掌握员工的思想状况、工作表现和业务水平，做好餐厅人才开发和培养工作。

8.2 餐厅日常管理

引例

海底捞对一线员工的信任令许多同行难以理解。海底捞一线普通员工有给客人免单、打折、退换菜、送菜的权力，这就等于海底捞的"员工"就是"经理"，因为这种权力在其他企业也只有少数经理才有。员工有了这种权力，服务的效率更高了，解决服务问题的速度更快了，员工变得更有信心、更有创造力了。

（资料来源：http://www.canyin168.com.）

思考：餐厅管理过程中，如何提高员工的工作积极性？如何提高服务效率和质量？

8.2.1 餐厅预订

1. 宴会厅营销人员的基本职责

宴会厅营销人员对内负责与相关部门的沟通协调，对外代表饭店接洽会议、宴会及相关业务，并负责与老客户保持良好关系的同时拓展、开发新客户，并通过业务活动和了解市场信息，协助上级制订策略以达到酒店年度计划和预算收入目标。具体职责如下。

（1）与酒店的客户群体保持联系、满足其合理需求。

（2）与现有客户维持良好的关系，同时开发新客户。

（3）促销酒店现有的宴会产品、设施、场地及各项服务。

（4）将客户资料整理存档，并保持完整性及准确性。

（5）服从部门主管指派，到酒店外拜访客户、接洽业务。

（6）在当班时间内及其他餐厅尚未营业前，负责接洽并协助各餐厅的订席事宜。

（7）负责带领来访宾客参观、介绍酒店宴会厅设施，必要时交由上级处理，争取生意。

（8）参加部门定期举行的业务沟通会议，提交每天的业务简报以及任何指定出席的会议。

（9）追踪任何有潜力的生意来源，对市场信息保持高度敏感，及时报告上级，以制定对应策略。

（10）将客户意见及同行评语予以记录，并报告上级以求改进。

（11）随时保持积极主动的态度招呼客人，注意个人的仪容，保持端庄。

（12）每周上交工作重点报告，包括确定及待追踪的生意，每月上交业绩报告。

（13）按值班表所排定的时间上下班，遇业务繁忙及人手不足时，应机动调整予以协助。

（14）负责填写宴会预订本，并对客人进行跟进。

（15）对饭店宴会厅、餐厅、服务设施、设备了如指掌，以便对顾客作全面的介绍。

2. 宴会的销售程序

1）宴会、会议的洽谈

举办宴会，顾客所采取的第一个步骤便是向中意的饭店咨询相关的信息，采取的方式主要有三种——电话、传真、亲自前来洽谈。一般客人的问题如场地是否有空，宴会、会议的费用，宴会厅规模，宴会厅能提供的相关仪器设备，菜单的内容，最低消费额，现场平面图，订金以及宴会活动相关单位资料的获得等。面对诸如此类的疑问，销售人员须一一为顾客说明，努力掌握每一个可能的生意机会。

首先，一旦获悉顾客有举办宴会的意愿，销售人员最好能邀请顾客亲自到宴会厅现场看场地。毕竟只通过电话进行解说往往无法让顾客真正了解宴会场的实际情况，不论销售人员如何详尽介绍，客人也很难体会。因此尽量邀请客人亲临宴会厅面对面解说，由销售人员就现场设备清楚地为其解答问题。如果顾客不愿前往，销售人员要考虑登门拜访。一般来说，宴会生意大概有75%是自己找上门来的，其他25%必须依靠销售人员进行促销活动，主动争取客源。

在洽谈的过程中，负责接洽的销售人员必须备妥足够的资料供顾客参考，如场地的平面图、各式菜单的价格表、客人容量表、租金一览表、器材租金表。接受咨询时，首先要让客户了解场地大小和形状，即使顾客已亲临现场，销售人员仍需准备场地平面图，为其解说。由于不同桌数与不同形态的宴会所适合的场地类型不尽相同，所以宴会厅要设多种平面摆设图，满足顾客需求。

2）宴会、会议的预订及确认

假使顾客有意预约宴会，销售人员需问清楚宴会的日期、时间，宴会名称，性质及联络人员姓名、电话，并书面记录下来。另外，菜单内容、饮料种类、参加宴会人数、宴会预算、摆设方式、顾客的付款方面也应如实记录。当然，在预约步骤中，销售人员要提供报价单给顾客，因为大多数顾客在签订合约后可能还会与其他饭店进行比价。无论如何，销售人员应详细记录每次与顾客洽谈的结果，除存档备查外，也需正确无误地将资料转达给其他相关人员。只有如此，方能确保宴会的成功。

为方便记录起见，预订宴会所需的资料都已经包括在宴会洽谈表中。有了宴会洽谈表，销售人员与客人洽谈时便可以马上将所有资料填妥，并将客人的要求选出，等到将宴会通知单发给各部门时，所有宴会需求都一目了然。如果顾客只是暂订宴席，饭店则必须对其保持追踪，直到客人下订单为止。若顾客取消订席，也要询问取消宴会的原因，并予以记录，作为日后改进的参考。

通常,除熟客不收预订金外,其他所有宴会及会议确认时,都必须先交 30% 的定金,付完定金才表示该宴会场地确实被定下。否则如果一个宴会临时取消,对饭店势必造成重大损失。除此之外,若在原来预订宴席的顾客未付款之前另有其他顾客预订同一场地,销售人员应打电话给先预订的顾客,询问其意愿。如果顾客表示确定要使用该场地,就必须请其先缴付定金,否则将让给下一位想预订的顾客。如果客户看中的宴会厅已被预订,销售人员仍然不可轻易放弃任何生意机会,而应积极推荐其他可替代的宴会厅,或尝试说服客人更改宴会日期。

虽然在预订时销售人员已记下顾客的所有要求,但是客人日后仍有可能改变主意。所有销售人员必须将双方同意的事项记录在合约书上并请客人签字,以保障客人与饭店自身的权利。如果客人没有时间亲自到饭店履行签约手续,销售人员可以通过书面传真或邮寄的方式,将文件送至顾客手中,请顾客在确认书上签字,签妥后再传真或邮寄回饭店。在签订确认书时,饭店通常会要求收取定金。

餐厅的预订管理可以采用专门的管理软件来进行,如图 8-4 所示。

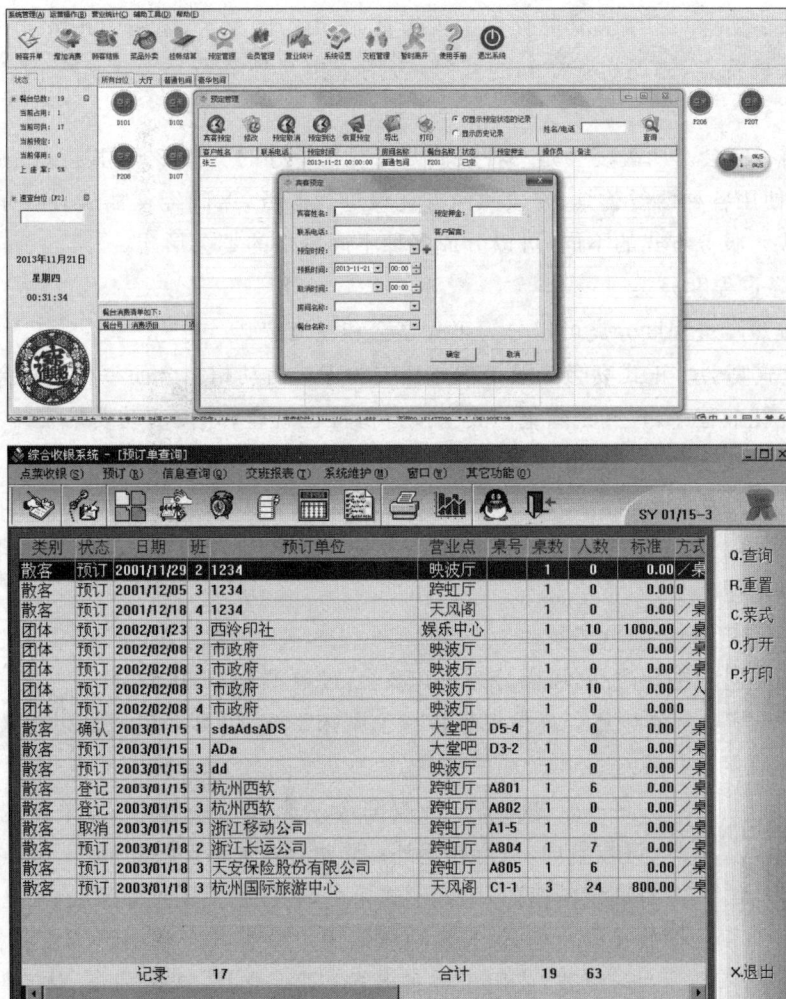

图 8-4　餐饮预订系统

3）宴会、会议接待跟进工作要领

（1）宴会、会议跟进人员应将客户的每个细节要求，清楚列明在宴会备忘录或宴会通知单上，以便上司查核或在必要时其他工作人员能随时参加跟进工作，而无错误、遗漏之处。

（2）宴会、会议跟进人员的责任是确保宴会、会议的每个细节能够符合客户要求，故而在宴会开始前必须不断与有关部门联系，确保各部门已清楚各项宴会要求。

8.2.2 宴会厅管理

随着饭店业的发展，宴会厅在饭店经营中起着创声誉、创效益的重要作用。国际上一些旅游业发达的国家和地区对大型宴会管理相当重视，通常将宴会部门从餐饮部分离出来成为独立的部门，以便进项宴会促销和管理，但在我国大部分饭店中，宴会部门仍然是餐饮部的下属部门。

1. 宴会的分类

1）按菜式分类

（1）中餐宴会。中餐宴会是使用中国餐具，适用中国菜肴，采用中式服务的宴会。具有浓厚的民族特点，体现欢乐祥和的气氛，多用于招待外宾及重要客人。国内的宴会多采用这种形式。

（2）西餐宴会。西餐宴会是一种按照西方礼仪举办的宴会形式，其特点是摆西餐台，吃西餐菜，使用各种西餐餐具，并按照西方礼仪进行服务，席间经常播放轻音乐。西餐宴会根据菜式与服务方式的不同，可以分成多种不同风格的宴会形式。

2）按隆重程度分类

宴会按照隆重程度分类可以分为正式宴会和便宴。

（1）正式宴会。正式宴会一般是指与相关的正式活动相结合而举行的宴会。正式宴会十分讲究礼节程序，且气氛隆重。宾主按身份排位就座，并按活动要求安排相关仪式，如致辞等。正式宴会要求处处体现高雅、庄重。

（2）便宴。便宴是非正式宴会。这类宴会形式简便，不拘规格，可以不排座次，不作正式讲话，菜肴道数可随客人要求酌量增减。便宴的气氛较随和、亲切、轻松自由，宜用于日常友好交往。

3）按主导产品分类

宴会按不同的主导产品，可以分为风味宴会、冷餐酒会、鸡尾酒会。

（1）风味宴会。风味宴会就是将某些特色风味小吃，以宴会形式加以包装、改造，使其成为宴会的主导产品。

（2）冷餐酒会。冷餐酒会是酒会的一种形式，举办地点比较随意，可在室内，也可在室外；举办形式灵活，不排座次，不设主宾席，也没有固定的座位，菜式形式自由，餐厅提供的冷荤菜、点心一般事先都摆放在餐台上，供宾客随意取用。冷餐酒会常用于庆祝各种节日，作为欢迎仪式，或用于各种开幕、闭幕典礼，文艺表演、体育比赛后，国际、国内大型学术研讨会等。

视频：侍酒功成看今朝——方案与实施

（3）鸡尾酒会。盛行于欧美,一般用于正式宴会之前或独立举办。以酒水为主,配备小吃,如三明治、小串烧、炸薯片等。这种形式的宴会较为活泼,客人不拘于各自座位的限制,便于广泛接触交谈。

4）按专题分类

宴会按照不同的专题,还可以分为国宴、婚宴、生日宴会、商务宴会和庆典宴等。

因为宴会形式不一,有些宴会需要豪华的装饰与布置,如婚宴、庆功宴、发表会、各类展示会等。有些只需要一般桌椅陈设及视听器材即可,如说明会、培训会等。因此,一般宴会厅的基本装饰通常较为简单,若遇特殊需求,如婚礼、寿宴等场合则需根据顾客需要,增设舞台、红地毯、花卉、气球、灯光、特效、乐团、背景等,以便营造出宴会的华丽气氛。

2. 宴会的作用

1）宴会经营是饭店经济收入的重要来源和广告宣传途径

宴会营业面积大,接待人数多,消费水平高,是饭店餐饮收入的重要来源之一,同时也是提高饭店知名度的重要形式。

饭店宴会大多数是因商业、社交和特殊需要举行的,如公司推销产品、新闻发布会、洽谈业务、签订合同、招待政府官员、举行会议及生日、结婚纪念活动等。出席宴会的宾客大多身份地位比较高,常常是新闻机构宣传报道的焦点,在进行新闻报道的同时也宣传了饭店,扩大了饭店的影响,提高了饭店的声誉。

2）宴会是一种特殊的交际工具

人们在日常交往活动中除了一些常用的交际方式外,宴会也是重要的交际工具,在中国的作用尤其显著,人们在宴会的氛围中,边品尝美味佳肴、香茗美酒,边畅叙友谊,洽谈沟通事务。

3）宴会是一种公众娱乐方式

人们通过宴会互相交流,享受美食,愉悦心情。

4）宴会促进了餐饮业的发展

通过宴会的经营,可以提高餐厅的烹饪技术,培养厨师的技能,同时可以提高管理人员组织指挥能力和服务员的服务应变能力。

8.2.3　零点餐厅管理

饭店或餐厅通常将到中餐厅用餐的散客服务称为中餐零点服务。零点服务要求服务员了解当天的菜单、餐厅的特色菜肴、顾客的用餐需求等,并有针对性地为顾客服务。零点餐厅接待波动大,工作量也较大,营业时间长,对服务员要求高。

8.2.4　酒吧管理

1. 酒吧的人员配备与工作安排

1）酒吧的人员配备

酒吧人员配备根据两项原则,一是工作时间,二是营业状况。酒吧的营业时间多为上午 11:00 至凌晨 2:00。上午客人是很少到酒吧去喝酒的,下午客人也不多,从傍晚直至午夜是营业高峰时间,营业状况主要看每天的营业额及供应酒水的杯数,一般的主酒吧(座位在 30 个左右)每天可配备调酒师 4～5 人。酒廊或服务酒吧可按每 50 个座位每天配备调酒员 1 人,如果营业时间短可相应减少人员配备。餐厅或咖啡厅每 30 个座位每天配备调酒师 1 人,繁忙时,可按每日供应 100 杯饮料配备调酒师 1 人的比例,如某酒吧每日供应饮料 450 杯,可配备调酒师 5 人。以此类推。

2) 酒吧工作安排

酒吧的工作安排是指按酒吧日工作量的多少来安排人员。通常上午时间,只是开吧和领货,可以少安排人员,晚上营业繁忙,应多安排人员。在交接班时,上下班的人员必须有半小时至一小时的交换时间,以清点酒水和办理交接班手续。酒吧采取轮休制。节假日可取消休息,在生意清闲时补休。工作量特别大或营业超计划时可安排调酒员加班加点,同时给予足够的补偿。

2. 酒吧的质量管理

1) 每日工作检查表

每日工作检查表(check list)用于检查酒吧每日工作状况及完成情况。可按酒吧每日工作的项目列成表格,还可根据酒吧实际情况列入维修设备、服务质量、每日例会、晚上收吧工作等,由每日值班的调酒师根据工作完成情况填写签名。

2) 酒吧的服务、供应

酒吧是否能够经营成功,除了本身的装修格调外,主要取决于调酒师的服务质量和酒水的供应质量。服务要求礼貌周到,面带微笑,微笑的作用很大,不但能给客人以亲切感,而且能解决许多本来难以解决的麻烦事情。要求调酒师训练有素,对酒吧的工作、酒水牌的内容都要熟悉,操作熟练。能回答客人提出的有关酒吧及酒水品牌的问题。酒吧服务要求热情主动,按服务程序去做。供应质量是关键,所有酒水都要严格按照配方要求,绝不可以任意取代或减少分量,更不能使用过期或变质的酒水。特别要留意果汁的保鲜时间,保鲜期一过便不能使用。所有汽水类饮料在开瓶(罐)两小时后都不能用来调制饮料,凡是不合格的饮品不能出售给客人,例如调制彩虹鸡尾酒,任何两层有相混情形时,都不能出售,要重新做一杯。

3) 工作报告

调酒员要完成每日工作报告。每日工作报告可登记在一本记录簿上,每日一页。内容有四项:营业额、客人人数、平均消费、操作情况及特殊事件。通过营业额可以看出酒吧当天的经营情况及盈亏情况;通过客人人数可看出酒吧座位的使用率与客人来源;通过平均消费可看出酒吧成本同营业额的关系以及营业人数的消费标准;酒吧里特殊发生的事件也很多,经常有许多意想不到的情况,要记录上报,处理后要登记,有些需要报告上级的,要及时上报。

酒吧的日常管理也可以通过专业的管理软件来实现,如图 8-5 所示。

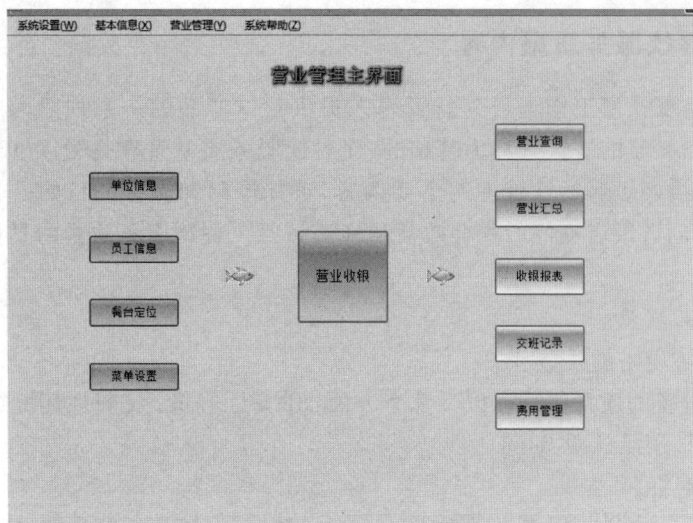

图 8-5　酒吧管理系统

8.3　餐厅服务质量管理

引例

　　领位员小吴正在焦急地等待一个迟到的旅游团。该团原订用餐时间为晚上 6 点，直到 7 点多，小吴才看见导游员带着一群客人向着餐厅走过来。"你是 F11 旅游团的陪同吗？"小吴忙着走上前问道。"不是。我们团没有预订，但想在你们这里用餐，请务必帮忙解决。"导游向小吴解释道。"请稍候，我马上替您联系。"小吴说毕就马上找餐厅经理联系。餐厅经理看到 F11 号旅游团都超了一个小时还未到，就同意了客人的要求，请客人先用原订旅游团的餐位。谁知服务员小吴刚把这批客人安排入座，F11 旅游团就到了。餐厅经理看着这些面带疲倦的客人马上急中生智解释说："实在对不起，先生。你们超出原订的时间太久了，所以您原订的餐位我们已经安排了其他的团队。不过，我先带你们去休息室休息一下，马上给你们安排座位，时间不会太久。"小吴带客人去了休息室，并为他们送来茶水。餐厅经理急忙去联系餐位。10 分钟后餐厅经理赶到休息室告诉客人："现在的客人太多，大家还要稍等一下。"又过了 5 分钟，餐厅终于完成了空闲台位的撤台、摆台，并立即通知厨房出菜等餐前准备工作，当小吴再次来到休息室对大家说："对不起，让大家久等了，由于餐前与你们联系不够，没有及时掌握大家晚来的原因，致使大家等候，请原谅。""这次迟到主要是我们自己的原因，餐厅能在这么短时间内为我们准备已经相当不错了，感谢你们主动热情的服务。"陪同带头鼓起掌来。客人们怀着满意的心情，跟随小吴走进餐厅。

　　（资料来源：http://www.canyin168.com.）

　　思考：餐饮服务质量体现在哪些方面？

8.3.1　餐饮服务质量内容

餐饮服务是餐饮部工作人员为就餐客人提供餐饮产品的一系列行为的总和。优质的餐饮服务是以一流的餐饮管理为基础的,而餐饮服务质量管理是餐饮管理体系的重要组成部分,它是搞好饭店餐饮管理的重要内容,对其控制和监督的目的是为宾客提供优质满意的服务,创造饭店良好的社会效益和经济效益。餐饮服务质量的具体内容包括以下两个方面。

1. 有形产品质量

1) 餐饮设施设备的质量

餐饮设施设备的质量体现在以下几个方面:①餐厅容量;②餐饮环境布局;③音响;④家具;⑤餐具、用品的质量。

2) 菜点花色品种

菜点花色品种应满足以下几项要求。

(1) 合理安排菜点品种,适合客人多类型、多层次的消费需求。

(2) 根据餐厅的营业性质、档次高低、接待对象的消费需求,选择产品风味和花色品种。

(3) 花色品种和厨房烹调技术、原料供应、生产能力相适应。

3) 餐饮价格

制订合理价格时考虑的因素包括以下几点。

(1) 餐厅各种类型的产品毛利有明显的区别,充分体现质价相符的原则,能够调节市场供求关系。

(2) 产品定价以毛利为基础。

(3) 中西餐、食品、饮料等分类测算毛利率。

(4) 服务等级与服务价格相吻合。

(5) 顾客的接受和反应程度。

2. 无形服务产品质量

无形服务产品质量体现在服务人员的仪容仪表、礼节礼貌、服务技能、安全卫生、服务态度和服务效率等方面。这里主要探讨服务态度和服务效率两个方面。

1) 服务态度

在餐饮服务中,良好的服务态度主要表现在以下五点。

(1) 面带微笑,向客人问好,最好能称呼顾客的姓氏。

(2) 主动接近顾客,但要保持适当距离。

(3) 含蓄、冷静,在任何情况下都不急躁。

(4) 遇到顾客投诉时,按处理程序进行,态度和蔼,并以理解和谅解的心态接受和处理各类投诉。

(5) 在服务时间、服务方式上,处处方便顾客,并在细节上下功夫,让顾客体会到服务的周到和效率。

2) 服务效率

服务效率是服务工作的时间概念,是服务员为顾客提供某种服务的时限。它不但反映了餐饮企业的服务水平,而且反映了管理的水平和服务员的素质。为保证服务效率,必须对菜点烹制时间、规程,翻台作业时间,顾客候餐时间等做出明确的规定并将其纳入服务规程之中,作为员工培训的指南和操作的标准。餐厅应该尽量消除就餐宾客等候服务的现象。

8.3.2　餐饮服务质量特点

1. 餐饮服务质量构成的综合性

餐饮服务质量有赖于餐饮的计划、业务控制,设备、物资、劳动组合,服务人员的综合素质,财务控制与其他部门的协同配合,以及餐饮环境、餐饮营销策略、餐饮价格策略等多方面的保证与顺利运转。

2. 餐饮服务质量显现的短暂性

餐饮产品现生产、现销售,生产与消费几乎同步进行。

3. 餐饮服务质量内容的关联性

从饮食产品生产的后台服务到为宾客提供餐饮产品的前台服务有诸多环节,而每个环节的好坏都关系到服务质量的优劣。

4. 餐饮服务质量考评的一致性

这里说的一致性是指餐饮服务与餐饮产品的一致性。质量标准是通过制定服务规程来表现的,因此服务标准和服务质量是一致的,即产品质量、规格标准、产品价格与服务态度均应保持一致。

5. 餐饮服务质量评价的主观性

由于餐饮服务质量的评价是由顾客享受服务以后,根据其物质和心理满足程度做出的,因而带有很强的个人主观性。这就要求餐饮管理者在服务过程中通过细心观察,了解并掌握顾客的物质和心理需要,不断改善对客服务,为顾客提供有针对性的个性化服务,用符合顾客需要的服务来提高顾客的满意程度,从而提高并保持良好的餐饮服务质量。

8.3.3　餐饮服务质量控制

1. 餐饮服务质量控制所需要的条件

要实现餐饮服务质量控制和监督,必须具备以下三个基本条件。

1) 建立餐饮服务的标准规程

制定服务规程时,首先确定服务的环节程序,再确定每个环节统一的动作、语言、时间、用具,包括对意外事件、临时要求的化解方法等。

管理人员的任务是执行和控制规程,特别要抓好各套规程之间的薄弱环节,用服务规程来统一各项服务工作,从而达到服务质量标准化、服务岗位规范化和服务工作程序化、系列化。

2) 抓好员工的培训工作

企业之间服务质量的竞争主要是员工素质的竞争,很难想象,没有经过良好训练的员工能提供高质量的服务。

3) 收集质量信息

餐厅管理人员应该知道服务的效果如何,即宾客是否满意,从而采取措施改进服务、提高服务质量。

2. 餐饮服务质量控制手段

具体的餐饮服务质量控制手段从科学系统的角度出发,主要分为下列三种。

1) 预先控制

所谓预先控制,就是为使服务结果达到预订的目标,在开餐前所做的一切管理上的努力;其目的是防止开餐服务中各种资源在质和量上产生偏差。

预先控制的主要内容是:①人力资源的预先控制;②物资资源的预先控制;③卫生质量的预先控制;④事故的预先控制。

2) 现场控制

现场控制指现场监督正在进行的餐饮服务,使其规范化、程序化,并迅速妥善处理意外事件。

现场控制的内容主要是:①服务程序的控制。②上菜时机的控制。根据宾客用餐的速度、菜肴的烹制时间,掌握好上菜节奏。③意外事件的控制。餐饮服务是面对面的直接服务,容易引起宾客的投诉。一旦引起投诉,主管一定要迅速采取弥补措施,以防止事态扩大,影响其他宾客的用餐情绪。④人力控制。开餐期间,服务员虽然实行分区看台责任制,在固定区域服务(一般是按每个服务员每小时能接待20名散客的工作量来安排服务区域)。主管应根据客情变化,进行二次分工,做到人员的合理运作。

3) 反馈控制

反馈控制就是通过质量信息的反馈,找出服务工作的不足,采取措施加强预先控制和现场控制,提高服务质量。

餐饮服务质量的控制和监督检查是餐饮管理工作的重要内容之一。在餐饮服务系统中,部门和班组是执行系统的支柱,岗位责任制和各项操作程序是保证,其共同的目的是为顾客提供优良的服务。

8.4　食品节管理

引例

首届"金秋美食节"活动策划方案

一、活动时间

2024年8月18日至9月30日

二、活动地点

紫金港国际饭店

三、活动组织机构

美食节活动领导小组

四、活动背景

紫金港国际饭店是一家五星级酒店,餐饮部分的菜系品种有:西餐厅——综合性自助餐;中餐厅——温台菜。酒店要着力对酒店特色海鲜这一特点进行大力推广宣传,从而在消费者心目中形成高档次、多元化、平民价位星级酒店的品牌印象,品牌概念一旦形成,将会对本酒店未来的发展有极大的推动。

五、活动目的

通过此次美食节活动拉动酒店人气,让更多的人了解紫金港国际饭店的特色餐饮。

六、活动总主题

"浓情秋意,尽享美食"——紫金港国际饭店第一届美食节

七、活动分主题

活动分为两个部分。第一部分,西餐部"美食记"亚太特色美食。广告词:海阔天高云淡,蟹肥鱼美虾鲜。第二部分,中餐部"忆江南"温台特色美食。广告词:品正宗瓯菜,忆江南美景。

八、广告基调

精致美食唇齿绽放·幸福滋味人人分享

九、活动方案

西餐部活动 1,活动前一周自助餐 168 元(买一送一);活动 2,赠送半价券——凡第一次到店消费即送半价消费券,在第二次光临时只需支付一半现金(实名登记)。

中餐部"忆江南"温台特色美食节活动 1,刷卡享 5 折——与某银行合作活动期间每周三刷卡享 5 折优惠;活动 2,凡点制定套餐赠送价值××元进口红酒一支。

十、店堂布置

1. 一楼西餐部

(1)整体要求:热烈、喜庆、突出主题。

(2)电子屏体现活动主题。店内水牌、电梯内广告牌全以活动内容为主。

(3)为了突出热烈和喜庆,气球和彩带是必不可少的。

(4)外围气球拱门自活动之日起摆放 3 天,烘托气氛。

(5)大堂内彰显主题设计,按沙盘性质制作人工海滩和海水,并放置小型海鱼。周围插置小型椰子树,人造沙滩上用刨木雕刻渔船和渔民、大海螺壳突出主题。大主题上增加倒计时告示表。

(6)活动之日为突出海鲜美食节氛围,一楼员工统一着装"海岛服",一楼餐厅和走道悬挂活动宣传牌(大厅 12 个,二楼走道 10 个)。

(7)在海鲜池上挂饰垂吊装饰品,增加其他观赏性较强和好饲养、易存活的海鲜物种。

(8)设计精美的宣传册。

2. 二楼中餐部

(1)以古越国为历史背景,增加古典的装饰品。

（2）将现有的喜鹊壁纸，更换为述说越国历史的彩绘或使用述说温台菜系的卷轴挂画。

（3）对现有的装饰品进行调换，换上一些有文化气息的装饰品，如瓷器等。

（4）制作餐牌。

（5）采购油纸伞等江南特色装饰品。

十一、媒体宣传

（1）建立新浪微博、腾讯微博。

（2）邀请杭州 10 家以上报纸和电台进行报道，如《都市快报》、时尚 7 天、感觉生活等。

思考：食品节如何体现特色？

8.4.1　食品节主题策划

随着餐饮市场竞争的日益激烈，大大小小的餐饮企业经常会根据经营的需要，抓住季节的变化或节假日，进行各种新、奇、特的促销活动，如开发新菜品、举办美食月或主题风味美食节等。满足需求，引导消费，已成为餐饮市场竞争的主旋律。

举办一届成功的美食节，需要在主题选择、市场调研、宣传策划、菜品菜单设计、餐厅布置、餐台装饰、用品用具及人员的调配、部门之间的协调、效益预测等方面，做出合理计划和安排。

美食节的主题有很多，常用的主要有以下十类。

1. 以节日为主题

以节日为主题推出的美食节在国内外都很普遍。随着人民生活水平的提高，休闲消费已经成为餐饮促销的一个热点，饭店经常会借助于国内外的一些特殊节日策划美食节，如"辞旧迎新美食月""情人之约美食周""中秋月圆美食节""圣诞平安美食周"等，这类美食节的菜品选择和菜单制定必须与节日相结合。"辞旧迎新美食月"应有中国的传统食品，如年糕、饺子、汤圆、过年菜等；"圣诞平安美食周"应以西餐菜品为主，并要求有"烤火鸡"等特色食品；"情人套餐美食周"要有以"两情相悦""百年好合""天长地久"等命名的菜品，甜食也是必不可少的，寓意甜甜蜜蜜。

2. 以某类原料为主题

以某类原料为主题的美食节如"海鲜美食月""野菜美食节""海南椰子美食节""秋冬滋补菜品美食节"等。这类美食节主要是围绕主题原料开发菜品，确定零点菜单和套餐菜单，要凉菜、热菜、面点及各种烹调方法兼顾，其价位应根据饭店的规模和档次予以确定，由于临时投入较多，可以比平日同档次的菜肴价位高 5%～15%。如胶东家宴举办的"春到咱家野菜美食节"就包含着这样一些菜品：凉拌马齿苋、炸鲜花椒叶、小笼面条菜、松花仙人掌、野菜蛋花羹、鲜花养生汤、野菜百花酿海参、煎饼野菜小豆腐、荠菜大水饺等，充分考虑到高中低档菜品的搭配和烹调方法的运用。以某类原料为主题的美食节策划案例如表 8-1 所示。

表 8-1　以某类原料为主题的美食节策划案例

特　点	主　题	美食节（宴）名称
体现技艺	全羊风味	烤全羊系列风味美食，全羊宴美食节
	鱼米之乡	年年有余美食节、全鱼宴、白鱼宴
	特色风味	饺子宴美食节、烧烤美食月
体现风格	海鲜美食	小海鲜美食节、龙虾美食节
	蜗牛美食	法国蜗牛宴、天然昆虫宴
	绿色食品	绿色豆芽美食节（黄豆、绿豆、毛豆、扁豆、赤豆）
体现时令	野蔬美食	野味菜美食节、龙井茶宴美食节、五谷杂粮宴
	时令鱼美食	野生黄鱼美食节、时令刀鱼宴、今秋肥蟹美食月
	鲜果美食	椰子宴美食节、果汁宴、芦笋宴

3. 以地方菜系为主题

我们经常会看到某些饭店举办的"川菜美食节""传统鲁菜美食节""傣族风味美食节""羌族风情美食节""湘粤风情美食节"等，就是借助地方风味来举办美食节，这也是餐饮企业经常运用的主题。为突出地方风味菜口味纯正、制作正宗的特点，通常会邀请外来厨师制作或指导，菜品原料的选择也要突出地方风味，选用最具有代表性的一些菜肴来满足食客的需要。

4. 以名厨为主题

以名厨为主题的美食节如"颜景祥大师菜品巡回展""孔府家厨菜品展"等。这类主题的菜单是大师的拿手菜品和绝活技艺，如"颜景祥大师菜品巡回展"就包含着"糖醋鲤鱼""滑炒里脊丝""八珍布袋鸡""油爆双脆""余脊髓黄管"等鲁菜历下派的代表菜，每到一处都能引起轰动，也充分展示了颜大师的精湛技艺和菜品精华。

5. 以某种食品或某种烹调技法为主题

以某种食品或某种烹调技法如"秋冬火锅美食节""砂锅美食节""盛夏烧烤美食节"等。火锅的运用丰富多彩，从高档的山珍海味到普通的白菜、粉丝、豆腐等，都可以成为火锅的原料，火锅的配料、调料也很丰富，可根据需要随意调配。砂锅有耐酸碱、散热慢的特性，冬季食用最佳，主料选用多样，可荤可素，可清可淡，关键是汤的调配和火候的把握要恰到好处。

6. 以店庆等纪念日为主题

以店庆等纪念日为主题通常是把本饭店（规模较大的）各餐厅不同风味的食品集中售展，在菜品设计方面可把过去的传统风味、现在的流行菜式、将来的预期消费进行有机结合，让客人尤其是老客户在享受美食的同时，产生怀旧感、时代感、亲情感和对本饭店的信赖感。

7. 以外来菜为主题

有条件的大型酒店，通常会邀请国外名厨或请专家指导，举办如"法国菜美食节""阿拉伯菜美食节""日韩菜品美食节""泰国风味美食节"等。以外来菜为主题的美食节可以采用零点、套餐或自助餐的形式，也可各种形式并存、兼顾，以最具代表性的菜品为主。

这类美食节的举办成本较高,必须充分考虑到饭店所在城市的消费群体和消费水平。

8. 以名人历史文化为主题

从古到今,历史名人与菜点有不解之缘,推出名人文化菜肴来吸引消费者,也是饭店常选之举。如体现名人饮食文化的"板桥宴美食节""东坡宴美食节",体现文学饮食文化的"红楼宴美食节",以体现复古为特点的宫廷美食"乾隆御宴美食节""清宫御宴美食节"和仿古风味美食"嫩松风味美食节""大唐风味美食节"等。

9. 以食品功能为主题

以食品的功能为特色举办美食节活动,特别是体现疗效的美食,也是一种美食节主题。这种美食节上有老中医坐诊,把脉开方,厨房烹制单个食用,每人食料有一定的周期。以食品功能为主题的美食节见表8-2。

表8-2　以食品功能为主题的美食节

特　　点	主　　题	美食节(宴)名称
体现养生	全素风味	全素养生美食节、白菇煲仔美食周
体现功效	美容健身	养颜系列美食节、高考健脑食品美食月
体现疗效	保健治病	滋补药膳美食节、食疗菜点美食节

10. 以餐具容器为主题

以餐具容器为主题而制作的菜肴命名而成的美食节,如砂锅美食节,火锅美食节、铁板烧美食月、野味石锅节、煲仔美食周、煲仔饭美食月等足可以吸引客人消费。还可以在推出的火锅上做文章,如鸳鸯火锅、自助火锅、海鲜火锅等。

此外,以仿制古代菜点为主题,如"红楼宴美食节""金瓶梅宴美食节"等;以大众化食品为主题,如"金陵小吃美食节""乡土风味美食节"等;以某一层面的消费群体为主题,如"九九重阳老人食品节""金色阳光儿童美食节"等;或以本地区、本店招牌菜为主题的美食节,也会被饭店经常采用。

8.4.2　食品节计划制订

餐饮企业每年年底前就要将第二年的初步餐饮计划制订好,新年中要按照既定的计划逐步实施美食活动,一般每做一次食品节要做好以下两个步骤。

1. 把握市场机会

视频:乡村美食节策划
活动1——创意凝练

美食节活动具有阶段性、时间性,它要求每一次美食节活动前都要把握契机,拟订活动计划。把握好契机,先要了解市场行情,当前是否有一些重要事件(纪念日、重大要事、国际与全国会议等),其他竞争对手是否有类似的美食活动,市场现在需要什么样的美食活动等。再根据市场需要和自身条件,初步拟订一些主题,然后指派员工深入市场,广泛调查研究,分析比较,进行策划。一般策划内容有:时间策划、主题策划、场地策划、形式策划、内容策划、宣传策划、展台策划。同时撰写美食节方案,提交饭店由执行经理或饭店办公会议通过后执行。

2. 确定主题,拟订方案

美食节促销的主题,是决定和影响整个美食节成败的根本。所确定的主题,必须同时兼顾时令性和技术力量的来源,以确保食品节如期举办,并取得较好效果。有条件的星级饭店应由运转部总经理召集餐饮部经理、总厨师长、餐厅经理、公关部经理、营销部经理等有关人员研究讨论,确定一个主题,然后进行分头工作,提出具体要求,以保证美食节活动有目的、有计划、有组织地顺利进行。

美食节活动要对客源做出预测,分析可能接待的人次、人均消费和销售收入,并对如何组织客源提出解决办法和措施,以供领导层决策参考,确保美食活动能够取得预期效果。有些重大的美食节要从国外聘请大师,采购进口食品原料,利用设施设备布置就餐环境。为此,美食节活动计划应对投资及效果做出预算,其内容包括费用开支项目及数额、预算总收入、成

视频:乡村美食节策划活动
2——活动方案展评

本消耗和预计经济效益,以防止活动搞得轰轰烈烈,但经济上得不偿失。

8.4.3　食品节实施管理

1. 确定人员及任务

主题确定以后,立即成立美食节领导班子,一般由执行经理挂帅,餐饮部经理、总厨师长、公关部或营销部经理为辅,成员包括采购部经理,餐厅经理等相关人员。编排全面详细的活动计划,以防美食节期间出现差错,尤其是请外地、外单位人员来本店厨房来主持美食节,计划应包括活动起止日期,每天生产和营业时间、场地、用具、人员、原料的组织和人员费用等。然后根据总计划分别落实、行动。厨房生产应由总厨师长召集部门厨师长、主管或领班人员,研究货源、菜肴的制作计划等。

2. 制订专门菜单

要制订符合美食节主题的推销菜单。美食节的所有活动归根结底都要落实到菜单上。餐单编排的好坏对美食节的整个过程都有举足轻重的影响。菜单品种的选定要突出美食节的特点,还要考虑到对宾客的使用价值,既要考虑菜品的风味特色,又要考虑到厨房技术力量,还要考虑到菜品吸引宾客的新意。要从菜单的档次、价格进行合理的组合,进而要计算每道菜肴的成本、毛利、售价。为了保证菜单品种的如期推出和出品质量,至少应将所有推出菜点的主料、配料、盛器和装盘规则列表做出明确规定。如果可能,及时给每一菜品定制标准食谱卡,这不仅对生产操作极为有利,对厨房的成本控制也是十分有利的。要求厨房员工按规格、按要求、保质量地落实到每一盘菜品上。有条件的饭店由专人负责,自始至终确保美食节菜品质量。

3. 物品采购

菜单确定以后一个很重要的工作就是筹备和企划食品节所需要的各种原材料,不仅要筹齐美食节所需要的主料配料,同时还要根据美食节原料清单想方设法备全各种调味品、盛装器皿和装饰物品,饭店采购部要会同餐饮部前后台做好各项原材料的采购工作。所购原材料的好坏,对餐厅装饰气氛、菜点口味都有着重要的影响。

4. 营销宣传

美食节对外界的影响大小和成功与否,在很大程度上取决于广告的宣传作用。要在

美食节举办之前,详细周密计划和分步实施广告宣传活动。要根据美食节的特点选择一定的广告宣传媒体,进行相应的广告宣传工作。美食节活动的印刷品除了广告宣传用品,还有餐单、酒单等。这些印刷品的设计和印刷品的质量,应与饭店餐饮规模档次相应,既要美观大方,又要突出美食的主题,还要注意保持餐厅一贯的宣传风格,起到强化作用。

5. 接待及协调

美食节活动是以厨房、餐厅为主题,同时需要各级、各部门的协调配合。各部门应根据活动计划的安排,积极主动地做好各方面的准备,实行标准化管理。采购部门每天保证食品原材料供应;厨房按菜单设计生产,保证产品质量;餐厅按照美食节活动计划要求,每天搞好环境布置,热情推销产品;工程部门保证席间节目设施、设备安全,在空调、灯光、演出设备等方面满足活动需要。

视频:乡村美食节策划活动
3——直播营销推广

餐饮部经理和餐厅经理要加强巡视检查,随时征求客人意见,不断改进服务质量,处理各种疑难问题,保证美食节活动的成功。

美食节期间,每天要记录餐厅接待客人的人次、座位利用率、客人的食品和饮料人均消费、总销售额、座位平均销售额、毛利额、毛利率、成本消耗等,并分析前后各天的变化情况,通过汇总发现美食节活动期间的成绩和存在的问题,不断改进工作,以降低消耗,提高经济效益,完成或超额完成美食节活动计划指标。

8.4.4 食品节评估总结

美食节评估总结包括总结评估、积累资料、完善档案三部分内容。

美食节是餐饮企业的一项综合性、集体性的活动。在筹备阶段,美食节组委会要经常召开组委会,研究问题,落实措施。美食节期间,不定期召开碰头会,研究营销策略和市场反馈,及时调整布局。美食节结束后要召开总结会,应对美食节进行全过程的总结评估,以积累一定的组织筹划、原料采供、生产制作等方面的经验教训。

美食节结束以后,餐厅转入正常经营。餐饮部经理、总厨师长要认真总结经验教训,全面分析美食节活动效果。对美食节活动的计划安排、准备工作、各级各部门的协调情况、产品销售情况、服务质量、客人反馈等,做出具体分析,写出总结报告。成绩要肯定,问题要明确指出,以供今后美食节活动决策参考。

视频:乡村美食节策划
活动4——复盘评估

美食节活动结束以后,餐单、主要原料供应、每日销售报告和总销售报告要分类存档。其中,哪些菜品点菜率高,哪些菜品有较多的意见、建议等都要有全面的记录,以便为下一届美食节提供参考。无论此类美食节以后是否再举办,都要做好一定的文字资料积累,为菜肴的推陈出新和其他不时之需做好准备。同时,将特别受欢迎的菜点纳入特别菜单。

从饮食市场大局来看,美食节还将发展成熟,如何将美食节举办得更加成功,这是广大餐饮经营者、决策者不断探索的新课题。

8.5　餐饮数据分析与利用

引例

　　随着人工智能等新技术的发展,与人们生活密切相关的餐饮行业也融入到了这一技术创新的大潮当中。如在人群中广泛使用的美团 App,背后凝聚了大量的先进技术和工作人员的艰苦工作。比如,美团外卖、跑腿等核心业务为提升配送效率和用户体验,美团利用视频技术、图像分割技术、5G 通信技术、人工智能等技术打造了具有美团特色的"美团地图"(见图 8-6),使美团配送更为高效和精准,这也为美团今后的自动驾驶、自动配送业务奠定了基础。

图 8-6　美团街景识别技术

(图片来源:美团研究院.https://www.meitujun.com/.)

　　思考:新技术是如何影响餐饮企业的?

　　信息化技术、大数据技术、网络通信技术、人工智能技术、神经网络技术、物联网技术、区块链技术等新技术的应用大大提高了餐饮企业效率和消费者满意度,如何使用这些技术并对这些技术搜集到的信息进行分析和利用,决定了现代餐饮企业能否在市场竞争中立于不败之地。

　　1. 餐饮数据采集

　　1)数据采集的范围

　　餐饮数据采集应用涵盖了多个关键方面,包括销售数据、库存数据、顾客反馈和员工绩效等。这些数据不仅为餐饮经营者提供了深入了解业务的途径,还为其做出更明智的决策提供了有力支持。餐饮数据采集的范围主要包括销售数据、库存数据、顾客反馈、员工绩效数据等。

　　2)数据采集的方法

　　在餐饮业中,数据采集是了解经营情况的关键步骤。数据可以通过多种不同的方式进行采集,每种方法都有其优缺点,取决于餐饮经营者的特定需求和情况。数据可以通过多种方式进行采集,包括手动记录、POS系统、顾客调查、社交媒体分析等,也包括决策树、神经网络、统计学习、聚类分析、关联规则等多项数据挖掘技术所采集的结构性与非结构性数据。

3）数据采集的原则

数据采集必须具备一定的质量和准确性以确保后续的分析和决策能够基于可靠的基础,因此在进行餐饮数据采集过程中需遵循准确性、完整性、时效性、保密性原则。

4）数据采集的内容

在餐饮数据采集中,采集的数据内容以及确定所需数据对业务决策最为关键。例如,如果一家餐厅希望提高顾客满意度,需要重点关注顾客反馈数据;如果一家餐厅希望优化成本管理,则需要关注成本数据和库存变动数据。数据采集一般包括销售额、菜品销量、库存变动、员工工时、顾客反馈数据、成本数据、顾客流量数据等。

2. 餐饮数据分析

在餐饮业务中,数据分析是一项关键的任务,它能够将从数据采集中获得的信息转化为有价值的见解,从而支持业务决策的制定和优化。这一过程帮助餐厅经营者深入了解经营环境和客户需求,优化运营策略并取得更好的竞争优势。

1）数据分析的方法

目前数据分析的方法主要有趋势分析、比较分析、关联分析、预测分析、敏感性分析等。如通过关联分析,经营者可以识别菜品的销售与顾客评价之间是否存在关联。如某些菜品的销售与顾客评分之间是否存在正相关,即销售较好的菜品通常是否也得到了较高的评价。

2）数据分析的工具

随着信息化技术的发展,经营者可以借助各类软件对餐饮经营数据进行分析。这需要根据餐厅的规模、需求和经营者的技能来决定。对于小型餐厅,电子表格软件可以满足分析需求,而对于更大规模的餐厅,商业智能工具或餐饮管理软件更加适合。

（1）电子表格软件。电子表格软件（如Microsoft Excel）是一种常见且强大的工具,可以用于对数据进行分析和可视化。它们提供各种功能,如数据排序、筛选、图表绘制等,适用于小型餐厅或初级数据分析。目前的电子表格软件可以结合人工神经网络技术进一步提升为具有人工智能的电子表格。

（2）商业智能工具。商业智能分析软件（如Tableau、Power BI）专门用于商业数据分析,可以将复杂的数据集转化为易于理解的图表和仪表盘。参见图8-7。它们适用于更大规模的数据分析和更高级的决策参考。

（3）餐饮管理软件。许多餐厅使用的餐饮管理软件（如美团餐饮管理系统、客如云、Toast、Square for Restaurants）可以对餐饮数据进行分析,这些软件通常集成了数据分析功能,可以帮助餐厅管理销售、库存、员工和顾客数据。软件提供了针对餐饮业的指标和分析,更方便经营者进行业务分析。

（4）顾客反馈分析工具。如果经营者需要深入了解顾客的反馈和评价,一些在线分析网站（如大众点评、ReviewTrackers）可以辅助跟踪在线评论和反馈,分析顾客对菜品、服务和环境的看法。

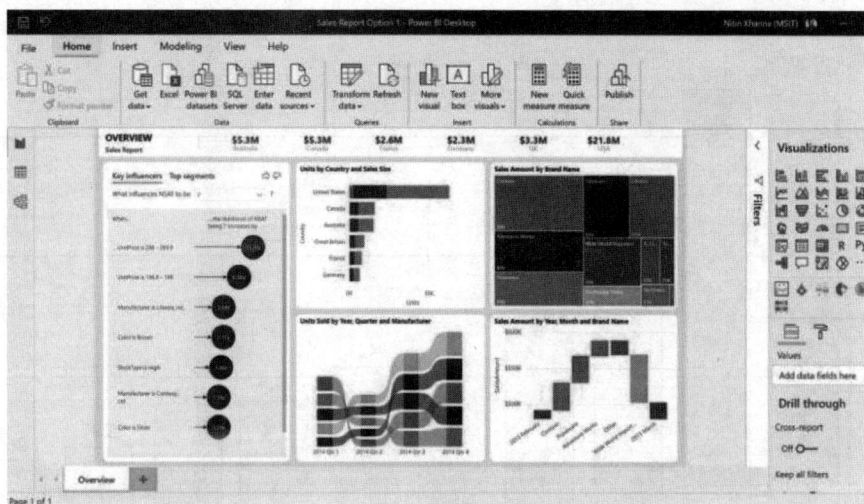

图 8-7　Power BI 可视化商业数据分析图

（图片来源：https://powerbi.microsoft.com/zh-cn/.）

（5）统计分析软件。如果经营者具备一定的编程和统计知识，可以使用 R 或 Python 等统计分析软件进行更高级的数据分析和建模。这些工具适用于需要进行复杂统计分析的情况，如图 8-8 和图 8-9 所示。

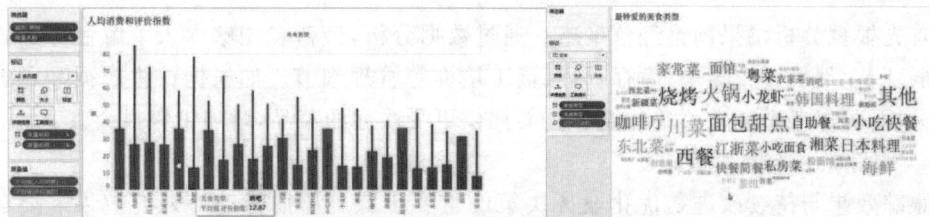

图 8-8　人均消费和评价指数图与消费者美食偏好类型个词云图

（图片来源：https://zhuanlan.zhihu.com/p/30314122.）

3. 餐饮数据的利用

通过对餐饮数据的分析获得的结论进行决策并付诸行动，改善餐厅业务的经营绩效和提升顾客体验。

1）转化数据信息

将数据转化为有价值的信息是数据分析的关键过程，需要经过数据整理、分析和特征提取等步骤。

2）做出优化决策

在完成数据的转化后，经营者进而可以通过对菜单、促销和客户体验等方面的转化信息进行分析，深入了解市场和顾客需求，做出优化决策。此类数据驱动的方法能够帮助餐饮经营者更准确地制定策略提升效益，加强与顾客的互动，实现持续的业务增长。

3）制订行动计划

制订行动计划是将分析结果转化为实际操作的关键环节，这一环节主要有两个方

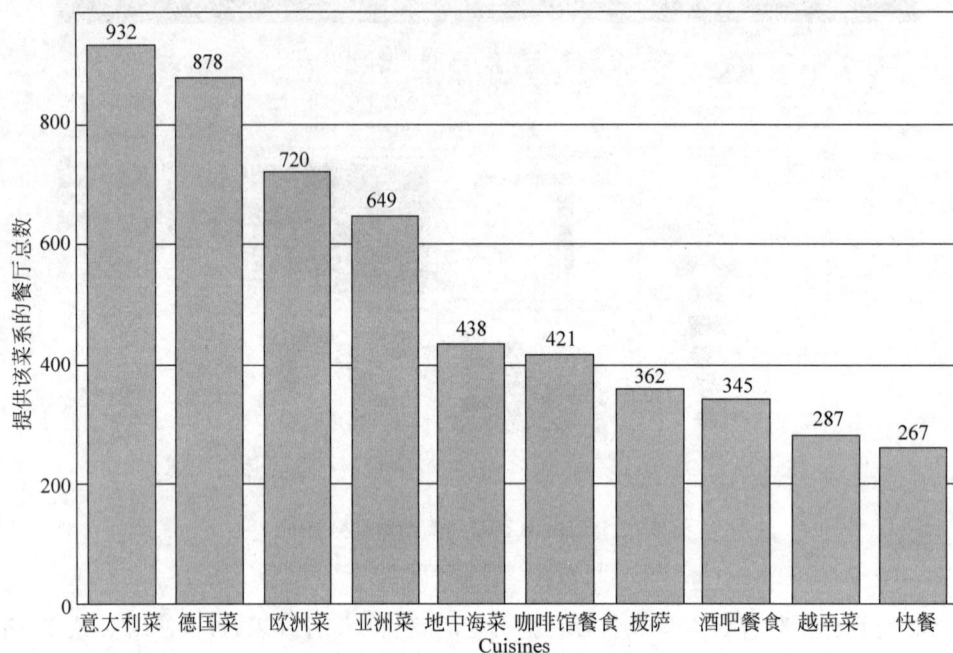

图 8-9　Python 等数据挖掘分析德国柏林最受欢迎的十大菜系

(数据来源：https://blog.csdn.net/.)

面。首先根据分析结果调整经营策略。通过数据分析,经营者能够深入了解业务的强项和薄弱环节,然后调整菜单、库存管理、员工培训等管理细节。如根据销售数据和顾客偏好的分析,可以考虑调整菜单的组合进而提供更受欢迎的菜品,增加销售机会。

4) 跟踪效果与持续改进

跟踪效果与持续改进是优化业务决策的重要步骤。评估行动计划的效果需要建立明确的关键绩效指标(KPI)并定期进行跟踪。如果收到更多的正面评价,说明行动计划在提升顾客满意度方面取得了成功。如果行动计划的效果不如预期,餐饮经营者需要进行进一步的调整。通过分析数据,智能分析原因,并提出整改建议。

5) 数据驱动的创新

在餐饮业务中,数据分析不仅用于指导现有业务决策,还能够成为创新的推动力。通过数据的综合分析,首先可以探索新的业务机会与市场趋势,从而为创新提供契机。此外,可以通过深入的数据分析,餐饮经营者能够发现新的餐饮趋势,为业务创新带来新的可能性。

📖【案例 8-1】

　　紫光园成立于 1912 年,是北京市紫光园餐饮有限责任公司旗下品牌,拥有 160 余家门店,是餐饮界的老字号,随着信息化时代的到来,也开始顺应时代发展用美团外卖、大众点评评论管理门店。

　　在菜品方面,在紫光园 100 道菜的菜谱上,只有 20 道菜是雷打不动的,60 道菜动态调整,另外 20 道菜的名额留给了创新和追潮流,每年定向更新。而对于菜品的保留和选择,则会密切关注大众点评等上面的用户点评。在服务方面,选取的参照物就是互联网平台上的用户评价。以外卖业务为例,从 2016 年开始,紫光园结合美团外卖等外卖平台,维护外卖评价并加以分析。以数据引导工作,纳入各个店面的绩效奖惩的方式。据此紫光园在美团外卖平台先后上线了"紫光园面馆""紫光园小吃""紫光园小馆""紫光园烤鸭"等,餐饮数据的分析和利用促进了餐饮企业创新的步伐。

检测

1. 实训题

(1) 通过参观饭店,收集饭店内部组织结构方面的资料,画出其组织结构图,并说明其组织结构设置的依据,分析设置是否科学,有无可改进之处。通过该项实训,掌握饭店组织结构名称与类型,熟悉饭店的一般岗位设置与岗位职责等。

(2) 利用饭店的宣传录像、图片资料,反复观看,熟悉饭店餐饮部的工作环境,即各类餐厅的特色。

(3) 了解现在的另类酒吧的种类。

2. 复习思考题

(1) 对你所熟悉的城市的餐饮企业进行调查了解。

(2) 列举你所熟悉的餐厅类型,并分析其特点。

(3) 简述宴会的分类及作用。

(4) 简述酒吧的种类及各类型酒吧的特点。

(5) 分别举例介绍各种主题的美食节。

(6) 分析客史档案需包括的内容及作用。

第**9**章

餐饮成本管理

目标

- 知晓餐饮产品价格制订;知晓餐饮成本构成及特点、核算、控制与分析。
- 能核算餐饮成本、控制与分析餐饮成本。

导读

　　餐饮成本控制是餐饮市场激烈竞争的客观要求。随着餐饮企业的迅速发展,市场竞争日趋激烈,加上人们对餐饮质量的要求逐步提高,餐饮企业的生存和发展面临严峻挑战。要生存、要发展就必须创新,同时应降低成本,增强企业竞争力。餐饮成本控制是一项十分复杂的工作,涉及采购、验收、仓库管理、食品生产等各个环节。通过本章的学习,可以使同学们初步了解餐饮成本的构成及控制的手段和方法。

9.1　餐饮产品价格管理

引例

　　邓小姐和 8 位同事在深南路某三星级酒店用餐,服务员先端来了四碟小菜及酒店自制的一罐酱菜,邓小姐和同事按酒店提供的菜谱点了 8 个菜,她们点菜的价格不足 400 元,外加酒水,总价约 500 元。可结账时,账单却超过 1000 元,打完折后也有 800 元。

　　邓小姐一查账单,发现小菜一碟 5 元,那罐自制酱菜则收了 50 元,还有纸巾、茶位费、服务费等。点菜以外的费用竟然与主菜的价格持平。由此引发纠纷。

　　思考:餐饮企业该如何对产品定价?

9.1.1　餐饮产品定价原则

1．价格反映产品价值

餐饮产品的价格是以其价值为主要依据制订的。其价值包括三部分：一是生产资料转移的价值，即餐饮产品原材料消耗、生产设备、服务设施等消耗的价值；二是劳动力的价值即以工资、奖金、福利等形式支付给劳动者的报酬；三是以税金形式上交国家的公共积累和企业提取的再生产资金积累。

2．价格必须适应市场需求，反映供求关系

定价既要能反映产品的价值，还需要反映供求关系。档次高的餐厅，其定价可适当高些，因为这种餐厅不仅满足客人对饮食的需要，还给客人一种饮食之外的舒适感；旺季时价格可比淡季时略高一些；地点好的餐厅比地点差的餐厅，其价格也可略高一些；历史悠久的、声誉好的餐厅的价格自然比一般餐厅要高一些，等等。但价格的制订必须适应市场的需求，价格不合理，定得过高，超过了消费者的承受能力，或"价非所值"，必然引起客人的不满，减少消费量。

3．制订价格既要相对灵活，又要相对稳定

菜单定价应根据供求关系的变化而具有适当的灵活性，如优惠价、季节价、浮动价等。根据市场需求的变化价格有升有降，调节市场需求以增加销售，提高经济效益。但是菜单价格过于频繁地变动，会给潜在的消费者带来心理上的压力和不稳定的感觉，甚至降低消费者的购买积极性。因此，菜单定价要有相对的稳定性。但这并不是说在三五年内冻结价格，而是体现在以下三个方面。

(1) 菜单价格不宜变化太频繁，更不能随意调价。

(2) 每次调价幅度不能过大，最好不超过 10%。

(3) 降低质量的低价出售以维持销量的方法是不足取的。只要保持菜点的高质量并做好营销，其价格自然能得到客人的认可和接受。

4．服从国家政策，接受物价部门督导

餐饮产品价格还必须符合国家的价格政策，在政策允许范围内确定产品的毛利率。

9.1.2　餐饮产品定价策略

菜单定价时一定要考虑市场因素，即顾客的价格承受能力。不同餐饮企业在不同情况下会有不一样的定价策略。

1．一般的定价策略

1) 合理的价位策略

所谓合理，是指顾客愿意承担的，并且在餐饮企业有盈利的状况下，以餐饮成本为基础，再加上特定的加成所定的价格。

2) 高价位策略

同竞争对手相比有差异的餐饮企业，可采取高价位的策略，如餐饮产品独特、畅销，且餐饮企业知名度高，则可在定位上走精致路线。

3) 低价位策略

低价位策略是"薄利多销"的定价策略,可以在新产品促销、存货变现、加速周转等情况下使用。

4) 固定价格策略

因餐饮的食物材料成本高,人工费用较多,改变配料或临时调度有经验的服务人员都会带来麻烦。为了使企业营运正常,必须使用固定的菜单操作和管理。

把目录价格印在菜单或贴在招牌价目表上,代表在一段时间之内,不会随意更改价格。但是仍可用促销及折扣来增加营业额,如季节性的时令菜,可不列入固定菜单中,由服务人员推销或设计成特殊的套餐。

2. 价格歧视策略

价格歧视策略的优点是可以根据市场进行灵活调度,或依据客人的需求,量身制定价格。但是,做生意是"一分钱,一分货",如果餐饮产品要维持一定的水准,价格的弹性不可能太大。这种策略的缺点是容易得罪客人。当客人发现价格有差异时,会怀疑企业的信誉、产生反感情绪,也会造成价格的混乱,破坏市场行情。

1) 团体优惠策略

团体优惠策略采用"以量定价"的方法。销售的数量多将会降低单位餐饮成本,故有降低价格的空间。

2) 常客优惠策略

餐厅应该把经常光顾的客人好好地把握住,可利用累积数量的方法,吸引顾客继续上门。折扣的幅度可视常客光顾的次数和消费的数额而定。

3) 时间价格歧视策略

时间价格歧视策略是指不同时段采用不同的价格。如下午两点至五点用餐,或是提早使用晚餐(下午五点至七点)可适当便宜,七点后恢复原来定价再接待另外的客人,增加翻台率。

3. 修正定价策略

除了成本考虑外,餐厅必须考虑顾客愿意支付的价位在哪里。一般的做法是在成本分析、初步定价后,再按需求考虑修正部分。

1) 声誉定价策略

有声誉的餐饮企业为确保出菜的品质、服务的水准,会付出较高的原材料和人工成本,以吸引高层次的固定客源,故菜单价格不会低。如果削价贱售,顾客反而会产生怀疑,从而不再光顾。

2) 低价诱饵策略

某些受欢迎的菜,用降低售价来吸引消费者并聚集人气,是一般餐厅常用的手法,选择诱饵菜须是顾客熟悉且成本不至过高者。这里的低价一般在成本之上。

3) 需求导向策略

调查顾客的需求,以需求来设计菜单和售价。如针对下午茶、谢师宴等商机专门设计菜单菜式,吸引餐饮客源。

4) 系列产品定价策略

可以针对一系列不同目标顾客设计可接受的菜单价位。另外也可针对一系列不同价位的菜价来设计菜式,而不是仅考虑单一菜品的成本。例如,很多餐厅将菜点分为大份、中份、小份,从而制订出不同的价格。

4. 以竞争为中心的定价策略

此法需要密切注意并追随竞争者的价格,而不是单纯考虑成本及需求与定价之间的关联。使用时可先考虑需求与成本后,再与竞争者的价格比较,在此基础上制订出自己的价格。

1)随行就市策略

一般小型独立餐厅选用此法的较多。因无足够的资金及技术力量,而采取以市场上同类产品的价格为定价的依据,跟随竞争者定价。其优点是过程简单、顾客已经接受、无须较多的人力、与同行协调关系;缺点则是缺少新意、竞争者较多。

2)差异化定价策略

在竞争过程中,餐饮企业具有竞争优势,与竞争对手相比,在产品品牌或服务方面等优于竞争对手,而采用的高价策略,就是差异化定价策略。

3)同质低价策略

同质低价策略下的餐饮产品仍需维持一定的品质,否则将缺少竞争力,慢慢会被市场淘汰。实际上可采取薄利多销的策略。

5. 以顾客为中心的定价策略

针对消费者的不同消费心理,制订相应的产品价格,以满足不同类型消费者需求的策略。其一般包括尾数定价、整数定价等具体形式。

1)尾数定价策略

尾数定价又称零头定价,是指餐饮企业针对顾客的求廉心理,在商品定价时有意定一个与整数有一定差额的价格。这是一种具有强烈刺激作用的心理定价策略。尾数定价策略适用于经济型的餐厅。

2)整数定价策略

整数定价策略是指将餐饮产品价格有意定为整数。整数定价与尾数定价相反,针对的是消费者的求名、求方便心理。由于同类型餐饮产品的生产者众多、花色品种各异,在许多交易中,顾客往往只能将价格作为判别产品质量、性能的"指示器"。同时,与尾数定价的餐饮产品相比,整数能给人一种方便、简洁的印象。

对于餐厅来讲,整数定价的优点是方便计价、结账和数字统计。

9.1.3　餐饮产品定价方法

1. 成本导向定价法

所谓成本导向定价法,是指企业以餐饮产品的成本为基础,再加上一定的利润和税金而形成价格的一种定价方法。成本导向定价法简便易行,是我国现阶段最基本、最普遍的定价方法。这种以成本为中心的定价策略有各种不同的方法。

1)成本加成定价法

成本加成定价法即按成本再加上一定的百分比定价(加价率),不同餐厅定价采用不同的加价率,价格计算公式为

$$餐饮产品的价格＝成本×(1＋加价率)$$

2）成本系数定价法

成本系数定价法适用于餐饮企业的菜品定价，其步骤如下。

（1）计算产品成本。

（2）估计产品成本加成百分比。

（3）计算成本系数，用100%除以成本加成百分比。

（4）计算价格，用产品成本乘以成本系数。

上述步骤中的成本指菜肴的直接成本。

该方法的关键是：餐饮定价人员要合理地估计产品成本的加成百分比，加成百分比越高，价格就越低。所以要调高价格就应相应地降低加成百分比。

成本系数定价法的最大优点是使用方便，调整价格时只需用新的成本直接乘以不变的成本系数即可。最大的缺陷是没有考虑到不同菜肴的市场竞争状况。

3）分类加价法

分类加价法也是适用于餐饮企业菜品定价的方法。为了考虑不同菜肴的市场受欢迎程度，克服成本系数法的不足，分类加价法是一个更好的选择。但分类加价法比成本系数定价法要复杂一些。

分类加价法的步骤如下。

（1）确定某菜肴的"加价率"。

（2）计算菜肴食品成本率。其计算公式为

$$菜肴食品成本率 = 1 - (营业费用率 + 该菜肴的加价率)$$

（3）计算价格。分类加价法价格计算公式为

$$价格 = \frac{食品成本}{菜肴食品成本率}$$

分类加价法中的菜肴成本仍然是指菜肴的直接成本。该方法的计算步骤中，只有一个参数需要确定，即菜肴的加价率。使用的关键是餐饮定价人员对加价率的合理估计。加价率越高，价格就越高。

一般而言，低成本和滞销的菜肴应适当提高加价率；开胃品和点心可以采用高加价率，高成本的菜肴和销量大的菜肴应适当降低加价率。

2．竞争导向定价法

以竞争为中心的定价方法由于不以成本为出发点，也不考虑消费者意见，这种策略往往是在临时性的特殊场合下使用的。定价人员必须深入研究市场，充分分析竞争对手，否则，很可能定出不合理的菜单价格。

竞争导向定价法是企业根据市场竞争状况确定商品价格的一种定价方式。其特点是：价格与成本和需求不发生直接关系。竞争导向定价法的具体做法是：企业在制订餐饮产品的价格时，主要以竞争对手的价格为基础，与竞争产品价格保持一定的比例。即竞争产品价格未变，即使本企业餐饮产品成本或市场需求变动了，也应维持原价；竞争产品价格变动，即使自身产品成本和市场需求未变，也要相应调整价格。

这种以竞争为中心的定价方法体现按同行价格决定自己的价格，以得到合理的收益且避免风险的定价策略。

3. 需求导向定价法

需求导向定价法又称顾客导向定价法,是指餐饮企业根据市场需求状况和餐饮消费者的不同反应,分别确定产品价格的一种定价方式。其特点是:平均成本相同的同一餐饮产品价格随需求变化而变化。

需求导向定价法一般是以产品的历史价格为基础,根据市场需求变化情况,在一定的幅度内变动价格,以至于同一餐饮产品可以按两种以上价格销售。这种差价可以因顾客的购买能力、对餐饮产品的需求情况、餐饮产品的种类以及消费的时间、地点等因素而采用不同的形式。例如,以菜品为基础的差别定价,同一菜品因装盘或其他改良情况不同而售价不同,但与改良所花费的成本并不成比例;以场所为基础的差别定价,虽然成本相同,但具体销售地点不同,价格也有差别。

需求导向定价法是根据消费者对商品价值的认识程度和需求程度来决定价格的一种策略,也有两种不同方法。

1) 理解价值定价法

根据餐厅所提供的食品饮料的质量以及服务、广告推销等“非价格因素”,客人会对该餐厅的产品形成一种观念或态度,依据这种观念制订相应的、符合消费者价值观的价格。

2) 区分需求定价法

餐厅在定价时,按照不同的客人(目标市场),不同的地点、时间,不同的消费水准、消费方式区分定价。这种定价策略容易取得客人的信任,但不容易掌握。

以需求为中心的定价方法是根据市场需求来制订的价格。如果说,以成本为中心的定价方法决定了餐厅产品的最低价格,则以需求为中心的定价方法决定了餐厅产品的最高价格。在实务中,根据市场情况,可分别采取以高质量高价格取胜的高价策略,也可采取以薄利多销来扩大市场,增加市场占有率为目标的低价策略,以及采用灵活的优惠价格策略,给客人以一定的优惠,来争取较高的销售额和宣传推销本餐厅的产品的效果。例如,在餐饮的旺季可以稍微提高销售产品的售价,而在餐饮的淡季,可以稍微降低销售产品的售价,以争取更多的顾客,提高餐饮产品的销售额,达到企业的赢利目标,这种菜单定价称为优惠价格策略。以上的做法都应在经过市场调查与研究,了解顾客的需求后决定。

9.2 餐饮成本构成及特点

引例

杭州一家四星级酒店餐饮部生意日渐冷落,为改变不利局面,酒店重新制定了部门考核制度,对餐饮部根据成本、卫生、质量、进度等指标每月进行考核,连续三个月不达标,餐饮部经理将被免职。结果,餐饮部的成本确实控制在允许范围内,但酒店总成本并未有明显下降,而客人的投诉却大大增加。

思考:餐饮成本究竟怎样构成?

9.2.1 餐饮成本构成

餐饮成本是凝结在餐饮产品中的物化劳动价值和活劳动消耗中为自身劳动价值的货币表现。从理论上讲,物化劳动价值包括食品原材料价值和生产过程中的厨房、餐厅设备、餐茶用品、水电燃料消耗等的价值。这些物化劳动的价值有的以直接消耗的形式加入成本,有的以渐进消耗的方式加入成本,成为餐饮产品成本的基本组成部分。活劳动消耗中为自身劳动的价值主要指为维持餐饮经营者劳动力的生产和再生产所需要的价值,它们以劳动工资和奖金福利的形式加入成本,成为餐饮产品成本的必要组成部分。

餐饮产品成本核算以原料成本为主。在餐饮生产过程中食品原材料有主料、配料和调料之分。主料是餐饮产品中的主要原材料,一般成本份额较大。配料是餐饮产品中的辅助原材料,其成本份额相对较小。在不同花色品种中,配料种类各不相同,有的种类较少,有的种类可多达十种以上,使产品成本构成变得比较复杂。调料也是餐饮产品中的辅助原材料,主要起色、香、味、形的调节作用。但调料品种较多,在产品中每种调料的用量则更少。食品原材料的主料、配料和调料价值共同构成菜肴成本。餐饮经营过程中,要同时销售各种酒水饮料。其中,鸡尾酒又是饭店宾馆、涉外餐馆的重要产品。由此,菜肴成本和饮料成本共同构成餐饮产品成本,加上餐饮经营中的其他各种合理耗费,就形成了餐饮经营中的全部成本。

9.2.2 餐饮成本分类

成本分类是为做好成本核算和成本管理服务的。成本核算和成本管理的方法和目的不同,成本分类也不一样,餐饮产品的成本,从不同角度可分成不同的种类。其基本分类方法主要有以下几种。

1. 按成本的可控程度划分

成本按可控程度分为可控成本和不可控成本。可控成本是指餐饮管理中,通过部门职工的主观努力可以控制的各种消耗。不可控成本是指通过部门职工的主观努力很难加以控制的成本开支。在餐饮管理中,有些成本,如食品原材料、水电燃料、餐茶用品等消耗,通过部门人为的努力是可以控制的;而有些成本支出,如还本付息分摊、折旧费用、劳动工资等,通过部门人为的努力,在一定经营时期是很难控制的。

可控成本和不可控成本的划分为餐饮管理中的成本控制提供了理论根据,它可以引导部门管理人员将成本控制的主要精力放在可控成本的控制上,从而尽力降低成本消耗,提高经济效益。

2. 按成本性质划分

成本按性质可分为固定成本和变动成本。固定成本是指在一定时期和一定经营条件下,不随餐饮产品销量的变化而变化的那部分成本。在餐饮成本构成中,广义成本中的劳动工资、折旧费用、还本付息费用、管理费用等在一定时期和一定经营条件下,是相对稳定的,所以称为固定成本。变动成本则是指在一定时期和一定经营条件下,随产品生产和销售量的变化而变化的那部分成本。在餐饮成本构成中,食品原材料成本、水电费用、燃料消耗、洗涤费用等总是随着产品的产销量变化而变化,所以称为变动成本。

固定成本和变动成本是根据成本对产销量的依赖关系来分类的,它反映了餐饮产品的成本性质。从成本对产销量的依赖关系来看,固定成本对餐饮产品的产销量影响很小。其中,约束性固定成本与餐饮产品的产销量甚至没有直接联系,而变动成本则对产品的产销量影响最大。

3. 按成本与产品的形成关系划分

按成本与产品的形成关系划分,成本可分为直接成本和间接成本。直接成本是指在产品生产中直接耗用、不需分摊即可加入产品成本中去的那部分成本,如直接材料、直接人工、直接耗费等。间接成本是指需要通过分摊才能加入产品成本中去的各种耗费,如销售费用、维修费用、管理费用消耗等。

成本核算可以直接成本为主,如主料、配料和调料成本等。间接成本因其不易直接分摊到各个产成品去,可以流通费用为主。这就为餐饮产品的成本核算提供了方便,有利于提高成本核算的准确性。

4. 按成本和决策的关系划分

按成本和决策的关系划分,成本可分为边际成本和机会成本。边际成本是指增加一定产销量所追加的成本。在餐饮管理中,经营者要增加餐饮产品的产销量,以增加收入。但同时,其成本也会相对增加。当固定成本得到全部补偿时,成本的增加又会相对减少,从而增加利润。但产销量的增加不是没有限制的,当超过一定限度时,市场供求关系变化,成本份额也会发生变化,从而使利润减少。从经营决策来看,当边际成本和边际收入相等时,利润最大。所以,边际成本是确定餐饮产品产销量的重要决策依据。机会成本是从多种方案中选择一个最佳方案时,被放弃的次优方案所丧失的潜在利益。

9.2.3 餐饮成本特点

根据餐饮企业运作规律,结合以上餐饮成本分类,餐饮成本及其控制具有以下特点。

1. 可控成本比重大

除餐饮营业费用中的折旧、大修费、维护费等不可控的费用外,其他大部分费用、成本都是能人为控制的。这些成本发生额的多少与管理人员对成本控制的好坏直接相关,并且这些成本和费用占营业收入的比例很大。因此说对餐饮成本的控制是十分必要的。

2. 变动成本比重大

在餐饮产品中,产品的变动成本比重大,因此,可以引导餐饮部门经营者将成本管理的重点主要放在变动成本管理上,采取各种措施,控制其成本消耗。而对固定成本则相对较少重视。但是,对固定成本相对减少控制是针对餐饮产品生产过程来说的。对高层管理人员而言,通过控制设备购置、处理闲置设备、控制人员编制等降低固定成本,同样要高度重视。

3. 成本泄露点多

成本泄露点是指餐饮经营活动中可能造成成本流失的环节。例如,在菜单→采购→验收→储存→发货→加工→切配→烹调→装盘→服务销售→成本核算流程中的诸多环节上都有可能造成成本流失。

4. 对餐饮设备设施的依赖性强

餐饮原料活养需用循环水及温控设备,原料、半成品储存需要冷藏和冷冻设施设备,厨房生产加工需要各种器械、炉灶等设备,餐厅服务少不了音响、空调等系统,这些设施设备的性能及状态直接影响餐饮成本。要对成本进行有效控制,对其设施设备的管理也是必不可少的。

9.2.4　餐饮成本核算方法分类

餐饮产品成本核算根据厨房产品生产方式和花色品种不同,有不同的核算方法。其成本核算方法分为三种类型:一是按产品生产步骤核算成本;二是按产品生产批量核算成本;三是按产品类别核算成本。其具体方法主要有以下四种。

1. 顺序结转法

顺序结转法是根据产品生产步骤来核算成本,适用于分步加工、最后烹制的餐饮产品成本核算。方法是将产品的每一生产步骤都作为成本核算对象,依次将上一步骤的成本转入下一步骤的成本,逐步计算出产品成本。如以鸭肉为原材料的菜肴,光鸭加工得到分档原料,先计算出分档原料成本。分档原料再加工得到烹制时的净料,这时将分档原料的成本结转为净料成本。净料在烹制时还要加配料和调料,顺序转入,最后得到产品成本。

2. 平行结转法

平行结转法也是根据产品的生产步骤来核算成本的。它和顺序结转法的区别体现在生产过程中,食品原材料成本是平行发生的。原料加工一般一步到位,形成净料或直接使用的食品原材料。这时,只要将各个生产步骤的原料成本相加,即可得到产品成本。如汤爆双脆,直接用猪肚、鸭肫、高汤、配料和调料,只要分别核算出猪肚、鸭肫、高汤、配料和调料成本,然后相加,即可得到产品成本。

3. 订单核算法

订单核算法是按产品生产批量或客人订单来核算成本的。前者如生产包子、点心、酱肉等。这类产品大多是批量生产的,其成本核算只要先核算出每批产品各种原材料成本,然后相加,即可得到批量产品成本和单位产品成本。后者如团体包餐、宴会订餐和会议用餐。这时,餐饮产品生产也是批量进行的。其成本核算只要以订单为基础,分别核算出各种食品原材料成本,然后核算出总成本即可。

4. 分类核算法

分类核算法是按产品类别来核算成本的,主要适用于产品类别和花色品种较多的零点餐厅。其方法是根据产品类别、性质、耗用原料的加工方式不同,将原料成本分成若干档次,先分类核算出不同档次或不同类别的总成本,再按单位产品用量核算其主料、配料和调料成本,然后相加,即可得到单位产品成本。

餐饮产品成本核算方法,为实际管理过程中的成本核算指明了方向,可以帮助管理人员根据厨房产品生产和花色品种不同,分别采用不同的成本核算方法,以提高成本核算的准确性和科学性。

9.2.5　餐饮成本核算工作步骤

1. 收集成本资料

收集成本资料是成本核算的前提和基础。成本资料包括食品原材料采购、入库验收、入库单、出库单、领料单、转账单、耗损率、加工单等各种资料。根据成本核算的内容和目的不同,这些资料还要从不同的角度分类,使成本资料为不同的成本核算目的服务。例如,采购成本核算和厨房成本核算、库房盘点核算和菜单成本核算所需要的资料就不完全相同。在收集成本资料时,要以原始记录和实测数据为准,不能用估计毛值,要保证成本核算的准确性。

2. 核算餐饮成本

餐饮产品的成本核算分为采购成本核算、库房成本核算、厨房加工核算、餐厅成本核算和会计成本核算等多种。上述各种核算互相联系、互相依存,往往前一步的成本数据是后一步成本核算的依据。因此,成本核算往往要分类进行,人员分工和数据处理必须与此相衔接、就厨房成本核算而言,又有原料加工成本核算、产成品生产成本核算、餐厅每日成本核算等多种。分类不同,方法不完全相同,而核算出来的数据又必须是互相联系、相互衔接的。因此,成本分类核算是餐饮产品成本核算的主要环节,必须认真做好。

3. 做好成本分析

成本核算的目的,一是准确掌握成本消耗,形成成本报表,考核经营效果;二是为餐饮产品的生产经营活动提供决策参考,引导管理人员降低成本消耗。因此,在成本核算的基础上,应定期对成本核算的结果及其核算资料进行成本分析,提出分析报告。一般说来每周每月都应进行一次成本分析,以指导餐饮生产经营活动的顺利展开。

4. 提出改进建议

在成本核算和成本分析的基础上,对采购、库房、厨房、餐厅等各部门、各环节成本管理中存在的问题,应分析具体原因,找出漏洞和偏差,提出改进建议,以便为高中层管理人员加强成本控制、降低成本消耗提供客观依据。餐饮企业采用计算机信息管理系统进行成本核算要比传统方法简捷方便得多。

9.3　餐饮成本核算

✎ 引例

　　蓝月亮酒店最近发现菜肴耗用量经常多于其标准用量,究其原因:①在操作中,没有严格按照标准用料;②操作中存在浪费现象;③采购的原料不达标。
　　思考:餐饮成本该如何核算?

9.3.1　原料加工成本核算

餐饮产品成本核算是从原料加工开始的。食品原材料种类不同,加工方式和出料要求不同,其成本核算的具体方法也不一样,主要分为以下四种情况。

1. 一料一档成本核算

一种原材料经过加工处理后只有一种净料,下脚料已无法利用。其成本核算以毛料

价值为基础,直接核算净料成本。其核算公式为

$$净料单位成本 = \frac{毛料价 \times 毛料重量}{净料重量}$$

$$出料率 = \frac{净料重量}{毛料重量}$$

【例 9-1】 厨房用萝卜 20 千克和香菇 7 千克做原料,萝卜进价 1.1 元/千克,香菇进价 60 元/千克。经加工处理后,得到萝卜净料 19 千克,水发香菇 56 千克。请分别确定两种原料的单位成本和出料率。

(1)直接代入公式计算两种原料的单位成本。

萝卜的单位成本=20×1.1÷19=1.16(元/千克)

香菇的单位成本=7×60÷56=7.5(元/千克)

(2)直接代入公式计算两种原料的出料率。

萝卜的出料率=19÷20×100%=95%

香菇的出料率=56÷7×100%=800%

2. 一料多档成本核算

一种原材料经加工处理后可以得到两种以上的净料或半成品,这时,要分别核算不同档次的原料成本。食品原材料加工处理形成不同档次的原料后,各档原料的价值是不相同的。为此,要分别确定不同档次的原材料的价值比率,然后才能核算其分档原料成本。其核算公式为

$$分档原料单位成本 = \frac{毛料价格 \times 毛料重量 \times 各档原料价值比率}{各档净料重量}$$

【例 9-2】 猪腿 15 千克,单价为 15.54 元/千克,共计 233.1 元,经拆卸分档,得到精肉 8 千克,肥膘 4 千克,肉皮 1.5 千克,筒骨 1.3 千克,各档原料其价值比率分别为 64%、19%、11%、6%。请核算各档原料单位成本。

直接代入公式计算:

$$精肉单位成本 = \frac{233.1 \times 64\%}{8} = 18.65(元/千克)$$

同理,可核算出其他各档原料的单位成本:肥膘 11.07 元/千克、肉皮 17.09 元/千克、筒骨 10.76 元/千克。

3. 多料一档成本核算

多种原材料经加工处理后,得到一种净料或半成品,这种情况主要适用于批量生产的餐饮产品成本核算。厨房在生产过程中,某些批量生产的餐饮产品,尽管各种原材料的加工方式不同,但加工后的原料最终混合成一种净料。这时,只要将各种原材料的实际成本汇总,即可核算出单位成本。

4. 多料多档成本核算

多种原材料经过加工处理后,得到一种以上的净料或半成品,这种情况主要适用于餐饮产品的再加工或分类使用。其成本核算方法是先分档核定原料成本,再确定净料或半成品价值比,最后核定分档原料或半成品成本。其核算公式为

$$分档原料或半成品成本 = \frac{\sum 分档原料价格 \times 分档毛料重量 \times 分档原料或半成品价值比}{分档原料或半成品重量}$$

【例 9-3】　中心厨房烹制一锅鸡汤作烹调汤使用。预计可分 28 份,用料为老母鸡 4.9 千克,毛值 20 元/千克,另用配料一种 0.2 千克,进价 68.5 元/千克,其他调料 3.85 元,烹制后鸡汤作烹调汤使用,鸡肉改作他用,重 3.5 千克,其价值比率为 22.8%,请核定鸡汤和鸡肉的单位成本。

运用公式直接计算:

$$鸡汤单位成本 = \frac{(4.9 \times 20 + 0.2 \times 68.5 + 3.85) \times (1 - 22.8\%)}{28} = 3.19(元/份)$$

$$鸡肉单位成本 = \frac{(4.9 \times 20 + 0.2 \times 68.5 + 3.85) \times 22.8\%}{3.5} = 7.53(元/千克)$$

9.3.2　产成品成本核算

产成品成本核算是在食品原材料加工成本核算的基础上进行的。其成本核算方法又分为三种情况。

1. 单件产品成本核算

在日常管理过程中,单件产品的成本核算并不是每天对每件产品的成本消耗进行具体核算,而是采用抽样的方法核算其实际成本和标准成本的差额,纠正偏差,控制成本消耗。单件产品成本核算是根据餐饮产品花色品种,在制订单件产品标准成本的基础上进行的。厨房在生产过程中,要根据单件产品的种类、规格、原料配方,通过加工测试,事先确定每种产品的标准成本,以此作为产品生产管理中投料、用料的依据,实行标准化管理。具体方法包括以下三个步骤。

(1)随机选择产品抽样,测定单件产品实际成本消耗。厨房每天生产的餐饮产品花色品种很多,厨师按照单件产品标准成本的要求投料、用料,烹制产品。在日常成本管理中,就可以定期或不定期地随机抽样,选择部分单件产品测定其实际成本消耗,获得有关数据,然后与标准成本比较。

(2)根据抽样测定结果,计算成本误差。在随机抽样和测定单件产品实际成本的基础上,与标准成本比较,即可发现成本误差。这时,厨房成本核算员分别计算出绝对误差和相对误差,再与计划要求比较,即可发现产品成本消耗的合理程度,为厨房成本控制提供客观依据。

(3)填写抽样成本核算报表,分析原因,提出改进措施。单件产品抽样,其成本核算的产品不止一种。各种抽样产品成本核算的误差值计算出来后,要填写抽样产品成本核算报表,分析造成成本误差的原因,提出改进措施。

【例 9-4】　亚龙宾馆对厨房产品进行抽样,测定冷菜盐水猪舌的成本,经抽查盐水猪舌的原料用量同标准用量如表 9-1 所示,宾馆要求产品成本误差要在±1.5%以内。

表 9-1　餐饮产品用量检测表

原料	标准量/克	实际量/克	单价/(元/千克)	标准成本/元	实际成本/元
猪舌	500	525	10	5	5.25
料酒	25	23	3.6	0.09	0.08
姜葱	20	21	8	0.16	0.17

续表

原料	标准量/克	实际量/克	单价/(元/千克)	标准成本/元	实际成本/元
花椒	3	4	48	0.14	0.19
香油	15	15	24	0.36	0.36
精盐	30	29	2.8	0.08	0.08
八角	2	3	58	0.12	0.17
合计	—	—	—	5.95	6.3

① 根据抽样测定结果,计算盐水猪舌标准成本和实际成本消耗。

② 通过原料实际成本和标准成本比较,计算该种产品成本相对误差。

$$相对误差 = \frac{6.3 - 5.95}{5.95} \times 100\% = 5.88\%$$

抽样检查结果表明,实际误差和标准误差相差达 5.88%,说明成本控制问题较大。究其原因,净料成本价格没有问题,主要原因是用料不准确,随意性强。

【例 9-5】 金农大酒店对五种餐饮产品成本消耗进行抽样检查,每种产品在一周内检查了五次,其标准成本和实际测定结果如表 9-2 所示,请分析其成本消耗(成本误差要求为±1.5%)。

① 根据抽样测定结果,分别计算每种产品实际平均成本,如表 9-2 所示。

表 9-2 成本抽样记录统计表   单位:元

产 品 成 本	标 准 成 本	实际平均成本
A	7.35	7.413
B	8.74	8.747
C	12.94	13.018
D	10.36	10.252
E	26.45	27.246

② 通过实际成本和标准成本比较,分别计算每种产品的成本误差。

$$成本误差 A = \frac{7.413 - 7.35}{7.35} \times 100\% = 0.86\%$$

$$成本误差 B = \frac{8.747 - 8.74}{8.74} \times 100\% = 0.08\%$$

$$成本误差 C = \frac{13.018 - 12.94}{12.94} \times 100\% = 0.6\%$$

$$成本误差 D = \frac{10.252 - 10.36}{10.36} \times 100\% = -1.04\%$$

$$成本误差 E = \frac{27.246 - 26.45}{26.45} \times 100\% = 3.01\%$$

③ 计算综合成本误差。

$$综合成本误差 = \frac{0.86\% + 0.08\% + 0.6\% - 1.04\% + 3.01\%}{5} = 0.72\%$$

④ 填写抽样成本核算误差记录表,如表 9-3 所示。

表 9-3　成本核算误差记录表

产品成本	标准成本/元	实际平均成本/元	绝对误差/元	相对误差/%
A	7.35	7.413	0.0063	0.86
B	8.74	8.747	0.007	0.08
C	12.94	13.018	0.078	−0.6
D	10.36	10.252	−0.108	−1.04
E	26.45	27.246	0.796	3.01
合计	—	—	—	0.72

2. 批量产品成本核算

批量产品成本核算是根据一批产品的生产数量和各种原料实际消耗进行的,其成本核算方法包括以下三个步骤。

(1) 根据实际生产耗用,核算本批产品各种原材料成本和单位产品成本。

(2) 比较单位产品实际成本和标准成本,计算成本误差。

(3) 填写生产成本记录表。若成本误差较大,应分析原因,采取控制措施。

3. 分类产品成本核算

分类产品成本核算是在单件产品和批量产品成本核算的基础上进行的。厨房每天生产的餐饮产品花色品种很多,只有掌握各类产品每天的成本消耗,分类核算热菜、冷荤、面点等分类产品成本,才能掌握实际成本消耗,实现成本控制。核算方法如下。

(1) 根据生产记录和餐厅收款员报告,核算分类产品销售收入。

(2) 根据每日领料、厨房差额调整,核算分类产品当日成本消耗。其中,厨房差额调整包括两项内容:一是指上期或前一天未用完的原料成本;二是指本期或当日未用完的原料成本。前者为正数,后者为负数。

(3) 分类检查标准成本和实际成本消耗,核算成本误差和成本率误差。

(4) 填写分类产品成本记录表。

9.3.3　成本系数法成本核算

成本系数是食品原材料经加工制作形成净料或成品后的单位成本和毛料进价成本之间的比值。采用成本系数法来核算食品成本或产成品的单位成本,可以为成本核算带来方便,并简化计算过程,减少工作量。成本系数的计算公式为

$$成本系数 = \frac{净料或成品单位成本}{毛料进价成本}$$

采用成本系数法开展成本核算,主要适用于以下两种情况。

1. 原料加工净料成本核算

在餐饮产品生产过程中,食品原料经过加工,会发生损耗,扣除原料损耗的价值,即可得到净料成本和净料单位成本。这时,只要和毛料进价成本比较,即可求得净料的成本系数。在实际工作中,对一些采用固定加工方式生产同一产品的食品原材料,可以经过测试,事先求得成本系数,并以此为依据核算今后同一产品的净料成本,无须每次加工时都去测试和计算原料加工损耗,从而可以简化成本核算工作量。

【例 9-6】 某饭店厨房生产清蒸鱼、红烧鱼、松鼠鳜鱼。已测定出所用草鱼、鲤鱼和鳜鱼的成本系数分别为 1.1765、1.2138 和 1.2346。当日厨房所领三种鱼的进价成本分别为 9.86 元/千克、11.25 元/千克和 61.5 元/千克。盘菜用量分别为 0.6 千克、0.63 千克和 0.85 千克,请核定三种鱼菜的主料盘菜成本。

$$清蒸鱼成本 = 9.86 \times 1.1765 \times 0.6 \approx 6.96(元)$$
$$红烧鱼成本 = 11.25 \times 1.2138 \times 0.63 \approx 8.6(元)$$
$$松鼠鳜鱼成本 = 61.5 \times 1.2346 \times 0.85 \approx 64.54(元)$$

2. 成品、半成品成本核算

在餐饮产品生产过程中原料加工完成后,经过配料制作,即可形成成品或半成品。这时,只要事先核算出成品或半成品的单位成本,也能事先核算出成本系数。然后根据成品或半成品的毛料单位成本,直接核算出成品或半成品的单位成本,同样可以简化成本核算工作量。在实际工作中,饭店宾馆的产品成本测试大多是采用这种方法核算出来的。这时,只需加上配料或调料成本即可。

9.3.4 宴会成本核算

宴会都是事先预订的,根据宴会订单,应做好单独成本核算。宴会的档次一般较高,其特点是享受成分高,毛利标准高,经营利润大。为做好宴会管理,往往需事先制订宴会设计标准,为宴会经营、菜点设计和成本核算提供依据。宴会设计标准主要根据不同档次的宴会,以人均费用标准为基础,确定菜点分类和可选择的品种及其数量。例如,宴会标准为 100 元,可以上哪些冷菜、热菜、甜点、汤类、水果,每一类又规定出可选择的数量和品种。这样,就为宴会设计和成本核算提供了必要的依据。

宴会成本核算是一个复杂的过程,在日常工作中,每次宴会成本核算主要是核算菜点成本,酒水一般根据客人实际消耗按标准毛利收费。其成本核算方法主要包括以下四个步骤。

(1) 分析宴会订单,明确宴会服务方式与标准。

(2) 计算宴会可容成本和分类菜点可容成本,选择菜点花色品种,安排分类菜点品种和数量。

(3) 按照宴会可容成本组织生产,检查实际成本消耗。

(4) 分析成本误差,填写宴会成本记录表。

9.3.5 团队会议餐成本核算

团队会议用餐是饭店宾馆、涉外餐馆餐饮服务的重要内容。其成本核算是根据旅行团或会议客人的用餐人数、餐费标准、费用安排等分别进行的。一般说来,团队和会议用餐都是事先预订的。其成本核算方法主要包括以下两个步骤。

1. 分析团队(会议)用餐通知单,明确成本核算条件

团队(会议)用餐通知单是根据客人预订要求制订的。其内容包括用餐人数、餐费标准、起止时间、餐费安排、酒水标准和客人禁忌或特殊要求等。它既是团队或会议成本核算的客观依据,也是其成本核算的前提条件。因此,正式进行成本核算前,管理人员都要

掌握和分析团队(会议)用餐通知单的有关内容和数据。

2. 计算团队或会议用餐的餐费标准,确定可容成本

团队或会议用餐的费用按人/天标准下达。由此可根据用餐人数和天数,确定总餐费标准。但在实际工作中,团队或会议用餐又是按早、中、晚三餐安排的。因此,其餐费标准还要根据每人每天的费用标准,按事先规定的比例分配到每个餐次。然后再按费用标准,确定每人、每个餐次可安排的费用。在这一过程中,还要考虑到团队或会议用餐的毛利率,确定可容成本。这里的可容成本是指客人的餐费标准除去毛利以后的食品原材料成本。其计算公式为

$$可容成本 = 餐费标准 \times (1 - 毛利率)$$

9.3.6　餐饮成本日核算、月核算

成本核算是进行成本控制的前提,不同核算周期对指导餐饮成本控制管理工作具有不同作用。

1. 餐饮成本日核算与成本日报表

餐饮每日食品成本由直接进料成本和库房领料成本两部分组成,直接进料成本记入进料当天的食品成本,其数据可从餐饮企业每天的进料日报表上得到;库房领料成本记入领料日的食品成本,其数据可从领料单上得到。除了这两种成本外,还应考虑各项调拨调整。其计算公式为

当日食品成本 = 直接进料成本 × 进货日报表直接进料总额 + 库存发料成本

　　　　　　　 × 领料单成本总额 + 转入食品的饮料成本 − 转出食品成本

　　　　　　　 − 员工用餐成本 − 余料出售收入 − 招待用餐成本

计算出食品日成本后,再从会计记录中取得日销售额数据,可计算出当日食品成本率。

食品成本日核算能使管理者了解当天的成本状况。但若孤立地看待每日食品成本率则意义不大。因为餐饮企业的直接进料有些是日进、日用、日清的,而有些则是一日进、数日用的;另外,库房领料也未必当天领进、当天用完。因此,食品成本日报表所表达的成本情况,只能供管理参考。将每日成本进行累计,连续观察分析,成本日报表反映的数据(尤其是累计成本率等数据)用于成本控制决策的指导意义就大多了。

每天定时将当日或昨日餐饮成本发生情况以表格的形式汇总反映出来,餐饮成本日状态报表(见表 9-4)即告完成。

表 9-4　食品成本日报表

10 月 18 日　　　　　　星期三

项　　目	当日	本周累计	上周累计
营业收入/元	5400.00	18 450.00	12 700.00
食品成本/元	2180.00	7356.00	5345.00
食品成本率/%	40.4	39.9	42.1

2. 食品成本月核算与成本月报表

食品成本月核算就是计算一个月内的食品销售成本。通常需要为餐饮部门设一个专职核算员,每天营业结束后或第二天早晨对当天或前一天营业收入和各种原料进货、领料的原始记录及时进行盘存清点,做到日清月结,便可计算出月食品成本。

餐饮成本月报表有两种编制方法:一种是领料单确认成本法;另一种是实地盘点法。

(1)领料单确认成本法

领料单确认成本法与日报表的编制方法类似,只是再增加一项月底厨房盘点数的扣除,如表9-5所示。

表 9-5　餐饮部食品成本月报表
2005 年 11 月

直接净料/元	337 400
加:库房发料/元	635 900
加:内部调拨:调入/元	4200
减:内部调拨:调出/元	4700
减:职工用餐/元	10 200
减:招待用餐/元	6600
减:厨房盘点/元	3850
减:其他杂项扣除/元	960
本月食品成本/元	951 190
本月食品营业收入/元	2 059 435
本月成本率/%	46.19

(2)实地盘点法

实地盘点法即在月末根据原材料盘点数倒轧出本月的成本,如表9-6所示。

表 9-6　餐饮部饮料成本月报表
2005 年 11 月

月初库存额/元	496 447.3
本月采购额/元	419 879.63
月末实际库存额/元	510 457.13
本月消耗总额/元	414 869.8
转调入食品原料/元	16 049.57
调出食品成本/元	6849.29
招待用餐/元	21 343.68
员工用餐/元	83 490.54
其他杂项扣除/元	6672.59
本月食品成本净额/元	312 563.27
本月食品营业收入/元	603 017.25
标准成本率/%	50
实际成本率/%	51.83

表 9-6 显示,本月成本率为 51.83%,比标准成本率高 1.83%,可见成本控制的效果是不理想的,应引起重视。

9.3.7 餐饮经营指标及报表

1.餐饮经营指标

通常餐饮经营指标有七个方面,即经营营业收入、经营直接成本、人力和人力资源费用、能源费用、财务费用、设备维护费用、政府的各种税费等,是否有利可图,关键在于管理人员对前六个方面的管理所产生的业绩,如表 9-7 所示。

表 9-7 餐饮经营指标

编号	名 称	公 式	含 义
1	食品人均消费	$\dfrac{食品销售收入}{接待人次}$	客人食品消费水平
2	日均营业额	$\dfrac{计划期销售收入}{营业天数}$	反映每日营业额大小
3	座位日均销售额	$\dfrac{计划期销售收入}{餐厅座位数×营业天}$	餐厅座位日营业水平
4	餐饮毛利率	$\dfrac{营业收入-原材料成本}{营业收入}×100\%$	反映价格水平
5	餐饮成本率	$\dfrac{原材料成本额}{营业收入}×100\%$	反映餐饮成本水平
6	餐厅销售份额	$\dfrac{某餐厅销售额}{各餐厅销售总额}×100\%$	各餐厅经营程度
7	销售利润率	$\dfrac{销售利润额}{销售收入}×100\%$	反映餐饮销售利润水平
8	餐饮流通费用	$\sum$ 各项费用额	反映餐饮费用大小
9	餐饮费用率	$\dfrac{计划期流通费用额}{营业收入}×100\%$	餐饮流通费用水平
10	餐饮利润额	营业收入-成本-费用-营业税金 营业收入×(1-成本率-费用率-营业税率)	反映营业利润大小
11	餐饮利润率	$\dfrac{计划期利润额}{营业收入}×100\%$	餐饮利润水平
12	工资总额	平均工资×职工人数	人工成本大小
13	月度流动资金平均占用	$\dfrac{期初占用+期末占用}{2}$	年、季、月流动资金占用水平
	季度流动资金平均占用	$\dfrac{季度各月平均占用}{3}$	
	年度流动资金平均占用	$\dfrac{各季度平均占用}{4}$	
14	餐饮成本额	营业收入×(1-毛利率)	反映成本大小

编号	名　称	公　式	含　义
15	边际利润率	毛利率－变动费用率 $\dfrac{营业收入－变动费用}{营业收入}\times100\%$ $\dfrac{销售份额－变动费用}{销售份额}$	反映边际贡献大小
16	餐饮保本收入	$\dfrac{固定费用}{边际利润率}$	反映餐饮盈利点高低
17	目标营业额	$\dfrac{固定费用＋目标利润}{边际利润率}$	计划利润下的收入水平
18	成本利润率	$\dfrac{计划期利润额}{营业成本}\times100\%$	成本利用效果
19	资金利润率	$\dfrac{计划期利润额}{平均资金占用}\times100\%$	资金利用效果
20	投资利润率	$\dfrac{年度利润}{总投资}\times100\%$	反映投资效果
21	食品原材料净料率	$\dfrac{净料重量}{毛料重量}\times100\%$	反映原材料利用程度
22	净料价格	$\dfrac{毛料价格}{1－损耗率}$	净料单位成本

2. 餐饮经营报表

餐饮经营相关报表样式见表 9-8～表 9-13。

表 9-8　餐厅收入日报表

操作员：　　　　　　营业日：2023-11-26　　　　打印时间：2023 年 11 月 29 日 19 时 54 分 16 秒

用餐类型统计

用餐类型	桌台区域	消费	人数	人均消费	总桌台数	开台次数	上座率/%
合计		0.00	0	0.00	56	0	0.00

收入类型统计

收入类型	金额	人数	人均消费
合计			0.00

客源类型统计

合计			0.00

表 9-9　餐厅预订金转桌台支付明细报表

操作员：　　　　　　营业日：2023-11-27　　　　打印时间：2023 年 11 月 29 日 19 时 58 分 52 秒

桌台号	类型	发生时间	转账日期	付款方式	金额	操作员	备注
合计							

表 9-10 餐厅收入汇总表

操作员： 营业日：2023-10-27 至 2023-11-27 打印时间：2023 年 11 月 29 日 20 时 01 分 45 秒

营业项目	费用	收款项目	收款
		消费汇总	累计数
		消费人数	0
		消费次数	0
		人均消费	0.00
		每次平均消费	0.00
借方总计	0.00	贷方总计	0.00

表 9-11 餐厅销售员业绩时间段报表

操作员： 营业日：2023-11-26 至 2023-11-27 打印时间：2023 年 11 月 29 日 20 时 05 分 03 秒

代码	销售员	桌台号	开台时间	离台时间	协议	业务来源	客源类型	消费
合 计								

表 9-12 品项、品类销售排行榜报表

操作员： 营业日：2023-10-27 至 2023-11-27 打印时间：2023 年 11 月 29 日 20 时 06 分 59 秒

类型	商品	数量	次数	金额	数量/次	平均价格
合 计					0	

表 9-13 品项、品类利润排行榜报表

操作员： 营业日：2023-10-27 至 2023-11-27 打印时间：2023 年 11 月 29 日 20 时 08 分 39 秒

类型	商品	成本	价格	数量	金额	毛利润	毛利率
合 计							

检测

1. 餐饮产品定价原则、定价策略有哪些？如何对餐饮产品进行合理定价？

2. 什么是餐饮成本，其成本构成情况如何？

3. 餐饮成本核算方法有哪些，各适合于哪些情况？

4. 某餐厅一个值台服务员可同时为 12 位客人服务，餐厅共有 300 个餐位，经营午餐和晚餐，每天座位周转率为 180%，每餐可接待 270 位客人，那么，餐厅每餐需要服务员多少人？如果餐桌服务员月工资为 600 元，由此确定餐厅服务员的月工资成本标准为多少元？

第 **3** 篇

拓 展 篇

第 **10** 章

餐饮战略管理

目标

- 知晓餐饮人力资源管理、品牌、创新、企业连锁经营、企业核心竞争力等理论。
- 灵活运用餐饮人力资源管理、餐饮品牌管理、餐饮创新管理、餐饮企业连锁经营管理、餐饮企业核心竞争力培育等知识,具备餐饮企业一般战略管理能力。

导读

　　一般来说,餐饮企业要想可持续发展,仅靠采供、生产、服务、销售等日常管理远远不够,日常管理只构成餐饮企业市场竞争最基本层面。餐饮企业只有从战略高度出发,培育企业的竞争优势,最终拥有核心竞争能力,才能在市场中立于不败之地。餐饮战略管理是指餐饮企业确定其使命,根据组织外部环境和内部条件设定餐饮企业的战略目标,为保证目标的正确落实和实现进行谋划,并依靠餐饮企业内部能力将这种谋划和决策付诸实施,以及在实施过程中进行控制的一个动态管理过程。餐饮企业战略较多,因篇幅有限,本章将仅选取餐饮企业人力资源、品牌、创新、连锁经营等管理以及餐饮企业核心竞争力培育。

10.1　餐饮人力资源管理

引例

　　一家老饭店经过大投入、大改造,装潢、设施设备已从三星级酒店升为五星级酒店,目标顾客也从以会议接待为主调整为以高端商务消费者为主。

　　一天,人力资源部李总监为招聘中餐厅服务经理一事与餐饮部王总监沟通。李总监面带焦虑地问:"王总监,我真不知道您到底需要怎样的餐厅服务经理?我已经选了三个候选人请您面试。这三个人看上去素质都不错,符合这个岗位的工作说明书的要求。

可是,您却将他们全部拒之门外,还总抱怨我们人力资源部没能及时补充职位空缺,影响了餐厅正常经营运转。""这三个人是不错,但不符合我们的岗位要求。一位是外面一家三星级酒店的楼面主管,一位是旅游院校刚毕业的硕士生,一位是我们酒店内部获得过劳动模范称号的老员工。"王总监回答,"我所要的是有多年高档餐饮服务与经营管理经验的、能够马上上岗做事的餐厅服务经理,而你推荐给我的人,都不能够胜任实际工作,不是我们所要找的人。再说,我来酒店三年多了,根本就没瞧见你所说的什么工作说明书。"

闻听此言,李总监为王总监拿来了多年以前写的中餐厅服务经理岗位的工作说明书。当他们将工作说明书与现实岗位所需要求逐条加以对照时,才发现问题所在。原来几年前制订的工作说明书已经严重脱离了酒店目前的实际情况,远远跟不上酒店发展的需要。这件事让两位经理陷入了思考。

思考：餐饮企业人力资源该如何开发？

10.1.1　餐饮人力资源规划

餐饮人力资源规划又称餐饮人力资源计划,是指根据餐饮组织的发展战略、目标及组织内外环境的变化,运用科学的方法对组织人力资源的需求和供给进行预测,制定相宜的政策和措施,从而使组织人力资源供给和需求达到平衡,实现人力资源合理配置,有效激励员工的过程。

1. 餐饮人力资源规划的含义

（1）人力资源规划的制订必须依据组织的发展战略、目标。

（2）人力资源规划要适应组织内外部环境的变化。

（3）制订必要的人力资源政策和措施是人力资源规划的主要工作。

（4）人力资源规划的目的是使组织人力资源供需平衡,保证组织长期持续发展和员工个人利益的实现。

2. 餐饮人力资源规划的内容

餐饮人力资源规划包括两个层次,即总体规划和各项业务计划。

餐饮人力资源总体规划是指有关规划期内人力资源管理和开发的总目标、总政策、实施步骤以及总预算的安排等,它是根据组织战略规划制订的。

餐饮人力资源所属的各项业务计划是人力资源总体规划的进一步展开和细化,一般包括以下几个方面的计划：人员补充计划、人员使用计划、人员晋升计划、教育培训计划、评价激励计划、员工薪酬计划、退休解聘计划、劳动关系计划。

餐饮人力资源规划还可分为战略性的长期规划、策略性的中期规划和具体作业性的短期计划。这些规划与组织的其他规划相互协调联系,既受制于其他规划,又为其他规划服务。

10.1.2 餐饮员工的招聘与录用

1. 餐饮员工招聘的概念

餐饮员工招聘就是餐饮企业采取一些科学的方法寻找、吸引应聘者,并从中选出企业需要的人员予以录用的过程。它包括征召、甄选和录用三个阶段。

不管是新企业,还是老企业都要进行员工招聘。因为对于企业的员工来说,随着组织环境和组织结构的变化,员工的素质也在不断地变化,因此,员工要不断更换,老的退休、不合格的解雇。具体来说,在以下几种情况下需要进行员工招聘工作:

(1) 新组建一个餐饮企业;

(2) 原有餐饮企业由于业务发展,而人手不够;

(3) 员工队伍结构不合理,在裁减多余人员的同时,需要及时补充短缺专业人才;

(4) 餐饮企业内部由于原有员工的调任、离职、退休或死伤出现职位空缺。

总之,人力资源部门需要不断吸收新生力量,为组织不断适应市场和发展需要,提供可靠的人力保障。

2. 餐饮员工招聘的目标

(1) 获得餐饮企业需要的人员。新补充进来的员工就像是制造产品的原材料,他的素质高低对企业今后的生产经营活动会有很大的影响。如果不能招聘到适合企业的员工,餐饮企业在时间和资金等方面的投入都会有很大的浪费,并且可能影响员工的士气。因而以获得餐饮企业需要的人员为目标有利于保证企业人员的素质,提高人员的使用效率,同时为增加员工满意度和凝聚力创造条件。

(2) 减少不必要的人员流失。餐饮企业不仅要招到人,更要留住人。能否留住有用的员工,招聘工作的好坏是一个重要因素。应该肯定的是,那些认可公司的价值观、在企业中能找到适合自己兴趣、能力的岗位的人,在短期内离开公司的可能性较小。而这有赖于招聘过程中双方信息的有效传递和企业对应聘者的准确评价。

(3) 树立餐饮企业形象。招聘过程是餐饮企业代表与应聘者直接接触的过程。负责招聘的人员的工作能力、招聘过程中对企业的介绍、面试的程序以及招聘、拒绝什么样的人等都会成为应聘者评价企业的依据。招聘过程既可能帮助餐饮企业树立良好的形象、吸引更多的应聘者,也可能损害企业形象、使应聘者失望。

(4) 鼓励员工提升服务质量。

3. 招聘的原则

(1) 企业所需和岗位适合相结合的原则,不一定招最好的,而应招最合适的人员。

(2) 外部招聘和内部选拔相结合的原则,公平、公开、公正。

(3) 企业发展需求和当前使用相结合的原则。当前利益和长远利益相结合,保证企业持续稳定发展。

(4) 领导招聘和后续服务相结合的原则。留住人才是一个"系统工程",需要愿景留人、待遇留人、情感留人、福利留人、事业留人,必须重点做好。

(5) 长处突出和包容缺点相结合的原则。

4. 餐饮员工招聘的程序

招聘程序是指从出现职位空缺到候选人正式进入公司工作的整个过程。这个过程通常包括识别职位空缺、确定招聘策略、征召、甄选、试用、招聘评估等一系列环节。餐饮企业应该本着公开招聘、平等竞争、效率优先、双向选择的原则，进行员工招聘。其员工招聘录用流程如图 10-1 所示。

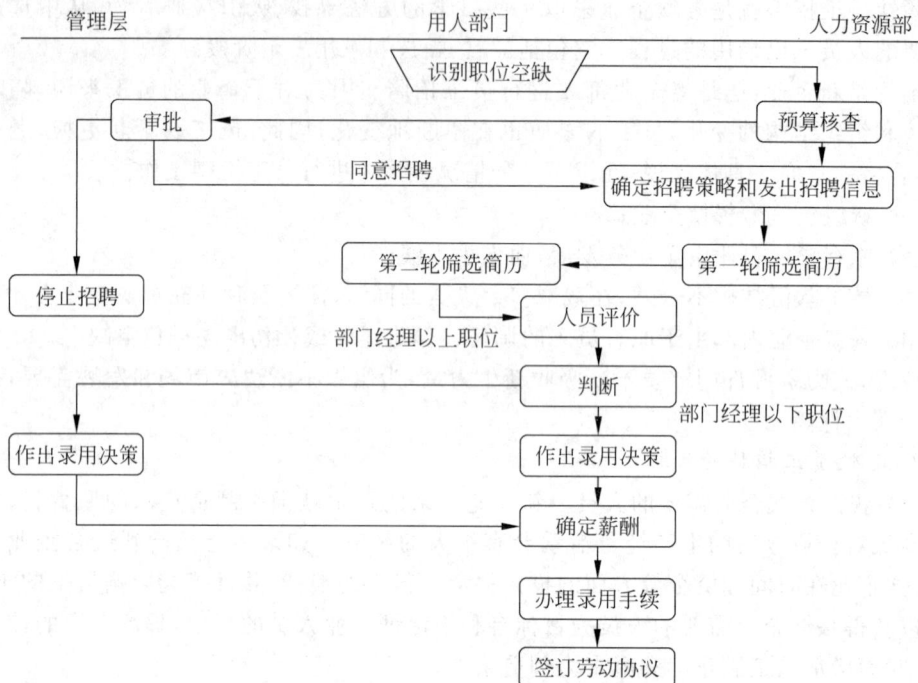

图 10-1　餐饮企业员工招聘录用流程

1）招聘需求分析

根据餐饮企业的人力资源规划，在掌握有关各类人员的需求信息，明确哪些职位空缺的情况后，人力资源管理部门要考虑招聘是否是最好的方法。

2）制订招聘策略

招聘策略是为了实现招聘计划而采取的具体策略，具体包括招聘地点的选择、招聘来源和方法的选择、招聘时间的确定、招聘预算、招聘的宣传策略等。

3）人员的甄选和评价

甄选候选人是招聘过程的一个重要组成部分，其目的是将不合乎职位要求的求职者排除掉，最终选拔出最符合餐饮企业要求的人员。职位说明书是甄选的基础，也就是说，以职位说明书中所要求的知识、技术和能力来判断候选人的资格。

4）录用与试用

对经过甄选合格的求职者，应做出录用决策。通知被录用者可以通过电话或信函进行联系，联系时要讲清企业向被录用者提供的职位、工作职责和薪酬等，并讲清楚报到时间、报到地点以及报到应注意的事项等。

对决定录用的人员，在签订劳动合同以后，要有一定的试用期，如果试用合格，使用期满便按劳动合同规定享有正式合同工的权利和责任。

5）招聘评估

这是招聘工作的最后一项工作。一般来说，评估工作主要从人员的数量、质量、招聘效率等方面来进行，包括招聘成本和效益评估、招聘工作评估两项内容。研究表明，通过不同的招聘渠道和方法，产生的招聘效果是大大不同的。用不同的方法招聘进来的员工也可能表现出不同的工作绩效、不同的流失率、不同的缺勤率。如果对招聘工作进行及时评估就可能找到招聘工作中存在的问题，从而适时地对招聘工作进行调整，提高下一轮招聘工作质量。

10.1.3　餐饮人力资源薪酬管理

所谓薪酬管理，是指一个组织针对所有员工所提供的服务来确定他们应当得到的报酬总额以及报酬结构和报酬形式的过程。在这个过程中，企业就薪酬水平、薪酬体系、薪酬结构、薪酬构成以及特殊员工群体的薪酬做出决策。同时，作为一种持续的组织过程，企业还要持续不断地制订薪酬计划，拟订薪酬预算，就薪酬管理问题与员工进行沟通，同时对薪酬系统的有效性做出评价而后不断予以完善。

1. 薪酬管理的特性

薪酬管理比起人力资源管理中的其他工作而言，有一定的特殊性，具体表现在以下三个方面。

（1）敏感性。薪酬管理是人力资源管理中最敏感的部分，因为它涉及每一位员工的切身利益。特别是在人们的生活质量还不是很高的情况下，薪酬直接影响他们的生活水平；另外，薪酬是员工在餐饮企业工作能力和水平的直接体现，员工往往通过薪酬水平来衡量自己在餐饮企业中的地位。所以每一位员工对薪酬问题都会很敏感。

（2）特权性。薪酬管理是员工参与最少的人力资源管理项目，它几乎是餐饮企业老板的一个特权。老板或职业经理人，包括餐饮企业管理者认为员工参与薪酬管理会使餐饮企业管理增加矛盾，并影响投资者的利益。所以，员工对于餐饮企业薪酬管理的过程几乎一无所知。

（3）特殊性。由于敏感性和特权性，所以每个餐饮企业的薪酬管理差别会很大。另外，薪酬管理本身就有很多不同的管理类型，如岗位工资型、技能工资型、资历工资型、绩效工资型等，造成了各企业薪酬标准各不相同。

2. 餐饮企业薪酬管理的目标

（1）吸引和留住组织需要的优秀员工。

（2）鼓励员工积极提高工作所需要的技能和能力。

（3）鼓励员工高效率地工作。

3. 餐饮企业薪酬管理的内容

（1）薪酬的目标管理，即薪酬应该怎样支持企业的战略，又该如何满足员工的需要。

（2）薪酬的水平管理，即薪酬要满足内部一致性和外部竞争性的要求，并根据员工绩效、能力特征和行为态度进行动态调整，包括确定管理团队、技术团队和营销团队薪酬水平，确定跨国公司各子公司和外派员工的薪酬水平，确定稀缺人才的薪酬水平以及确定与竞争对手相比的薪酬水平。

(3)薪酬的体系管理,这不仅包括基础工资、绩效工资、期权期股的管理,还包括如何给员工提供个人成长、工作成就感、良好的职业预期和就业能力的管理。

(4)薪酬的结构管理,即正确划分合理的薪级和薪等,正确确定合理的级差和等差,还包括如何适应组织结构扁平化和员工岗位大规模轮换的需要,合理地确定工资。

(5)薪酬的制度管理,即薪酬决策应在多大程度上向所有员工公开和透明化,谁负责设计和管理薪酬制度,薪酬管理的预算、审计和控制体系又该如何建立和设计。

10.1.4　餐饮人力资源的培训与开发

餐饮业人力资源的培训与开发就是组织通过学习、训导的手段,提高员工的工作能力、知识水平和潜能发挥,最大限度地使员工的个人素质与工作要求相匹配,进而促进员工工作绩效提高。

1. 培训与开发的主要目的

(1)提高工作绩效水平,提高员工的工作能力。

(2)增强组织或个人的应变和适应能力。

(3)提高和增强员工对组织的认同感和归属感。

2. 培训的基本原则

餐饮人力资源培训应遵循的原则有:①战略原则;②长期性原则;③按需施教、学以致用的原则;④全员教育培训和重点提高相结合的原则;⑤主动参与原则;⑥严格考核和择优奖励原则,避免出现引例中存在的问题;⑦投资效益原则。

小资料 10-1

有狼性执行,就不可以有人性化管理吗

什么叫狼性执行?军队是最具狼性的团队,是因为它严厉的军规和对命令的坚决服从,让组织获得了方向一致、行动一致的执行力。狼性的意思就是在服从命令、提供结果上的坚定不移地服从。企业的狼性执行,主要体现在对业绩的狼性追求,而业绩来自结果,结果是由员工提供的,所以对员工的狼性要求,对结果的使命般追求,构成了企业的狼性执行。服从命令是军人的天职,提供结果是员工的天职。衡量一家企业的执行力时,看的是这家企业员工提供结果的能力。所以企业的狼性执行对应的是结果,而结果是由每一位员工提供的,所以员工提供结果的强大,就是企业狼性执行力的强大。

什么叫人性化管理?人性化管理最大的特点就是对人性的尊重。尊重一个人的自我意愿,尊重他不同的价值观、思想及不同的需求。把平等、自由等这些人性公理作为基点,运用爱与智慧的力量来管理。领导力是一种使人自愿服从的能力,服从是自愿的而不是强迫的。那什么情况下别人会自愿服从你呢?领导是一种投资,接受是一种义务,回报是一种责任。只有当人们接受了好处时,才会回报你,才会服从你。所以让人自愿就是一种人性化的管理方式,自愿服从就是尊重人性最大的体现,这跟在狼性执行上的绝对服从形成鲜明对比。因为狼性执行是绝对服从,是必须服从,无条件地服从,而人性化管理却是一种让人自愿服从、自愿跟从的领导方式。

企业的中高层大部分处于领导者位置,而领导者通常是成就感决定成就。成就感在前,成就在后,成就感就是你的价值观,你的成功的信念和意志,以及远大的远景与目标等,这些是作为领导者必不可少的。因为领导力就是让别人自愿服从的能力,如何让别人服从,领导是先有成就感后有成就,用自己的成就感来赢得别人的跟从,比如远景、战略目标、价值观等,这才有所谓的人性化管理。因为人性化管理是一种在成就感上的管理,是一种让人自愿服从、跟从的能力,更是一种领导力。人们只会跟从共同的价值观、目标与愿景。

狼性执行是结果管理;人性化管理是成就感管理。

狼性执行的对象是基层员工;人性化管理的对象是中高层。

狼性执行是对事的管理;人性化管理是对人的管理。

狼性执行是制度、流程的执行;人性化管理是领导力的管理。

狼性执行强调绝对服从;人性化管理重在自愿服从。

可以考核的用狼性;不可以考核的用人性。

10.2　餐饮品牌管理

引例

作为中式快餐领导品牌和中华美食传统的现代传承者,永和大王提供 50 多种中国传统美食,涵盖了各色早餐、正餐和小食等系列食品。1995 年,永和大王的第一家餐厅在上海诞生,在国内第一个创立了"24 小时不间断经营"这一崭新的经营理念,它改变了许多消费者的消费习惯,使消费者在明亮、舒适的环境放心地食用过去熟悉的美味食品。经过 17 年的努力,目前永和大王在全国 15 个省、直辖市的 44 个城市,拥有 310 家餐厅。每年为超过 1 亿名顾客服务。未来 5 年,永和大王将在全国扩展至 700 家餐厅,并成为中式快餐中的第一品牌。继 2011 年后,2012 年再次获得"2012 CBPI 中式快餐连锁行业第一品牌"的称号。

2004 年永和大王成为菲律宾快餐巨头快乐蜂餐饮集团旗下品牌,快乐蜂集团运营着菲律宾最大的快餐网络,由菲律宾华侨陈觉中先生始创于 1970 年的快乐蜂集团,时至今日已发展成为菲律宾最大的快餐连锁集团。快乐蜂集团拥有诸多餐饮品牌、涵盖区域包括东南亚、中国大陆、中东和美国,目前全世界有近 2000 家餐厅,是菲律宾首家上市的餐饮企业,并连续六年获评菲律宾最佳企业。

(资料来源:根据永和大王官网资料整理。)

思考:餐饮企业如何塑造品牌?

10.2.1 餐饮品牌外显要素设计

餐饮企业品牌设计，在外显要素方面要达到以下要求。

1. 在一定范围内被顾客所认知

一个企业的品牌必须能够在整个市场或一定的细分市场上给顾客留下印象，并能够使顾客区分出该品牌与其他品牌之间的差异。

2. 具有一定的载体

企业的品牌必须以一定的形式给顾客留下印象，在一定范围内被顾客牢记，例如，麦当劳通过文字或动画形象使其品牌被大家牢牢记住。

3. 能够让顾客产生一定的联想

品牌通过一定的载体为顾客所熟知，但品牌的内涵绝不只是图案、文字、符号、色彩本身，品牌应该让顾客产生一些联想，例如麦当劳的品牌会让人联想到快乐、温馨。餐饮品牌标识（麦当劳、星巴克、肯德基、俏江南、海底捞）如图 10-2 所示。

图 10-2　餐饮品牌标识（麦当劳、星巴克、肯德基、海底捞）

10.2.2 餐饮品牌文化内涵设计

餐饮品牌除了外显要素设计，还需对其进行文化内涵设计。

小资料 10-2

星巴克：文化成就品牌传奇

星巴克咖啡公司是致力于零售、焙制特色咖啡的跨国公司，在世界 37 个国家建有连锁店。12 000 多家星巴克咖啡店分布在北美洲、拉丁美洲、欧洲、中东和环太平洋地区。星巴克的成功与其独特企业文化分不开。作为一家跨国连锁企业，星巴克品牌成功的传奇，也正是其文化的演绎，我们通过对星巴克经营之道的解析，就不难领略其传奇背后的秘籍。

1. 用"薪"对待员工

星巴克总是把员工放在首位，并乐意对员工进行大量的投资，这一切全出自其董事长舒尔兹的价值观和信念。与同行业的其他公司相比，星巴克雇员的工资和福利都是十分优厚的。它通过员工激励体制来加强其文化和价值观，并且成为不靠广告而建立品牌的企业之一。星巴克的员工除了可以享受优厚的工资福利外，还可以按照规定低价购买公司的股票期权。

2. 让员工贡献主意

任何建议,无论有多么微不足道,都会对公司起到或大或小的改进作用。在星巴克,为鼓励员工献计献策,公司对每位员工的建议都认真对待。善于倾听来自员工的小点子使星巴克决策变得更加灵活,反应更快捷,也更有应变力,同时改善了团队内部信任、尊重与沟通氛围,提高了员工的主人翁意识。

3. 出售体验文化

有人把公司分为三类:一类公司出售的是文化,二类公司出售的是服务,三类公司出售的是质量。星巴克公司出售的不仅仅是优质的咖啡、完美的服务,更重要的是顾客对咖啡的体验文化。星巴克公司用心对待员工,员工用心对待客人,客人在星巴克享受的不仅是咖啡,而是一种全情参与活动的体验文化。

首先,文化犹如江河之水,须为有源之物,方名正言顺。现代餐饮之品牌,其文化内涵绝非纯粹的文化,其本质须直指人性的需求。"麦当劳"源于对"便利"的追求;现代商战乃纯粹的攻心之战,直指人性的文化定位,从而完成品牌塑造并成为其发展的根基和前提。

其次,原始的文化概念和定位确定之后,需要加以提炼,找到准确而通俗的表述方法。其中包含企业的核心广告语、具体的企业公关行为以及整合营销策略等。它们通过现代化的传播手段,最大限度地影响世人。麦当劳为了更大地方便顾客,餐厅内才会有"儿童乐园"的出现;企业所提倡和推崇的文化理念应以"润物细无声"的方式,逐渐在消费者心中生根、发芽并成长。

要成功做好餐饮品牌文化的内涵设计,应从档次、利益、使用者、类别、情景、文化等方面准确定位。

1. 档次定位

档次定位是依据品牌在消费者心目中的价值高低区分出不同的档次。例如,劳力士手表价格高达几万元人民币,是众多名牌中的佼佼者,是财富和地位的象征。由于档次定位综合反映品牌价值,因此不同品质、价位的产品不能使用同一品牌。如果企业要推出不同价格、品质的系列产品,应采用品牌多元化策略。例如,我国台湾顶新集团在中档方便面市场成功推出"康师傅",在推出低档方便面时使用了新的品牌"福满多"。

2. 利益定位

利益定位是依据品牌向消费者提供的利益定位,这一利益点是其他品牌无法提供或没有考虑过的。运用利益定位,在同类产品品牌众多、市场竞争激烈的情况下,可以突出品牌的特点和优势,引起消费者的重视。

3. 使用者定位

使用者定位是依据品牌与某类消费者的生活形态和生活方式的关联作为定位。例如,百事可乐定位于"新一代的可乐",要成为"年轻、活泼、时尚的象征"。

4. 类别定位

依据产品的类别建立起品牌联想,被称为类别定位。例如,七喜汽水的"非可乐"定位就是借助于类别定位的例子。为了避免与可口可乐和百事可乐的竞争,七喜定位于"非可乐"饮料,成为可乐饮料之外的另一种选择,这种定位使七喜的市场地位与可乐饮料并列。

5. 情景定位

情景定位将品牌与一定环境、场合下产生的使用情况联系起来,以唤起消费者在特定情况下对该品牌的联想。如雀巢咖啡通过调查发现顾客会在九种环境下饮用雀巢咖啡:早晨起床之后、午餐和晚餐之间、午餐时、晚餐时、与客人进餐时、洽谈业务时、晚间为了保持清醒、与同事进餐时、周末。因此,雀巢咖啡在广告中充分利用了这些场景,使顾客产生了丰富的品牌联想。

6. 文化定位

文化定位是注入某种文化内涵于品牌中,形成文化上的品牌差异。麦氏咖啡进入我国台湾市场时,进行了充分的市场调查,根据中国特别重视亲朋好友之间的友谊的文化传统,提出"好东西与好朋友分享"的广告,得到了中国台湾消费者的共鸣,取得了市场的成功。从某种意义上说,顾客的忠诚度来自组织的文化,或者说,忠诚度就是一种心理文化倾向。

10.2.3 餐饮品牌运作与管理

1. 餐饮品牌运作

(1) 品牌的导入。餐饮企业开始进入品牌创新的时候,自然会遇到许多运营障碍,但克服品牌导入期障碍是品牌顺利成功的基础。

影响品牌导入的因素主要有以下几个方面:①差异化价值观。消费者对不知名的产品会产生抵触态度,为了更快提高品牌知名度,并让人记住它,就要为消费者提供"差异化价值观"。这种价值观主要来自:产品性能领先,推出全新的卖点,提高新的利益。②品牌定位的选择,新品牌档次,竞争对象,服务对象,目标等选择。③产品定型。④产品定价。

(2) 品牌成长。新品牌进入市场,餐饮企业就要培育它并促进其不断成长。加大对消费者的促销力度,加大广告投放力度。

(3) 品牌成熟。影响餐饮品牌成熟的因素包括品牌忠诚度、消费满意度和市场占有率。

提高消费者满意度的方法:提高品牌形象;提高产品性能;提高产品质量;提高产品服务质量,提高产品社会地位;提高行业地位;提供合理价格。

2. 餐饮品牌管理

1) 更新观念,树立"品牌经营"理念

观念和认识是行为的基础,理念是行动的指南。餐饮业内人士要充分认识到在知识经济背景下,世界经济已步入品牌时代,应打破产品经营时代的陈腐观念,确立餐饮品牌经营理念,将餐饮品牌放在战略管理的高度予以重视。

如星巴克通过一系列事件来塑造良好口碑(口碑营销)。在顾客发现东西丢失之前就将原物归还;门店的经理赢了彩票把奖金分给员工,照常上班;南加利福尼亚州的一位店长聘请了一位有听力障碍的人教会他如何点单并以此赢得了有听力障碍的人群,让他们感受到友好的气氛等事件加以利用,宣传品牌。星巴克提升品牌的另一个战略是采用品牌联盟迅速扩大品牌优势,在发展的过程中寻找能够提升自己品牌资产的战略伙伴,拓展销售渠道,与强势伙伴结盟,扩充营销网络。星巴克标识的历史演进如图10-3所示。

图 10-3 星巴克标识的历史演进

2) 找准定位,创建品牌

进入 20 世纪 90 年代,人们的消费水平和消费观念发生了根本的转变。在餐饮方面,已由单纯的吃饱、吃口味转变为吃营养、吃健康、吃文化等多种享受,这就要求将餐饮品牌的功能、特征与消费者需求连接起来,找到二者的最佳结合点。

3) 提升文化内涵,打造文化餐饮

文化是品牌强有力的支撑,是品牌的生命力。餐饮企业在创立品牌时,一定要把品牌和文化有机结合起来,找到品牌文化的支撑点。如麦当劳提倡的"Q,S,C,V"价值文化理念,使之在餐饮市场上具有强大的竞争力。"Q,S,C,V"意即麦当劳为人们提供品质一流的产品、周到的服务、清洁的就餐环境以及让人们感到在麦当劳就餐是物有所值的。

4) 坚持创新,巩固品牌

随着社会的发展,餐饮市场需求发生了极大的变化,餐饮企业只有坚持创新、跟随餐饮时代发展的潮流,才能掌握市场的主动权。餐饮创新主要体现为菜品创新、服务创新。餐饮企业应加强对菜品的开发,定期推出新菜品,满足日益变化的市场需求。然而,通过服务的不断创新从而使顾客满意显得尤其重要。服务创新体现在服务理念上,要突破传统、充实原有服务理念;在服务语言上注意灵活性、艺术性;在服务项目上突破传统单一服务模式,走餐饮和娱乐结缘、吃饭和健身联姻、餐食和信息相连等联合化发展道路,使服务内容多元化。

5) 重视危机管理,加强品牌保护

面对日趋激烈的市场竞争,危机无处不在、无时不有。如近几年突如其来的 SARS 和禽流感,给餐饮业带来了沉重的打击。

餐饮企业应强化危机意识,推行危机管理。危机管理重在防范,当危机发生时,想尽一切办法减少损失;对员工进行有效的沟通和激励,避免"后院起火";对大众媒体要高度重视并迅速沟通;对外界要及时公开危机产生的过程与处理结果。同时,企业要勇于承担责任、为公众负责。危机处理得好,不但不会影响企业形象、还能提升企业形象,加强品牌保护。此外,还应注重投诉,投诉处理得好,不仅可以解决消费者与企业的矛盾、使顾客满意,还有利于提高企业自身的服务质量、提升企业形象。因此,餐饮企业应重视投诉,把每一件投诉作为一件大事来抓。除了"意外事件"使餐饮品牌遭遇危机外,在品牌发展过程中最大的危机可能有:"品牌老化",品牌投资大幅度减少;品牌不合理扩张延伸等问题。

3. 品牌资产经营的关键要点

品牌资产经营的关键要点是品牌效应、品牌效应的延伸、品牌的维持与强化以及品牌的国际化营销。

(1) 品牌效应。品牌效应主要表现为扩大和保持市场份额,对于尚未饱和的市场,品牌可以帮助企业迅速扩大市场,对于已经饱和的市场,品牌可以使企业维持其已有的市场地位。同时,品牌可以提高投资者对企业的信心。

(2) 品牌效应的延伸。品牌效应的延伸主要体现在企业可以利用品牌推出新产品,进入新的市场,同时,企业可以借品牌优势进行低成本扩张,并购其他企业,吸引投资者。

(3) 品牌的维持与强化。品牌的维持与强化主要表现为企业要通过各种广告、宣传以及公关、促销活动强化品牌在市场中的知名度,以维持其市场地位。

(4) 品牌的国际化营销。品牌的国际化营销是企业走向国际化的重要途径。企业要根据国际市场的环境,认真研究产品开发、价格制定、渠道选择、宣传推广等营销组合策略,使企业进入国际市场。

保证品牌资产经营的关键要点需要从产品质量、企业的团队精神、管理者素质以及创新思维入手。企业要对产品和服务的质量精益求精,从国内外成功企业的发展可以看出质量是品牌赖以生存的基础。同时,企业还要注意培养团队精神,提高管理者素质以及运用创新思维方式来营造企业的品牌。

【案例 10-1】

海底捞成立于 1994 年,是一家以经营川味火锅为主、融汇各地火锅特色的大型跨省直营餐饮品牌火锅店,全称是四川海底捞餐饮股份有限公司。在北京、上海、沈阳、天津、西安、南京、广州、深圳、合肥、简阳等 21 个城市拥有 82 家直营连锁餐厅,员工近 2 万人。

2008—2012 年,海底捞连续 5 年被大众点评网评为"最受欢迎 10 佳火锅店",同时连续 5 年获得"中国餐饮百强企业"荣誉称号。2011 年"海底捞"商标获"中国驰名商标"。

中央电视台、北京电视台、上海东方卫视等电视台多次对海底捞进行专题报道,甚至美国、英国、日本和韩国等外国媒体也报道了海底捞的成功故事。以海底捞为题材的商业案例获得了 2010 年《哈佛商业评论》中国最佳商业案例研究奖,更让海底捞的管理经验走进了著名学府的 MBA 课堂。就连世界著名餐饮连锁店肯德基和必胜客的母公司百胜集团,都组织了 200 多名大区经理来海底捞现场取经。一时间,关于海底捞的"秘籍"洛阳纸贵。在京东网上商城一搜索,就发现诸如《向海底捞学习:创新服务的标杆,人性管理的典范》《海底捞你学不会》《海底捞你学得会》《海底捞捞什么》《海底捞的经营哲学》《海底捞的秘密》《海底捞店长日记》《海底捞管理智慧》这样的畅销书琳琅满目,让人目不暇接。

10.3 餐饮企业连锁经营管理

引例

"小肥羊"经营之路

内蒙古"小肥羊"从 1999 年创立至今,几年间创造了中国连锁餐饮业的奇迹。如今的"小肥羊"已经将北京的"全聚德"、成都的"谭鱼"、沈阳的"老边饺子"以及上海、广东等地的餐饮巨头远远地甩在了后面,成为在全国拥有 700 余家正牌店,年收入超过 50 亿元,在中国众多百年老店和新品牌层出不穷之时悄然登上中国餐饮业中餐头把交椅的名店。

1999 年营业面积 300 平方米的小餐馆——"小肥羊"诞生在包头市,从面市第一天起生意就一直处于火爆状态,在此后的几年中几乎是开到哪里火到哪里。其中的成功原因,张钢总结为独特的"不蘸小料"的新吃法、新鲜的小肥羊肉以及火锅快餐化的市场运作和模式化的经营方式。在特许加盟的连锁链条上,"小肥羊"在全国一路攻城略地,一跃成为中国本土餐饮业的老大。

但就在此时问题出现了,加盟店要的是利益,而张钢要的是"小肥羊"的发展前途。总部与加盟商之间产生鸿沟。一些加盟店甚至出现了用低廉羊肉以次充好和卫生不达标等问题。此时张钢思考放缓扩张脚步,为"小肥羊""减肥"。2002 年,张钢做了一个惊人决定——让出股份引进人才。在内蒙古营销界极有声誉的孙先红成为"小肥羊"的股东,原衡水驻京办事处的张占海被提升为"小肥羊"北京公司的总经理。到 2005 年,"小肥羊"集团公司的股东已经达到 47 人。"小肥羊"两位创始人张钢与陈洪凯的股份也从 100% 降到 40%。而"小肥羊"各地分公司的股东已经超过 500 人。

众心协力之下,"小肥羊"不仅顺利渡过了"非典"时期的难关,而且顺利进军我国港台和海外地区。2003 年 11 月小肥羊在美国洛杉矶市开设了第一家海外分店;2004 年 6 月在素有"美食天堂"之称的中国香港特区开出了"小肥羊";2005 年 10 月,北美第一家直营店——"北美一号店"在加拿大多伦多问世;2006 年,"小肥羊"登陆中国台湾,落户东京。2006 年 7 月 26 日,与 3i 集团和私募股权投资基金——普凯公司合作,引进资金 2500 万美元。雄厚的实力加上工作人员精心的考察和严谨的工作,使走出国门的"小肥羊"落地开花,处处红火。

思考:"小肥羊"为什么能成功,与连锁经营有什么关联?

10.3.1 连锁经营概述

连锁经营是指经营同类产品或服务的若干个店铺,以一定的形式组成一个联合体,在整体规划下进行专业化分工,并在分工的基础上实施集中化管理,使复杂的商业活动简单化,以获取规模效益。连锁经营具有以下三大优势。

（1）降低风险。作为连锁企业集团的一员，可以获得许多现成的技术设备、完善的管理和供应系统等，从而减少经营中面临的许多问题，降低了独立开店的风险。

（2）减少宣传费用。知名的连锁企业已在人们心目中形成良好的形象，本身就是很好的宣传，集团可以统一宣传策划，连锁店越多，分摊的广告费越低，这些是独立单一店铺难以获得的。

（3）货源有保证。连锁集团实力雄厚，供应商自然会优先保证供应，不会造成俏货短缺，同时连锁企业一般拥有配送中心和物流设施。

近年来一些新型连锁餐饮业态发展较快，其中尤以连锁咖啡店发展最为迅速。2005年连锁咖啡店门店和营业收入的增长速度均超过了30％，其增速是连锁正餐业和快餐业的2～3倍。以肯德基、麦当劳为代表的国际快餐品牌企业在我国迅速扩张，发展速度明显加快。到2004年年底，中国肯德基达到1200家连锁店，麦当劳超过600家，比2000年分别增加800家和300家左右，年均开店达到200家和80家，年营业规模分别超过110亿元和60亿元，单店年均营业额在800万元以上，成为中国快餐以及餐饮行业的领头企业，对行业发展的作用和影响不断扩大。从其发展的特点看，由中国的一、二类城市向三、四类城市延伸，由东部城市向西部城市拓展；企业发展的战略布局、体系建设和本土化理念基本完成，"立足中国、融入生活"的思想得到确立；品种开发调整力度加大，中式品种的引入和营养内涵增强，中西融合的趋势更加明显等。

小资料 10-3

2023年江苏餐饮连锁十大品牌如图10-4所示；江苏限额以上餐饮业基本情况见表10-1。

图 10-4　2023 年江苏餐饮连锁十大品牌

注：基于大数据统计及人为根据市场和参数条件变化的分析研究专业测评而得出。

资料来源：https://www.maigoo.com/maigoo/5783jscyls_index.html.

表 10-1　江苏限额以上餐饮业基本情况（2021 年）

按经营形式分组	法人企业数/个	产业活动单位数/个	餐饮营业面积/平方米	从业人员/人
独立门店	2849	1573	6 212 274	150 861
连锁总店	61	2400	814 881	76 666
连锁直营店	109	1357	354 615	21 475
连锁加盟店	52	103	84 862	2931
其他	229	180	623 438	20 040

资料来源：江苏省统计局 http://tj.jiangsu.gov.cn/2022/nj14.htm.

连锁经营指企业经营若干个同行业或同业态的店铺，以同一商号，统一管理或授予特许经营权等方式组织起来共享规模效益的一种经营组织形式。

1．连锁经营的基本特征

与传统商业比较，连锁经营具有以下特征。

（1）组织形式的联合化与标准化，是连锁经营的前提条件。连锁经营是整体性、稳定性、全方位的联合，所有连锁店都使用同一店名、具有统一店貌，提供标准化的服务和商品。

（2）经营方式的一体化和专业化，是连锁经营的核心。把相互独立的各种商业职能有机地组合在统一的经营体系中，实现了采购、配送、批发、零售的一体化，形成了产销一体化、批零一体化的流通格局，提高了流通领域的组织化程度。

（3）管理方式的规范化和现代化，是连锁经营规模效益的根本保障。必须建立专业化的职能部门、规范化的管理制度和调控体系，采取现代化管理手段。

（4）连锁经营的本质特征是"进货与销售职能的分离"。

2．连锁经营的本质

连锁经营将现代化大生产原理应用到流通领域，把复杂的商业活动分解得如同工业生产流水线上的每一个环节那样相对简单，以提高经营效率，实现规模效益，是机械化大生产方式在流通领域的组织反应和组织创新，是一种经营群体的组织形式。

连锁经营的八个统一是：统一采购、统一配送、统一管理、统一核算、统一店名店貌、统一价格、统一服务规范、统一广告宣传。它实际上是经营标准化的一个方面，并非连锁经营的本质。

3．餐饮连锁经营的主要模式

1）直营连锁

直营连锁又称正规连锁，是连锁企业的总部通过独资、控股或兼并等途径开设门店，发展壮大自身实力和规模的一种形式。连锁企业的所有门店在总部的直接领导下统一经营，总部对各门店实施人、财、物及商流、物流、信息流等方面的统一管理。直营连锁的主要特点有：第一，同一资本开设门店。这是直营连锁与特许连锁和自由连锁之间的最大区别。直营连锁各成员之间是以资本为主要连接纽带的，资本又必须属于同一所有者，各门店不具备独立的法人资格。第二，直营连锁的核心是经营管理的高度集中统一。直营连锁的所有权、经营权、监督权完全集中在总部，总部对各连锁企业的人力资源、财务、投资、分配、采购、促销、物流、商流、信息等方面实行集中统一管理,各门店必须执行总部的指令。第三,统一核算制度。各个门店的工资奖金由总部依据连锁企业制订的标准来决定。

2) 特许连锁

特许连锁又称合同连锁或加盟连锁,是指主导企业(特许人)把自己开发的商品、服务和营业系统(包括商标、商号等企业形象的使用,经营技术)的经销权和营业权以合同的形式授予加盟店(受许人)在规定区域使用,加盟店要交纳一定的营业权使用费,并承担规定的义务。特许连锁的主要特点有:第一,实现所有权的分散和经营权的集中。各加盟者对其各自的门店拥有所有权,而经营权高度集中于总部。第二,特许连锁的核心是特许经营权的有偿使用。总部除了向加盟者传授生产经营技术、信息和知识等,还要授予加盟店店名、商标、商号、服务标记等在一定地区的使用权,并在开店过程中不断给予经营指导。第三,维系特许连锁经营的经济关系纽带是特许经营合同。合同中详细规定了特许人和受许人的权利和义务。

3) 自由连锁

自由连锁是企业之间为了共同利益而采取的合作关系,是现有的独立零售商、批发商、制造商之间的横向或纵向的经济联合。自由连锁的主要特点有:第一,自由连锁的核心是共同进货。第二,维护自由连锁的经济关系纽带是协商制订的合同,其约束力比较弱。第三,加盟店拥有独立的所有权、经营权和财务核算权。每年只需按销售额或毛利额的一定比例向总部上缴加盟费、管理费等。

10.3.2　餐饮企业连锁组织结构设计

餐饮连锁经营需要一套成功的运营体系,特别是大型连锁企业沿着战略化经营,科学化、标准化管理轨道,形成一系列体系化的连锁经营管理系统。餐饮连锁经营体系主要包括以下几个方面。

1. 大批量商品化经营计划体系

大批量商品化经营计划体系是指企业开发出适合于本企业实际情况的系统化经营技术,包括从商品设计开发到最终提供给消费者的所有商品经营活动。大批量商品化经营计划体系,是规模化经营的商品经营制度和技术,是连锁经营最主要的经营技术之一。

商品化经营计划体系包括商品开发过程和经营技术开发过程两个方面,前者是指采购体系的开发与巩固、企业自有商标品种开发体系、委托加工生产体系。后者是指经营商品结构开发、售价、分类、组合、仓储、运输、餐厅设计、布局、商品陈列、店内广告、促销、支付方法、服务等经营过程的各个环节。

2. 标准化分店组合体系

标准化分店组合体系是连锁企业发展分店方面形成的经营战略体系,对分店的选址、设计、经营及与总部的法律关系进行标准化操作,形成一个已成形的、可操作的、可复制的体系。

3. 物流配送体系

物流配送体系负责连锁系统中商品经营过程的商品保管、加工、分类、配货、送货等方面安排的业务技术体系。

4．组织管理体系

(1)连锁经营的组织原则,连锁经营应遵循:①统一指挥原则;②高效率原则;③组织层次与管理幅度的适当性原则;④责权对等原则。

(2)连锁经营的组织结构和职能。

连锁企业组织结构有两种基本类型:一是总部和门店的双层次结构;二是总部、地区分部和门店的三层次结构。

总部的基本职能是制定政策、店铺开发、商品管理(采购与配送)、促销管理、店铺督导等。一般设有开发部、营业部(营运部)、(行政)管理部、商品部(采购、配送)、营销部(广告、公关、调查、陈列)、财务部、信息中心等。

5．信息网络系统

餐饮连锁企业要想获得规模效益,必须依靠信息网络系统,有了网络的连接,企业之间的信息沟通才会畅通,才能在市场竞争中做出正确决策。建立餐饮连锁企业信息网络系统要考虑以下因素。

(1)系统安全性。安全性是连锁信息系统成功的关键因素,不论是信息系统、POS、各种店内卡、信用卡,其中哪一个出现问题都会给企业造成不良影响,甚至会造成重大损失。

(2)软件的专业性。在选择软件时,不仅要考虑软件的专业性,还要考虑是否能够体现企业的整体运作。

(3)系统操作的便利性。其主要体现为操作简便易学。

(4)系统的完整性。系统的完整性是指能否有效完整地收集各种资料,为今后企业决策分析提供依据。

6．店铺营运系统

连锁体系中一般都设有营运部,其主要职能是通过督导员制度对连锁门店的日常经营运作进行督导和评价,以保证门店作业的标准化。营运部门的工作重点是收集、整理、分析门店营运信息,及时反映门店的合理化建议,正确处理运营中的各项问题。营运部门的人员配备一般由经理和督导人员组成。

10.3.3　餐饮企业连锁经营管理

(1)人员培训连锁经营中,人员培训的分量相当重。人员培训分为两种:一种是骨干的培训,如店长、厨师等;另一种是普通店员的培训。

骨干的培训主要由总部来进行,所涉及的项目比较广泛,有不少是总部特别要求的项目,这一部分培训通常是在每个分店开业前就进行完毕,所培训的人员作为总部的人才储备,是公司进行扩张的重要力量。大的连锁企业都开设有专门的学校来进行人员培训,麦当劳于1964年在伊利诺伊州的奥克布鲁培训中心建立了汉堡包大学,在那里专为餐厅经理和第一副经理设计了营运课程,以提高其管理知识、能力和技巧。普通店员培训方式主要是由加盟店进行的,对于普通员工运用管理手册进行培训,规范他们的行为,使之融入整个连锁体系。

（2）资金管理连锁店的资金管理是一个相当重要的环节，由于连锁企业的特性，每天都面临着大量的现金交易，在各个加盟店中积淀了大量的现金，从而使资金管理变得相当重要。

连锁店的资金管理按照连锁性质的不同，管理的方式也不尽相同。直营连锁由于各个分店归总部所有，所以管理最为严格，对于资金收入要求及时划归总部的财务中心统一调拨，以提高资金使用效率，加速周转。对于特许连锁和自由连锁，由于总部并不具有分店的所有权，所以对于资金的管理更多地体现在特许费用和加盟费用以及利润上交方面，这也是总部的主要收入来源。

（3）营运管理主要是指总部对加盟分店运营的支持和指导，包括广告宣传、技术支持、监督管理等。

总部对于品牌推广的广告宣传费用由总部和加盟分店共同负担，通常加盟分店所上交的利润分成里已经包括了这部分费用。总部则统一运用这部分资金进行广告宣传。比如，麦当劳在广告宣传方面就相当成功，总部在这方面投入了大量的资金，运用各种方式进行广告宣传和形象推广。

总部对加盟分店的技术支持主要体现在信息的分享和技术传授上。总部一般拥有巨大而完备的数据库和信息处理系统，从中分析得出有用的信息，提供给各个加盟分店以指导其经营决策，从而享受到联合的优势，便于更加敏锐地把握市场的动向。同时，总部一般严格地限制加盟分店的创新举措，将技术创新的权力牢牢地掌握在自己手里，这样保证了连锁企业的一致性。总部的每一项革新，在试验成功后都会以技术支持的方式迅速推广到每一个加盟分店，同时，对于各个加盟分店所遇到的问题，总部会集中力量进行攻关，帮助分店解决困难。

总部对加盟分店的监督管理是总部的一项重要控制手段，通过监督管理确保加盟分店按照正常的轨道运行，并保证和维护品牌的声誉。

（4）随着信息社会的到来，各产业的信息化程度越来越高，从某种意义上讲，信息管理现代化也就是信息化，现代化的连锁企业必然以信息化为支撑。

连锁企业的规模优势，在很大程度上体现在它可以实现信息共享，使连锁店对市场的反应更加敏捷，对消费者需求的把握也更加准确。沃尔玛拥有全世界最大的商用数据库，甚至拥有自己的商用数据卫星。我国已规划并积极推进流通信息系统的开发、应用，许多零售企业开始树立开发、应用流通信息系统的观念，并着手引进与应用流通信息管理系统。

（5）国外把现代物流配送称作第三个利润源泉，是支撑连锁业发展的重要手段。物流管理物流配送中心是集商流、物流、信息流于一体的支撑系统，对于提高流通效率、降低流通费用具有举足轻重的作用。其主要任务是将各分店所需的货物在规定时间内安全、准确地送到目的地。配送中心的建设与发展成功与否将在很大程度上决定连锁企业的效益与成败。

目前，我国企业连锁正处在发展过程中，专业化、社会化配送体系尚未完全建立，企业自设自建配送中心，配送中心建设无序发展的现象比较严重。随着经济的发展，加快规划、建立、建设社会化中介型配送模式或共同协作配送模式将是我国连锁业配送中心发展的目标。值得提出的是,在加强配送中心建设方面,发展通过式的配送中心将摆上议事日程。其特点是商品在空间位置移动时,绝大部分应停留在工厂的成品仓库、运输途中的车辆上和连锁店的货架上,而并不是将配送中心的面积不断扩大。

餐饮连锁企业供应链摆脱了传统供应链以生产为中心的限制,将连锁配送中心视为物流的核心,将餐饮连锁总部视为中介,将连锁分店视为餐饮产品生产及销售的实体,有效地整合了连锁配送中心和众多的上游供应商和下游连锁店。

餐饮连锁企业应建立高效的供应链系统,使其具有与市场需求同步变化的反应能力,参与供应链系统的各节点企业对信息享有既充分又同步的传输能力,而且处于原料生产、采购、仓储、运输、产品生产及销售等各个环节上的企业具备高效率、协同一致的商务运作能力,从而提升餐饮连锁企业的整体竞争力。

10.4　餐饮创新管理

引例

黄桷遮阴,脚踩凉水,喝着冰啤,打着水枪,搓水麻将,还有比这更好的避暑形式吗? 昨日高温,重庆市北碚区偏岩古镇水上餐馆迎来消费最高峰。近 100 张餐桌在河滩上一字排开,桌上是色泽鲜美的农家菜,香气扑鼻。老板麻利地收拾碗筷,还来不及招揽客人,新一批客人就坐下来了。虽然游客众多,但河滩里的垃圾并不多。下游的水,清澈见底。因为每张餐桌上都铺着一次性桌布,桌子下面,都放了一个垃圾桶。

水上餐馆,其实就是把桌椅都搬到河滩上,踩着凉水吃饭。"一定恭喜,二郎抬山,三星高照……""要得,8 号桌鱼香肉丝一份,炝炒苕尖一份……"远远地就能听见食客的划拳声和老板们的吆喝声。食客挽起裤脚,光着脚丫或穿着拖鞋在水椅上惬意地享受美食。啤酒,一箱一箱地放在河滩里浸泡,不一会儿就变成冰啤。河边,放满了皮鞋、高跟鞋。河滩的另一头,孩童人手一把水枪,相互嬉戏,浑身湿透。

思考:餐饮企业该如何创新?

10.4.1　餐饮创新基本原则

餐饮企业要长期发展,必须坚持顾客要吃得营养、安全、健康的主题,必须重视餐饮活动对人类社会生存环境、人类健康的影响。如何为消费者提供绿色、环保、健康的餐饮产品,实现经济效益和环境效益的统一,是餐饮企业创新和经营必须面对的一个课题。

1. 市场导向原则

餐饮市场现在已进入了顾客选择的时代,只有符合市场需求和社会需求的餐饮创新,才能获得广阔的市场和强大的生命力。因此,餐饮业必须树立让顾客满意的经营理念,进行详细周密的市场调研和可行性分析,再根据调研结果做出创新开发决策,这就是创新的市场导向原则。

现在许多企业为了使产品具有竞争优势,就在产品差异化上做文章。产品包装的差异和创新也是企业建立竞争优势的重要途径,但是单纯追求差异可能给企业带入误区,很可能使企业出现吃力不讨好的局面,如引例中出现的问题。

企业在进行产品差异创新时,不能单纯为了差异而创新,而要站在消费者的角度考虑产品是否给消费者带来了更多便利,而不是麻烦。在产品设计过程中,可以首先从消费者的角度去考虑问题,或者邀请普通的消费者做测试。如果违背了这个原则,企业势必会付出更大的代价,因为没有人愿意为麻烦买单。

2. 特色性原则

在充分调查和研究的基础上准确地确定创新的特色和鲜明的主题,是餐饮创新获得成功的重要因素。餐饮创新具有鲜明的特色和主题,就能使餐饮企业区别于竞争对手,更好地发挥自身的优势,避免或减少重叠性的市场竞争,从而有利于餐饮产品的市场定位和市场促销。因此,餐饮创新必须明确主题,创造被广大消费者甚至竞争对手认可的特色,即创新要遵循特色性原则。

3. 文化性原则

餐饮创新应将积极、健康、文明、优秀的文化融入其中,打造具有文化内涵的餐饮产品和服务。

餐饮具有高文化附加值,必须注重企业文化的建设,因为一家没有文化内涵的餐饮企业只能提供没有生命力的产品和服务,无法满足日益注重文化消费和精神享受的现代消费者的需求。因此,餐饮创新必须坚持文化性原则,进行全方位的创新活动,不断开发出高文化含量的新型产品和服务,满足餐饮顾客和员工的需求,在满意的员工基础上创造满意的顾客。例如,大董所创的中菜新概念、中国意境菜,不同于一般的中菜西做,改良了传统中菜的摆盘方式,将古诗词之意境融入其中,每道菜均配两句诗词(见图10-5)。

松香熏肥肝(水榭朝夕花绽露,山房晚照柳生烟)　　凤梨炒鹿肉(庭下早梅　已含芳意　春近瘦枝南)

图 10-5　中国意境菜

4. 参与性原则

餐饮创新需要有顾客和员工的共同参与,因为顾客是最了解自身需求的,而员工长期与顾客接触,除了了解自身需求外,通常也比较了解顾客的需求,而顾客需求是餐饮的创新之源。需要注意的是,这种创新活动的参与不仅体现在宾客消费的过程中,也体现在产品与服务的设计过程中。

5. 经济可行性原则

餐饮创新能否获得良好的经济效益,是否具有操作上的可行性,是衡量餐饮创新成功与否的重要标志,因此,餐饮创新要遵循经济可行性原则。良好的经济效益不只是指能给餐饮带来经济效益,而且要有利于整个国家经济的发展和社会的稳定,如目前餐饮业中流行的各种绿色环保创新。另外,餐饮的创新还要考虑到餐饮的生产能力和销售能力,既要有利于餐饮生产,又要有利于销售,具有创造良好效益的潜力。

10.4.2　理念创新

理念创新是指形成能够比以前更好地适应餐饮内外部环境的变化并更有效地利用资源的新概念、新看法或新构想的活动。理念创新是其他一切创新活动的先导或基础。餐饮企业的管理者只有根据内外环境的变化和餐饮发展的要求不断更新理念,转变认识,才能做出正确的管理决策并付诸实践,引导餐饮业健康发展。

观念,尤其是餐饮企业经理人的观念,将决定整个餐饮企业的经营理念,甚至餐饮企业经营的成败。但很多餐饮企业的经理人都在沿用旧有的观念,造成了餐饮企业普遍存在的两种通病:一是"跟风",看人家搞什么火就跟着上什么;二是抱着"正宗"不放,没有人吃也得挺着。

新时代餐饮企业的新观念,应该以"另类思维"或者"逆向思维"打破常规,不断创新。

如"一茶一坐"的经营理念——"把客人当朋友,把伙伴当家人";"大家的客厅";享受一杯好茶,体验一种放松的心情。把为客人营造出温馨的"家"的感受作为其经营目标,吸引着以白领为主的广大消费群。

10.4.3　餐饮菜点创新

餐饮菜点创新是指创造与原有产品在功能、结构、技术、符号、规格以及服务等方面都有显著差异的产品的过程,包括对现有产品的改良,对竞争者产品的仿制以及对原有产品的重新组合等。餐饮企业只有通过对自己产品的不断创新,才能够满足不断变化的顾客的需求,获得良好的经济效益,抵补生产消耗,求得生存和发展。菜点创新是餐饮企业经营策略的一个重要内容,也是餐饮企业可持续发展的动力。没有创新,餐饮企业就不能适应新形势、新消费的需要。菜点只有在继承中创新,在创新中提高,才能跟上形势,更好地为消费者服务。

如今的先锋派厨师们在盘子里作画,在传统的菜肴里加入一些罗勒、香草或者藏红花,在中国豆腐里掺入奶酪,在酱汁中添加一点鱼露与柠檬。这不是模仿,而是创新,是视觉与味觉的双重体验,形成中国创意菜。例如,梧桐餐厅以中国传统的味道作为中心、以养生作为目的,洋为中用的时尚创意菜,在菜品花样上尽显心思,把食物最根本的味道发挥得淋漓尽致。无论环境还是食物,都契合了当下时尚一族的心头所好:简洁、健康、自然。

1. 原料

餐饮企业经营者和厨师在不能充分满足顾客对菜品的需求时,除厨师要认真学习技术外,还应从原材料创新上下功夫,引进大批外省市的新菜种,引用中西原料,如挪威三文鱼、澳洲大龙虾,国内的养殖性野味,菌类、花卉、昆虫类等烹饪原料,使本企业在风味研制上有更加广阔的天地,给消费者带来全新的感觉。

2. 口味

中国菜肴的口味变化无穷,酸、辣、咸是我们日常生活中所需的最基本的口味。厨师要在结合传统方法的基础上,采用单一口味和复合口味的交叉技术,做一些科学的改良,创出一批新的、经过实践证明顾客欢迎的新口味。除了在炒菜中味型有突破外,还应在凉菜的口味上创新,蒸菜和蘸食的口味也要有新变化,以及各类火锅不同口味调料的创新。如梧桐的"梧桐水煮鱼",在烹饪技法上创新,基本保留原有味型,很受顾客欢迎。

3. 器皿

"美食不如美器",中国美食在评判标准中不仅涉及菜肴的色、香、味、形,对盛装菜肴的器皿也十分重视。最初菜肴所使用的器皿质地为一般陶瓷产品。随着时代的进步和人们审美观的不断提高,除对菜肴要求美外,对器皿也有较高的选择标准。除陶瓷器外,出现了金器、银器以及木制、竹制、贝壳和玻璃器皿,从而提高了器皿的品种和档次。器皿的形状上也有创新和突破,由原来单一的圆盘又增加了多边形、双棱、椭圆形以及花卉形、动物形,颜色也是五彩缤纷,为菜品营造了气氛。除了器皿材质、形状变化外,还利用原材料(食品的本身)作为器皿,也是当今的一种新尝试,如金瓜参翅,是把烧炖好的人参和鱼翅装入经雕刻的南瓜中。

4. 菜形

菜肴的成功除色、香、味、器皿等以外,造型的创新也是产品创新的内容之一。当顾客欣赏桌上的菜肴时,美的感受会使其心情愉悦,食欲大增。菜肴形状的创新分一般造型和形象造型:一般造型多为一般菜肴的出锅装盘的自然造型;而形象造型则是利用原料本身的可塑性造型和经过刀工处理后的成形,属于创造意境。典型的有大董中国意境菜。

10.4.4　餐饮服务创新

餐饮服务创新主要是指餐饮企业在运行过程中所进行的服务理念、服务方式、服务内容、服务语言、服务技能等方面的改进和创新。例如,顾客亲自挑选原料、厨房生产加工过程透明化。例如,海底捞的"修甲擦鞋"服务创新;再如迪拜伯瓷酒店总统套房中提供厨房,客人既可以自己买菜做菜,也可以请酒店大厨现场烹制美食。

近年来,一些高端酒店和餐饮企业为应对政策和市场的变化,纷纷推出外卖项目,如售卖卤菜、早点等。

小资料 10-4

酒后代驾服务

现在有一些餐饮企业创新服务,与专业酒后代驾公司合作,为客人提供酒后代驾服务。代驾服务具有以下优点:首先,为有车的客人在餐饮企业的酒类饮品消费带来方便。其次,提高餐饮企业的酒、菜的消费额。再次,体现餐饮企业对客人的人文关怀和亲人般的温暖。最后,体现出餐饮企业在维护交通法律与社会公共安全方面努力尽到企业的社会责任,树立良好的社会形象。例如,万龙洲、俏江南、西贝等餐饮企业与专业公司合作,为客人提供酒后代驾服务,取得了一定效果。

10.4.5　餐饮企业制度创新

餐饮企业制度创新就是餐饮企业根据内外环境要求、变化和自身发展壮大的需要,对餐饮企业的运行方式、原则、规定等进行的调整和变革。餐饮企业制度创新包括产权制度、经营制度和管理制度的创新。餐饮企业产权制度规定了各种资源所有者之间的权、责、利关系,是餐饮企业最根本的制度;餐饮企业经营制度则规定了经营方式,是有关餐饮企业经营权的归属及其行使条件、范围、限制等方面的原则性规定;而餐饮管理制度则是管理者行使经营权、组织餐饮日常运作的各种具体规则的总称。这些制度都直接影响着餐饮企业的正常运行和市场竞争力,因而需要不断优化更新和调整,以适应不断变化的餐饮市场。

10.4.6　餐饮企业技术、知识创新

所谓技术,就是餐饮企业在生产过程中采用的手段、方式和方法。技术水平的高低往往是餐饮企业实力的重要标志,它在相当程度上决定了餐饮企业的竞争力。因此,餐饮技术创新就是餐饮企业在生产过程中采用的手段、方式和方法的变革和突破。餐饮企业要在激烈的竞争中胜出,就必须不断进行技术创新,以顺应甚至引导行业的技术进步。如沸腾渔乡在粤菜的基础上加入川菜元素,使川菜与粤菜巧妙结合,独创新派系,素中有辣,淡中有麻。

知识创新是指通过科学研究,包括基础研究和应用研究,获得新的基础科学和技术科学知识的过程。餐饮知识创新就是餐饮企业经营管理的新思想产生、演化、交流并应用于餐饮实践的过程。知识创新的目的在于发现、探究餐饮企业新的运行规律、创建新的学说和操作方法,从而为餐饮企业谋求更有利的竞争地位创造条件。

10.4.7　餐饮营销创新

餐饮营销创新(Marketing Innovation)就是根据营销环境的变化情况,并结合企业自身的资源条件和经营实力,寻求营销要素在某一方面或某一系列的突破或变革的过程。

创意营销是通过营销策划人员,思考、总结、执行一套完整的借力发挥的营销方案。

创意营销往往带来销售额急剧上升,一分投入,十分收获,创意营销给广告主带来意想不到的收获。市场往往会突飞猛进的发展,让企业利润倍增。

小资料 10-5

星巴克的微信二维码营销

　　星巴克的微信二维码营销成为 2012 年度创新营销十大杰出案例之一。作为零售业中的"科技公司",星巴克从不吝啬对创新营销的探索,借助于拥有两亿用户的微信开放平台,星巴克极大地拉近了自己与消费者的距离。

　　2012 年 8 月,微信携手星巴克,推出特惠二维码:在星巴克全国门店(江浙沪除外),只要用户用微信的"扫描二维码"功能拍下星巴克咖啡杯上的二维码,就有机会获得星巴克全国门店优惠券,成为星巴克 VIP 会员。同时星巴克微信订阅平台同步上线,收听"星巴克"微信官方账号,只需发送一个表情符号,用户即刻享有星巴克《自然醒》音乐专辑,获得专为个人心情调配的曲目。

　　"二维码电子会员卡"是腾讯力推的全新专注生活电子商务与 O2O(Online To Offline)的解决方案,它依靠腾讯强大的账号体系、PC 与手机产品入口,使更多线下与线上用户享受移动互联网的便捷,获得生活实惠和特权,同时打通用户与企业之间的关系通道,帮助企业建立泛用户体系。

　　微信与星巴克的战略合作让微信迈出了通过二维码介入商户营销的第一步,不仅破除了传统商业经营模式辐射面积小、用户参与度不高、受时间地点等制约的弊端,同时还具有轻松时尚、趣味性高、商家与用户互动性强等优势。

　　(资料来源:商业价值.http://content.businessvalue.com.cn/post/8105.html.)

　　此外还有经营模式创新。如作为全国首创最大规模的吧台式涮锅企业,呷哺呷哺以其新颖独特的就餐形式和亲切温馨的家庭式服务,走出了一条属于自己的中式快餐之路。

【案例 10-2】

涅槃,"秦淮人家"引发"老字号"创新思考

　　夫子庙历来为古都南京的商业、文化繁盛之地,这一带的餐饮"老字号"盛极一时,但如今多半经营不容乐观。今天,南京正在打造全省现代服务业中心,建设创新型城市,南京这些传统服务业的"老字号"如何突围,创新服务,重振品牌?"秦淮人家"的"涅槃",在大胆迈出实践步伐的同时,也引发了对"老字号"的创新思考。

　　4 月 30 日,夫子庙餐饮"老字号""秦淮人家"以崭新的面貌开业迎宾。这个看似平常的酒店开业,却引起了社会各界的关注。因为背后蕴藏着"老字号"重塑品牌价值的积极探索,蕴藏着传统餐饮文化发扬光大的深层思考……

导入星级酒店管理,夫子庙"老字号"在涅槃中思变

　　南京国际会议大酒店年轻管理团队的出现,让"秦淮人家"的开业多了几分"非同一

般"。这个年轻的管理团队以战略合作伙伴的身份进驻秦淮人家,参与酒店的经营管理;同时还进驻夫子庙另外两个餐饮"老字号"——晚晴楼、金陵春。这三家"老字号"同处南京夫子庙旅游实业发展股份有限公司麾下。

"导入星级酒店的管理,是我们创新发展'老字号'的战略之一。"夫子庙旅游实业发展股份公司董事长、总经理王德庆说。作为民俗文化的追随者,王德庆一直致力于"老字号"的做强做大,重振雄风。2004 年公司完成改制,成为一家多元化的民营企业,王德庆更是大刀阔斧地进行改革创新,在涅槃中思变:"'老字号'有着不可替代的文化等无形资产,但在市场经济面前,它们在管理、营销等方面没能与时俱进。寻找合适的战略伙伴,希望能给'老字号'注入新鲜元素,首先从服务质量、经营管理上来一次涅槃。"

传承与革新,"老字号"的金字招牌越擦越亮

创新是传承与革新的有机统一。在传承与革新中重塑品牌价值,这是秦淮人家涅槃重生的根基。据介绍,南京国际会议大酒店参与"秦淮人家""晚晴楼""金陵春"经营管理后,将在品牌共享、智力支持、渠道共建、文化融合等方面展开合作。南京国际会议大酒店总经理孙晓军信心十足地说,挖掘品牌特色优势,导入现代营销理念,"老字号"的金字招牌必将越擦越亮。

王德庆说,夫子庙餐饮"老字号"以小吃闻名,可以大致分为"起步""吃老本""创新"三个阶段。在过去相当长一段时间内,夫子庙小吃缺乏创新,一直在"吃老本",市场份额在萎缩。眼下,要重塑"老字号"品牌价值,必须创新发展,在饮食文化上创新,在产品标准化上创新,在市场开拓上创新。比如,现在展现在人们面前的"八绝小吃",就进行了传承与革新,创造出了"名人食谱""精品食谱""传统食谱",赋予了小吃新的文化内涵,并从小吃器皿、讲解词、服务员服饰、餐间文化活动等方面进一步体现餐饮的文化特色。

机制比体制更重要,地方文化品牌迈出产业化经营新路

南京国际会议大酒店是一家有着深厚国资背景的涉外旅游饭店,作为民营企业的夫子庙旅游实业公司为何选择国企作为合作伙伴? 王德庆说:"机制比体制更重要!尽管国有企业的体制弱点人尽皆知,但在我看来,管理机制、用人机制、分配机制、绩效考核机制,才是决定企业服务和特色的根本因素,也是保障文化品牌的一块试金石。"南京国际会议大酒店的自身发展有力地说明了这一点。2003 年,其在市国资集团的部署下,调整了管理结构,优化了内部机制,实行了市场化运作,发展迅速走上了"快车道"。

在王德庆看来,"秦淮人家"这样的"老字号"是夫子庙特有的地方文化品牌,南京人有这个责任也有这个能力经营好。走产业化发展的新路,是"老字号"持续发展的必由之路。目前"秦淮人家"已在着手连锁化经营,并将由此派生出其他旅游产品。同时,为了让这种地方文化品牌在南京扎根、在全国开花,王德庆这几年每年都辟出专项资金,对职工进行培训,或送到高校深造,或到大型公司交流,打造公司的核心团队,使文化品牌经营走出传统地域,实现文化产业化,踏上可持续发展之路。

(资料来源:施勇君. http://www.njnews.cn/u/ca757955.htm.)

思考:从案例中得到启示是什么? 餐饮企业难点是什么?

10.5　餐饮企业核心竞争力培育

引例

四川海底捞餐饮股份有限公司始创于 1994 年,是一家以经营川味火锅为主,融汇各地火锅特色于一体的大型跨省直营餐饮企业。截至 2022 年 12 月底,中国大陆地区共有 1349 家海底捞餐厅,中国港澳台地区共有 22 家,整个大中华区的海底捞餐厅共计服务顾客超过 2.76 亿人次,同时拥有注册会员超过 1.16 亿人,处于中式餐饮的"领头羊"地位。公司始终高扬"绿色,健康,营养,特色"的大旗,致力于火锅技术的开发与研究,在继承川、渝餐饮文化原有的"麻、辣、鲜、香、嫩、脆"等特色的基础上,不断创新,以独特、纯正、鲜美的口味和营养健康的菜品,赢得了顾客的一致推崇并在众多的消费者心目中留下了"好火锅自己会说话"的良好口碑。海底捞始终坚持"无公害,一次性"的选料和底料原则,严把原料关,配料关。通过精心挑选的产品和创新的服务,创造欢乐火锅时光,向世界各国美食爱好者传递健康火锅饮食文化。作为业务涉及全球的大型连锁餐饮企业,海底捞秉承诚信经营的理念,以提升食品质量的稳定性和安全性为前提条件,为广大消费者提供更贴心的服务,更健康、更安全、更营养和更放心的食品。

(资料来源：根据 https://www.haidilao.com 整理.)

10.5.1　核心竞争力定义

1989 年,美国学者哈默尔和普拉哈拉德在《哈佛商业评论》第一期发表了"Collaborate with your competitors——and win(成功——与竞争对手合作)"指出,就短期而言,公司产品的质量和性能决定了公司的竞争力。长期而言,起决定作用的是造就和增强公司的核心竞争能力——孕育新一代产品的独特技巧。1990 年普拉哈拉德和哈默尔又在《哈佛商业评论》上又发表了"The Core Competence of the Corporation(公司的核心竞争力)",提出,企业在战略上的成功来源于它们在发展过程中的核心能力,这标志着核心竞争能力理论的正式提出。

核心竞争力是指企业独具的长期形成的并融入企业内质中的支撑企业竞争优势,使企业能在竞争中取得生存与可持续发展的核心竞争力。它是伴随知识经济产生的一个新的概念,是传统意义上竞争概念的深层次发展。它是在一个组织内部经过整合了的知识和技能,尤其是涉及企业应怎样整合不同技术的知识和技能。

10.5.2　餐饮企业核心竞争力特征

餐饮企业核心竞争力的形成要经历餐饮企业内部资源、知识、技术等的积累、整合过程。正是通过这一系列的有效积累与整合,形成持续的竞争优势后,才能为获取超额利润提供保证。但是,并不是餐饮企业的所有资源、知识和能力都能形成持续的竞争优势,都能发展成为核心能力。要成为核心竞争力必须具备以下几个特点。

(1) 有价值。核心竞争力必须能够提高餐饮企业的效率,可以帮助餐饮企业在创造价值和降低成本方面比其竞争对手做得更好。

(2) 异质。核心能力是餐饮企业所独有而未被当前或潜在竞争对手所拥有的。

(3) 不可模仿。如果该竞争力易被竞争对手所模仿,或通过努力很容易达到,则它就不可能给餐饮企业提供持久的竞争优势。那些内化于餐饮企业整个组织体系、建立在系统学习经验基础之上的专长,比建立在个别专利或某个出色的管理者或技术骨干基础之上的专长,具有更好的持久的竞争力。

(4) 难以替代。一般产品、能力很可能受到替代品的威胁,但核心能力应当是难以被替代的。

(5) 可扩展。核心能力可以通过一定的方式衍生出一系列的新产品或服务,它犹如一个“技能源”,由此向外发散,为消费者不断提供新的产品或服务。张维迎教授把核心竞争力形象地描述为“偷不去,买不来,拆不开,带不走,溜不掉”。

10.5.3　餐饮企业核心竞争力构成要素

餐饮企业资源一般可简单地分为有形资源、无形资源以及人力资源。虽然核心竞争力涵盖了餐饮企业的资源,但构成核心竞争力的要素却与餐饮企业资源不一样,它主要由以下要素构成。

1. 人力资源

通过高质量的人力资源超越顾客期望来赢得顾客忠诚,从而达到客户资本的升华,是餐饮企业核心竞争力的最典型体现,也是培育餐饮企业核心竞争力的中心环节。它包括员工个人的知识技能水平、餐饮企业员工的整体素质与知识技能结构。员工的适应能力表明了餐饮企业本身的灵活性。员工的忠诚度和奉献精神往往决定了餐饮企业维持竞争优势的能力。

2. 声誉

餐饮企业的声誉往往由餐饮企业产品的市场地位、形象、对顾客的服务、对员工的公正性构成。餐饮企业的声誉以及餐饮企业形象在市场竞争中正扮演着越来越重要的角色。餐饮企业声誉的市场情况往往可以表现为其产品是否有超额利润,以及其产品的市场占有率。餐饮企业可以通过产品、品牌、质量与顾客的关系,建立起在顾客、供应商、金融界、公众、员工等心目中的声誉和形象。它是形成餐饮企业核心竞争力的另一基础。

3. 技术体系

技术体系是一个由一系列配套的技术专利、技术诀窍、设施装备、技术规范组成的,包括硬件和软件的相互配合与协调的有机系统。它既包括以研究开发为表现形式的隐性技术系统,也包括以核心技术和一般技术为表现形式的显性技术资源。它是核心竞争力得以形成的关键。

4. 管理体系

与核心竞争力完全契合的是餐饮企业的管理,包括管理模式、激励机制、文化形成和组织学习等机制。管理体系通过各种规章制度、组织系统及餐饮企业文化,对餐饮企业的生产经营和研究开发活动进行组织、激励和控制。

5. 信息系统

随着市场竞争的加剧和科学技术的迅猛发展,产品和技术的生命周期大大缩短,更新换代的速度日益加快,餐饮企业能否及时获取最新的技术、产品和市场等信息,并在组织内部迅速准确地传递、处理是餐饮企业保持核心竞争力的前提。

6. 价值观

价值观是指在餐饮企业内部占统治地位的规范、态度和行为,它是餐饮企业文化的一部分。在餐饮企业中占主导地位的价值观念是构成餐饮企业核心竞争力的无形因素,它通过影响餐饮企业员工的行为方式与偏好体现在餐饮企业经营决策和管理实践中。

10.5.4 餐饮企业核心竞争力培育及管理

1. 餐饮企业价值链

企业所有的互不相同而又相互关联的生产经营活动,构成了创造价值的一系列动态过程,即价值链。事实上,餐饮企业的所有能力,包括核心能力,都是围绕其价值链形成的,如图 10-6 所示。

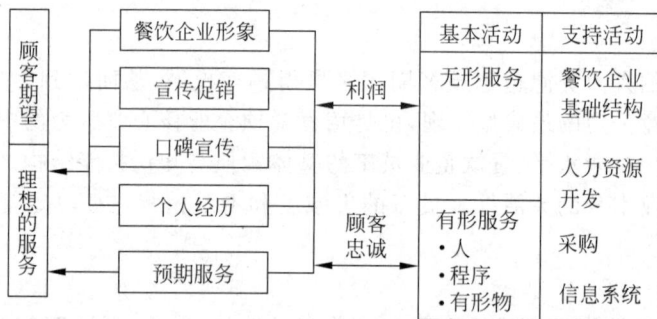

图 10-6　餐饮企业价值链

餐饮企业活动分为基本活动和支持活动两大类。

基本活动是指实质性餐饮服务活动,包括服务人员的态度、技能和知识等无形产品部分。有形产品表示顾客能将其与其他餐饮企业区分开来的有形产品,包括服务人员、顾客自身、其他顾客、服务形式、菜点等。

支持活动是指用于支持基本活动而且内部又相互支持的活动,包括企业文化、组织结构、管理制度、人力资源管理、技术开发、采购等方面。

由于消费者参与餐饮服务过程,因而消费者的期望或感知便直接参与到创造价值过程中。顾客的期望可分为难接受服务、可接受服务、理想服务三个层面,而顾客的期望形成又同餐饮企业形象、促销、口碑宣传、个人需求以及个人经历等因素有关。

餐饮企业如果能够满足顾客一般服务或可接受的服务需求，且价值超过成本，则餐饮企业有可能获得利润；若能够超越竞争对手，则可以获得竞争优势；如果能够始终超越顾客的期望，则可能获得顾客忠诚，并赢得长久竞争优势。

2. 餐饮企业核心竞争力的管理

如同诸多无形资产一样，核心竞争力也存在管理问题，它包括核心竞争力的识别、形成、应用和巩固等方面。

1) 识别

餐饮企业有效"管理"核心竞争力的前提是餐饮企业经理要对现有核心竞争力有清晰的认识。首先要明确餐饮企业是否存在核心竞争力，进而决定下一步努力的方向。其实，对于已经获得竞争优势的餐饮企业，识别核心竞争力的过程就是全面深入理解餐饮企业获得当前成功的技巧过程。核心竞争力的成功识别，为主动管理餐饮企业共同拥有的这种最有价值的资源奠定了基础。此过程主要通过一系列由高层领导参加并主持的研讨会或恳谈会来完成。

2) 形成

核心竞争力如何形成，如何造就？对于餐饮企业而言应包括：①开发或获得构成的技巧和技术，以组成特定的竞争能力——物质基础；②整合这些技巧和技术以形成竞争能力——发挥主观能动性。前者一般可以通过物质和精神的投入获得；后者是发挥主观能动性的问题，也是关键所在。餐饮企业核心竞争力主要体现在品牌、创新、企业文化、管理模式、销售网络、服务规范、专营权等方面。品牌是提升核心竞争力的重要标志；创新是构成企业持续发展的关键所在；企业文化是核心竞争力的制胜法宝；成本控制是增强竞争力的有效方法；保证质量是保持核心竞争力重要手段；人力资本是保持持久竞争优势的根本。

3) 应用

餐饮企业有很多核心竞争力，意味着开发新产品或开发新市场有许多潜力。核心竞争力具体应用的最大问题其实也是资源的配置问题，不过这种资源的载体往往体现为人力资源。也就是说，核心竞争力的配置很大程度上是人力资源的配置问题。

4) 巩固

餐饮企业经过长期努力所形成的核心竞争力也存在丧失的可能，这需要企业高层管理者对其保护和加强始终予以高度警惕。这种警惕性源于两方面原因：①客观上随着时间的推移，核心能力往往会演化成一般的能力。②由于餐饮企业主观方面的原因，如没有专门的经理全面负责核心竞争力的管理、部门之间的沟通或交流的障碍、进一步资助的缺乏等。

不同于实物资产的管理，核心竞争力这种无形资产的管理只能是"软"方式的管理，这意味着通过管理使这一概念渗透到每个经理和雇员的内心深处，意味着上述四个环节的融会贯通，并构成一个不断反馈的动态闭环系统。竞争力主要体现在以下三个方面：①市场和事业开拓的能力；②对消费者提供显著贡献的能力；③防止竞争者模仿的能力。

【案例 10-3】

星巴克体验

星巴克的价值主张之一是:星巴克出售的不是咖啡,而是人们对咖啡的体验,即星巴克体验(Starbucks Experience)。这令人想起了东方人的茶道、茶艺。茶道与茶艺的价值诉求不是解渴,而是获得某种独特的文化体验。著名作家董桥说过,有身份的人不饮无道之茶,茶有茶道,咖啡也有自己的道。而星巴克的成功在于它创造出咖啡之道,让有身份的人喝有道之咖啡。

星巴克对产品质量的追求达到了极致。无论是原料豆及其运输、烘焙、配制、配料的掺加、水的滤除,还是最后把咖啡端给顾客的那一刻,一切都必须符合最严格的标准,都要恰到好处。除了产品本身外,星巴克体验还包括店内诱人、浓郁的环境氛围——时尚且雅致,豪华而亲切。人们来到星巴克,为的是放松,摆脱繁忙的工作稍事休息,或是约会。人们每次光顾咖啡店都能得到精神和情感上的报偿。因此,无论是其起居室风格的装修,还是仔细挑选的装饰物和灯具,煮咖啡时的嘶嘶声,将咖啡粉末从过滤器敲击下来时发出的啪啪声,用金属勺子铲出咖啡豆时发出的沙沙声,都是顾客熟悉的、感到舒服的声音,都烘托出一种星巴克格调。星巴克将咖啡豆按照风味来分类,让顾客可以按照自己的口味挑选喜爱的咖啡。活泼的风味——口感较轻,香味诱人,并且能让人精神振奋;浓郁的风味——口感圆润,香味均衡,质地滑顺,醇度饱满;粗犷的风格——具有独特的香味,吸引力强。

星巴克分别在产品、服务和体验上营造自己的咖啡之道。

(1)产品。星巴克所使用的咖啡豆都是来自世界主要的咖啡豆产地的极品,并在西雅图烘焙。

(2)服务。星巴克公司要求员工都对咖啡的知识及制作咖啡饮料的方法了如指掌。除了为顾客提供优质的服务外,还要向顾客详细介绍这些知识和方法。

(3)体验。来过星巴克咖啡店的人都会产生一些独特的经验,即星巴克体验。星巴克一方面鼓励顾客之间、顾客与星巴克员工之间通过口头或书面形式交流这些体验;另一方面,也鼓励员工之间分享在星巴克的工作体验。比如在公司内部流传着一些动人的故事,因为这些故事,员工们为自己是一个星巴克人而感到骄傲。

第三场所(Third Place)

星巴克公司努力使自己的咖啡店成为第三场所——家庭和工作以外的一个舒服的社交聚会场所,成为顾客的另一个起居室,既可以会客,也可以独自在这里放松身心。可以说,星巴克的这个目标实现了,因为有相当多的顾客一个月之内十多次光顾咖啡店。

合伙人(Partners)

这个普通的词在星巴克公司有特定的含义。在星巴克公司,员工不叫员工,而叫合伙人。这就是说,受雇于星巴克公司,就有可能成为星巴克的股东。星巴克合伙人约 25 000 人。

咖啡豆股票（Bean Stock）

1991 年,星巴克开始实施咖啡豆股票。这是面向全体员工(包括兼职员工)的股票期权方案。其思路是:使每个员工都持股,都成为公司的合伙人,这样就把每个员工与公司的总体业绩联系起来,无论是 CEO 还是任何一位合伙人,都采取同样的工作态度。要具备获得股票派发的资格,一个合伙人在从 4 月 1 日起的财政年度内必须至少工作 500 小时,平均每周 20 小时,并且在下一年 1 月(即派发股票时)仍在公司供职。1991 年一年挣 2 万美元的合伙人,5 年后仅以他们 1991 年的期权便可以兑换现款 5 万美元以上。

浪漫（Romance）

星巴克人认为自己的咖啡只是一种载体,通过这种载体,星巴克把一种独特的格调传送给顾客。这种格调就浪漫。星巴克努力把顾客在店内的体验化作一种内心的体验——让咖啡豆浪漫化,让顾客浪漫化,让所有感觉都浪漫化……这些都是让顾客在星巴克感到满意的因素。舒尔茨说:"我们追求的不是最大限度的销售规模。"我们试图让我们的顾客体会品味咖啡时的浪漫。

授权（Delegation）

眼下有很多管理学著作都谈到授权概念,其中许多还描绘了精致的示意图,告诉你怎样才能做到这一点。但它们忽略了关键的一点:在所有授权中,品牌授权可能是最具风险又最具收益的。当你把培育品牌的权力下放给每个员工,而不是由高层管理人员来包揽时,每个员工的行为就直接与品牌价值有关。一个因心情不佳而向顾客发脾气的合伙人会使星巴克的品牌蒙受污点,而一个向顾客提供极佳服务的合伙人则会使星巴克的品牌立即增色。这就是说,充分的授权要求有受到充分教育和培训的员工(合伙人)。

学习旅程（Learning Journey）

星巴克的学习旅程(每次 4 小时,一共 5 次的课程)是所有新合伙人在就业头 80 个小时中都要上的课程。从第一天起,新合伙人即熏陶在星巴克的这种价值和基本信念体系之中。

星巴克的培训包括:①基本的和更精细的关于咖啡的知识;②如何热情地与他人分享有关咖啡的知识;③准备膳食和饮料的一般知识,包括基本知识和顾客服务高级知识;④为什么星巴克是最好的;⑤关于咖啡豆、咖啡种类、添加物、生长地区、烘焙、配送、包装等方面的详细知识;⑥如何以正确的方式闻咖啡和品咖啡,以及确定它什么时候味道最好;⑦描述咖啡的味道,唤醒对咖啡的感觉,习惯使用一套全新的词汇,熟悉咖啡的芳香、酸度、咖啡豆的大小和风味;⑧经常回答人们提出的问题,经常谈论咖啡。

检测

1. 如何理解餐饮品牌,餐饮品牌如何运营和管理?
2. 餐饮企业有哪些创新途径,你认为该从哪些方面着手?
3. 怎样进行餐饮连锁经营,应该注意哪些问题?

4. 餐饮企业核心竞争力的特征是什么,如何培育和管理其核心竞争力?

5. 如何从战略角度来看待餐饮企业品牌、创新、连锁经营、核心竞争力等方面的管理?

6. 案例分析。

"打包"的艺术

位于苏州东北角的某酒店餐厅内,宾客甚众。第18桌前有三位客人,其中两位是钟医生夫妇,还有一位是钟医生20年未见面的老同学许经理。由于故人相逢,谈得投机,不知不觉两个小时过去了。毕竟都是年近半百的中年人,胃口大大不如学生时代。钟医生为尽地主之谊,一口气点了七八个菜,两道点心再加上四小碟冷菜和饮料,三人都已处于"饱和"状态。钟医生夫妇眼看桌上还剩下不少好菜,不免有点惋惜。负责这个区的服务小姐接待很得体,自始至终都挂着甜甜的微笑,出言吐语、行为举止,处处流露出经过正规训练的素质。此刻她见三位客人已有离席之意,便准备好账单,随时听候招呼。果然,钟医生向她招手了。很快,账便结清了,服务小姐转身送来找回的钱时手里多了一样东西:一个精美的盒子,里面有若干食品袋。钟医生夫妇不解此意,正要开口询问,服务小姐已经轻声细语地说道:"请问,剩下的菜是否要装在袋中带走?"三位客人感到十分新鲜,接过盒子端详起来。方方正正的盒子,不大不小,两只拎带仿佛鸟儿的一对翅膀,只见盒子上面还有两行书法工整挺拔的题字:"拎走剩余饭菜,留下勤俭美德。"这优美的书法,配以餐厅的装潢布置,给客人以一种高雅文化的享受。钟医生便问服务小姐,是谁写得这手好字,小姐告诉他们,这是饭店朱总经理亲笔题的字。总经理是个书法迷,甚有功底,连盒子都是他亲自精心设计的。"我们不能辜负总经理先生的一片心意。来,把剩菜倒进袋中,明天还能美美吃一顿!"豪爽的钟医生说着便装了起来。

思考:请对案例中酒店的服务方式进行评析。

实训评价表

实训评价表

实训任务：		任务时间： 年 月 日	
自我评价（40%）	1. 对本实训任务实施步骤的掌握程度 优（ ） 良（ ） 及格（ ） 不及格（ ）		
	2. 对本实训任务完成的准确性 优（ ） 良（ ） 及格（ ） 不及格（ ）		
	3. 完成本实训任务的熟练程度 优（ ） 良（ ） 及格（ ） 不及格（ ）		
	4. 通过本实训任务的训练，对实训目标的完成程度 优（ ） 良（ ） 及格（ ） 不及格（ ）		
	5. 实训中存在的问题及建议		
	综合评价 优（ ） 良（ ） 及格（ ） 不及格（ ）		
指导教师评价（60%）	实训态度	优：能按照实训任务的要求认真实施，主动性强（ ）	
		良：能按照要求较好地完成实训任务操作，主动性较强（ ）	
		及格：基本能按照实训任务的要求实施操作（ ）	
		不及格：不能按照实训任务的要求实施操作（ ）	
	任务完成效果	优：操作规范、过程熟练、重点把握准确、顺利完成任务（ ）	
		良：操作较规范、过程熟练、重点把握准确、较好完成任务（ ）	
		及格：操作欠规范、过程欠熟练、重点把握一般、能完成任务（ ）	
		不及格：操作不规范、不熟练、不能完成任务（ ）	
	操作能力	技能考核	
	其他	优（ ） 良（ ） 及格（ ） 不及格（ ）	
	综合评价 优（ ） 良（ ） 及格（ ） 不及格（ ）		
	实训指导教师签字：		

参考文献

[1] 谢军.2021年长沙市湘菜餐饮业发展报告[M].湘潭：湘潭大学出版社,2021.

[2] 于干千.我国餐饮业高质量发展的产业政策转型研究[M].北京：北京大学出版社,2022.

[3] 毕马威中国消费餐饮行业团队.因势而变·应变而兴——2024年餐饮企业发展报告[R].2024.

[4] 前瞻产业研究院.2019年中国餐饮行业市场现状及前景分析　敢于融入创新,将成为全球第一大市场[EB/OL].(2019-07-17)[2022-02-20].https://www.sohu.com/a/327488682_99922905.

[5] 王志民,吉根宝.餐饮服务与管理[M].南京：东南大学出版社,2007.

[6] 李辉作.现代餐饮企业经营与管理[M].上海：上海交通大学出版社,2008.

[7] 李相五.中国餐饮业老字号的民族文化研究[D].北京：中央民族大学,2006：21-26.

[8] 梁达.餐饮业助推经济增长[J].金融与经济,2007(3)：8-11.

[9] 张世尧.从战略高度认识餐饮业的重要地位与发展趋向[J].商业时代,2003(252)：4-6,10.

[10] 程新造,王文慧.星级饭店餐饮服务案例选析[M].2版.北京：旅游教育出版社,2005.

[11] 乐盈.饭店餐饮管理[M].重庆：重庆大学出版社,2002.

[12] 周秒炼.餐饮经营与管理[M].杭州：浙江大学出版社,2008.

[13] 姜红.餐饮服务与管理[M].大连：大连理工大学出版社,2006.

[14] 张波,韩芳,洪艳.餐饮服务与管理[M].上海：上海财经大学出版社,2007.

[15] 杨柳.2007中国餐饮产业运行报告[M].长沙：湖南科学技术出版社,2007.

[16] 匡家庆,刘跃.现代餐饮业经营管理[M].北京：经济日报出版社,2007.

[17] 陈志学.饭店服务质量管理与案例解析[M].北京：中国旅游出版社,2006.

[18] 刁宗广,吴慧,张涛.从餐饮业的顾客满意度影响因素看餐饮业的消费趋向和营销策略[J].桂林旅游高等专科学校学报,2006(12)：681-683.

[19] 王巍栋.现代餐饮业的"另类"追求[J].现代商业,2007(31)：40-43.

[20] 段石泉.客人餐饮消费心理与服务对策[J].饭店世界,2005(2)：36-37.

[21] 涂永式.四类不同购买行为的餐饮消费者[J].中国商贸,2001(1)：76-77.

[22] 王婉飞.餐饮消费心理与经营策略[M].北京：中国发展出版社,2001.

[23] 陈放.餐饮直销[M].北京：蓝天出版社,2005.

[24] 罗伯特·克里斯蒂·米尔.美国餐厅管理——顾客、运营与员工[M].2版.夏铁军,赵丰跃,译.长沙：湖南科学技术出版社,2004.

[25] 王天佑.饭店餐饮管理[M].北京：清华大学出版社,北京交通大学出版社,2007.

[26] Jack D. Ninemeier.餐饮经营管理[M].3版.张俐俐,纪俊超,译.北京：中国旅游出版社,2002.

[27] 郭敏文.餐饮服务与管理[M].北京：高等教育出版社,2003.

[28] 张翠菊.餐饮服务与管理[M].北京：化学工业出版社,2007.

[29] 沈建龙.餐饮服务与管理[M].北京：中国人民大学出版社,2007.

[30] 张波,韩芳,洪艳.餐饮服务与管理[M].上海：上海财经大学出版社,2007.

[31] 马建伟,袁爱华.餐饮服务与管理[M].成都：西南财经大学出版社,2007.

[32] 吴宝宏,齐宏辉.餐饮服务与管理[M].长春：东北师范大学出版社,2006.

[33] 中国品牌总网.http://www.ppzw.com.

[34] 中国烹饪协会网.http://www.ccas.com.cn.

[35] 新华网.http://www.xinhuanet.com.

[36] 国家统计局.http://data.stats.gov.cn/index.

[37] 大董网.http://www.dadongdadong.com.

［38］餐饮职业网. http：//www. canyin168. com.

［39］商业价值. http：//content. businessvalue. com. cn.

［40］仓库社区. http：//www. iepgf. cn.

［41］国家统计局. http：//data. stats. gov. cn/index.

［42］江苏省统计局. https：//tj. jiangsu. gov. cn/.

［43］商业价值. http：//content. businessvalue. com. cn/.

［44］海底捞. https：//www. haidilao. com.